Kohlhammer

Beiträge zur Wissenschaft
vom Alten und Neuen Testament
Achte Folge

Herausgegeben von

Walter Dietrich und Horst Balz

Heft 2 · (Der ganzen Sammlung Heft 162)

Verlag W. Kohlhammer

Ulrich Schmidt

»Nicht vergeblich empfangen«!

Eine Untersuchung zum 2. Korintherbrief
als Beitrag zur Frage nach der
paulinischen Einschätzung des Handelns

Verlag W. Kohlhammer

Für Petra

ISBN 3-17-018364-8

Vorwort

Die vorliegende Arbeit ist die überarbeitete Fassung meiner Dissertation, die im Sommer 2000 von der Theologischen Fakultät der Universität Basel angenommen wurde.

Bei der Lektüre wird der kundige Leser die selektive Verarbeitung der Literatur bemerken – und vielleicht bemängeln. Doch angesichts der Textfülle sowie der limitierten Zeit, die mir während des Pfarrdienstes zur Verfügung stand, konnte nicht der Versuch unternommen werden, die gesamte, zum Themenfeld produzierte Literatur zu verarbeiten. Vielmehr ging es mir darum, in konstruktiver Weise einen Lösungsvorschlag zu entwickeln und diesen in Auseinandersetzung mit eher gängiger Literatur zu profilieren. Deshalb wurden selbst neueste Publikationen nur dann berücksichtigt, wenn sie Wesentliches zu der von mir verhandelten Frage bereitstellen.

Dass es zu dieser Arbeit kam, habe ich zunächst meinem Doktorvater, Prof. Dr. M. Bachmann, zu verdanken. Er hat meinen theologischen Werdegang geprägt, mich zu diesem Projekt ermutigt, dessen Fortgang aufmerksam begleitet und mir in den Jahren 2000-2003 die Assistenz an seinem Lehrstuhl in Siegen anvertraut. Prof. Dr. E. Stegemann übernahm freundlicherweise das Erstgutachten, gab zuvor viele inhaltliche Anregungen und hat sich zudem in mancherlei Hinsicht für meine Arbeit engagiert. Danken möchte ich Dr. S. Dowd, die während meines Studienjahres am Lexington Theological Seminary in manchen Gesprächen wesentliche inhaltliche Impulse gab. Und schließlich gilt mein Dank Herrn Prof. Dr. H. Balz, der für die Aufnahme der Arbeit in die Reihe BWANT gesorgt hat.

Neben der akademischen Unterstützung ist freilich auch das persönliche Umfeld zu nennen. Meine Eltern haben mich in die Welt des christlichen Glaubens eingeführt, theologisches Fragen provoziert und mich während meines Studiums unterstützt. Letzteres gilt auch von meinen Schwiegereltern, haben sie doch mir und meiner Familie in der Studienzeit ein Zuhause gegeben und uns immer geholfen, wo es nur ging. Meine Kinder, Philip und Barbara, haben manches Mal vor der Tür meiner Studierstube halt gemacht und auf gemeinsame Zeiten verzichtet (– was schleunigst zu ändern war!). Ohne die Korrekturlesenden Pfr. W. Göller, St.D. H. Heath, PD G. Plasger und Prof. Dr. H. Balz sowie manche andere, die einzelne Teile der Arbeit gelesen haben, stünden wohl noch viele Fehler im Text. Mein Dank gilt schließlich den Institutionen, deren finanzielle Unterstützung die Drucklegung ermöglichte: die Ev. Landeskirche Baden, die Ref. Landeskirche Zürich sowie die Union Evangelischer Kirchen.

Vor allem aber danke ich meiner Frau Petra! Von der Studentenehe bis heute hat sie sich immer wieder auf Neues eingelassen, mein Arbeiten tatkräftig unterstützt, über weite Strecken das Familienleben organisiert sowie mir und den Kindern an den verschiedenen Wohnorten ein Zuhause geschaffen. Danke für alles! Ihr sei dieses Buch gewidmet.

Sulzburg, Pfingsten 2004   Ulrich Schmidt

Inhaltsverzeichnis

1. Einleitung

1.1. Thema und Aufbau

Eingrenzung der Fragestellung

Es ist eine Tatsache, dass Paulus sich mit Nachdruck um ein gewisses Verhalten bei seinen Gemeinden bemüht, indem er es einerseits zu motivieren sucht[1] und andererseits Fehlverhalten sanktioniert wissen will[2], schließlich beides unter die Aussicht auf ein Gericht nach den Werken[3] stellt. Alle diese Elemente aus den paulinischen Briefen sprechen eindeutig dafür, dass der Apostel Handeln und Verhalten nicht nur (positiv) wertet, sondern diesen gar erhebliche Bedeutung zumisst. Diese Feststellung wird allerdings dann fragwürdig, wenn man eine übliche Ansicht in den Fragehorizont eintreten lässt, welche als Implikation der „Rechtfertigungslehre" ausgegeben wird: Die Rechtfertigung (allein) aus Glauben wird bei Paulus – und daran besteht kein Zweifel – an manchen Stellen in einer Auseinandersetzung mit dem νόμος bzw. den ἔργα νόμου entwickelt, wobei letztere von den Exegeten – und das nun ist zweifelhaft – häufig als Oberbegriff für menschliches Verhalten im Allgemeinen aufgefasst werden,[4] womit dieses also in Gegensatz zur Rechtfertigung zu stehen käme. Da man nun im protestantischen Raum die „Rechtfertigungslehre" gewöhnlich als Herzstück der paulinischen und der eigenen Theologie ansieht,[5] wird ihr und den mit ihr verbundenen Implikationen ein Primat eingeräumt, der zu einer Relativierung jener Aussagen führt, die eine gewisse Bedeutung von Handeln und Verhalten im paulinischen Denken erkennen lassen.

Wie also steht es um die Bedeutung des Handelns bei Paulus? Die Beantwortung dieser Frage wird nicht nur durch die eben skizzierte Spannung erschwert, sondern auch dadurch, dass sie in ein schier endlos scheinendes Fragengeflecht eingebettet ist.[6] So ist beispielsweise zu klären, wie die Rechtfertigung aus

---

[1] Siehe z.B. Röm 2,13 („nicht die Hörer des Gesetzes werden vor Gott gerecht sein"); 6,4-7 („mit Christus gestorben, mit ihm auferstehen, um in einem neuen Leben zu wandeln und nicht mehr der Sünde zu dienen"); 6,12f. („Glieder nicht als Waffen der Ungerechtigkeit"); 12-14; Phil 2,12b („Schaffet, dass ihr selig werdet mit Furcht und Zittern"); 1Thess 4,1ff. („vollkommener werden, um Gott zu gefallen").

[2] Siehe 1Kor 5,1ff. (V.2b: „den aus eurer Mitte verstoßen, der diese Tat begangen hat"); 16,22 („wenn jemand den Herrn nicht lieb hat, der sei verflucht"); 2Kor 13,1ff. (beim dritten Besuch will Paulus Übeltäter „nicht schonen"); 1Thess 5,14 („Weist die Unordentlichen zurecht"). Nach 1Kor 5,9-11 implizieren die allgemeinen Aufforderungen, sich von negativen Dingen fern zu halten, auch die Aufforderung, Personen in der Gemeinde, die sich falsch verhalten, auszuschließen!

[3] So z.B. in Röm 2,5-11; 14,10-12; 2Kor 5,10; 1Thess 4,6.

[4] M.BACHMANN, Rechtfertigung, 6-15, zeigt, wie nicht nur LUTHER die von Paulus problematisierten ἔργα νόμου unterschiedslos „mit 'unser(e) werck', mit 'eusserlich werck', mit 'gute' und 'bose' werck'" (10) gleichsetzen konnte (vgl. auch SCHLATTER, Glaube², 201), sondern wie Ähnliches z.B. auch bei WILCKENS geschieht.

[5] In Frage gestellt wurde dies bereits früher etwa durch SCHWEITZER, Mystik, 201f.215f. 220f., oder WREDE, Paulus, 72-79, und „neuerdings" z.B. durch STENDAHL, Conscience, E.P.SANDERS, Religionsstrukturen, 409-415 (u.ö.), DUNN, Perspective.

[6] KLINGHARDT, Gericht, 57, sieht dies ebenfalls und reduziert geschickt auf drei Themenfelder, nämlich „das paulinische Verständnis der Rechtfertigung", den „Problemkomplex der Gerichts-

Glauben und das Gericht nach den Werken sich zueinander verhalten, ob Paulus mit verschiedenen Gerichten rechnet, ob er z.B. an ein Preisgericht denkt, oder wie das Problem der postbaptismalen Sünde zu lösen ist. Die Fragen ließen sich noch erheblich vermehren und damit auch die zwischen ihnen bestehenden Interdependenzen. Da es (nicht nur) für einen akademischen Anfänger unmöglich ist, sich mit einem solchen Komplex umfassend zu beschäftigen, ergibt sich die Notwendigkeit, durch verschiedene Hinweise auf aktuelle Forschungsergebnisse einige Prämissen zu etablieren, welche als Voraussetzungen für die vorliegende Untersuchung gelten sollen.

(1) An einer erheblichen Bedeutung der Rechtfertigung in der paulinischen Theologie kann gar kein Zweifel bestehen, wohl aber an jener angeblichen Implikation einer Diskreditierung des Tuns, welche v.a. in der lutherischen Tradition erhebliches Gewicht erhielt[7]. So dürfte etwa das Syntagmem ἔργα νόμου nicht, wie bisher in der Regel angenommen, ein Handeln gemäß der Tora bezeichnen, sondern vielmehr, wie neuerdings verschiedentlich wahrscheinlich gemacht wurde, die Vorschriften der Tora selbst.[8] Darum: „Wo Paulus von ἔργα νόμου spricht, wird er also in keiner Weise einer Diskreditierung des Tuns ... Vorschub leisten"[9]. Demnach ist es keineswegs so, dass im Herzen der paulinischen Theologie eine negative Qualifizierung des menschlichen Handelns an sich vorliegen würde, die zu einer Relativierung aller anderen diesbezüglichen Aussagen führen müsste. – Nach einer positiven Bedeutung desselben zu fragen ist also keineswegs a priori absurd.

(2) Doch selbst wenn man bei jener Auffassung bliebe, so ergäbe sich damit eine Diskreditierung des Handelns wohl nur in einer Hinsicht, nämlich hinsichtlich des *getting in*, des Eintritts in die christliche Existenz, auf den z.B. der Aorist ἐπιστεύσαμεν in Gal 2,16 zu beziehen ist.[10] Damit wäre aber keineswegs auch zwangsläufig etwas Negatives über die Bedeutung des Handelns und Verhaltens innerhalb der christlichen Existenz gesagt. Vielmehr lässt sich für Paulus mit guten Gründen eine erhebliche Bedeutung des Tuns für das *staying in* vertreten. So resümiert etwa E.P.SANDERS seine Erwägungen zu dieser Frage: „Just as is the case in Judaism, behaviour appropriate to being ,in' is required for those who remain ,in', while heinous transgression may put one out. Correct behaviour, that is, is the condition of staying in, but not the means of earn-

---

vorstellung(en)" und „das Problem der (zweiten) Buße". Freilich zerfallen diese Bereiche wiederum in zahlreiche Einzelfragen, sodass das Feld trotz dieser Reduktion enorm komplex bleibt. Die Verflechtung zwischen den Einzelfragen wird z.B. auch von MATTERN, Verständnis, 53-58, beschrieben.

[7] Vgl. dazu nur M.BACHMANN, Rechtfertigung, 6ff., ROLOFF, Neues Testament, 153 („Das von Paulus Gemeinte kann nur dann verstanden werden, wenn man sich von der Interpretation der paulinischen Aussagen durch Luther zunächst frei macht").

[8] M.BACHMANN, Sünder, 91-100, DERS., Rechtfertigung, 15-28, DERS., 4QMMT, 99-113. DERS., 4QMMT, kann dabei auf weitere Vertreter verweisen, welche sowohl die מעשי התורה in 4QMMT (z.B. QIMRON/STRUGNELL) als auch die ἔργα νόμου bei Paulus (z.B. LOHMEYER, FLUSSER) in dieser Richtung verstehen. Mit beidem stimmt auch FITZMYER, Background, 20.22, überein.

[9] M.BACHMANN, Rechtfertigung, 32.

[10] Vgl. dazu M.BACHMANN, Sünder, 38f., und die ebd. Anm. 74 genannte Literatur.

ing one's place among the elect"[11]. – Die Frage, welche Bedeutung Paulus Handeln und Verhalten innerhalb der christlichen Existenz zumisst, bleibt demnach diskutabel.

(3) Sodann ist die häufig anzutreffende Konzentration auf das semantische Feld um die Rechtfertigung, die sich u.a. darin zeigt, dass in unserem Themenbereich immer wieder bei dieser Begrifflichkeit angesetzt wird, recht fragwürdig. Sicher, der mit diesem Feld angezeigte Sachverhalt verweist auf Wesentliches der paulinischen Theologie. Doch prinzipiell hat man damit zu rechnen, dass sich derselbe Sachverhalt in anderen Kontexten auch in anderer Begrifflichkeit präsentieren kann.[12] Dem entspricht die Ansicht von J.C.BEKER, dass der kohärente theologische Kern bei Paulus jeweils in kontingenter Form präsentiert wird: „Die Verkündigung (des Paulus [U.S.]) kann nicht verstanden werden, wenn man einzelne Schlüsselbegriffe isoliert untersucht. Denn sie repräsentieren ja nicht für sich allein den Kern des Evangeliums." Vielmehr sind „Schlüsselworte wie ‚Gerechtigkeit Gottes', ‚Rechtfertigung', ‚Erlösung' oder ‚Versöhnung' ... Metaphern, die das Evangelium auf eine bestimmte Situation hin aussagefähig und so erst bedeutsam werden lassen."[13] – Die begriffliche Fixierung auf die Rechtfertigungsterminologie darf aufgegeben werden, und es kann nach anderen Ausdrucksformen gesucht werden.

(4) Überhaupt ist die Tendenz zu gewissen Verabsolutierungen problematisch. Zweifellos kommt der Rechtfertigung bei Paulus ein zentraler Stellenwert zu, doch „there is a danger that Paul is seen in too monolithic and one-sided a way when attention is paid exclusively to the central, yet polemical affirmation of righteousness apart from the works of the Law, through faith and faith alone. Such a presentation of Paul's theological position has to play down or even reject a number of texts which are most probably written by Paul"[14]. Auch die damit verbundene Vorrangstellung erstens des Röm, den man heute zwar nicht mehr als *compendium doctrinae Christianae* ansieht,[15] aber doch immerhin

---

[11]   E.P.SANDERS, Jesus, 436; Vgl. DERS., Paul, 6ff., zur Terminologie, sowie DERS., Religionsstrukturen, 397-401, zum „Bundesnomismus" im Judentum und ebd., 490-496, zu dessen Entsprechungen bei Paulus.

[12]   So unterscheidet man in der Rhetorik nicht ohne Grund zwischen der *inventio*, der „Erfindung der Gedanken", und der *elocutio*, der „sprachlichen Darstellung der Gedanken", welche das Gedachte in eine der Situation entsprechende Form bringen soll. – Entsprechende Einsichten finden sich auch in der Textlinguistik, vgl. nur BEAUGRANDE/DRESSLER, Textlinguistik, 43: „Die Ergebnisse der Ideation und Entwicklung brauchen nicht an besondere Ausdrücke einer natürlichen Sprache gebunden zu sein (...). Sie können z.B. aus der bildlichen Vorstellung von Szenen oder Ereignisabläufen zusammengesetzt sein. Es muss jedoch (...) eine Phase des Ausdrucks geben, an die der bisher angewachsene Inhalt weitergegeben wird".

[13]   J.C.BEKER, Sieg, 24; vgl. dazu nur GEORGI, Kollekte, 71: „Paulus trägt in 2.Kor 9,5ff. wie auch schon in 8,1ff. im Grunde nichts anderes vor als die Rechtfertigungslehre, wenn auch gleichsam in angewandter Form. Die Kapitel sind ein eindrucksvolles Beispiel dafür, wie wenig Paulus bei seiner Rechtfertigungslehre einem Schema folgt, wie stark er variieren kann."

[14]   LAMBRECHT, Plea, 546.

[15]   Diese Einschätzung des Röm stammt von MELANCHTHON und findet deutliche Ablehnung z.B. bei KÜMMEL, Einleitung, 273 („Die alte Anschauung, der Röm sei eine planvolle, lehrhafte Darstellung des christlichen Glaubens ..., ist schon deshalb unhaltbar, weil wichtige Stücke der paulinischen Lehre, wie Christologie und Eschatologie, nicht zur vollen Geltung kommen"), BEKER,

noch als eine Art *magnum opus* bzw. als des Apostels „Testament"[16], und zweitens des ihm nahe stehenden Gal auf Grund der in ihnen verhandelten Rechtfertigungslehre ist durchaus zweifelhaft. Röm ist keineswegs situationsunabhängig und auch nicht ohne Polemik,[17] so dass er, wie alle anderen paulinischen Briefe auch, aus dem konkreten Anlass, der zu seiner Abfassung führte, verstanden werden muss. – Die Aufmerksamkeit darf sich von daher ruhig auf einen anderen Brief richten.

Damit lässt sich nun der Kontext unserer Fragestellung ungefähr umreißen. Es soll dem Problem nachgegangen werden, welche Stellung und Bedeutung nach Paulus dem Handeln und Verhalten im christlichen Leben zukommt. Dabei wird allerdings nicht die im Rahmen der Auseinandersetzung mit der Rechtfertigungslehre entstandene Negativqualifizierung des Handelns vorausgesetzt und auch nicht der Primat des mit der Rechtfertigung verbundenen semantischen Feldes, wie es in Röm und Gal begegnet. Die Tatsache, dass ein und derselbe Gedanke in verschiedenen Formen und Begriffen realisiert werden kann, motiviert vielmehr zu dem Versuch, nicht wiederum die ausgetretenen Pfade zu beschreiten, die von der Rechtfertigungsterminologie ausgehen und dann hinüberführen zu Paränese, zur postbaptismalen Sünde oder zum Gericht nach den Werken, sondern auf eine andere Art und Weise zu klären, wie Heil und Handeln für Paulus zusammenhängen und warum Handeln und Verhalten im Anschluss an das *getting in* für ihn von erheblicher Bedeutung sind.

Wahl des Ausgangspunktes

Die Suche nach einem anderen Zugang wird nun bei dieser Arbeit geleitet von einer durch Textlinguistik und Rhetorik bestimmten Textauffassung, wonach einzelne Textpassagen nur im Rahmen des zugehörigen Gesamttextes richtig zu verstehen sind.[18] Von diesem Anspruch her ist z.B. ein übersichtartiges Vorgehen, bei dem Passagen aus unterschiedlichen paulinischen Briefen besprochen werden, ausgeschlossen, denn den mit dieser Vorgehensweise verbundenen Gefahren, dass zum einen die dazu nötige Gruppierung der Passagen[19] von einer –

Sieg, 45 („Aber auch der Römerbrief ist kein '*compendium doctrinae Christianae*' ... Außerdem betrachtet die Neoorthodoxie den Brief als einen 'Grundriß der Dogmatik' oder als eine literarische Leistung, die in einzigartiger Weise 'die Mitte' im paulinischen Denken offenbaren sollte. Dennoch bleibt es ein Irrtum, den Römerbrief zu einer zeitlosen theologischen Abhandlung zu erheben, in der das sogenannte 'Wesen' des paulinisch-theologischen Denkens aufgedeckt wird"), PORTER, Letters, 526. – Einen Überblick über neuere Ansichten bzgl. des Anlasses des Röm bietet PORTER, Letters, 526-531.

[16] BORNKAMM, Testament, 139, DERS., Paulus, 111, positiv aufgenommen von KÜMMEL, Einleitung, 273.

[17] Dies gesteht sogar BORNKAMM, Paulus, 109f., zu, auch wenn er die darin enthaltene Polemik nicht auf die Situation der römischen Gemeinde bezogen wissen will, sondern auf das Judentum im Allgemeinen.

[18] Siehe dazu unten S.20-35.

[19] Die „Notwendigkeit" einer Gruppierung – sowie die Subjektivität derselben – wird schon allein deutlich, wenn man nur BRAUN, Gerichtsgedanke, MATTERN, Verständnis, GUNDRY-VOLF, Perseverance, zur Hand nimmt: Alle drei nehmen eine je eigene Gruppierung der Texte vor.

evtl. schon vorab festgelegten – Systematisierung bestimmt ist,[20] und zum anderen die situative Bestimmtheit paulinischer Aussagen zu leicht vernachlässigt
wird,[21] könnte nur dadurch gewehrt werden, dass gleich bei mehreren paulinischen Briefen die betreffenden Passagen vom Ganzen her interpretiert werden,
und das ist – will man es gründlich machen – eine arbeitsökonomische Unmöglichkeit. Also bleibt allein die Konzentration auf einen Brief des Apostels, auf
einen, in dem Heil und Handeln, theologische Erwägungen und solche zur Le-
bensgestaltung nicht nur nebeneinander stehen, sondern miteinander verbunden
sind. Eben dies ist beim Zweiten Korintherbrief durchaus der Fall, und zwar
aus mehreren Gründen.

(1) Es ist eine anerkannte Tatsache, dass Paulus in diesem Brief sich selbst
bzw. sein Verhalten gegenüber den Korinthern verteidigen muss, und zwar
nicht nur in der als eigentliche „Apologie" bezeichneten Texteinheit 2,14-7,4,[22]
sondern auch in anderen Teilen des Briefen, insbesondere in den ebenfalls offensichtlich apologetisch ausgerichteten letzten vier Kapiteln des Briefes. Dabei fällt auf, dass Paulus nicht einfach „menschlich" argumentiert: Er begnügt
sich nicht damit, Missverständnisse durch eine genaue Rekonstruktion der Vorgänge aufzuklären und sich durch eine positive Selbstdarstellung „in Szene zu
setzen". Vielmehr leitet er sein Verhalten fortwährend von Gott bzw. von
Christus her und verbindet so das von Gott Empfangene mit seinem Verhalten,
verknüpft Gabe und Aufgabe, Heil und Handeln. – Zumindest im Blick auf
Paulus selbst dürfte sich also für die zu besprechende Thematik in 2Kor einiges
„gewinnen" lassen.

(2) Doch was für Paulus gilt, muss nicht zwangsläufig für alle gelten. Gerade
in der „Apologie" scheint doch vorwiegend der Apostolat bzw. der „wahre
Aposteldienst"[23], also Paulus im Besonderen und nicht das Christsein im Allgemeinen, Gegenstand des Interesses zu sein, so dass man die Bedeutung seiner
Ausführungen durchaus „limitieren" könnte.[24] Demgegenüber wird in der Literatur aber oft vermerkt, dass das von Paulus über sich selbst Gesagte auch „mo-
dellhaften Charakter" habe. So vertrat etwa R.BULTMANN, der sehr wohl als eigentliches „Thema des Briefes ... das apostolische Amt"[25] ausmacht, zugleich

---

[20] Eben dies kritisieren z.B. SCHMITHALS, Rez. MATTERN, 585, an MATTERN und OROPEZA, Paul,
31f., an GUNDRY-VOLF; vgl. auch KUCK, Judgment, der ebd., 3.5.6, bei etlichen Autoren meint, die
Problematik einer vorgängigen Systematisierung ausmachen zu können.

[21] Vgl. nur OROPEZA, Paul, 32f. (zu GUNDRY-VOLF), KUCK, Judgment, 5.

[22] „Apologie" als *terminus technicus* für 2,14-7,4 verwenden z.B. BORNKAMM, Vorgeschichte, 21,
KLAUCK, 2Kor, 7, BROER, Einleitung, 408, KÜMMEL, Einleitung, 243; LAMBRECHT, 2Cor, 9, setzt den
Ausdruck *apology* bei der Besprechung der Teilungshypothesen in Anführungszeichen um so
eine Bezeichnung zu markieren, die er nicht teilt. – Mit demselben Ausdruck werden auch „reduzierte" Stücke bezeichnet, so etwa BULTMANN, 2Kor, 21, zu 2,17-6,10, WOLFF, 2Kor, 50, zu
2,14-6,10, GRUBER, Herrlichkeit, 23-25.79f., zu 2,14-6,13.

[23] WOLFF, 2Kor, 50.

[24] Vgl. etwa LAMBRECHT, 2Cor, 13, der die Feststellung, Paulus sei „unique in his vocation", nur
insofern ausweitet als er es für falsch hält, „to radically separate Paul's union with Christ from
that of other Church leaders, i.e., past and present missionaries or ministers and pastors"; für „all
Christians" ist Paulus lediglich „a model of authentic spirituality".

[25] BULTMANN, 2Kor, 21.

die Auffassung, dass „die apostolische Existenz exemplarisch die christliche Existenz abbilde"[26]. Und nach B.Bosenius handelt es sich „beim brieflichen Ich des Paulus um ein Modell des christlichen Sich-selbst-Verstehens ..., das von anderen übernommen werden kann"[27]. – Was Paulus über sein eigenes Verhalten sagt, gilt demnach in gewisser Weise für alle.[28]

(3) Dazu kommt, dass Paulus von seinen Adressaten nicht nur eine Übertragung dessen erwartet, was er über sich selbst sagt, sondern sie überdies auch ganz direkt auf Defizite in ihrem eigenen Handeln und Verhalten anspricht – ihr Urteilen und verletzendes Verhalten, ihre (mangelnde) Bereitschaft zum Umdenken oder ihre (fragliche) Beteiligung an der Kollekte ... –, allerdings nicht ohne zugleich aufzuzeigen, wie sich die genannten Problembereiche vom Grund der christlichen Existenz her eigentlich gestalten sollten. So verweist Paulus etwa im Zusammenhang mit der Kollekte auf das „Vorbild" Christi (8,9) und hält den Korinthern überdies vor Augen, wie die χάρις bei den Mazedoniern zu einem beeindruckenden Engagement in dieser Angelegenheit geführt hat (8,1ff.). Dabei versäumt er es nicht, wo irgend möglich, auch die Dinge zu erwähnen, bei denen sich bei den Korinthern das von Gott Empfangene im Verhalten adäquat entfaltet hat (z.B. 7,10f.; 8,7). – Man darf also erwarten, dass Paulus den Zusammenhang von Heil und Handeln gerade in diesen Bereichen deutlich zur Sprache bringt.

(4) Und schließlich kann man, wenn die oben formulierte Kritik an einem auf die Rechtfertigungsbegrifflichkeit oder auf andere „Leitbegriffe" fixierten Interesse einmal außer Acht bleibt, für 2Kor auch geltend machen, dass hier nicht nur einige interessante δικαιοσύνη-Belege begegnen – so z.B. die für die Klärung des paulinischen Selbstverständnisses bedeutsame διακονία τῆς δικαιοσύνης (3,9) oder die für unser Thema wichtigen γενήματα τῆς δικαιοσύνης (9,10) –, sondern überdies noch die gern als Synonym zu δικαιοσύνη angesehene καταλλαγή,[29] ein Lexem, das „zur Verdichtung eines Sachverhalts (dient), den Paulus in anderen Zusammenhängen mit Hilfe seiner Rechtfertigungslehre darlegen will."[30] Letzteres begegnet gleich mehrfach, und zwar gehäuft in zwei Versen an zentraler Position (5,18f.)[31]. Dies lässt die Erwartung aufkommen, dass hier ein entscheidender Sachverhalt des Briefes zur Sprache kommt, der

---

[26] Dinkler im Vorwort zu Bultmann, 2Kor, 12. Tatsächlich finden sich solche Übertragungen im folgenden Kommentar immer wieder, siehe z.B. 118f.122f.

[27] Bosenius, Abwesenheit, 83.

[28] Vgl. dazu auch Best, 2Cor, 4f., Murphy-O'Connor, Theology, 55.

[29] In einer gewissen Parallelität begegnen die beiden Wortfelder in Röm 5,9f. (καταλλαγή in Röm 5,11[;11,15]; καταλλάσσειν in Röm 5,10[2-mal]). Für eine klare Entsprechung der beiden in Röm 5,9f. und gegen den Versuch, einen Bedeutungsunterschied zu suchen, optiert z.B. Dunn, Rom, 257f.; eine feine Akzentverschiebung nimmt dagegen z.B. Breytenbach, Versöhnung, 171f. 222-224, an.

[30] Klauck, 2Kor, 56; ebenso etwa Bultmann, Theologie, 285 („An die Stelle des Begriffs δικαιοσύνη (δικαιοθῆναι) kann auch der Begriff καταλλαγή (καταλλαγῆναι) treten zur Bezeichnung der neuen Situation, die Gott selbst dem Menschen erschlossen hat. Die Untersuchung der Aussagen über die δικαιοσύνη und der über die καταλλαγή bestätigen sich gegenseitig"); vgl. überdies Ders., 2Kor, 160.

[31] Zur Bedeutung dieser beiden Verse vgl. nur Schröter, Versöhner, 305f.

sich durch weitere Arbeit am Brief erheben lassen sollte. – Auch ein eher an „Leitbegriffen" paulinischer Theologie orientiertes Interesse dürfte also in 2Kor auf seine Kosten kommen.

Mögliche Einwände

Natürlich sind die Einwände gegen das bisher Skizzierte abzusehen. Die Absicht, ein Thema paulinischer Theologie auf Grund der Prämisse „Vom Ganzen zu seinen Teilen!" anhand nur eines Briefes angehen zu wollen, darf wohl durchaus mit einem gewissen Verständnis rechnen, was man aber bei der Entscheidung für 2Kor kaum voraussetzen darf. Gerade wenn man vom Ganzen ausgehen will, so scheint sich doch dafür kein Brief weniger zu eignen als 2Kor, da dessen Integrität – und damit das Verständnis dessen, was denn „das Ganze" hier sein soll – heftig umstritten ist. Wie kann man sich angesichts dieser Tatsache gerade auf diesen einen Brief konzentrieren? Müsste man dazu nicht erst die Teilungshypothesen aufarbeiten und dabei die Integrität des Briefes plausibel machen, bevor man sich an die eigentlich gestellte Aufgabe machen kann? Dazu Folgendes.

(1) Gründliche Aufarbeitungen der Argumente, die in der Debatte um die Einheitlichkeit des Briefes ins Feld geführt werden, gibt es bereits,[32] so dass ich mir eine erneute Darstellung derselben ersparen kann. Wichtig ist hier allerdings die Feststellung, dass die Zahl derer, die für die Einheitlichkeit eintritt, nach wie vor erheblich ist und auch in jüngster Zeit kaum abgenommen hat.[33] – Allein schon diese Tatsache „legitimiert" in gewisser Weise den hier angestrebten Versuch.

(2) Doch wäre es wohl zu einfach, sich nur auf jene Vertreter zu berufen. So hat etwa H.D.Betz zu Recht die Forderung erhoben, dass Vertreter der Einheitlichkeit von 2Kor diese nicht (mehr) einfach nur voraussetzen können und sich auch nicht damit begnügen dürfen, lediglich Gegenargumente gegen die Teilungshypothesen zu sammeln, sondern vielmehr sich der Notwendigkeit stellen müssen, die Einheitlichkeit konstruktiv nachzuweisen.[34] – Eben diese Herausforderung soll hier angenommen werden: Sind schon die Textanalysen in Kapitel 2 der Arbeit an einer sinnvollen Rekonstruktion der Briefstruktur gewidmet, so soll überdies in Kapitel 3, bei den thematischen Analysen, auch nach einer alle Teile verbindende thematischen Kohärenz[35] gefragt werden.

(3) Nun dürfte gerade das Stichwort „thematische Kohärenz" im Blick auf 2Kor weitere Kritik hervorrufen, denn dieser Brief gilt als sehr sprunghaft. Et-

---

[32] Eine schöne und übersichtliche Darstellung verschiedener Hauptgruppen unter den Vertretern von Teilungshypothesen bietet Bieringer, Teilungshypothesen, 67-105.

[33] An Veröffentlichungen, die neben und nach den von Bieringer, Teilungshypothesen, zusammengestellten erschienen sind und mehr oder weniger dezidiert für die Integrität votieren, möchte ich nennen Schnelle, Einleitung, 92-100, Broer, Einleitung, 408-419, Belleville, 2Kor, 23-33, Lambrecht, 2Cor, 7-9, Amador, Revisiting.

[34] Betz, 2Kor 8/9, 61-77.

[35] Zur Diskussion um die Frage, ob man für Texte im Allgemeinen und für die paulinischen Briefe im Besonderen ein einheitliches „Grundthema" bzw. „Grundanliegen" annehmen kann, siehe unten S.28f.

was karikierend dargestellt scheint der Brief häufig als „a compilation of jumbled thoughts – a smorgasboard of Paul's ‚oh-and-I-forgot-to-tell-you-abouts' tossed together"[36] wahrgenommen zu werden. Doch selbst eine evtl. Sprunghaftigkeit – von der ich nicht ausgehe –, kann noch einem bestimmten Zweck dienen, wie VINCE an der Rede *de corona* von DEMOSTHENES klar macht: „By this irregular, and, at first sight, haphazard, arrangement of his topics, involving as it does many digressions and sudden transitions, Demosthenes gains some important advantages. The unremitting attention of the jury is secured by the alternation of passages of narrative with rhetorical argument, and of defence with retort; passages of lofty eloquence are distributed through the oration, instead of being reserved to the end; and the orator's reply to the technical pleas, on which ... his defence is weak and fallacious, is kept in the background of the argument. Moreover, the general effect of the speech is undoubtedly climactic in a degree attainable only by consummate art"[37].

(4) Doch mehr noch! Es fehlt gerade in jüngerer Zeit nicht an Versuchen, im gesamten 2Kor ein wesentliches Anliegen auszumachen, das alle Teile miteinander verbindet. Dabei spielt die Wiederherstellung der Beziehung zwischen dem Apostel und den Korinthern die größte Rolle.[38] Nach SCHRÖTER nimmt Paulus im Heilsvorgang eine exklusive Stellung ein, indem sich das Heil durch ihn vermittelt, so dass die Korinther nicht nur das Evangelium, sondern ihn selbst anzunehmen hätten, was zugleich über ihr Heil entscheide.[39] Der Realisierung dieses Verhältnisses diene gerade die „Apologie"[40]. Weniger steil argumentiert auch BIERINGER dafür, dass es v.a. um die Reaktion der Korinther auf den Apostel gehe, da sie „still lack in reciprocating", so dass „Paul is constantly asking the Corinthians to do for him what he has done for them, to reciprocate, to make the relationship mutual", „to normalize the relationship by reciprocating".[41] – Fraglich bleibt hier allerdings, ob diese Einschätzung ausreichend ist; schließlich bleibt die Frage nach der *mutuality* bzw. der *reciprocity*,[42] nach der Beziehungsebene in 2Kor nicht allein auf Paulus und die Korinther beschränkt, sondern umfasst auch das Verhältnis der Korinther zu anderen Gemeinden.

---

[36] SPENCER/SPENCER, 2Cor, 8.

[37] VINCE, im Vorwort zu DEMOSTHENES, *de corona* (LCL 155), 15f.

[38] Demgegenüber sehen YOUNG/FORD, Meaning, 12-16, das alles Verbindende durch das Wort δόξα angezeigt, das sowohl „the glory of God" als auch „the reputation of Paul" bezeichne.

[39] SCHRÖTER, Versöhner, 73.127.340 u.ö.

[40] Zu diesem Ausdruck siehe S.14 Anm.22.

[41] Die Zitate sind BIERINGER, Jealousy, 249f., entnommen.

[42] Die Bedeutung, welche dem Topos der *mutuality*, der *reciprocity* bzw. der Wechselseitigkeit in den paulinischen Briefen zukommt, wird zunehmend erkannt: Während BIERINGER, Plädoyer, 177, die Bedeutung dieses Topos für 2Kor erwähnt, wird dasselbe von REID, Rhetoric, 151f., für den Römerbrief aufgezeigt. Vgl. z.B. auch WITHERINGTON, Conflict, 426f. (Paulus „understands that the Corinthians are operating on the basis of Greco-Roman *reciprocity*"), BELLEVILLE, Reflections, z.B. 119.136.143.156, YOUNG/FORD, Meaning, 177-179, LAMBRECHT, 2Cor, z.B. 1.12.

Die Arbeitsschritte

Mit dem bisher zum Anliegen der Arbeit Gesagten ist auch im Blick auf die Vorgehensweise schon einiges „entschieden", denn die getroffenen Vorentscheidungen verlangen sozusagen von sich aus eine gewisse Anordnung der Arbeitsschritte.

(1) Da hier ein Textverständnis bestimmend ist, nach dem die Teile nur im Rahmen des Ganzen richtig zu verstehen sind,[43] gilt es zunächst, eine plausible Struktur des Briefes zu ermitteln.[44] – Als Mittel zur Strukturierung soll nicht von einem Vergleich bisheriger Strukturierungsversuche und auch nicht unmittelbar vom Instrumentarium der rhetorischen Kritik Gebrauch gemacht werden. Vielmehr werden hier Einsichten der Textlinguistik in Verbindung mit epistolographischen Gesichtspunkten und längst traditionell gewordenen Einsichten zur Anwendung kommen. Die so erarbeitete Briefstruktur bildet dann die Grundlage der weiteren Argumentation.

(2) Nach der strukturellen Delimitierung des „Ganzen" stellt sich die Frage nach der thematischen Ausrichtung desselben. Dazu lohnt es sich, einen Blick auf „exponierte Textstellen" zu werfen.[45] Die Aufmerksamkeit soll zunächst den „Texträndern"[46], d.h. Präskript, Subskript und Proömium gelten, denn allein schon diese Passagen lassen etwas von der „eigentlichen Intention" eines Textes erkennen.[47] Sozusagen als „Gegenprobe" sind die Ergebnisse dann anhand eines „zentralen Abschnitts" innerhalb des Briefganzen zu überprüfen. Die dabei zu erkennenden Kohärenzen mit den Texträndern werden als „Grundanliegen" des Briefes aufgefasst.

(3)[48] Ob es sich dabei allerdings um ein „einheitliches Anliegen" des gesamten Textes handelt, bleibt noch zu prüfen.[49] Dementsprechend sind weitere Passagen des Briefes in den Blick zu nehmen, schließlich kann in den exponierten Textstellen das Wesentliche wohl angesprochen, aber kaum in seiner ganzen Fülle expliziert werden. Es ist also zu erwarten, dass Paulus das dort Gesagte im übrigen Text weiter ausführt und auf die Situation bezogen erläutert. Insbesondere der Zusammenhang zwischen theologischen, appellativen und paränetischen Passagen ist dabei zu beachten, da gerade darin der Zusammenhang zwischen Heil und Handeln sichtbar wird.

(4)[50] Geht Paulus sowohl von einem bestimmten Zusammenhang zwischen Heil und Handeln als auch von einer gewissen Bedeutung des Verhaltens aus und will er eben diese bei den Korinthern zur Geltung kommen sehen, dann

---

[43]   Vgl. dazu das von HARTMANN, Begriff, formulierte textlinguistische Axiom: „Das primäre sprachliche Zeichen ist der Text" (ebd., 213.215), woraus folgt, dass sich Kommunikation „nur in Texten, nicht in Worten, auch nicht in Sätzen, sondern höchstens mit Sätzen aus Worten in Texten" (ebd., 212) vollzieht.

[44]   Siehe Kapitel „2. Textanalysen", d.h. S.37ff.

[45]   Siehe Kapitel „3.1. Thematische Hinweise an exponierten Textstellen", d.h. S.82ff.

[46]   Zu diesem Ausdruck siehe S.24.

[47]   Zur Begründung dieser Annahme siehe S.24ff.

[48]   Siehe Kapitel „3.2. Weitere Explikationen des zentralen Anliegens", d.h. S.131ff.

[49]   Zur Problematik eines grundlegenden Themas siehe oben S.16.28f.

[50]   Siehe Kapitel „3.3. Bedrohlicher Horizont", d.h. S.178ff.

stellt sich die Frage, was die Adressaten im Fall der Nicht-Verwirklichung zu erwarten hätten. Zu fragen ist also, ob Paulus bei den Ausführungen zum (erwarteten) Verhalten mögliche Konsequenzen für den negativen Fall in Aussicht stellt, was er im Blick auf den Jüngsten Tag zu sagen hat, und ob seine Ausführungen zu den ἀπολλύμενοι damit zu verbinden sind. Auch das Kapitel 2Kor 3 darf dabei nicht unberücksichtigt bleiben.

(5)[51] Schließlich kommt in komplementärer Weise die rhetorische Kritik zur Geltung. Dabei richtet sich das Interesse weniger auf eine formale rhetorische Analyse. Vielmehr interessiert, was die rhetorischen Kategorien zum Verständnis der Briefsituation, der Grundintention des Paulus und den eben erwähnten „negativen Fall" beitragen können. – Es wird sich zeigen, dass die rhetorische Gestalt des Briefes in eindrücklicher Weise auf die Grundintention und die bei den Korinthern zu befürchtende Nicht-Verwirklichung dessen, wozu Paulus sie zu bewegen sucht, abgestimmt ist.

---

[51] Siehe Kapitel „4. Rhetorische Aspekte", d.h. S.221ff.

1.2. Zur allgemeinen Methodik

Während der eben dargelegten Abfolge der Arbeitsschritte wurden einige Punkte, die in dieser Arbeit hinsichtlich der Methodik von Bedeutung sein sollen, nur kurz gestreift. Es besteht also die Notwendigkeit, die methodischen Voraussetzungen nun etwas deutlicher zu beschreiben und die zur Anwendung kommenden Kategorien zu erläutern.

Strukturierung des Textes

Das Bemühen, Texte zu strukturieren, ist fast so alt wie die Beschäftigung mit Texten überhaupt.[52] Dabei war allerdings oft das Gefühl für inhaltliche Zusammenhänge ausschlaggebend, was zur Abgrenzung subjektiv empfundener „Sinneinheiten" führte.[53] Das daneben fortwährend zu erkennende Bemühen um objektivierbare Indizien[54] hat Möglichkeiten eröffnet, dieses Problem zu überwinden. Gerade in der epistolographischen, textlinguistischen und rhetorischen Forschung wurden zahlreiche metatextuelle oder textsortenspezifische Indikatoren festgestellt,[55] welche sowohl Kohärenzen als auch Zäsuren schon an der Textoberfläche deutlich sichtbar werden lassen. Helfen diese Indikatoren nun, eine subjektive Textgliederung zu verhindern, so erfordert deren Fülle und das Problem der Hierarchisierung derselben zugleich eine gewisse Selektion, um sie in einer sinnvoll angeordneten Prozedur anwenden zu können. Hier soll dies dergestalt geschehen, dass in einem ersten Arbeitsgang unter (nahezu) ausschließlicher Konzentration auf die Textoberfläche allein die Hauptteile des Textes ermittelt werden sollen. Dabei interessieren offensichtliche Indikatoren für Kohärenz und nur jene Zäsurmarker, welche sich zur Erfassung der großen Hauptteile eignen. Daran schließt sich ein zweiter Arbeitsgang an, in dem die Struktur der Hauptteile ermittelt werden soll. Dabei kann die Fülle von Kohärenz- und Zäsurindikatoren in größerem Umfang und auf den unterschiedlichen Hierarchieebenen zur Geltung kommen.

---

[52] Stowers, Character, 182f., zeigt, dass die Textsegmentierung Lernstoff der antiken Ausbildung war. Vergleichbar damit ist die Forderung bei Melanchthon, Elemente, 63f., die „Anordnung der Teile" und die „Gliederung des Textes" zu erfassen.

[53] Siegert, Argumentation, 112f., zur Strukturierung des Röm durch Käsemann.

[54] Vgl. nur P.Bachmann, 2Kor, 35f., der die Setzung einer Zäsur vor 2Kor 1,8 u.a. mit dem strukturellen Argument begründet, dass mit der Wendung „οὐ θέλω ὑμᾶς ἀγνοεῖν bei P(aulus) ganz anlog zu der verwandten, im Briefstil so häufigen Formel γινώσκειν σε θέλω ... zu einem neuen Gegenstand der Erörterung" oder „zur Materie des Briefes überhaupt" übergegangen wird; zur neueren Diskussion dieser formelhaften Wendung siehe S.22 Anm.72.

[55] Zur rhetorischen Segmentierung vgl. Kennedy, Criticism, 33-38, zur epistolographischen Aune, Environment, 183-191, Klauck, Briefliteratur, 35-40, und zur textlinguistischen Gülich/Raible, Textanalyse, 81-98.

Zum *ersten Arbeitsgang*: Zur Ermittlung von Kohärenz[56] an der Textoberfläche soll hier vorwiegend auf die Häufung gewisser textueller Phänomene geachtet werden, denn diese zeigen das Andauern von Zusammenhängen an. Vorrangig sind dabei semantische Zusammenhänge[57], welche in Form von Wortfamilien bzw. -feldern begegnen können. Unter einer Wortfamilie verstehe ich eine „Gruppe von Wörtern, die sich aus ein u(nd) derselben etymologischen Wurzel entwickelt haben od(er) von ein u(nd) demselben Lexem herzuleiten sind"[58] (z.b. glücken, beglücken, Glück, Unglück, glücklich usw.). Der Ausdruck „Wortfeld" bezeichnet dagegen eine Gruppe von Worten, die durch einen inneren Zusammenhang bzw. durch „Enthaltenseinsrelationen" miteinander verbunden sind (z.b. Baum, Ast - Blatt - Rinde).[59] Da die zuletzt genannten Zusammenhänge schwerer zu erkennen sind und in von uns zeitlich weit entfernten Texten – wie es die paulinischen Briefe sind – oft erst sorgfältig erarbeitet werden müssen, wird sich in der Oberflächenanalyse eines Textes das Augenmerk vorwiegend auf die Verwendung bzw. Verteilung von Wortfamilien richten müssen. Kann man dabei feststellen, dass die Verwendung einer Wortfamilie andauert, sollte man keine tiefere Zäsur annehmen. Überhaupt weist die Häufung textueller Phänomene darauf hin, dass im Bereich dieser Ansammlung ein Zusammenhang im Text weiter besteht.[60] So kann man etwa auch auf die konzentrierte Verwendung von grammatikalischen Formen (z.B. Imperative)[61], von Personen und Personenkonstellationen,[62] von Eigen- und Ortsnamen, von Tempora und rhetorischen Figuren sowie von gewissen Stilmitteln und Sprachformen[63] achten. Diese kohäsiven Mittel zeigen nun vorläufig nur das Andauern von textuellen Zusammenhängen an, ohne Genaueres über Anfang und Ende aussagen zu können. In diesem Stadium der Analyse wird für solche erst grob erfassten Texteinheiten der Ausdruck „Textfelder" verwendet. Im Unterschied zu Ausdrücken wie Absatz, Sequenz, Texteinheit etc. soll dieser Begriff also gerade ersichtlich machen, dass zwar die Erstreckung eines Zusammenhangs zu erkennen ist, aber noch nicht dessen exakte Begrenzung.

---

[56] Übersichten zu kohäsiven Mitteln bieten z.B. BEAUGRANDE/DRESSLER, Textlinguistik, 50ff. (Kohäsion), 88ff. (Kohärenz), BRINKER, Textanalyse, 27ff. („grammatische Bedingungen der Textkohärenz"), 44ff. („thematische Bedingungen der Textkohärenz"), BERGER, Exegese, 12-17, EGGER, Methodenlehre, 31f.

[57] Vgl. dazu BERGER, Exegese, 15, EGGER, Methodenlehre, 31.

[58] DUDEN, Wörterbuch, 4556.

[59] Vgl. dazu EGGER, Methodenlehre, 110ff., BRINKER, Textanalyse, 36ff. (spricht von „semantischer Kontiguität"), BERGER, Exegese, 137-159 (verhandelt dasselbe unter dem Stichwort „semantische Felder").

[60] Vgl. dazu BERGER, Exegese, 13f.

[61] Dass Beobachtungen zur Verwendung des Imperatives zur Feststellung von Kohärenz verwendet werden können, lehrt ein Seitenblick auf Röm, wo 33 der insgesamt 44 Imperative, ab Röm 12,2 vorkommen, und Röm 9-11 anerkanntermaßen eine abgeschlossen Einheit bilden.

[62] Vgl. nur BERGER, Exegese, 23. Als Beispiel aus der Praxis sei P.BACHMANN, 2Kor, 82, genannt, der dort mit dem Übergang von der 1.*pers.plur.* zur 1.*pers.sing.* argumentiert, um mit 2Kor 1,23 einen Absatz anheben zu lassen. Dieselbe Argumentation spielt auch im Zusammenhang mit Röm 2 oder Röm 7 eine Rolle.

[63] So wird z.B. in der Diskussion um 1Thess schon lange für eine Zusammengehörigkeit von 1,2-3,13 auf Grund der wiederholten Danksagungen argumentiert.

Zur nun nötigen exakten Delimitierung der Hauptteile würde man sich gerne auf solche Zäsurmarker verlassen, welche *per se* schon Einschnitte ersten Grades anzeigen. Diese existieren aber so nicht. Trotz aller Versuche, Kataloge mit hierarchisch geordneten Markern zu erarbeiten,[64] zeigt sich in deren Anwendung, dass diese durchaus auch auf anderen Textebenen erscheinen können als in den Katalogen vorgesehen. Die Renominalisierung beispielsweise wird in den bislang vorgelegten Katalogen auf recht tiefer Stufe eingeordnet. In der Praxis der Paulusexegese aber hat gerade jene, welche mit der namentlichen Nennung des Absenders oder der Empfänger konstruiert ist,[65] sich als Marker für Hauptteile bewährt, wie schon ein Blick auf Gal 5,2[66] deutlich macht. Im Gegensatz dazu können sich gerade „metakommunikative Sätze", bei denen es um den Vorgang der Kommunikation selbst und nicht schon um den Inhalt derselben geht[67] und die gerne als höchstrangige Trenner angesehen werden,[68] durchaus auch auf untergeordneten Ebenen finden,[69] wie dies auch beim asyndetischen Anschluss[70] oder bei überschriftartigen Sätzen[71] der Fall sein kann. Darum soll hier als entscheidendes Kriterium die Korrelation mit den Kohärenzbeobachtungen gelten: Begegnen anerkannte Zäsurmarker gerade an den Stellen, wo die Häufung textueller Phänomene anhebt bzw. aufhört, so ist ein wesentlicher Einschnitt zu erwägen. Eine gewisse selbständige Markanz kommt allerdings der sogenannten „Enthüllungsformel"[72] zu. Haben formelhafte Wen-

---

[64] GÜLICH/RAIBLE, Textanalyse, 81-98, WONNEBERGER, Textgliederung, 307 ff., JOHANSON, Brethren, 24-34; HELLHOLM, Enthymemic Argumentation, 124f.

[65] Vgl. dazu BERGER, Exegese, 16, M.BACHMANN, Sünder, 113f.; Auch ein Blick in die politischen Reden von Demosthenes (oder in gedruckte Predigten) lohnt sich in diesem Zusammenhang.

[66] Siehe M.BACHMANN, Sünder, 113f.

[67] GÜLICH/RAIBLE, Textanalyse 87; vgl. STENGER, Exegesis, 35f.

[68] Vgl. nur JOHANSON, Brethren, 31; WONNEBERGER, Textgliederung, 310.

[69] Einige Beispiele: 1. Die in Röm durch die Formulierung τί οὖν ἐροῦμεν (6,1; 7,7; 9,14.30 [in etwas veränderter Form in 3,5; 4,1; 8,31]) markierten Einschnitte liegen nicht alle auf derselben Ebene; 2. Die nach STENGER, Exegesis, 35, WONNEBERGER, Überlegungen, 269, als „metakommunikatives Signal" zu verstehende Zitationsformeln kann unmöglich ein höchstrangiger Trenner sein; 3. Der von STENGER, Exegesis, 35, unter den „metatextual devices" aufgeführte Satz 1Tim 3,14f. markiert zwar einen Einschnitt, aber nur einen untergeordneten, denn der Passus 1Tim 3,14-16 fällt nach SCHNELLE, Einleitung, 350, BROER, Einleitung, 529, in den 1.Hauptteil des Briefes (2,1-3,16).

[70] Nach BLASS/DEBRUNNER/REHKOPF, Grammatik, §§ 459-463 erscheint das Asyndeton auf unterschiedlichen Ebenen.

[71] So leiten die von WONNEBERGER, Überlegungen, 247, angeführten περὶ-δέ-Formulierungen (siehe dazu auch S.24.72) in 1Kor 7,1; 8,1; 12,1; 16,1 wohl „überschriftartige Sätze" ein, sind aber sicherlich keine höchstrangigen Trenner. Aristoteles z.B. verwendet in seiner Rhetorik häufig die Wendungen περὶ δέ, περὶ μέν (οὖν) oder ἐπεὶ δέ, allerdings um Absätze zu markieren, die innerhalb eines Zusammenhangs stehen.

[72] Zu dieser Formel – egl. „disclosure formula" – vgl. z.B. AUNE, Environment, 188, WHITE, Introductory Formulae, 93, Ders., Epistolography, 1736.1743f., MULLINS, Disclosure, 46-49, SANDERS, Transition, 353, BELLEVILLE, Letter, 144.146; weitere bei JOHANSON, Brethren, 64. Allerdings spricht schon P.BACHMANN, 2Kor, 35f, hinsichtlich 2Kor 1,8 von einer Formel, mit der „die Wendung sei es zu einem neuen Gegenstand der Erörterung (...) sei es zur Materie des Briefes überhaupt vollzogen wird."

dungen an sich schon eine gewisse strukturierende Bedeutung,[73] so leitet gerade diese bei Paulus häufig größere Abschnitte ein[74] und kann am Anfang des Briefes gar die Eröffnung des Briefkorpus sichtbar machen. Zu beachten ist denn auch die besondere makrosyntaktische Bedeutung, welche der Wiederholung gerade in diskursiven bzw. argumentativen Texten zukommt. In der Regel werden hier die eingangs genannten Themen, welche im Verlauf der Ausführungen verhandelt werden sollen, am Ende in resümierender Weise wiederholt (große *inclusio*). Wird man zur Ermittlung dieses Sachverhaltes auch die inhaltliche Ebene berücksichtigen müssen, so wird er doch auch an der Textoberfläche an der Wiederholung formelhafter Elemente zu erkennen sein, welche demnach Einleitung und Schluss markieren würden. Hat man nun anhand dieser *text dividers* die Einschnitte im Text festgestellt und somit exakte Begrenzungen ermittelt, so kann man den Ausdruck „Textfeld" fallen lassen und die Abschnitte mit den entsprechenden Versangaben bezeichnen. Zum Schluss muss noch die Hierarchisierung der Texteinheiten erörtert werden, da sich gedanklicher Schwerpunkt und Intention von Abschnitten ganz unterschiedlich ausnehmen können, je nachdem ob man sie isoliert oder im Verbund mit umliegenden Passagen, zu verstehen sucht.[75] Dabei werde ich mich wiederum nicht an einem der bekannten Kataloge orientieren, sondern vielmehr aus der Summe der verschiedenen Gegebenheiten heraus zu entscheiden suchen.

Im *zweiten Arbeitsgang* soll das Bemühen der Segmentierung der eben ermittelten Hauptteile des Textes gelten. Die Vorgehensweise wird im Ablauf der bisherigen entsprechen, indem zunächst nach Kohärenzen und dann nach Zäsuren gefragt wird. Hier kann in größerem Stil aus dem großen Repertoire von kohäsiven und trennenden Mitteln geschöpft werden. So kann etwa Kohärenz auch dann angezeigt sein, wenn Wortfamilien oder andere Phänomene nach einer gewissen Häufung in einem gewissen textuellen Abstand erneut begegnen. Obwohl dieser Sachverhalt nach einer Unterbrechung aussieht, kann eine solche Rekurrenz durchaus auch das Ende einer Textsequenz anzeigen, wie etwa bei der zyklischen Gedankenbildung,[76] bei der anfangs geäußerte Dinge am Ende einer Passage wiederholt werden. Überhaupt können Wiederholungen unterschiedlichster Art wichtige Hinweise geben.[77] So ist etwa neben der Ringkomposition[78] (bzw. *inclusio*) auch auf die Wiederkehr stereotyper Wendungen oder Konstruktionen zu achten. Diese markieren zum einen Unterabschnitte,[79] lassen diese aber zugleich als eine sequentielle Anordnung von Absätzen inner-

---

[73] Vgl. dazu nur BERGER, Exegese, 26, der „formelhafte Elemente" zu den Mitteln der Textgliederung zählt.

[74] Vgl. dazu nur BETZ, 2Kor 8/9, 85 und ebd., Anm.4.

[75] Vgl. dazu die Übersicht bei KALVERKÄMPER, Orientierung, 22ff.

[76] Rhet.Alex., 21,1433b-23,1434b, handelt von den Wiederholungen am Ende eines Abschnittes; ebd., 23, gibt er dem, der eine längere Rede zu halten gedenkt, die Anweisung, er müsse „ihren Gegenstand in Abschnitte teilen" und dann „jeden Abschnitt der Rede wiederholen und die Wiederholung kurz machen".

[77] Siehe dazu auch oben S.23 und unten S.27.65.

[78] Vgl. dazu BERGER, Exegese, 13f.

[79] Zur Strukturierung durch „formelhafte Elemente" vgl. BERGER, Exegese, 26; BEAUGRANDE/DRESSLER, Textlinguistik, 57-60, verhandeln Ähnliches unter dem Stichwort „Rekurrenz".

halb einer größeren Einheit erscheinen, denn das Andauern der Wiederholungen macht den Zusammenhang deutlich. Nun kann man durchaus von der Textoberfläche zur inhaltlichen Ebene wechseln, so dass hier auch jene semantischen Zusammenhänge Berücksichtigung finden können, welche oben als Wortfelder bezeichnet wurden. Neben den bereits erwähnten Zäsurmarkern ist jetzt die gesamte Bandbreite derselben zu beachten: textsortenspezifische Formeln bzw. Formulierungen, die Zitations- und Enthüllungsformel, die thematischen Marker περὶ μέν bzw. περὶ δέ,[80] überschriftartige Sätze, durch οὖν bzw. ὥστε markierte Zusammenfassungen,[81] adversative Partikel, asyndetischer Anschluss,[82] anaphorische oder kataphorische Verweise, Verschiebung im thematischen Gehalt, usw. Neben diesen Versuchen, auf der Ebene von Grammatik und Lexemen Strukturen zu erfassen, sei noch jene Möglichkeit zumindest erwähnt, anhand der pragmatischen Orientierung sprachlicher Einheiten die Kohärenz oder Nichtkohärenz von Textsequenzen zu ermitteln.[83] Und zum Schluss wird man sich wieder die Frage nach der Hierarchie der ermittelten Abschnitte stellen. Nachdem freilich die Hauptteile schon erfasst sind, geht es hier nur noch um die Anordnung der untergeordneten Stufen, die dem größeren Zusammenhang zuträglich ist. Für die Entscheidung wird man wieder auf die Verteilung von Zäsur- und Kohärenzindikatoren achten. Fällt ein *text divider* in ein durch Kohärenzindikatoren ausgewiesenes Textfeld, so dürfte es sich um eine untergeordnete Zäsur handeln!

Bedeutung der Textränder

Hat man die Struktur eines Textes erfasst, so soll sich die Aufmerksamkeit zunächst auf die „Textränder", also auf Anfang und Schluss des Textes richten. Dabei ist der Ausdruck „Textränder" zunächst durchaus etwas unscharf gemeint, wie dies oben auch bei der Bezeichnung „Textfeld" der Fall war[84]. Gemeint sind damit also nicht schon klar begrenzte und konventionell festgelegte Abschnitte am Anfang und Schluss des Briefes, sondern zunächst einmal nur das „Textmaterial", das sich vom Briefanfang aus in das Briefkorpus öffnet, und jenes, das schließlich in den Briefschluss mündet inklusiv den Schluss selbst.

---

[80] Vgl. dazu S.22.72.

[81] Zur Strukturargumentation mittels Partikeln im Allgemeinen vgl. nur BLOMQVIST, Particles, DERS., Coordination, SIEGERT, Argumentation, 99f.; speziell zur Gliederung durch οὖν vgl. SIEGERT, Argumentation, 99, BERGER, Exegese, 21. M.BACHMANN, Sünder, 105f. bietet eine ausgewogene Diskussion zur Funktion des οὖν in Gal 5,1.

[82] THRALL, Particles, HELLHOLM, Amplificatio, 140 Anm. 85, erwähnt, dass Partikel am Satzanfang für gutes Griechisch unerlässlich sind.

[83] P.BACHMANN, 2Kor, 374, argumentiert für den von ihm und anderen gesetzten Einschnitt vor 2Kor 11,16 mit der „energischen Wiederholung des ursprünglich angeschlagenen Tons", wobei auf die in 11,1 ausgesprochen Bitte *zurückgegriffen* wird.

[84] Siehe dazu oben S.21.

Besondere Beachtung verdienen diese Textstücke, da sie in der Regel, auch wenn sie einem gewissen Formzwang unterliegen, weder aus beliebigen Sätzen noch aus formelhaft erstarrten Wendungen bestehen,[85] sondern in einem engem Verhältnis zum eigentlichen Anliegen des Gesamttextes zu sehen sind.[86] So konstatiert Coseriu: „Es scheint naheliegend, sich bei der Untersuchung des thematischen Kontextes zunächst einmal dafür zu interessieren, was an den ‚exponierten‘ Stellen des Textes erscheint. Man wird also gut daran tun, darauf zu achten, wie ein Text anfängt und wie er aufhört, denn diese im Text besonders ausgezeichneten Stellen können für den Aufbau des thematischen Kontextes von entscheidender Bedeutung sein"[87]. Diese textlinguistisch ausgerichtete Bemerkung korrespondiert mit der Sicht antiker Rhetorik, denn schon dort wurden „Prologe und Epiloge ... besonders sorgfältig gestaltet. Denn der Anfang bestimmt auf eigentümliche Weise alles folgende, und der Schluß das Ganze."[88] Demnach gilt die Feststellung, „that one can tell much about the sort of rhetoric one is dealing with by how a discourse opens and closes"[89], nicht nur für eine rhetorische Analyse, sondern dem Sinn nach für jede Art von Textbearbeitung. Gerade argumentative Texte sind dadurch gekennzeichnet, dass anfangs das Anliegen bzw. das Thema zumindest angedeutet wird, worauf dann am Ende eine Art Ertragssicherung folgt, so dass die Textränder eine gewisse Affinität zueinander aufweisen. Dieser Sachverhalt bietet dem heutigen Exegeten die Möglichkeit, schon allein durch eine Analyse von Anfang und Schluss, unter vorläufiger Ausblendung der Hauptmasse des Textes, Wesentliches von Thema und Textfunktion zu erheben.

Der Textanfang ist bei allen Formen nicht nur von erheblicher Bedeutung, sondern zeigt neben stereotypen Elementen[90] auch markante Variationen[91]. Gerade diese sind nun für die Erhebung der thematischen Ebene von entscheiden-

---

[85] Vgl. nur Aune, Environment, 183-187; Stowers, Letter-Writing, 21f.

[86] Vgl. nur Müller, Schluß, 34, der nach einem Durchgang durch die Konventionen des Briefschreibens im Allgemeinen (ebd., 19-34) konstatiert: „Es wurde deutlich, daß Briefkonventionen in der Antike nicht ‚konventionell‘ in einem ‚formelhaften‘ Sinn waren und nicht leer und nichtssagend, sondern texthermeneutische Bedeutungsträger sind." Ebd., 64-67, bespricht er speziell die römischen Konventionen des Briefschlusses und ebd., 67-77, die frühjüdischen.

[87] Coseriu, Textlinguistik, 188; für die Satzebene vgl. Beaugrande/Dressler, Textlinguistik, 81: „Allein die Plazierung von sprachlichem Material an früheren oder späteren Stellen innerhalb eines Teilsatzes oder des Satzes deutet auf die relative Vorrangigkeit und Informativität des zugrundeliegenden Inhalts hin."

[88] Berger, Exegese, 19.

[89] Witherington, Conflict, 474, der sich dabei auf Mitchell, Rhetoric, 15ff., bezieht, wobei es ihr an dieser Stelle nur um die Eingrenzung des Textes geht.

[90] Coseriu, Textlinguistik, 188-190; Aune, Environment, 184f.; Berger, Exegese, 19ff., der auf Gunkels Feststellung, dass die Einleitung dem stärksten Formzwang unterworfen sei, hinweist.

[91] Aune, Environment, 184-186, nennt neben den stereotypen Merkmalen der paulinischen Briefanfänge immer auch die charakteristischen Variationen. Auch Coseriu, Textlinguistik, 190-194, wertet charakteristische Anfangsvariationen aus. Stowers, Letter-Writing, 20f, vermerkt allerdings, dass den Briefanfängen und -schlüssen in den antiken epistolographischen Handbüchern keinerlei Beachtung geschenkt wurde, während sich die Schreiber durchaus bewußt waren, „that variations of these formulas could be an important elemnt in accomplishing the purpose of their letters".

der Bedeutung, denn die Variationen werden durch des Verfassers Einschätzung der Situation hervorgerufen. Allein schon in den antiken Handbüchern der Rhetorik findet sich eine Fülle von Hinweisen, wie der Anfang einer Rede je nach Situation zu variieren ist.[92] Dies bedeutet m.E., dass im Blick auf die paulinischen Briefe sowohl die Variationen innerhalb des Präskripts als auch des Proömiums zu beachten sind.[93] Dies ist nun keineswegs selbstverständlich. In der Literatur werden die beiden ersten Verse meist nur als Briefeingang behandelt, dem man keine tieferliegenden Aussagen zu entnehmen sucht.[94] Angesichts der oben angestellten Erwägungen halte ich dies für inadäquat. Es lohnt sich vielmehr, schon dem Präskript einige Aufmerksamkeit zu schenken, was von anderen Autoren in anderen Zusammenhängen bereits deutlich gemacht wurde.[95] Was bezüglich des Präskripts umstritten war, das ist es nun allerdings nicht hinsichtlich des Proömiums. Man ist sich einig darin, dass man diesen wenigen Worten in der Regel bereits wichtige Informationen über die Textwelt[96] entnehmen kann: „Pauline thanksgivings usually encapsulate the main theme of the letters, like the thanksgiving periods in papyrus letters and introductions of speeches"[97]. Eine solche Überzeugung geht nicht nur auf antike rhetorische Theorien zurück,[98] sondern Entsprechendes wurde auch durch jüngere Arbeiten an den paulinischen Briefen verdeutlicht[99]. Wenn auch nicht immer als allgemeingültiger Sachverhalt formuliert[100], so findet sich der Gedanke, dass das Proömium die wesentlichen Elemente des Briefanliegens enthält, doch recht oft in den Arbeiten zu 2Kor.[101]

Gemäß dem oben zitierten Diktum von Coseriu gehört auch das Ende zu den „‚exponierten' Stellen des Textes", die Aufschluss geben über den „thematischen Kontext" des vorliegenden Textes. Doch während den Briefanfängen nicht selten großes Interesse zuteil wird, hat man die gründliche Untersuchung der Schlusspassagen eher vernachlässigt, was sich glücklicherweise langsam

---

[92] Vgl. dazu nur Göttert, Rhetorik, 27-30.

[93] Zur problematischen Verhältnisbestimmung von Rhetorik und Epistolographie siehe unten S.30ff.

[94] Vgl. nur Bultmann, 2Kor, 24; Lietzmann, 1/2Kor, 99; Schmiedel, Thess/Kor, 210.

[95] Zu Röm vgl. nur Dunn, Rom, 22; H. Schweizer, Bibelrhetorik, 1569-1571; zu Gal vgl. etwa Zahn, Gal, 32f.; Longenecker, Gal, 1ff.; u.v.a.

[96] Vgl. zu diesem Ausdruck Beaugrande/Dressler, Textlinguistik, 88f.

[97] Aune, Environment, 186.

[98] Ausführliche Erwägungen und Quellenangaben hierzu finden sich bei Witherington, Conflict, 356-359.

[99] Vgl. nur O'Brien, Thanksgivings, 254-256.

[100] So jedoch bei Furnish, 2Cor, 117 („The thanksgiving periods of Paul's letters usually give voice, at least indirectly, to the concerns which have prompted him to write"); Martin, 2Cor, 8 (Bezug nehmend auf O'Brien, der „gives a full comment on Paul's habit of opening his letters with thanksgiving related to the epistolary situation"), vgl. ebenso Witherington, Conflict, 357.

[101] Vgl. nur P.Bachmann, 2Kor, 34 („Dann ist aber dieser Eingang zugleich von höchster Bedeutung für alles folgende. Denn es ist zu erwarten, dass das ihn beherrschende Motiv die Gesamtgestalt des Schreibens beeinflußt."); Wolff, 2Kor, 21 („Was man für die Danksagung des 1.Korintherbriefes ermittelt hat, dass dort nämlich bereits die Briefthemen anklingen, wird man also auch für den Eingang des 2. Korintherbriefes geltend machen können."); vgl. ebenso Price, Aspects, 95-106, Martin, 2Cor, 10f., Furnish, 2Cor, 117.

ändert.[102] Generell lässt sich von den Briefabschlüssen Folgendes sagen: „The subscriptions of Paul's letters function like the thanksgivings of his letters though in reverse: they provide important clues for understanding the issues previously discussed in the bodies of their respective letters. For as the thanksgivings foreshadow and point ahead to the major concerns to be addressed in their respective bodies, the subscriptions serve to highlight and summarize the main points that have been dealt with in those bodies"[103] Das Briefende kann also das zuvor Gesagte ebenfalls in aller Deutlichkeit auf den Punkt bringen, wie das z.b. auch beim Abschluss einer Rede der Fall ist[104]. Im Blick auf den paulinischen Brief wäre mit „Briefende" sowohl das Subskript als auch die vorausgehende Schlusspassage des Briefkorpus zu verstehen, also das, was man in der rhetorischen Theorie als *peroratio* bezeichnet. Auch das Subskript dürfte, wie das Präskript, trotz aller formelhaften Wendungen durch die Briefsituation mitbedingt sein. Was nun die Arbeit an 2Kor anbelangt, so wird dieser Sachverhalt wiederum nicht selbstverständlich berücksichtigt, denn trotz der häufig anzutreffenden Feststellung, dass sich die Verse 13,11-13 „organisch" an das direkt Vorausgegangene anschließen,[105] werden die Rückbezüge der Schlussverse auf Voranstehendes allenfalls in der Auseinandersetzung um die Frage, zu welchem Brieffragment diese Verse denn nun gehören sollen, zur Geltung gebracht[106]. Während man sich häufig in Vergleichen mit den Schlusssequenzen anderer Paulusbriefe ergeht, wird nur selten konstatiert, dass es sogar noch hier um „some of his major themes"[107] geht.

Kurzum: Eine gründliche Bearbeitung von Briefanfang und -schluss ist äußerst ratsam, um das wesentliche Anliegen des Briefes deutlicher vor Augen zu bekommen, da man sich während der Analyse des Briefkorpus leicht in zahllosen Details und so das Grundanliegen aus dem Blick verlieren kann. Dabei gilt das über die „Textränder" Gesagte in gewissem Sinne auch für einzelne Abschnitte des Textes.[108] So findet sich etwa in Rhet.Alex. der Ratschlag, am Ende von Abschnitten Wiederholungen zu bieten: „Die Wiederholung ist eine kurze Erinnerung, die man anwenden soll am Ende einzelner Abschnitte und ganzer Reden"[109]. Dafür verwendet Aristoteles den Ausdruck der „Sprache in Kehren", die im Gegensatz zu derjenigen „in Reihen" steht. Letztere wirke ermüdend, da sie endlos aneinander reihe, während die erste Abschnitte bilde. „Unter einem Abschnitt verstehe ich ein Stück, das in sich selbst Anfang und

---

102 Vgl. dazu LONGENECKER, Gal, 286, ROETZEL, letters, 67 (Anm. 15, Lit. zur Erforschung der Briefenden), WEIMA, Endings, MÜLLER, Schluß.

103 LONGENECKER, Gal, 287.

104 GÖTTERT, Rhetorik, 38, UEDING/STEINBRINK, Grundriß, 255f.

105 So z.B. bei PLUMMER, 2Cor, 379f., FURNISH, 2Cor, 585, MARTIN, 2Cor, 492.

106 So werden etwa die Rückbezüge von 13,11a zu den Kapiteln 10-13 zumindest kursorisch erwähnt von FURNISH, 2Cor, 585 („The brief, summary-like admonitions of v.11a are an apt conclusion to the appeal being made in chaps. 10-13: that the Corinthians renew their commitment to the gospel and bring their behavior into conformity with the latter before Paul's arrival [see especially 10:1-6; 12:19-13:10]"; ebenso PLUMMER, 2Cor, 379f.,

107 WITHERINGTON, Conflict, 474.

108 Vgl. nur BERGER, Exegese, 18-22.

109 Rhet.Alex., 21,1433b-1434a.

Ende und eine wohl zu überblickende Größe hat. So etwas ist angenehm und leicht zu merken"[110]. – Es lohnt sich also in mancherlei Hinsicht, auf Eröffnungen und Abschlüsse zu achten.

Textlinguistik und thematische Analyse

In dieser Arbeit sind Textlinguistik und Rhetorik nun nicht allein für die Strukturierung, sondern auch für die im dritten Kapitel durchzuführenden thematischen Analysen von Bedeutung. Da aber die Textlinguistik keine einheitliche Theorie bzw. Disziplin darstellt, sondern zahlreiche auseinanderstrebende Tendenzen und eine Vielzahl unterschiedlicher Interessen aufweist,[111] sollen hier nun jene textlinguistischen Ansätze genannt werden, welche bei den thematischen Analysen – mehr implizit als explizit – eine gewisse Rolle spielen werden.

Bei der Darstellung der Arbeitsschritte war bereits die Rede von „thematischer Kohärenz", „eigentlicher Intention" bzw. „Grundanliegen" eines Textes.[112] Dies gründet sich auf die – nicht unbestrittene[113] – Annahme, dass Texten in der Regel ein spezielles Anliegen zu Grunde liegt und sie ein gewisses Ziel verfolgen. In rhetorischer Perspektive ist dies einigermaßen selbstverständlich: Die Rede bzw. der Text verfolgt eine Gesamtintention, der alle enthaltenen Teile zuträglich sein müssen. Auch in der Textlinguistik spielt die Zweckgerichtetheit und das Zusammenspiel von Teilen im Ganzen eine Rolle:[114] Die Teile stehen nicht lose nebeneinander, sondern „(h)ierarchisch niedrigere Teile üben als relative Ganze Funktionen für ihre übergeordneten Einheiten aus, wie sie als jeweiliges Ganzes auch Funktionen für die ihnen unterstellten Teile innehaben"[115]. So liegt es nahe, davon auszugehen, dass die Äußerungen, aus denen sich ein Text zusammensetzt, „in ihrer Gesamtheit eine reale – oder gedachte – Frage, die Quaestio eines Textes" beantworten.[116] – Diese Annahme hat nun im Blick auf 2Kor einen ganz besonderen Reiz, da man diesen Brief – wie schon erwähnt – meist als äußerst disparat ansieht.[117] Es ginge also darum, die *eine* Grundintention zu ermitteln, welche Paulus mit den so unterschiedlich wirkenden Teilen verfolgte.

---

[110] Aristot., rhet., 3,9,1ff.
[111] Nach W.KLEIN, Textlinguistik, 7f., dient der von ihm herausgegebene Sammelband vielleicht nicht der Überwindung dieser Divergenzen, aber doch der Annäherung der verschiedenen textlinguistischen Ansätze und Perspektiven.
[112] Siehe oben S.16.18.
[113] CLASSEN, Rhetorik, 29, moniert an BETZ' Galaterkommentar, dass „Briefe keineswegs immer nur ein Thema erörtern". Auch KLEIN/STUTTERHEIM, Textstruktur, 69 Anm. 3, erörtern die Möglichkeit, dass „(m)anche Texte ... überhaupt nicht durch eine Quaestio charakterisierbar" seien, sehen dies aber nur bei Texten „mit einer relativ lockeren Struktur", vergleichbar mit „small talk", „die dann auch tatsächlich keinem übergeordneten Organisationsprinzip folgen".
[114] Siehe die Zusammenfassung bei KALVERKÄMPER, Orientierung, 18.
[115] KALVERKÄMPER, Orientierung, 33.
[116] KLEIN/STUTTERHEIM, Textstruktur, 69; ebd., 69. Anm. 2, finden sich einige methodische Erwägungen zum Vorhandensein einer *quaestio*.
[117] Siehe S.16.

Um dieser Intention gewahr zu werden, kann man sich an verschiedenen text-linguistischen Theoremen orientieren. Eines derselben wird als „implizite Wie-deraufnahme"[118] bezeichnet, welche durch „semantische Kontiguität" konstitu-iert ist. Ein solches Kontiguitätsverhältnis zwischen Worten, das man auch „Teil-von- oder Enthaltenseinsrelation"[119] nennt, kann unterschiedlich begrün-det sein, wie z.B. logisch, ontologisch oder kulturell – und m.E. auch situativ. Das bedeutet, dass zwischen Worten und Themen, die vordergründig wenig miteinander zu tun zu haben scheinen, doch ein innerer Zusammenhang beste-hen kann. Könnte man diesen erheben, so wäre man der dem Text zugrundelie-genden Quaestio ein gutes Stück näher. Vergleichbar damit ist auch das, was man als „Ableitbarkeitsprinzip"[120] bezeichnet hat. Dieses „besagt, dass wir als Hauptthema des Textes das Thema betrachten, aus dem sich die anderen The-men des Textes am überzeugendsten (für unser Textverständnis) ‚ableiten‘ las-sen."[121]

Auf dieser Linie liegt es dann auch, wenn man etwa den expliziten Textge-genständen nicht unbedingt vorrangige Bedeutung zumisst. Deren Ermittlung oder eine solche von so genannten „Leitworten"[122] kann nur ein erster Schritt sein, denn die verwendeten Lexeme müssen das Thema bzw. Anliegen nicht ex-plizit bezeichnen, sondern können auf Grund des Themas gewählt sein. Die the-matische Orientierung müsste dann aus dem Text erst abstrahiert werden. Nach BRINKER – und ihm folge ich in dieser Hinsicht – „bezieht sich das Wort ‚The-ma‘ nicht nur auf den kommunikativen Hauptgegenstand eines Textes (den do-minierenden Referenzträger), wie er sich sprachlich in den nominalen oder pro-nominalen Wiederaufnahmen manifestiert, sondern das Alltagskonzept ‚The-ma‘ umfaßt vielfach auch das, was im Text ‚in nuce‘ über diesen zentralen Ge-genstand ausgesagt wird, d.h. den Grund- oder Leitgedanken eines Textes"[123]. Als relevante Textgegenstände betrachte ich deshalb nicht nur die Lexeme der Oberfläche, sondern auch die durch die Konstellationen derselben zueinander angezeigten thematischen Verhältnisse. Oder in den Worten BRINKERS: „Die the-matische Analyse ... berücksichtigt ... nicht nur die dominierenden Referenzträ-ger der einzelnen Textpassagen, sondern auch das, was im Text über sie gesagt wird."[124] Beim Auftreten verschiedener thematischer Aspekte soll dann das eben genannte Ableitbarkeitsprinzip Anwendung finden.[125]

So ist es durchaus einleuchtend, dass in der Textlinguistik gelegentlich zwi-schen Textfunktion, wahrer Absicht und Textwirkung unterschieden wird.[126]

---

[118] Siehe das gleichnamige Kapitel bei BRINKER, Textanalyse, 35-37.
[119] BRINKER, Textanalyse, 35.
[120] BRINKER, Textanalyse, 22.56.59.60.147.
[121] BRINKER, Textanalyse, 56.
[122] In der exegetischen Literatur wird dafür „Leitwort" (vgl. z.B. KLAUCK, 2Kor, 18) bzw. „key-word" (vgl. MARTIN, 2Cor, 8) verwendet.
[123] BRINKER, Textanalyse, 55.
[124] BRINKER, Textanalyse, 58.
[125] Siehe S.29.
[126] Ich beziehe mich hier auf BRINKER, Textanalyse, 93f., der seinerseits auf GROSSE rekurriert, und die folgenden Zitate sind BRINKER entnommen.

„Der Terminus ‚Textfunktion' bezeichnet die im Text mit bestimmten ... Mitteln ausgedrückte Kommunikationsabsicht des Emittenten. Es handelt sich also ... sozusagen um die Anweisung (Instruktion) des Emittenten an den Rezipienten, als was dieser den Text insgesamt auffassen soll, z.B. als informativen oder als appellativen Text". Davon zu unterscheiden ist die „wahre Absicht" des Emittenten. Diese „kann zwar der Textfunktion entsprechen; sie muss aber nicht mit ihr übereinstimmen. So ist etwa für eine Zeitungsnachrichth die informative Textfunktion kennzeichnend, auch wenn der Emittent insgeheim noch eine persuasive Absicht verfolgt ... Ob der Rezipient auch die ‚geheime Intention' des Emittenten ... herausfindet, hängt z.B. davon ab, ob im Text selbst bestimmte Indizien für eine solche Absicht vorhanden sind ..."

Angestiftet von textlinguistischen Perspektiven soll in dieser Arbeit sowohl nach einem grundlegenden Thema als auch nach einer einheitlichen Intention gefragt werden, welche den verschiedenen Teilen des 2Kor zu Grunde liegen und diese zusammenhalten.

Zur Anwendung der rhetorischen Kritik

Nun bietet sich der ntl. Forschung seit geraumer Zeit (wieder) die rhetorische Kritik als Instrumentarium zur Analyse an. Die durch BETZ eingeleitete Renaissance derselben hat v.a. im englischsprachigen Raum eine Fülle von an Rhetorik orientierten Arbeiten hervorgebracht und fand sogar Eingang in die Kommentarliteratur[127]. Insgesamt aber – und v.a. im deutschen Kontext – ist sie noch keineswegs selbstverständlich akzeptiert, da in methodischer Hinsicht noch etliche Einwände erhoben werden.[128]

Eine Problematik besteht sicherlich in der Verhältnisbestimmung von Epistolographie und antiker Rhetorik.[129] Die Epistolographie war lange Zeit kein Teil der rhetorischen Handbücher und taucht erstmals in einem solchen bei J.Victor im 4.Jhdt. auf, und da nur als Anhang.[130] Sodann gibt es in der Antike zahlreiche Äußerungen, welche den Brief deutlich von der Rede unterscheiden.[131] Zudem kann man fragen, ob die Tatsache, dass es funktionale Äquivalenzen zwischen epistolographischen Charakteristika und Ratschlägen der rhetorischen Handbücher gibt, als Beweis für eine formelle Abhängigkeit angesehen werden darf.[132] Auch der Versuch, paulinische Briefe einem der drei rhetorischen *genera* zuzuweisen oder dort eine vollständige *dispositio* finden zu wollen, kann sich kaum auf epistolographische Handbücher berufen, da die betreffenden Kategorien dort nicht erwähnt sind.

---

[127] Eine Übersicht dazu findet sich bei PORTER, Categories, 102 Anm.7.

[128] Ein kurzer Überblick zu den Einwänden findet sich etwa bei MÜLLER, Schluß, 35-40 (wobei er selbst ebd., 40-53, v.a. die Differenz in den Pragmatiken antiker Rhetorik [Kategorie „Herstellung", erfolgsorientiert] und paulinischer Briefe [Kategorie Handeln, verständigungsorientiert] betont wissen will) samt der in den Anmerkungen genannten Literatur.

[129] Besprochen wird das Problem z.B. bei PETERSON, Eloquence, 16-23.

[130] Siehe PORTER, Categories, 114.

[131] Einige sind zusammengestellt bei PORTER, Categories, 111-114.

[132] So die kritische Frage von PORTER, Categories, insbes. 105.109f.115ff.

Nun ist der „Brief" auch das vielgestaltigste literarische Phänomen der Antike, und eben daran entzündet sich ein weiterer Haupteinwand gegenüber der rhetorischen Kritik: Ist sie nicht viel zu starr?[133] Kann sie mit den drei *genera* und der strikten *dispositio* einem derart vielgestaltigen Phänomen überhaupt gerecht werden? Verfährt sie nicht generell viel zu dogmatisch? So ist etwa der Versuch zweifelhaft, erzählende Elemente einfach als *narratio* zu klassifizieren,[134] denn am Anfang eines Textes begegnende erzählende Stücke müssen nicht als *narratio* gesehen werden, sondern können durchaus auch einem anderen Ziel dienen.[135] – Prinzipiell gilt also CLASSENS Warnung, dass man bei einem antiken Brief nicht vorschnell eines der rhetorischen *genera* erwarten dürfe und auch nicht das vollständige Vorhandensein der von der Theorie empfohlenen Teile.[136]

Ein dritter Fragenkomplex ergibt sich aus der Rhetorik selbst. Selbst wenn gewisse rhetorische Elemente anzunehmen sein sollten, dann gilt es doch, die *dissimulatio* zu bedenken, welche doch gerade das kunstvolle Verbergen der formellen Ratschläge anrät. Und: Wie können jene Ratschläge, die doch zur Produktion gedacht waren, zur Analyse verwendet werden?[137] Und schließlich steht ein eventuelles Verhältnis des Apostels zur Rhetorik zur Debatte. Wie wahrscheinlich ist es, dass Paulus solche rhetorischen Anweisungen kannte bzw. kann man bei Paulus überhaupt vertiefte rhetorische Kenntnisse annehmen?

Auf diese Fülle von Anfragen kann hier nur mit einigen Streiflichtern reagiert werden. Ein erster, eher lapidarer Hinweis besteht in der Feststellung, dass in der Analyse dieses Briefes – und in der Exegese überhaupt – rhetorische Kategorien immer schon eine Rolle gespielt haben und es immer noch tun, selbst in Arbeiten, die nicht explizit an der Rhetorik orientiert sind. Auf der Wort- oder Satzebene findet man etwa in 1,12 ein *hendiadyoin*,[138] d.h. eine Verknüpfung zweier Synonyme,[139] in 2,8 eine *sunoikeiosis* bzw. ein Oxymoron,[140] die Ver-

---

[133] Vergleichbar damit ist bereits die Bemerkung Ciceros über die rhetorischen Theoretiker seiner Zeit: „Überhaupt besteht ihr ganzer Irrtum darin, daß sie sich einbilden, es gebe hier, ähnlich wie in anderen Bereichen, eine Art System" (Cic., orat., 2,83).

[134] So sieht BETZ, Gal, 122-128, in Gal 1,11-2,14 eine *narratio* der strittigen Punkte.

[135] So wurde hinsichtlich der erzählenden Stücke in Gal 1 und 2 mehrfach deutlich gemacht, dass es hier noch gar nicht um die strittigen Punkte geht. Vgl. nur KENNEDY, Criticism, 145 (Er wendet gegen BETZ ein, dass „the narrative of the first and second chapters of Galatians is not an account of facts at issue. It is supporting evidence for Paul's claim in 1:11 that the gospel he preached is not from man, but from God"), CLASSEN, Rhetorik, 30 („Warum aber ... ‚berichtet' Paulus so ausführlich über sein früheres Vorgehen? Offensichtlich ist er angegriffen worden, und so stellt sich ihm zunächst die Aufgabe, die gegen ihn erhobenen Vorwürfe zu widerlegen und sein Ansehen wiederherzustellen, weil er nur so hoffen kann, gehört zu werden, und auf diese Weise allem, was er zu sagen beabsichtigt, größeres Gewicht verleiht.").

[136] CLASSEN, Rhetorik, 26f.: „Entsprechen mehrere Einzelheiten den Regeln der Theorie, so ist trotzdem der Schluß nicht erlaubt, dass selbstverständlich auch andere Vorschriften befolgt, z.B. andere von der Theorie nahegelegte Teile vorhanden sein müssen."

[137] Vgl. dazu M.BACHMANN, Sünder, 15.

[138] Vgl. nur BULTMANN, 2Kor, 37.

[139] Vgl. dazu UEDING/STEINBRINK, Grundriß, 280, GÖTTERT, Einführung, 55.

[140] FURNISH, 2Cor, 157.

bindung zweier inkompatibler Begriffe,[141] oder in 11,1 eine *prodiorthosis*,[142] eine vorgängige Entschuldigung, um mit dem zu Sagenden die Hörer nicht gegen sich aufzubringen. Auf der Ebene von Satzeinheiten bzw. von Abschnitten findet man in 6,14-7,1 eine *digressio*, d.h. eine gedankliche Abschweifung, in 8,1ff. ein *exemplum*, d.h. eine beispielhafte Darstellung, und man erkennt in 6,3-10 „den rhetorischen ... Schwung, das hohe Pathos"[143]. Darüber hinaus werden große Teile der ersten sieben Kapitel als „Apologie"[144] bezeichnet: Man hört Paulus sich in den ersten beiden Kapiteln verteidigen, Vorwürfe abwehren und seine Integrität untermauern.[145] Von daher fließen auch rhetorische Kategorien in die Sekundärliteratur ein: Dem gesamten Brief wird der „Charakter einer Verteidigungsrede" zugemessen, „an deren Beginn die Beseitigung von Vorurteilen stand"[146]. – Dieser Sachverhalt berechtigt zur der kritischen Rückfrage: Wenn schon in Ansätzen, warum dann nicht eine umfangreichere rhetorische Kritik?

An Plausibilität gewinnt diese Frage angesichts der Intertextualität des Phänomens „Brief": „No literary genre, including that of the epistle, exists in isolation. Genres exist in an intertextual system, each genre containing features common to other genres."[147] Dieses intertextuelle System ist nicht statisch, sondern Elemente aus anderen Gattungen wirken selbstverständlich hin- und herüber. Diese Wechselwirkungen können auch neue Sub-Gattungen hervorrufen. Gerade das Phänomen „Brief" wurde in diesem intertextuellen System zu einer erstaunlichen Vielfalt geführt, welche so groß war, dass „[v]irtually any type of written text could be sent to individuals or groups in an epistolary form"[148]. Zu Recht also bezeichnet CLASSEN als „wichtigste[n] Zug des antiken Verständnisses vom Wesen des Briefes" das Wissen, „dass der Brief nicht eine einheitliche Grundstruktur besitzt, die nur größeren oder geringeren Schwankungen unterworfen ist, sondern dass er in Gestalt und Form eine Vielfalt annehmen kann, denen allein das Element des Übermittelns vom Absender zum Empfänger gemeinsam ist und die sich sonst in kaum vorstellbarer Mannigfaltigkeit voneinander unterscheiden"[149]. Von daher sind Versuche zur Briefsortenbestimmung, sowohl jene aus der Antike, z.B. von Cicero,[150] Ps.- Demetrius oder Ps.- Libani-

---

[141] Vgl. dazu UEDING/STEINBRINK, Grundriß, 282.289.

[142] FURNISH, 2Cor, 499; vgl. auch SUNDERMANN, Apostel, 83.

[143] P.BACHMANN, 2Kor, 277.

[144] Zur Verwendung dieses Ausdrucks im Blick auf 2Kor siehe S.14 Anm.22.

[145] Vgl. nur WOLFF, 2Kor. 28.32, („V.15-22 dienen zur Abwehr des Vorwurfs, Paulus habe sein Besuchsversprechen nicht eingehalten", wobei Paulus darin die Infragestellung seiner Autorität erkenne, und somit in V.19-22 für seine Person eine theologische Beweisführung aufbiete), MARTIN, 2Cor, 19 (zu 1,12-14: „The chief thrust of the paragraph ... is to convey Paul's asseveration of his own reliability as an apostle, which was the target of his enemies' attack at Corinth").

[146] WOLFF, 2Kor, 28, der sich auf Aristot., rhet. 3,14,7 bezieht.

[147] REED. Categories. 322.

[148] AUNE. Environment, 158.

[149] CLASSEN, Rhetorik, 8; vgl. auch REED, Categories, 298f.

[150] AUNE, Environment, 161;

us,[151] als auch solche aus neuerer Zeit,[152] an sich schon äußerst problematisch, und zusammen zeigen sie deutlich die Schwierigkeit, das vielgestaltige Phänomen „Brief" in ein Schema einzupassen. Aus dieser Vielfalt ergibt sich zum einen die Konsequenz, dass einzelne Briefe ein sehr hohes Maß an rhetorischem Einfluss aufweisen oder gar einer Rede mit vollständiger *dispositio* gleichen *können*,[153] was dann auch prinzipiell für ntl. Briefe im Bereich des Möglichen liegt, da diese ebenfalls an dieser Vielfalt partizipieren. Zum anderen muss diese Vielfalt aber auch zu einer gewissen Vorsicht in der Analyse führen. Man kann ihr unmöglich mit einem starren System von Kategorien zu Leibe rücken, auch nicht mit der Annahme, sie müssten sich in eines der drei rhetorischen *genera* fügen. Man wird damit zu rechnen haben, dass sie, genauso wie die in Ägypten erhaltenen Papyrusbriefe,[154] hinsichtlich der rhetorischen Kategorien Übereinstimmungen und Differenzen zeigen.

Auch ein kurzer Blick auf das antike Bildungssystem macht die Annahme einer in gewissem Maße rhetorischen Briefgestalt plausibel. „In den Schulen der Griechen und Römer waren Übungen zum Anfertigen schriftlicher Texte als Vorübungen (progymnasmata bzw. praeexercitationes) zur Rhetorik und zur Ausbildung von Geschichtsschreibern und Epistolographen gedacht"[155]. Darin eingeschlossen waren auch Übungen zu rhetorischen Elementen wie der *narratio, refutatio* oder der *confirmatio*. „Die Übungsformen waren ursprünglich nicht als selbständige Texte gedacht, sondern als Einübung in einzelne Elemente der selbständigen Rede"[156]. Diese Übungen wurden in verschiedenen literarischen Gattungen ausgeführt, und zwar auch in Briefform! „Das Abfassen von fingierten B(riefen) gehörte ebenso zur rhetorischen Ausbildung wie die in der Tradition der Progymnasmata des APHTHONIUS stehende Übung, Personen der Geschichte und Literatur Reden in den Mund zu legen. Die Ethopoeie, die Charakterdarstellung als rhetorische Übung, gab es sowohl in der Form der Rede als auch des Briefes"[157]. Diese Berührungen von Epistolographie und Rhetorik im Schulsystem machten eine Überschneidung in der Praxis nicht nur wahrscheinlich, sondern brachten auch tatsächlich „vermischte Texte" hervor, und zwar nicht nur jene, die in den rhetorischen Vorübungen entstanden.[158] Dieser

---

[151] Vgl. REED, Categories, 299, CLASSEN, Rhetorik, 8, AUNE, Environment, 161.

[152] CLASSEN, Rhetorik, 5f., nennt die Versuche von EXLER, SCHNEIDER, STOWERS und EMERT; AUNE, Environment, 162-169, erweitert STOWERS um die „three additional categories - private or documentary letters, official letters, and literary letters" (162).

[153] REED, Categories, 307, gesteht diese Möglichkeit ein. Die Möglichkeit schimmert auch bei CLASSEN, Rhetorik, deutlich durch, wenn er sich auch gegen ein zu schematisches Vorgehen wehrt, indem er betont, dass das Vorhandensein einzelner *partes orationis* nicht zwingend bedeutet, dass auch die restlichen vorhanden sein müssen (28). Einen solchen kurzschlüssigen Schematismus wirft er sowohl BETZ (29) als auch F.W.HUGHES und M.BÜNKER (29 Anm. 95) vor.

[154] AUNE, Environment, 160.

[155] HAUEIS, Aufsatzlehre, 1254. HAUEIS richtet sich in seiner Aufzählung der verschiedenen Übungen v.a. nach dem von APHTHONIUS verfassten Werk, das um 400 n.Chr. entstanden sein dürfte, erwähnt aber auch, dass die ältesten Belege aus dem 1.Jh. v.Chr. stammen.

[156] HAUEIS, Aufsatzlehre, 1255.

[157] MÜLLER, Brief, 62; vgl. AUNE, Environment, 168, REED, Categories, 312, MÜLLER, Schluß, 56.

[158] Beispiele bietet REED, Categories, 312; bei AUNE, Environment, 169, werden auch Briefe im

Sachverhalt hat seine Gültigkeit trotz der gegenseitigen Vernachlässigung von Epistolographie und antiker Rhetorik in den jeweiligen Handbüchern. Man darf diese Berührungen im praktischen Vollzug der Praxis des Schreibens nicht unterschlagen, auch wenn sie in den theoretischen Präsentationen nicht eigens erwähnt werden.

Das bisher Gesagte mag ja nun richtig sein, aber im Blick auf Paulus kann es nur dann veranschlagt werden, wenn dieser mit dem Gesagten in Verbindung gebracht werden kann. Und dies ist nun ohne weiteres möglich. Schon hinsichtlich seiner Ausbildung kann eine Berührung mit griechischer Bildung unmöglich in Abrede gestellt werden, denn der Hellenismus hatte auf das Judentum längst vor der Zeitenwende einen erheblichen Einfluss, der sich bis in die Haggadot hinein zeigt. Mit gutem Recht lässt sich nicht nur sagen, „that the rabbinic methods of interpretation derive from hellenistic rhetoric, and that rabbinic hermeneutics themselves are a product of the hellenistic civilization that dominated the entire Mediterranean world"[159], sondern auch „that many of the Rabbis not only adopted hellenistic values, but actively encouraged such practices through their aggadot".[160] Diese Berührungen dürfen aber nicht nur als über die Ausbildung vermittelte gedacht werden, sondern auch als unmittelbarere! Denn zum einen gilt die Tatsache, dass wer Griechisch schreiben auch Griechisch lesen kann und so Zugang zu klassischer Literatur bekommt und gewisse Dinge aufnehmen kann.[161] Zum anderen ist hier das Prinzip „learning by listening" zu bedenken. Was CICERO bewusst tat, nämlich vor seiner eigentlichen Wirksamkeit lange Zeit Reden zu hören und zu studieren,[162] tat Paulus zumindest unbewusst, indem er sich in der griechischen Kultur bewegte und unzählige Male auch Hörer war. Betrachtet man schließlich die paulinischen Briefe, so ist nicht zu übersehen, dass sie nicht nur den Briefkonventionen seiner Zeit entsprechen, sondern sich darin auch eindeutig rhetorische Elemente finden. In seinem Schreibstil zeigen sich Elemente der kynisch-stoischen Diatribe,[163] in Röm 6 und Gal 2,15-21 finden sich enthymematische Argumentationen,[164] und in Röm 7,7-25 zeigt sich gar die literarische Technik der προσω–ποποιία, also eine jener Techniken, welche fester Bestandteil der Ausbildung beim *grammaticus* war! „The level of education reflected in the letters" spräche also durchaus für die Annahme, „that Paul received instruction in the subject [sc. προσωποποιία]. Paul's Greek educational level is roughly equivalent to that of someone who had primary instruction with a grammaticus or a 'teacher of letters' and then had studied letter writing and some elementary exer-

---

Geschichtswerk des THUCYDIDES erwähnt, die sich wie Reden lesen.
[159] SHIMOFF, Hellenization, 169, erwähnt in Anm.5 die entsprechende Literatur.
[160] SHIMOFF, Hellenization, 186f.
[161] Vgl. CLASSEN, Rhetorik, 4.
[162] MERKLIN, Einleitung, 19f.
[163] BULTMANN, Diatribe, STOWERS, Diatribe.
[164] Vgl. M.BACHMANN, Sünder, S.48ff. samt den Anmerkungen 131.132.134, der ebd. den enthymematischen Argumentationen in Gal 2, Röm 6, 1Kor 15 u.a. nachgeht; zu Röm 6 vgl. insbes. auch HELLHOLM, Argumentation, 119-179.

cises"[165]. Doch wichtiger als die Frage, welchen formalen Grad an griechischer Ausbildung Paulus erworben hatte, ist die Feststellung, dass er durch seine Ausbildung und seine Lebensaufgabe in engsten Kontakt mit hellenistischer Bildung und deren Kategorien kam, was sich in seinen Briefen niederschlägt. Eben dies berechtigt denn auch zu der Frage nach rhetorischen Kategorien, ohne dass man annehmen müsste, Paulus habe gar die antiken Rhetorikhandbücher studiert[166].

Angesichts der eben dargestellten Einwände und Erwiderungen soll hier ein „moderater" Umgang mit der rhetorischen Kritik gepflegt werden. Da man prinzipiell mit der Möglichkeit rhetorischer Einflüsse rechnen muss, sind Untersuchungen hinsichtlich des Vorhandenseins bzw. des Einflusses von rhetorischen Elementen durchaus am Platze, wenn man sich nicht um die Wahrnehmung einer eventuell vorhandenen Textdimension bringen will. Da man aber andererseits nicht selbstverständlich davon ausgehen kann, dass der vorliegende Brief in entscheidender Weise von rhetorischen Kategorien bestimmt ist, wäre es unvernünftig, allein auf rhetorische Kritik bauen zu wollen. Methodisch gesehen wäre es also sinnvoll, das Vorhandensein rhetorischer Kategorien nicht schon vorauszusetzen, sondern in der Analyse erst danach zu fragen, ob sich deren Einfluss erkennen lässt.[167] Sollte sich dabei tatsächlich eine rhetorische Dimension greifen lassen, dann wäre diese freilich konsequent auszuwerten. Nicht allein die Rekonstruktion der *dispositio* oder die Zuweisung des betreffenden Briefes zu einem der drei *genera* wäre dann zu erörtern, sondern v.a. die Frage, was das Vorhandensein der betreffenden Kategorien für das Verständnis des Briefes, der Briefsituation etc. *bedeutet*, warum etwa ein Autor zum *genus iudiciale* greift, oder warum er sich in Form einer *insinuatio* dem zu besprechenden Thema nähert. – Eben dies soll im letzten Teil dieser Arbeit versucht werden.[168]

---

[165] STOWERS, Speech-in-Character, 181.
[166] Ebenso KENNEDY, Criticism, 9f.; YOUNG/FORD, Meaning, 41. Entsprechend werden bisherige Versuche, die Vertrautheit eines in der Antike lebenden Autors mit jenen Handbüchern nachzuweisen, von CLASSEN, Rhetorik, 28 Anm.92, zwar genannt, aber als „wenig hilfreich" bezeichnet.
[167] Entsprechend empfiehlt LAMBRECHT, Criticism, 248, in der rhetorischen Kritik, nicht „an independent, self-sufficient method" zu sehen, wohl aber als „enriching segment of the larger and more encompassing historical-critical method".
[168] Siehe unten Kapitel „4. Rhetorische Aspekte", d.h. S.221ff.

2. Textanalysen

2.1. Orientierung an der Textoberfläche

Im Folgenden geht es um eine erste Orientierung an der Textoberfläche. Dabei werde ich – wie oben dargelegt wurde –[1] zunächst auf die Häufung gewisser textueller Phänomene achten und dann nach Zäsuren ersten Grades fragen.

Indikatoren für „Textfelder"

Will man semantische Zusammenhänge für die Ermittlung der Struktur eines Briefes fruchtbar machen, so empfiehlt es sich, zunächst auf häufig verwendete Wortfamilien zu achten. In 2Kor fallen schon auf Grund ihrer Häufigkeit diejenigen um παρακαλεῖν (29 Belege)[2] und um περισσεύειν (25 Belege)[3] auf. Sie treten überdies nicht nur intratextuell hervor, sondern auch intertextuell, da – bezogen auf das gesamte *corpus paulinum* – jeweils die Hälfte der Belege für beide Wortgruppen in 2Kor begegnet![4] Eine ähnlich bemerkenswerte Häufung findet sich auch beim Lexem συνιστάνειν: Von insgesamt dreizehn paulinischen Belegen sind allein in 2Kor neun zu finden. Auffällig ist schließlich auch die Verwendung des Syntagmems ἐκ (τοῦ) θεοῦ. Es begegnet bei Paulus insgesamt neunmal.[5] Nimmt man noch jene Formen dazu, welche denselben Sachverhalt bezeichnen, aber aus grammatikalischen oder stilistischen Gründen eine etwas andere Gestalt aufweisen,[6] dann kann man insgesamt zwölf ausmachen. Davon finden sich wiederum neun Belege allein in der korinthischen Korrespondenz, so dass dieses Syntagmem als nicht unwesentlich für die Briefsituation angesehen werden darf.

Anhand der Verteilung dieser semantischen Größen kann man nun erste Konturen der Struktur erfassen. Die Wortfamilie παρακαλεῖν begegnet zunächst in den Versen 1,3-7 in hoher Konzentration,[7] in Kapitel zwei nur noch zweimal und fällt dann über drei Kapitel hinweg völlig aus. Erst in 5,20 und 6,1 taucht sie wieder kurz auf, spielt dann in den Kapiteln 7-9 eine dominante Rolle, um dann erst gegen Ende des Briefes wieder zu begegnen. Ähnlich verhält es sich mit der Wortfamilie περισσεύειν. Sie begegnet in 1,5 gleich zweimal, kommt in den folgenden Kapiteln nur noch sporadisch vor (2,4.9; 3,9; 4,15) und fällt dann nach 4,15 für ganze drei Kapitel völlig aus. Mit 7,13 tritt sie wieder her-

---

[1] Siehe oben S.20f.

[2] Παρακαλεῖν: 1,4(3-mal).6; 2,7.8; 5,20; 6,1; 7,6(2-mal).7.13; 8,6; 9,5; 12,8.18; 13,11; παράκλησις: 1,3.4.5.6(2-mal).7; 7,4.7.13; 8,4.17.

[3] Περισσεύειν: 1,5(2-mal); 3,9; 4,15; 8,2.7(2-mal); 9,8(2-mal).12; περισσεία: 8,2; 10,15; περίσσευμα: 8,14(2-mal); περισσός: 9,1; περισσότερος: 2,7; 10,8; περισσοτέρως: 1,12; 2,4; 7,13.15; 11,23(2-mal); 12,15; ὑπερπερισσεύειν: 7,4.

[4] Der erste Stamm begegnet bei Paulus 58-mal und der andere 47-mal.

[5] Ἐκ θεοῦ: 1Kor 7,7; 2Kor 2,17; 5,1; Phil 3,9; ἐκ τοῦ θεοῦ: Röm 2,29; 1Kor 2,12; 11,12; 2Kor 3,5; 5,18.

[6] Auf Gott bezogene ἐκ-Formulierungen finden sich etwa auch in der Form ἐξ αὐτοῦ (Röm 11,36; 1Kor 1,30), ἐξ οὗ (1Kor 8,6) oder in Gestalt der in 2Kor 4,7 gebotenen Gegenüberstellung ἡ τοῦ θεοῦ καὶ μὴ ἐξ ἡμῶν.

[7] Παρακαλεῖν: 1,4(3-mal).6; παράκλησις: 1,3.4.5.6(2-mal).7.

vor, häuft sich markant in den Kapiteln 7-9 und verschwindet auch in den folgenden nicht mehr. Diese Verteilung der beiden Wortfamilien lässt auf Grund der Häufung bereits einen größeren Zusammenhang in den Kapiteln 7-9 vermuten und einen kleineren in den ersten Versen des Briefes, welcher das Kommende bereits anzudeuten scheint.

In den Textbereichen, in denen die beiden Wortfamilien zurücktreten, fällt dafür der Gebrauch von συνιστάνειν und ἐκ θεοῦ ins Auge. Das Lexem συνιστάνειν verteilt sich vorwiegend auf die Kapitel 3-6 und 10-12.[8] Dabei zeigt sich ein Unterschied in den Bezugspersonen: In den zuerst genannten Kapiteln ist es Paulus[9] und in letzteren sind es seine Gegner in Korinth. Die letzten vier Belege (10,12.18[2-mal]; 12,11) dürften darum ebenso eine Einheit markieren wie die ersten vier, die mit 3,1 beginnen und mit 6,4 enden. In das zuletzt genannte Textfeld fallen dann auch sämtliche Belege des Syntagmems ἐκ (τοῦ) θεοῦ: 3,5; 4,7; 5,1.18!

Bei dem durch die Häufung der beiden Wortfamilien zu erkennenden Zusammenhang in den Versen 1,3-7 dürfte es sich auf Grund der textsortenspezifischen Gegebenheiten um das Proömium handeln. Das nächste deutlich zu erkennende Textfeld, das sich sowohl durch die Absenz der Lexeme παρακαλεῖν und περισσεύειν als auch durch die Präsenz von συνιστάνειν und ἐκ θεοῦ auszeichnet, erstreckt sich über die Kapitel 3-6. Demnach dürften die vorausliegenden Kapitel 1-2 als ein eigenes Textfeld anzusehen sein. Sodann sind auch die Kapitel 7-9 unschwer als Zusammenhang zu erkennen, entsprechend auch die Kapitel 10-12. Somit ergeben sich vorläufig die folgenden Textfelder: Proömium, Kapitel 1-2 (A), 3-6 (B), 7-9 (C) und 10-12 (D), wozu dann noch der zu delimitierende Briefschluss kommt.

Weitere Häufungen lassen die umrissenen Felder noch deutlicher werden. Es fällt beispielsweise auf, dass Orts- und Personennamen, wie Korinth, Mazedonien, Titus, in Textfeld B völlig ausfallen, während sie in A sporadisch und C in großer Zahl begegnen.[10] Jener Absenz entspricht auch diejenige des Imperativs. Während er in A und B überhaupt nicht benutzt wird,[11] ist dann ab 6,13 ein zahlreiches Vorkommen[12] zu beobachten. Das *pendant* zum Imperativ auf semantischer Ebene, nämlich die mit dieser grammatikalischen Form inhaltlich verwandte Zwangs- und Gehorsamsbegrifflichkeit, konzentriert sich ebenfalls in der zweiten Hälfte des Briefes.[13] Aufschlußreich ist überdies die Verteilung grammatischer Personen![14] Am Anfang des Briefes ist zunächst ein Neben-

---

8   Es findet sich in 3,1; 4,2; 5,12; 6,4 – 10,12.18(2-mal); 12,11.
9   Obwohl schon in den Kapiteln 3-6 im Plural, also in Form von συνιστάνειν ἑαυτούς (bzw. auch umgestellt), formuliert wird, so besteht unter den Exegeten doch Einigkeit darüber, dass Paulus dabei an sich selbst denkt; vgl. nur WOLFF, 2Kor, 58.120.139.
10   Es begegnet „Korinth/er" (usw.) in 1,1.23; 6,11, Mazedonien in 1,16(2-mal); 2,13; 7,5; 8,1; 11,9, Achaia in 1,1; 9,2; 11,10 und Titus in 2,13; 7,6.13.14; 8,6.16.23; 12,18(2-mal).
11   Außer 5,20.
12   In 6,13.14.17(3-mal); 7,2; 8,11; 10,7.11.18; 11,2.16; 12,13.16; 13,5(2-mal).11.12.
13   Ὑπακοή: 7,15; 10,5.6; ὑπήκοος: 2,9; ἀνάγκη: [6,4]; 9,7; 12,10; ὑποταγή: 9,13; dazu gehört eventuell auch die μετάνοια-Gruppe, die sich in 7,9.10; 12,21 findet.
14   Vgl. dazu auch GRUBER, Herrlichkeit, 88-90, die allerdings die Verteilung derselben nur innerhalb der von ihr vorausgesetzten Texteinheit 2,14-6,13 im Auge hat.

einander von 1. *pers.sing.* und *plur.* zu beobachten, welches allerdings ab 2,14 einer Dominanz der 1. *pers.plur.* Platz macht,[15] worauf dann ab 6,13 wieder zum Nebeneinander zurückgekehrt wird. Mit 10,1 ist wieder eine Schwerpunktverlagerung zur 1. *pers.sing.* zu beobachten, welche dann in 11,1-12,18 ausschließlich verwendet wird,[16] um schließlich ab 12,18 wieder dem Nebeneinander der Singular- und Pluralformen zu weichen. Dieser Dominanz korrespondiert auch die gehäufte Verwendung von ἐγώ in D: 13 von 19 Belegen finden sich hier.[17] Es zeigt sich in diesen Befunden eine Kohärenz mit obiger Einteilung, insofern als die Dominanz der 1. *pers.plur.* ins Textfeld A fällt und diejenige der 1. *pers. sing.* in B und D. Das Vorkommen der Adressaten korrespondiert diesen Befunden! Verbformen in der 2. *pers.plur.* zeichnen zunächst die Kapitel 1-2 – also Textfeld A – aus, verschwinden dann aber ab 2,12, tauchen nur in 3,2; 5,12.20 kurz auf, um dann ab 6,11 wieder eine wichtige Rolle zu spielen. Auf die Adressaten wird vor 6,11 auch in Form des Personalpronomens ὑμεῖς, oder als in πάντα ἡμᾶς eingeschlossen, nur spärlich Bezug genommen.[18] Diese Marginalisierung der Adressaten vor 6,11 ist also exakt im Bereich von Textfeld B zu finden. Ab der zweiten Hälfte von Kapitel 6 bleiben dann sowohl die 2. *pers.plur.* ständig präsent als auch die betreffenden Personalpronomen.

Damit findet sich die obige Grobeinteilung bestätigt. Lediglich der Beginn des Textfeldes C muss korrigiert werden, denn drei wesentliche Merkmale von C sind nicht erst im siebten Kapitel festzustellen, sondern setzen bereits im Umfeld von 6,11-13 wieder ein. Eben hier wird zum Nebeneinander der 1. *pers.sing.* und *plur.* zurückgekehrt, ab hier bleiben die Adressaten ständig sprachlich präsent, und mit 6,13 beginnt die häufige Verwendung des Imperativs. Demnach ist das Ende von B und der Anfang von C inmitten des sechsten Kapitels zu finden.

Indikatoren für Zäsuren

Nachdem größere zusammenhängende Textfelder in ihrer ungefähren Erstreckung deutlich geworden sind, gilt es nun, die Abgrenzungen exakter zu ermitteln. Dabei sollte man nicht – wie oben dargelegt wurde –[19] vorgelegte Kataloge in dogmatischer Weise zur Anwendung bringen, sondern vielmehr zunächst Beobachtungen zu den *text dividers* sammeln und dann erst in Abstimmung mit den Kohärenzbeobachtungen die sich daraus ergebenden Hauptzäsuren bestim-

---

[15] Außer 5,11; allerdings scheint ἐλπίζω δὲ eine stereotype Wendung zu sein, denn sie begegnet in der selben Form in 1,13 und 13,6.

[16] Außer 11,4 und dem Pluralpartizip φανερώσαντες in 11,6, das mit „wir offenbarten [die Erkenntnis]" zu übersetzen ist.

[17] Ἐγώ begegnet in 2Kor in 1,23; 2,2.10(2-mal); 6,17; 10,1; 11,16.18.21.22(3-mal).23.29; 12,11.13.15.16.

[18] Ὑμεῖς: 3,1.2; 4,5.14; 5,11.12; 6,1; πάντα ἡμᾶς: 3,18; 4,15. Inwiefern Paulus sich in 4,13a mit den Korinthern zusammenschließt oder sie bei dem Ausdruck συνεργοῦντες in 6,1 mit einschließt, ist umstritten und wird später besprochen.

[19] Siehe oben S.22f.

men. Auffällig sind in 2Kor zunächst die Renominalisierungen in 6,11 und 10,1[20]: „euch, Korinther" (6,11) und „ich, Paulus" (10,1). Ist diese Sprachfigur an sich schon auffällig, so erst recht deshalb, da sie die bei Paulus ohnehin selten begegnende namentliche Nennung seiner selbst und seiner Adressaten[21] enthält. Vergleichbar damit sind auch jene Konstruktionen, welche das Personalpronomen zwar nicht durch den Eigennamen präzisieren, aber doch durch die näher qualifizierenden Bezeichnungen „Brüder" oder „Geliebte", wie dies in 1,8 („euch, Brüder"), 8,1 („euch, Brüder") und 12,19b („zur Auferbauung von euch, Geliebte") der Fall ist. Das ist gerade in 2Kor von besonderem Gewicht, da Paulus – entgegen seiner sonstigen Gewohnheit – hier mit der Verwendung dieser Ausdrücke regelrecht geizt.[22] Dabei fallen zwei dieser Belege auch noch zusammen mit der sogenannten „Enthüllungsformel"[23]: 1,8 („wir wollen euch nicht verschweigen") und 8,1 („wir tun euch kund"). Entsprechend der Funktion dieser Formel, wird man hier Zäsuren zu erwägen haben und bei der ersten der beiden gar die Eröffnung des Briefkorpus vermuten dürfen. Diese Formel korrespondiert übrigens auch mit dem, was häufig als höchstrangiger Trenner unter der Bezeichnung „metakommunikativer Satz" zur Anwendung kommt.[24] Dies trifft nicht nur auf die Enthüllungsformel zu („wir wollen euch nicht verschweigen" [1,8], „wir tun euch kund" [8,1]), sondern gerade auch auf die beiden Sätze, welche durch die beiden ungewöhnlichen Renominalisierungen hervorgehoben werden: „Unser Mund hat sich gegenüber euch, Korinther, aufgetan" (6,11) bzw. „Ich, Paulus, sage euch" (10,1). Es zeigen sich also in 1,8; 6,11; 8,1 und 10,1 gleich mehrere *text dividers*, was diese Verse deutlich als Einschnitte empfiehlt. Dennoch kommt 8,1 nicht als Zäsur ersten Grades in Frage, da dieser Vers mitten in jenen Zusammenhang fällt, der sowohl durch zahlreiche Belege der Wortfamilien παρακαλεῖν und περισσεύειν als auch durch eine gehäufte Bezugnahme auf Titus konstituiert ist.[25] Die anderen drei Stellen empfehlen sich aber dadurch, dass sie sozusagen „zwischen" die oben ermittelten Textfelder fallen. 6,11 markiert demnach den bereits angesprochenen „Einschnitt in der Mitte des sechsten Kapitels", leitet also C ein, während mit 10,1 Texteinheit D eröffnet wird. Auch für 1,8 kann entsprechend geurteilt werden, denn dieser Vers folgt auf jene markante Häufung der Wortfamilien παρακαλεῖν und περισσεύειν in den Versen 1,3-7,[26] welche dann über mehrere Kapitel deutlich in den Hintergrund treten und zeitweise verschwinden. So dürfte 1,8 nach dem Proömium das Textfeld A eröffnen.

---

[20] Die letztere findet auch Erwähnung bei M.BACHMANN, Sünder, 114 Anm. 69.

[21] Nur hier im 2Kor und in Gal kommen beide innerhalb des Briefhauptteiles vor. Siehe nur M.BACHMANN, Sünder, (111-118, v.a.) 113f. zu Gal 5,2(ff.) und z.B. 109 zu Gal 3,1. Für Gal wurden verschiedentlich eben diese Nennungen in 3,1 und 5,2 – freilich im Verbund mit anderen Indizien – als Absatzmarkierungen herausgearbeitet.

[22] Während Paulus z.B. im kürzeren Phil die Adressaten sieben Mal mit ἀδελφοί anspricht, tut er dies in 2Kor nur dreimal, 1,8; 8,1; 13,11, und zwar jeweils in formelhaften Wendungen!

[23] Siehe dazu S.22.24 und insbes. S.50.

[24] Siehe dazu S.22.

[25] Zur Verteilung der beiden Wortfamilien siehe oben S.38ff., und zur Verteilung der Bezugnahmen auf Titus siehe unten S.73f.

[26] Siehe oben S.38.

Undeutlich sind im Moment allerdings noch der Beginn von Textfeld B und das Ende von D. Den ersten der beiden Einschnitte wird man im Umfeld von 3,1 zu suchen haben, da sich hier nicht nur der Übergang zur Dominanz der 1. *pers.plur.* und zur Absenz der 2. *pers.plur.* vollzieht, sondern gerade dieser Vers auch erstmals συνιστάνειν enthält. Überdies ist die Eingangswendung „Fangen wir schon wieder an ...?" im Sinne eines „metakommunikativen Signals" zu werten, da damit die „Dialogrolle" hervorgehoben wird, wie dies etwa in Röm häufig mit der Wendung „Was sollen wir also sagen?" geschieht.[27] Den Abschluss von D wird man in der Nähe von 12,18f. zu erwarten haben, da sich hier erneut ein Übergang von einer grammatikalischen Person zur anderen findet. Tatsächlich empfiehlt sich 12,19 als Zäsur, und zwar schon auf Grund der deutlich metakommunikativen Formulierung „Schon lange werdet ihr denken, dass ..." Unterstützt wird die trennende Wirkung nicht nur durch die der Renominalisierung nahe stehenden Formulierung mit ἀγαπητοί in 12,19b („zur Auferbauung von euch, Geliebte"), sondern vor allem auch durch das im Eingangssatz enthaltene Zeitadverb πάλαι. Kann Zeitadverbien an sich schon eine strukturierende Bedeutung zukommen,[28] so blickt gerade dieses auf eine längere Textstrecke zurück und dürfte demnach die Eröffnung einer Art Rückblick anzeigen. Als entscheidendes Indiz erweist sich dann aber auch die in 2,17 und 12,19 gebotene formelhafte Wendung κατέναντι θεοῦ ἐν Χριστῷ λαλοῦμεν. Sie hat schon von daher besondere Signalwirkung, dass sie im gesamten NT nur an diesen beiden Stellen vorkommt und hier vollkommen stereotyp. Diese Wiederholung dürfte trotz der großen Entfernung im Text als Rückgriff bzw. als gedankliche Reaktivierung[29] des im Zusammenhang mit dem ersten Vorkommen Gesagten zu verstehen sein, so dass damit eine Klammer um den Großteil der brieflichen Erörterungen vorliegen dürfte. Doch während der durch diese Formel markierte Vers 12,19 einen Passus eröffnet, trifft dies für 2,17 gerade nicht zu, denn 3,1 wird – wie gezeigt – mittels eines metakommunikativen Signals eröffnet und folgt überdies abrupt bzw. asyndetisch auf den vorigen Vers, so dass die Zäsur *hinter* 2,17 zu setzen ist. Da sich diese Formel als Schluss von A und dann als Eröffnung von D findet, liegt die Vermutung nahe, dass sie in 12,19 eine Art Zusammenfassung eröffnet, welche auf eine Einleitung zurückgreift, welche ihrerseits mit derselben Formel in 2,17 zu Ende gebracht wurde.

Eben dies bestätigt sich, wenn man auf thematische Inhalte im Umfeld der Formeln achtet, denn vor 2,17 und nach 12,19 zeigen sich erstaunlicherweise nahezu identische Themen, wenn auch mit leichten gedanklichen Verschiebungen. Unmittelbar angelagert ist zunächst die Thematik der Selbstempfehlung bzw. Verteidigung (3,1; 12,19a). Vor 2,17 und nach 12,19 findet sich dann die Thematik des Schonens der Gemeinde (1,23f.; 13,2), jeweils konstruiert mit

---

[27] Die in diesem Satz verwendete Terminologie richtet sich nach der Kategorisierung von WONNEBERGER, Textgliederung, 306.

[28] Nach BERGER, Exegese, 22, können Zeitadverbien zu den „Gliederungsmerkmalen" (Überschrift von §4) gehören. In der Kategorisierung von JOHANSON, Brethren, 24-32, dürften sie zu den „time and place coordinators" (ebd., 31) gehören.

[29] Vgl. BEAUGRANDE/DRESSLER, Textlinguistik, 89ff.

dem Verb φείδεσθαι, welches im ganzen Brief nur hier vorkommt[30]. Dazu tritt nicht nur der jeweils zweimalige, mit πάλιν ἐλθεῖν formulierte Hinweis auf ein weiteres Kommen (1,16; 2,1; 12,21; 13,2), sondern auch der Gedanke des Schreibens zwecks Verhinderung von Negativem – jeweils mit der Konstruktion „γράφειν (in *1.pers.sing.*) + Demonstrativpronomen + ἵνα μή ..." (2,3; 13,10) –, die Bemerkung zu ἵστημι bzw. εἰμὶ ἐν τῇ πίστει (1,24; 13,5), die Bezugnahme auf ἀγάπη (2.4.8; 13.11.13) und die Verknüpfung der Schwachheit des Apostels mit einem Hinweis auf die Auferstehung Jesu (1,8; 13,4). Und schließlich findet sich noch die Thematik der Bereitschaft zur Reue (2,5-8; 12,20f.). Ein Überblick soll die genannten Zusammenhänge veranschaulichen:

❶ 1,8 Schwachheit des Apostels und die Auferstehung Jesu
   ❷ 1,16 zweites Kommen
      ❸ 1,23f. Schonung der Gemeinde
         ❹ 1,24 Stehen im Glauben
            ❺ 2,1 zweites Kommen
               ❻ 2,3 Schreiben zur Verhinderung von Negativem
                  ❼ 2,5-8 Bereitschaft zur Reue

-----   2,17: κατέναντι θεοῦ ἐν Χριστῷ λαλοῦμεν ------
-----   12,19: κατέναντι θεοῦ ἐν Χριστῷ λαλοῦμεν ------

                  ❼ 12,20f. Bereitschaft zur Reue
               ❺ 12,21 zweites Kommen
         ❸ 13,2 Schonung der Gemeinde
   ❷ 13,2 zweites Kommen
❶ 13,4 Schwachheit des Apostels und die Auferstehung Jesu
         ❹ 13,5 Stehen im Glauben
               ❻ 13,10 Schreiben zur Verhinderung von Negativem

Diese Rekurrenz thematischer Strukturen weist darauf hin, dass es sich hierbei um einen für den Absender „stabilen gedanklichen Komplex" bzw. ein „Konzept"[31] handelt, dem die Formel κατέναντι θεοῦ ἐν Χριστῷ λαλοῦμεν beim ersten Durchgang sozusagen als Schlagwort angeheftet wird. Das zweite Vorkommen der Formel reaktiviert das Konzept, wobei nun die im Binnentext gemachten Ausführungen zu gezielten Verschiebungen innerhalb des Konzepts genutzt werden können. Dieser Sachverhalt kann also ohne weiteres im Sinne von Einleitung und Zusammenfassung verstanden werden.

Damit wären alle wesentlichen Zäsuren und zugleich die großen Texteinheiten ermittelt. Die erste Texteinheit (A) beginnt mit 1,8 und endet mit 2,17; die zweite (B) reicht von 3,1 bis 6,10; die dritte Einheit (C) erstreckt sich von 6,11 bis 9,15; die vorletzte (D) hebt mit 10,1 an und schließt mit 12,18, worauf dann mit 12,19 die letzte Einheit (E) einsetzt. Überdies herrscht in der Literatur völ-

---

[30] 12,6 ist eher mit „verzichten" zu übersetzen und zudem auf Paulus selbst bezogen. Die beiden φειδομένως-Belege in 9,6 meinen „spärlich".

[31] Vgl. hierzu BEAUGRANDE/DRESSLER, Textlinguistik, 5.89: „Ein Konzept kann als eine Konstellation von Wissen definiert werden, welches mit mehr oder weniger Einheitlichkeit und Konsistenz aktiviert oder wieder ins Bewußtsein gerufen werden kann"; um Ähnliches geht es ebd., 43, bei sog. gespeicherten Wissensräumen: sie sind „innerlich organisierte Anordnungen von Inhalt im Speicher".

lig Übereinstimmung darin, dass sich das Präskript in 1,1f. findet und das Subskript in 13,11-13.[32]

Hierarchisierung der Teile

Nachdem die Textfelder durch die ermittelten Zäsuren exakt begrenzt werden konnten, stellt sich nun die Frage, ob und wie die Texteinheiten zu kombinieren und hierarchisieren sind. Entscheidend für die Hierarchisierung ist m.E. zunächst die oben im Zusammenhang mit der Formel κατέναντι θεοῦ εν Χριστῷ λαλοῦμεν gemachte Feststellung, dass A und E im Sinne von Einleitung und Schlussfolgerung aufeinander zu beziehen und somit als Rahmen anzusehen sein dürften, in den die übrigen drei großen Texteinheiten eingebettet sind. Für diese Einbettung spricht gerade auch das in 12,19 verwendete Zeitadverb πάλαι, denn dieses blickt offenkundig auf die gesamten dazwischen liegenden Ausführungen zurück. Überhaupt kann man auch einen Rückbezug von 12,19 auf 3,1 erkennen: Aus der Einleitung von A ergibt sich für Paulus die Frage in 3,1 „Fangen wir denn abermals an, uns selbst zu empfehlen?", die so am Anfang der Ausführungen der eingebetteten Teile zu stehen kommt; wenn dann in 12,19 gesagt wird „Schon lange werdet ihr denken, dass wir uns vor euch verteidigen!", so ist dies durchaus als Rückgriff auf die in 3,1 gestellte Frage zu verstehen, nur dass συνιστάνειν durch ἀπολογεῖσθαι ersetzt wird. Ab 12,19 wird also zu Ende gebracht, was in A als Aufgabe hergeleitet und dann ab 3,1 besprochen wurde.

Die Einbettung und Zusammengehörigkeit der Texteinheiten B bis D erkennt man nun auch an einem inneren Zusammenhang, der sich wiederum an der Wiederholung von entsprechenden Themen und Bemühungen zeigt, nun allerdings *nach* 2,17 und *vor* 12,19. Zunächst findet sich das Bemühen des Paulus, ein enges Verhältnis zwischen sich und der Gemeinde zu etablieren (3,1-3; 12,11-18). Sodann sind die Gedankengänge in der so genannten „Apologie"[33] in 2,14-7,4 und in der als „Narrenrede"[34] bezeichneten Einheit 11,1-12,13 entsprechend, wenn auch gegenläufig angeordnet: In ersterer spricht Paulus zunächst von der Herrlichkeit und dann von der Niedrigkeit seines Amtes,[35] während er in der zweiten von der Niedrigkeit in 11 zur Herrlichkeit in 12 (jedoch mit korrigierendem Ausgang in 12,7-10) schreitet[36]. Die Beobachtungen zum Wechsel der Person lassen sich auch hier nochmals heranziehen. Nach 2,17 folgt in 3,1-3

---

[32] Vgl. dazu nur SCHMIEDEL, Thess/Kor, 210.305f., P.BACHMANN, 2Kor, 21ff.413, WOLFF, 2Kor, 15ff.266ff., FURNISH, 2Cor, 99ff.581ff., MARTIN, 2Cor, 1ff.490ff.

[33] Zu diesem Terminus siehe S.14 Anm.22.

[34] Dieser neuerdings zum „Terminus" avancierte Ausdruck (er findet sich z.B. nicht bei BULTMANN, 2Kor, oder KÜMMEL, Einleitung [, der ebd., 243, (nur) vom „törichten' Selbstlob" spricht]) wird in der Literatur zur Bezeichnung unterschiedlich umgrenzter Textpassagen verwendet; die einen bezeichnen damit 11,1-12,13 (z.B. WOLFF, 2Kor, 208ff., BROER, Einleitung, 408, FURNISH, 2Cor, 484), die anderen nur 11,16-12,10(13) (z.B. MARTIN, 2Cor, 356ff., KLAUCK, 2Kor, 86ff.).

[35] Zunächst spricht Paulus von der δόξα seines Dienstes und kommt dann zu den Ausführungen über das Sterben in den Kapiteln 4 und 5.

[36] In der „Narrenrede" spricht Paulus zunächst von den Beschwernissen seines Dienstes und kommt dann auf die hohen Offenbarungen zu sprechen, die ihm zuteil wurden.

ein kurzes Stück, in dem die *Ihr* entscheidend sind, worauf sie dann lange in den Hintergrund treten. Gegen Ende der vorliegenden Textgestalt ist der umgekehrte Verlauf zu beobachten. Nachdem die *2.pers.plur.* in 11,21b-12,10 vollständig ausgeblendet war, wird sie in 12,11-19 (und darüber hinaus) wieder adressiert. Und schließlich findet sich in 3,1 der erste und in 12,11 der letzte συνιστάνειν- Beleg.

Die in den durch A und E konstituierten Rahmen eingebetteten Texteinheiten sind allerdings nicht einfach seriell angeordnet. Vielmehr gibt es Indizien dafür, dass C und D enger miteinander zu verknüpfen sind. Die Verse 3,1 und 6,11 folgen asyndetisch auf das Vorausliegende und markieren somit einen schroffen Absatz – ein Sachverhalt, der auch andernorts in der Paulusexegese Beachtung findet.[37] In 10,1 dagegen findet sich die Partikel δέ, die zwar adversativ zu verstehen ist, aber dennoch zu den „koordinierenden Konjunktionen"[38] gehört und somit einen Zusammenhang mit dem Vorigen anzeigt. Dazu kommen noch jene Phänomene, welche in beiden Texteinheiten zu beobachten sind.[39] Das Wortfeld um περισσεύειν etwa begegnet zwar gehäuft in C, doch verschwindet es auch in D nicht. Die Adressaten bleiben nach der Marginalisierung in B bis zum Schluss ebenso ständig präsent wie die *1.pers.sing.*[40] Ab 6,11 treten Imperative und sich inhaltlich dazu fügende Lexeme gehäuft auf und halten sich durch bis zum Ende, was auch für die Orts- und Personennamen gilt. Überdies ist noch eine bemerkenswerte semantische Rekurrenz zu beobachten. Der Abschnitt 6,11ff. ist geprägt von einer Eltern-Kind-Begrifflichkeit („Ich rede zu euch wie mit Kindern"), die dann in 12,14 – und nur dort – wiederkehrt („Denn es sollen nicht die Kinder den Eltern Schätze sammeln, sondern die Eltern den Kindern"). In beiden Kontexten begegnet das Lexem πλεονεκτεῖν (7,2; 12,18) und die in 6,11ff. dominierende Thematik des weiten Herzens wird dann in 12,14-18 lediglich mit anderen Begriffen angesprochen. Von einer Art *inclusio* zu reden, wäre hier nicht übertrieben. Von daher rücken C und D näher zusammen, während sich B ein wenig absetzt.

---

[37] So wird etwa die Partikellosigkeit in Röm 9,1 als Indiz für eine Zäsur gewertet; vgl. dazu DUNN, Romans, 522f., HELLHOLM, Amplificatio, 140 Anm.85, der zahlreiche andere Exegeten nennt (HÜBNER, KÜMMEL, E.STEGEMANN, MEEKS, SIEGERT).

[38] Vgl. EGGER, Methodenlehre, 80.

[39] WOLFF, 2Kor, 192, nennt etliche Kohärenzen zwischen den Kapiteln 10-13 und den vorausliegenden, die allerdings weniger an der Textoberfläche auszumachen sind, z.B. dass sich hier wie dort Worte der Verbundenheit ebenso finden wie Hinweise auf ein gespanntes Verhältnis zwischen dem Apostel und der korinthischen Gemeinde.

[40] Die ständige Präsenz dieser beiden grammatikalischen Personen wird nur noch in 11,21-12,10 unterbrochen. Dies spricht auch dann für Kohärenz des großen Textfeldes, wenn zeitweise die 1.*pers.sing.* die 1.*pers.plur.* überwiegt.

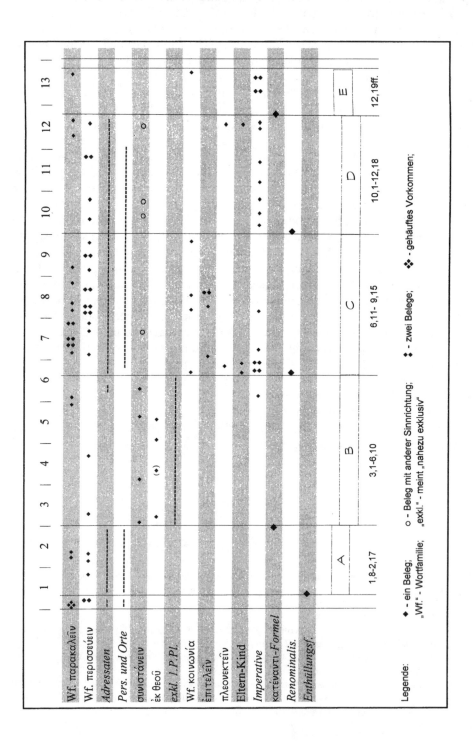

2.2. Brieferöffnung und -abschluss

Um die bisherigen Strukturbeobachtungen zu untermauern, soll die Aufmerksamkeit nun Brieferöffnung und -abschluss gelten. Dazu rechne ich nicht nur die textsortenspezifischen Elemente Prä- und Subskript sowie Proömium, sondern auch die Texteinheiten A und E, denn diesen scheint in 2Kor die Funktion von Einleitung und Zusammenfassung zuzukommen. Gefragt wird also zunächst nach dem, was bereits als „Textränder" bezeichnet wurde.[41] Während die Delimitierung von Prä- und Subskript keiner Diskussion bedarf,[42] bleibt die oben umrissene Briefstruktur im Bereich der „Textränder" jedoch an zwei Punkten fraglich: hinsichtlich der Abgrenzung von Proömium und Briefkorpus zum einen und des häufig behaupteten „Bruchs" zwischen 2,13 und 2,14 zum anderen. Diese Fragen können allerdings nicht isoliert besprochen werden, sondern müssen durch eine Analyse der ersten beiden Kapitel geklärt werden. Im Anschluss daran soll dann Texteinheit E näher besprochen werden.

Das Proömium

Der Beginn des Proömiums ergibt sich nach dem Gesagten von selbst: 1,3. Umstritten aber ist dessen Ende. Während manche Exegeten den folgenden Abschnitt mit 1,8 beginnen lassen,[43] optieren andere für 1,12,[44] wobei auch sie einen gewissen Einschnitt bei 1,8 nicht durchweg leugnen können, da einige von ihnen die Subsequenzen 1,3-7 und 1,8-11 voneinander absetzen[45]. Als Begründung für den Zusammenhang der beiden Sequenzen geben die einen an, die in 1,3-7 formulierte Eulogie – welche hier die sonst übliche Danksagung ersetzt –[46] werde erst aus dem in 1,8-10 genannten konkreten Anlass verständlich und werde dann in 1,11 „mit dem Motiv vom vielstimmigen Dank zum Abschluß"[47] gebracht.[48] Andere sehen in der 1,11 vorliegenden Formulierung mit εὐχαρισ-τεῖν das wesentliche Argument für die Ausdehnung dieser Periode bis zu eben

---

[41] Siehe S.24.

[42] Siehe S.44.

[43] P.BACHMANN, 2Kor, 35, TALBERT, 2Cor, 134; BELLEVILLE, Reflections, 115-118 (115 Anm.3 nennt sie weitere Vertreter), DIES., Self-Commendation, 144-146, KENNEDY, Criticism, 87f, DESILVA, Investigation, 54, CRAFTON, Agency, 153f; WITHERINGTON, Corinth, 360f.

[44] MEYER, Cor, 416-424; Plummer, 2Cor, 6-22; WINDISCH, 2Kor, 36-51; BARRETT, 2Cor, 51.56-68; BULTMANN, 2Cor,20-31; FURNISH, 2Cor, 108-125; MARTIN, 2Cor, 6-17; BEST, 2Cor, 9-15; WOLFF, 2Kor,19-27.

[45] 1,8-11 wird oft als eigene Einheit kommentiert und zugleich dem Vorigen zugeordnet; so HOFIUS, Trostes, 218f., KLAUCK, 2Kor, 20, PLUMMER, 2Cor, 15, WINDISCH, 2Kor, 43, BRUCE, Cor, 178f, FURNISH, 2Cor, 121-125, MARTIN, 2Cor, 6-17.

[46] Siehe dazu nur AUNE, Environment, 183f., WOLFF, 2Kor, 20f., BULTMANN, 2Kor, 25, FURNISH, 2Cor, 116, KLAUCK, 2Kor, 18.

[47] WOLFF, 2Kor, 21; vgl. ferner nur FURNISH, 2Cor, 116.

[48] Dass die Eulogie in 1,8-11 ihre Begründung finde, wird z.B. unterstützt von HOFIUS, Trostes, 218f., WOLFF, 2Kor, 21.25, THRALL, 2Cor, 100, MARTIN, 2Cor, 8 (wobei er einen Grund in diesen Versen und lediglich einen *weiteren* in 1,8-11 sieht).

diesem Vers.[49] Und gelegentlich sieht man Paulus durch die Auslassung der Danksagung unter einen gewissen Formzwang geraten, so dass er – obwohl er mit 1,8 die Eröffnung des Briefkorpus signalisiere – doch noch eine Danksagung und eine eschatologische Klimax – zwei Standardelemente des Proömiums – einfügen müsse, „to have some more formal conclusion to the period"[50]. Also begänne Paulus mit 1,12 „the body of the letter anew"[51].

Vor allem drei Argumentationskreise lassen sich jedoch für 1,3-7 als abgeschlossene Einheit ins Feld führen:

Der erste betrifft die innere Geschlossenheit des Abschnitts. Es zeigen sich in diesen fünf Versen einige kohäsive Mittel, die nach 1,7 abrupt verschwinden. Dies trifft nicht nur für die oben gezeigte Fülle an Belegen aus der Wortfamilie παρακαλεῖν zu,[52] sondern auch für die dichte Verwendung der Alliteration auf π.[53] Immerhin 21 von 106 Worten beginnen mit π, während danach keine derartige Häufung mehr zu beobachten ist. Verklammernd wirkt überdies, dass das in der Teilsequenz 1,3f. gleich dreimal vorkommende Lexem πᾶσα (1,3.4[2-mal]), welches „the idea of abundance"[54] zum Ausdruck bringt, in Form des Lexems περισσεύειν in 1,5 weitergeführt wird, worauf das Motiv der Fülle dann vorerst nicht mehr begegnet. Sodann finden die in 2Kor ohnehin häufiger als in allen anderen Briefen des Paulus anzutreffenden Bezugnahmen auf die Leiden des Apostels[55] in Form der Lexeme θλῖψις (1,4[2-mal]), θλίβειν (1,6), παθήματα (1,5.6.7) und πάσχειν (1,6) schon in den Versen 1,3-7 eine deutliche Konzentration[56]. Die Thematik des Leidens begegnet dann zwar auch in 1,8ff., hier aber konkretisiert auf ein bestimmtes Ereignis und spezifiziert in Richtung einer tödlichen Gefahr,[57] so dass sich auch die Begrifflichkeit verschiebt, was sich an den Lexemen θάνατος (1,9.10) und νεκρός (1,9) festmachen lässt. Auffällig ist überdies der in 1,3-7 vorliegende Stil, der sich durch verschiedenste Formen von Wiederholungen auszeichnet. So werden etwa die in den einleitenden Worten von 1,3 verwendeten Lexeme θεός und πατήρ am Ende der zweiten Satzhälfte in umgekehrter Reihenfolge wiederholt. In 1,4 wird zunächst eine Gedankenreihe präsentiert, welche von Gott über die *Wir* zu anderen übergeht: Gott – tröstet uns – damit wir trösten können – andere in ih-

---

[49]   Vgl. die Hinweise bei BELLEVILLE, Reflections, 115.

[50]   So J.SANDERS, Transition, 361. Vergleichbar damit ist auch KLAUCK, 2Kor, 21: „Paulus wußte darum, dass er mit der Eulogie eine Neuerung ins Briefformular einführt, und er zeigt das an, wenn er am Schluß Elemente aus der Danksagung in abgewandelter Weise einbringt."

[51]   J.SANDERS, Transition, 361; FURNISH, 2Cor, 121f. bespricht SANDERS kritisch!

[52]   Siehe oben S.38 samt Anm.2.

[53]   PLUMMER, 2Cor, 9, weist auf dieses Phänomen hin („the whole passage illustrates St. Paul's fondness for alliteration, especially with the letter π"), aber ohne daraus die Folgerung zu ziehen, 1,3-7 als eigenständige Einheit anzusehen.

[54]   PLUMMER, 2Cor, 9.

[55]   Vgl. dazu nur WOLFF, 2Kor, 23, FURNISH, 2Cor, 110.

[56]   Vgl. KLAUCK, 2Kor, 18, der in Not und Leiden „Leitworte" von 1,3-7 erkennt.

[57]   Diese Spezifizierung wird auch benannt bei FURNISH, 2Cor, 121 (Paulus gebe hier „an especially momentous, personal example" für „the theme of comfort in the midst of afflictions"), THRALL, 2Cor, 114 („Paul now gives a specific instance of the affliction to which he has referred in general terms").

rer Trübsal. Auch diese Reihe wird dann sofort anschließend in umgekehrter Reihenfolge wiederholt: andere werden getröstet – durch den Trost, mit dem wir getröstet – durch Gott. Im folgenden Vers findet sich eine ähnliche Wiederholung in Form einer καθώς-οὕτως-Konstruktion, welche in beiden Satzhälften περισσεύειν bietet und lediglich παθήματα τοῦ Χριστοῦ im Nachsatz durch παράκλησις διὰ Χριστοῦ ersetzt. Diese Anordnungen erinnern deutlich an die Psalmdichtung bzw. an deren Parallelismen und Chiasmen.[58] Tatsächlich wird in der Literatur oft auf die atl.-jüdische Verwurzelung dieses Lobpreises hingewiesen,[59] und chiastische Konstruktionen erkennt der eine Exeget in 1,3, der andere in 1,4 und wieder andere in 1,5.[60] Verwunderlich ist allerdings, dass man diese vereinzelt festgestellten Chiasmen nicht zusammengenommen und als Charakteristikum der Verse 1,3-7 aufgefasst hat. Tut man dies aber, so erhält man dadurch sowohl ein weiteres Argument für die Kohärenz wie für die Delimitierung, denn das abrupte Ausbleiben dieser Konstruktionen nach 1,7 weist doch deutlich auf einen eigenen Absatz hin.[61]

Sodann – und das ist das Zweite – gilt das zu 1,3-7 Gesagte auch im Blick auf 1,8-14: Auch hier zeigt sich eine innere Geschlossenheit auf Grund von verklammernden Elementen.[62] So spielt etwa das Motiv der Aufrichtigkeit eine bedeutende Rolle. Schon die in 1,8a geäußerte Absicht, die ἀδελφοί nicht im Unwissenden lassen zu wollen, dürfte nicht nur als Einleitung gewisser Enthüllungen fungieren. Vielmehr könnte die hier vorliegende – in gewisser Weise „negativ" formulierte – Variante der Enthüllungsformel darauf hinweisen, dass Paulus damit auf gewisse Verdächtigungen seitens der Adressaten reagiert. Dem entspricht ganz offensichtlich die in 1,13 vorliegende Beteuerung, im letzten Brief nichts anderes gemeint zu haben, als das, was dort tatsächlich zu lesen ist. Die Aufrichtigkeit wird dann z.B. auch in 1,12 durch die Lexeme ἁπλότης und εἰλικρίνεια bzw. durch die Gegenüberstellung von σοφία σαρκική und χάρις θεοῦ nachdrücklich hervorgehoben. Sodann sind eschatologische Aspekte, welche 1,9b auszeichnen und unter dem Stichwort „eschatologische Klimax" als Argument für die Ausdehnung des Proömiums bis hin zu 1,11 ins Feld geführt werden,[63] nicht nur dort zu finden, sondern auch gerade in 1,14, wo vom gegenseitigen Ruhm am Jüngsten Tag die Rede ist. Überdies wird auch

---

[58] Vgl. dazu BERLIN, Parallelism, 155-162, und WOLF, Psalmen I, xxx-xxvii.

[59] Praktisch alle Kommentare verweisen auf diese Wurzeln. Besondere Erwähnung findet dabei die Übereinstimmung der Formulierung „der die Toten auferweckt" in 1,9 mit dem Achtzehnbittengebet.

[60] BELLEVILLE, Reflections, 111, spricht von „a series of two chiasms" in den Versen 1,3f.; WOLFF, 2Kor, 22, sieht, dass die Lexeme „Gott" und „Vater" in 1,3b „chiastisch aufgenommen" werden; MARTIN, 2Cor, 7f., zeigt den Chiasmus in 1,5.

[61] BULTMANN, 2Kor, 32 (und mit ihm MARTIN, 2Cor, 13), benennt die Tatsache, dass u.a. „wegen des stilistischen Unterschieds von V.8ff. gegenüber V.3-7 (es fehlt jetzt jeder liturgische Stil und jede Rhetorik)" ein Neueinsatz mit 1,8 (z.B. von P.BACHMANN, 2Kor, 35) vertreten werde, was er aber (und mit ihm MARTIN) ablehnt (– wobei BACHMANN, ebd., ein solches Argument nicht wirklich formuliert [denn er argumentiert v.a. mit der Anrede „Brüder" und der „Eingangsformel" als Zäsurmarker]).

[62] WOLFF, 2Kor, 28, sagt zu 1,12-14 immerhin, der Abschnitte schließe „relativ eng an 1,11 an".

[63] Vgl. nur J.T.SANDERS, Transition, 361.

eine in 1,11 entwickelte Differenzierung in 1,12 wieder aufgenommen: Der Unterscheidung zwischen den Korinthern und den πολλοί (1,11b) hier entspricht die Präzisierung des paulinischen Verhaltens wie es ἐν τῷ κοσμῷ erfolgte durch die Bemerkung περισσοτέρως δὲ πρὸς ὑμᾶς dort. Und schließlich zeigt sich auch zwischen 1,11 und 1,14 eine inhaltliche Affinität, insofern es jeweils um das reziproke Verhältnis zwischen dem Apostel und den Korinthern geht: anfangs in Form der δέησις ὑμῶν ὑπὲρ ἡμῶν bzw. εὐχαριστεῖν, dann in Form von καύχημα ὑμῶν.

Und drittens werden exakt die beiden in sich geschlossenen Einheiten 1,3-7 und 1,8-14 eben durch die Enthüllungsformel in 1,8 voneinander getrennt. Sie kam schon verschiedentlich, aber jeweils nur kurz zur Sprache[64] und muss an dieser Stelle etwas gründlicher besprochen werden. Ein solcher Sprechakt des Kundtuns, noch verstärkt durch den Vokativ ἀδελφοί, wird von Paulus öfter zur Einleitung eines Passus verwendet. Dabei formuliert er entweder positiv mit γνωρίζειν δὲ/γὰρ ὑμῖν ἀδελφοί (1Kor 15,1; Gal 1,11) bzw. γινώσκειν δὲ ὑμᾶς βούλομαι ἀδελφοί (Phil 1,12) oder negativ mit οὐ θέλομεν δὲ/γὰρ ὑμᾶς ἀγνοεῖν, ἀδελφοί (2Kor 1,8; 1Thess 4,13) bzw. οὐ θέλω δὲ/γὰρ ὑμᾶς ἀγνοεῖν ἀδελφοί (Röm 1,13; 11,25; 1Kor 10,1; 12,1). Analysiert man die Belege außerhalb von 2Kor, so wird offensichtlich, dass die Tiefe der mit dieser Formel angezeigten Zäsur deutlich variiert. Deutliche Neueinsätze finden sich in 1Kor 10,1; 12,1; 15,1; Gal 1,11 und Phil 1,12,[65] während in Röm 1,13; 11,25 und 1Thess 4,13 zwar Absätze markiert werden, die aber doch einem größeren Zusammenhang zugehören[66]. Diese Formel *kann* also, muss aber nicht, größere Einheiten einleiten. Sie ist, isoliert betrachtet, kein sicheres Indiz für eine Zäsur ersten Grades.[67] Ein Neueinsatz mit 1,8 empfiehlt sich aber dennoch. Nach obigen Erwägungen ist nicht das isolierte Auftreten der Formel an sich schon ein Garant für eine Zäsur höherer Ordnung, wohl aber die Koinzidenz mit dem Übergang von einer Häufung von Kohärenzmerkmalen zu einer anderen, und eben dies ist hier zwischen 1,3-7 und 1,8-14 der Fall. Zudem ist die Position der Formel im Brief von Bedeutung. Das Auftauchen derselben am Briefeingang signalisiert sonst (vgl. Gal 1,11; Phil 1,12) die Eröffnung des Briefhauptteils. Gerade angesichts der Tatsache, dass sich Paulus von der üblichen Form ohnehin schon entfernt, da er die übliche Danksagung für die Adressaten weglässt,

---

[64] Siehe S.22.24.41.49.

[65] Zu den Belegen in 1Kor vgl. Wolff, 1Kor II, 35ff., 97ff., 147ff., der jeweils thematische Einheiten eingeleitet sieht (wenn auch die ersten beiden übergreifenden Einheiten zugeordnet werden); zum Neueinsatz mit Gal 1,11 vgl. Betz, Gal, 122-128; Kennedy, Criticism, 148; M.Bachmann, Sünder, 157f.; zu Phil 1,12 siehe nur Hawthorne, Phil, 31ff.

[66] Die beiden Belege in Röm markieren zwar Absätze (1,13-15; 11,25-32), werden aber jeweils größeren Einheiten subsumiert (vgl. dazu nur Dunn, Rom, 26ff., 675ff., und Wilckens, Röm I, 75ff., und Röm II, 250ff.); 1Thess 4,13 leitet Absatz 4,13-18 ein, gehört aber in die Einheit 4,1-5,22(24), vgl. dazu Johanson, Brethren, 111-144, insbesondere 118ff.; Wanamaker, Thessalonians, 164ff.

[67] Vgl. Furnish, 2Cor, 122, und Mullins, Disclosure, 49, der an Sanders, Transition, neben einer zu unscharfen Erfassung einer „opening formula" v.a. die Überschätzung der Formel kritisiert, da er die „introductory formulas" zu eng mit dem Lobpreis verknüpfe und somit gelegentlich mehrere Danksagungsperioden konstatiere.

sollte man erwarten, dass wenigstens dieses Element seine übliche Funktion behält, wenn nicht alle Konventionen missachtet werden sollen. Gegen diese Stereotypie am Briefeingang sollte auch nicht ins Feld geführt werden, dass die übrigen Vorkommen dieser Formel in der 1. *pers.sing.* formuliert sind, während hier der Plural verwendet wird,[68] denn in allen anderen Texten ist auch der Kontext (vorwiegend) im Singular formuliert (Röm 1,8-16a; Gal 1,6.9b.10ff. und der gesamte Phil), was im 2Kor gerade nicht der Fall ist. Hier taucht die 1. *pers.sing.* ja erst in 1,13 – bzw. ab 1,15 markanter – auf. Die Wahl der Person erscheint als vom Kontext bestimmt. Und schließlich kann man nicht 1,12 gegenüber 1,8 als Neueinsatz mit dem Hinweis favorisieren, 1,8 enthalte die koordinierende Partikel γάρ[69]. Denn zum einen gehört entweder δέ oder γάρ unbedingt zu dieser Formel hinzu,[70] und zum anderen findet sich dieselbe Partikel auch in 1,12. Da sich keiner der beiden Verse durch einen asysndetischen Anschluss hervorhebt, muss die Entscheidung auf Grund der übrigen Indizien fallen, und diese sprechen für einen Neueinsatz mit 1,8.

Anschließende Textstrukturen

Für die eben verteidigte Abgrenzung spricht auch die Binnenstruktur der Texteinheit A. Ein wesentliches Merkmal der ersten beiden Kapitel sind die zahlreichen Bezüge zur Vorgeschichte des vorliegenden Briefes.[71] Als solche sind zunächst die auf Vergangenes bezogenen Reisenotizen[72] zu betrachten: die Bemerkungen zur Bedrängnis in der Provinz Asien (1,8ff.), zum fallen gelassenen Reiseplan (1,15f.) und zu den Erfahrungen in Troas (2,12f.). Dies sind nun nicht beliebige Reisenotizen; gerade die letzten beiden machen deutlich, dass es sich hier um Momente aus der konfliktgeladenen Beziehung zu den Korinthern handelt. Während die Änderung der Reisepläne Paulus in der korinthischen Gemeinde erhebliche Kritik eingebracht haben dürfte, geben die Verse 2,12f. etwas von des Apostels sehnsüchtigem Warten auf Nachrichten aus Korinth wieder. Derartige Notizen zu Stadien der Beziehung zwischen Paulus und dieser Gemeinde finden sich aber auch in 1,23 und 2,5: Paulus kam nicht nach Korinth, weil er die Gemeinde schonen wollte (1,23ff.), und die heftige Auseinandersetzung, die sich bei einem Besuch ereignete, bedarf der Aufarbeitung (2,5ff.). Somit finden sich in der gesamten Texteinheit A wiederholt Notizen zur Briefvorgeschichte: 1,8; 1,15f.; 1,23; 2,5 und 2,12f. Diese Notizen haben neben der kohäsiven Wirkung auch eine strukturierende Bedeutung.[73] Dies ergibt sich daraus, dass grundsätzlich jede Art von Wiederholung strukturierend

---

[68] So etwa FURNISH, 2Cor, 112.

[69] So etwa BULTMANN, 2Kor, 32, auf den sich z.B. MARTIN, 2Cor, 13, beruft.

[70] BULTMANN, 2Kor, 32, spielt zu Unrecht das δέ in Phil 1,12 gegen das γάρ in 2Kor 1,8 aus, wie die obige Darstellung aller Vorkommen der Enthüllungsformel zeigt.

[71] P.BACHMANN, 2Kor, 95.124, spricht diesbezüglich von „Aufklärungen über die Vor- und Entstehungsgeschichte des Briefes" bzw. von einem „aufklärenden Rückblick".

[72] Ab 10,1 kommen neben vergangenen auch künftige Reiseabsichten zur Sprache: 10, 2.11.13(past).16; 11,7-9.23b-27 (z.T. allg).32f.; 12,10(allg).14.16-18; 13,1f.

[73] BELLEVILLE, Reflections, 137, erkennt „four transitional constructions" in 1,15.23; 2,12 und 3,1; vgl. dazu auch das „Übergangsnetz(werk)" bei BEAUGRANDE/DRESSLER, Textlinguistik, 52-57.

wirkt,[74] somit auch diejenige von literarischen Formen. Wie also, etwa in 1 Thess, die häufig wiederholten Danksagungen die Unterabschnitte anzeigen,[75] so tun dies hier auch die Notizen zur Briefvorgeschichte. Sie alle sind als Absatzmarker aufzufassen.

Tatsächlich kohärieren die benannten Notizen weitgehend mit den in der Literatur angenommenen Zäsuren, denn 1,15 und 2,12 sind unbestritten in ihrer eröffnenden Funktion, und bei 1,8; 1,23 sowie 2,5 wird Entsprechendes immerhin von vielen Exegeten vertreten.[76] Gerade bei 1,23 kann daran gar kein Zweifel bestehen; denn dafür spricht neben der betonten Voranstellung von ἐγώ[77] natürlich auch die Schwurformel[78] im ersten Satz des Verses. Dass ein eigener Unterabschnitt vorliegt, der bis 2,4 reicht, zeigt sich an der dichten Verwendung der Alliteration auf ε – 27 von 111 Worten beginnen mit diesem Buchstaben –, an dem zweimaligen Vorkommen von ἐγώ (1,23; 2,2), überhaupt an der Häufung (von Variationen) des Personalpronomens der *1.pers.sing.* (1,23; 2,1.2.3.5) und an den Vorkommen von Belegen aus der Wortfamilie um λύπη (2,1.2[2-mal].3.4). Nicht so eindeutig steht es auf den ersten Blick mit einem in 2,5 beginnenden Absatz, denn diese Verse teilen sich mit den vorigen die Varianten des Personalpronomens der 1. *pers.sing.* (2,5.10[2-mal]), einige Vorkommen von Termini aus der Wortfamilie λύπη (2,5[2-mal].7) sowie die Lexeme ἀγάπη (2,4.8) und ἔγραψα (2,3.4.9) – Indizien also, die für eine Zusammengehörigkeit mit 1,23-2,5 zu sprechen scheinen. Dennoch empfiehlt sich ein Einschnitt, da wieder eine der besagten Notizen zur Vorgeschichte des Briefes voran steht und überdies das Thema wechselt bzw. spezifiziert wird.[79]

Daraus ergeben sich in A einige Unterabschnitte, welche allesamt einen stereotypen Aufbau aufweisen. Voran steht eine der Bezugnahmen auf die „Briefvorgeschichte", welcher dann ein Kommentar folgt, der die voranstehende Notiz auf einer allgemein gültigen Ebene erläutert. Daraus ergeben sich die fünf gleichförmig konstruierten Einheiten 1,8-14; 1,15-22; 1,23-2,4; 2,5-11 und 2,12-17, die sequentiell angeordnet sind. Dabei zeigt sich eine bemerkenswerte „Verzahnung" der einzelnen Blöcke: durch die spätere Besprechung eines zunächst nur angedeuteten Aspektes.[80] Untersucht man etwa den Übergang von

---

[74] Siehe dazu oben S.23.23.27.

[75] Vgl. dazu nur JOHANSON, Brethren, 67ff., der das wiederholte Vorkommen der „reports of thanksgivings" als Indiz für Kohärenz in 1 Thess 1,2-3,13 ansieht.

[76] In 1,23-2,4 und 2,5-11 unterteilen z.B. BULTMANN, 2Kor, 47ff.; WOLFF, 2Kor, 38ff.; KLAUCK, 2Kor, 27ff. Anders beurteilen dies aber z.B. THRALL, 2Cor, 128ff.163ff. (sie sieht die Haupteinheiten 1,12-24 [unterteilt in 1,12-14; 1,15-24]) und 2,1-12 [unterteilt in 2,1-4; 2,5-11; 2,12-13]), FURNISH, 2Cor, 132ff. (sieht die Hauptteile 1,3-11; 1,12-14; 1,15-2,2; 2,3-11 und 2,12-13).

[77] Vgl. dazu nur WOLFF, 2Kor, 39 („Mit dem betonten ἐγώ trennt sich Paulus von dem alle Glaubenden vereinenden 'wir' [V.22] und kehrt zur Veranlassung seiner bisherigen Ausführungen ... zurück").

[78] Vgl. dazu nur MARTIN, 2Cor, 34 („a mild example of oath-taking").

[79] Vgl. WOLFF, 2Kor, 42ff. (der von einem „kleinen Exkurs innerhalb seines Rückblicks auf die jüngsten Ereignisse" spricht), MARTIN, 2Cor, 36 („This verse opens a new subsection of the present letter").

[80] Dies scheint überhaupt ein Wesenszug des 2Kor zu sein. So kann etwa THEOBALD, Gnade, 171, hinsichtlich des von ihm angenommenen Brieffragmentes 2,14-7,4 sagen: „Große Bedeutung für

1,15f. zu 1,17 so fällt auf, dass Paulus zunächst nicht den eigentlichen Grund der Änderungen seiner Reisepläne anspricht, sondern einen Verdacht, der bei rein äußerlicher Betrachtung durchaus entstehen konnte. Das ausgelassene Element, eben seine Motivation zur Änderung, wird dann ab 1,23 verhandelt – oder, wie BULTMANN sagt: „Jetzt endlich gibt Paulus den faktischen Grund für die Änderungen seiner Reisepläne an"[81]. Diese Nachholung eines ausgelassenen Elementes kennzeichnet auch den Zusammenhang von 1,23-2,4 einerseits und 2,5ff. andererseits. Der zunächst undeutlich bleibende Grund für die λύπη, welche Paulus zur Abfassung des letzten Briefes unter Tränen veranlasste, wird dann ab 2,5ff. aufgehellt – oder, um es wieder mit BULTMANN zu sagen: „Nach den bloßen Anspielungen V.1-4 kommt nun etwas deutlicher zutage, worum es sich bei der λύπη eigentlich handelte"[82]. Eine solche Verzahnung verbindet dann auch die ersten beiden Sequenzen miteinander. In den Ausführungen von 1,8-11 wird ein Zusammenhang hergestellt zwischen der Rettung, die Paulus schon erfahren hat bzw. künftig erfahren wird auf der einen Seite und dem Lob der Vielen (1,11) auf der anderen Seite. Offenkundig ist darin impliziert – und durch die Beschreibung des paulinischen Wandels ἐν τῷ κόσμῳ in 1,12 angedeutet –, dass die πολλοί durch weitere Missionstätigkeit in die Lage des Dankens kommen.[83] In 1,8ff. ist also zunächst das Element „künftige Missionsarbeit" ausgelassen; es bildet dann in 1,15 den Ausgangspunkt der zweiten Subsequenz, sofern diese mit Bemerkungen zu Reiseplänen beginnt. Zugleich sind in 1,8-14 gewisse Verdachtsmomente zu erkennen, welche Paulus in 1,17 mit der Frage „τοῦτο οὖν βουλόμενος μήτι ἄρα τῇ ἐλαφρίᾳ ἐχρησάμην;" explizit aufnimmt. Durchweg ist also eine einheitliche Art der Verzahnung zu erkennen: Gewisse Aspekte bzw. Gedanken werden zunächst nur gestreift oder angedeutet, um dann im folgenden Absatz explizit genannt zu werden. Meist bildet das zunächst nur implizierte Element gar den narrativen Ausgangspunkt der folgenden Subsequenz. Diese Verzahnung der stereotyp gebildeten Blöcke in Verbindung mit den obigen Beobachtungen zur inneren Geschlossenheit von 1,3-7 bzw. 1,8-14 und zur Enthüllungsformel zwingen dazu, auch 1,8-14 als Block in dieser Reihe anzusehen, da diese Verse denselben Aufbau zeigen. Es gibt keinen Grund, die Reisenotiz in 1,8 mit anschließendem Kommentar aus dieser sequentiellen Anordnung herauszubrechen.

---

die innere Kohärenz des Fragments besitzt das literarische Mittel der Motivvorwegnahme, mit dem Paulus zum Zweck der inneren Verstrebung des Textes ein Thema im voraus ankündigt, um es zu einem späteren Zeitpunkt zu entfalten; vgl. auch die ebd., 171 Anm. 14, genannte Literatur.

[81] BULTMANN, 2Kor, 47; vgl. auch FURNISH, 2Cor, 150 („Here Paul reverts to the first person singular. This, plus the use of the resumptive article (*de*, v. 23, ...), signals a return to the specific matter of the canceled visit ...").

[82] BULTMANN, 2Kor, 51; vgl auch WOLFF, 2Kor, 43 (der durch λύπη konstituierte Zusammenhang zwischen 1,23-2,4 und 2,5-11 „deutet darauf hin, daß der hier erwähnte τις maßgeblich zu dem zuvor erwähnten Kummer ... beigetragen hatte und daß Paulus (auch) über ihn im sog. Tränenbrief geschrieben hatte."

[83] Vgl. P.BACHMANN, 2Kor, 43, WOLFF, 2Kor, 27, BELLEVILLE, 2Cor, 59; doch z.B. MARTIN, 2Cor, 16, bezieht πολλοί auf die Mehrheit in der korinthischen Gemeinde. Diese wird auch im Blick auf die πλείονες in 4,15 angenommen (siehe unten S.186 Anm.528).

Unterstreichen kann man dies schließlich noch durch verschiedene Entsprechungen zwischen Anfang und Ende der Texteinheit A. Der in 1,9f. begegnenden Todesbegrifflichkeit θάνατος und νεκρός korrespondiert das zweifache Vorkommen von θάνατος in 2,16. Damit ist an beiden Orten eine Gegenüberstellung von Tod und Leben verbunden, das eine Mal in Form des Kontrasts von Todesurteil (ἀπόκριμα τοῦ θανάτου) und göttlicher Rettung, das andere Mal in den Formulierungen ἐκ θανάτου εἰς θάνατον und ἐκ ζωῆς εἰς ζωήν. Diese zuletzt genannten Formulierungen sind nun nicht nur Aussagen über mögliche Konsequenzen angesichts der Verkündigung. Denn sollten jene Recht haben, welche in den beiden vorausstehenden ἐκ-Formulierungen das bezeichnet sehen, was Beobachter an Paulus wahrnehmen,[84] dann wäre darin eine Bezugnahme auf die Gegenüberstellung von Todesurteil und göttlicher Rettung in 1,8ff. zu erkennen. Sodann verbindet Anfang und Ende auch der Hinweis auf die innere Unruhe bzw. Bedrängnis des Apostels, welche in 1,9 durch ἀλλὰ αὐτοὶ ἐν ἑαυτοῖς τὸ ἀπόκριμα τοῦ θανάτου ἐσχήκαμεν und in 2,13 durch οὐκ ἔσχηκα ἄνεσιν τῷ πνεύματί μου ausgedrückt ist, worauf dann jeweils der Hinweis auf Gottes rettendes Eingreifen folgt.[85] Außerdem entspricht der Dankesruf τῷ δὲ θεῷ χάρις in 2,14 in gewisser Weise dem in 1,11 erwähnten Dank der πολλοί. Diese πολλοί, welche die durch weitere Missionsarbeit gewonnenen Christen sein dürften,[86] entsprechen den in 2,15 erwähnten σωζομένοι. Sowohl diese πολλοί als auch die Formulierung ἐν τῷ κόσμῳ in 1,12 stehen dann auch für den weltweiten Horizont des paulinischen Handelns, der in 2,14 durch ἐν παντὶ τόπῳ bezeichnet wird. Die dabei in 1,12 benutzte Vokabel εἰλικρίνεια kommt im gesamten 2Kor nur noch in 2,17 vor. Und eben dieser, in 1,12ff. entwickelten Lauterkeit des Apostels stehen die καπηλεύοντες τὸν λόγον τοῦ θεοῦ in 2,17 gegenüber, denn καπηλεύειν bezeichnet mit Sicherheit auch das Verfälschen des Wortes Gottes und nicht nur das finanzielle Vermarkten desselben.[87] Immerhin eine gewisse Affinität weisen schließlich auch die Enthüllungsformel in 1,8 und die Verwendung von ὀσμὴ τῆς γνώσεως αὐτοῦ φανεροῦντι in 2,14 auf, da es jeweils um den Vorgang einer Kundgabe geht. – Mit diesen Beobachtungen ist sowohl der Beginn der Texteinheit A gesichert, als auch die Binnenstruktur derselben skizziert.

Die Einheit 2,12-17

Beachtung verdient nun die Absicherung des behaupteten Abschlusses mit 2,17. Schon der Nachweis, dass Texteinheit A aus einer Anordnung stereotyp aufgebauter Blöcke besteht, führt zu der Erwartung, dass in Analogie zu den vorausgehenden Absätzen auch den Reisenotizen in 2,12f. ein entsprechender Kommentar folgen wird. Und dass eben dieser in 2,14-17 zu finden ist, lässt

---

[84] So z.B. WOLFF, 2Kor, 56, KLAUCK, 2Kor, 33; auch FURNISH, 2Cor, 189, sieht mit den ἐκ-Formulierungen „two different ways of perceiving" angezeigt, allerdings geht es nach ihm um die Wahrnehmung von Christi Tod. – Zu dieser Diskussion siehe auch unten S.200.203f.

[85] So auch P.BACHMANN, 2Kor, 128.

[86] Siehe dazu oben S.53 samt Anm.83.

[87] So WOLFF, 2Kor, 57ff., der ebenfalls 1,12 und 2,17 in diesem Punkt gegensätzlich aufeinander bezieht.

sich auf Grund der betrachteten Parallelen zwischen 1,8ff. und 2,12ff. erwarten. Freilich kollidiert diese Sichtweise mit der meist vertretenen Auffassung, bereits in 2,14 beginne die als „Apologie"[88] bezeichnete nächste große Texteinheit.[89] Nun liegen aber neben der Stereotypie der Blöcke und den genannten Ringstrukturen noch weitere Gründe für die Zusammengehörigkeit von 2,12-17 vor,[90] die durch eben diese Verse an die Hand gegeben werden.

Zunächst zeigen sich gewisse Affinitäten an den „Rändern" des Abschnitts. So entsprechen sich nicht nur das εὐαγγέλιον τοῦ Χριστοῦ in 2,12 und der λόγος τοῦ θεοῦ in 2,17, sondern dem ἐν κυρίῳ in 2,12 entspricht auch das ἐν Χριστῷ in 2,17, welches überdies in 2,14 vorliegt. Dabei beziehen sich alle drei ἐν-Konstruktionen auf den Apostel: ἐν κυρίῳ taten sich ihm die Türen in Troas auf (2,12), ἐν Χριστῷ werden die *Wir* im Triumphzug mitgeführt (2,14) und ἐν Χριστῷ reden sie (2,17), wobei der Plural sicherlich jeweils Paulus selbst bezeichnet[91]. Kongruent sind die Aussagen in beiden Teilen (Reisenotiz [2,12f.] und Kommentar [2,14-17]) insbesondere darin, dass Paulus wohl jeweils von seinem Erfolg spricht – die „offenen Türen" in Troas (2,12) sind ebenso in dieser Richtung zu verstehen[92] wie die Rede von den σῳζόμενοι bzw. der ζωή (2,15f.) –, diesen aber beide Male als ein Geschehen deutlich macht, das sich an ihm durch Christus ereignet, sodass sich das Bild des im Triumphzug Christi Mitgeführten auch zu den positiven Ereignissen in Troas fügt, denn es ist auch dort der Triumphzug Christi, an dem der Apostel partizipiert! Überdies lässt sich die Wendung ἐν παντὶ τόπῳ in 2,14 gerade auf die zuvor in 2,12f. erwähnten Örtlichkeiten zurück beziehen: Troas und Mazedonien sind explizit genannt, und Korinth ist impliziert, da des Paulus Unruhe durch das ungeduldige Warten auf Nachricht aus Korinth bedingt ist.[93] Und der mit diesen Orten verbundene Gegensatz von positiver Reaktion hier und ungewissem Ausgang dort dürfte schließlich die Grundlage für die 2,15f. formulierten konträren Resultate des apostolische Wirkens sein.

Auch die Danksagungsformel τῷ δὲ θεῷ χάρις in 2,14 dient dem inneren Zusammenhang. Untersucht man sämtliche Vorkommen dieser Wendung bei Paulus, so erscheint sie nicht als Marker für einen Neueinsatz – wie sie von den

---

[88] Zu diesem Ausdruck siehe S.14 Anm.22.

[89] 2,14-7,4 wird zusammengenommen von WINDISCH, 2Kor, 95f; BARRETT, 2Cor, 95-97; BULTMANN, 2Cor, 61; LAMBRECHT, Structure, 257-259 (behandelt allerdings nur die „first major division" 2,14-4,6); BEST, 2Cor, 25. Die folgenden sehen ebenfalls in 2,14 den Einsatz einer größeren Sequenz, bestimmen aber das Ende unterschiedlich: BRUCE, Cor, bis inkl. 7,1; FURNISH, 2Cor, bis inkl. 5,19; MARTIN, 2Cor, bis inkl. 7,16; WOLFF, 2Kor, bis inkl. 6,10.

[90] Eine Einheit erkennen in diesen Versen auch THRALL, 2Cor, 128-130, SCHNELLE, Einleitung, 100; PLUMMER, 2Cor, 64-75, scheint ebenfalls dazu zu neigen, da er 2,5-11 explizit gruppiert und danach keine Zäsuren mehr vornimmt.

[91] Vgl. nur WOLFF, 2Kor, 58 („Von solchen Leuten [d.h. jenen, welche das Wort Gottes verhökern (U.S.) unterscheidet sich *Paulus* gravierend"), oder FURNISH, 2Cor, 191.

[92] Dass mit den „offenen Türen" eine Gemeindegründung bezeichnet sein dürfte, geht insbesondere aus der Wendung „ich nahm Abschied von ihnen" hervor; vgl. dazu nur WOLFF, 2Kor, 49, MARTIN, 2Cor, 42, PLUMMER, 2Cor, 66, KLAUCK, 2Kor, 31, u.a.

[93] Siehe dazu unten S.202f.

meisten Kommentatoren (implizit) eingeschätzt wird –, sondern für Kohärenz.[94] Sie begegnet mit zwei verschiedenen Anordnungen der Glieder: Die Voranstellung Gottes findet sich an unserer Stelle und in 1Kor 15,57, während sich ansonsten χάρις in der Frontposition befindet (Röm 6,17; 7,25; 2Kor 8,16; 9,15). Diese Variationen sind kontextbedingte Akzentverschiebungen[95] und können die Formelhaftigkeit dieser Wendung nicht in Frage stellen.[96] Dabei markiert diese Wendung an keiner der Stellen außerhalb des 2Kor einen Einschnitt, sondern leitet vielmehr in Röm 6,17; 7,25 und 1Kor 15,57 einen gewissen Abschluss ein, in dem sie jeweils von der Schilderung einer prekären Lage zur Lösung bzw. zu einer Erleichterung bringenden Einsicht überleitet.

Geradezu paradigmatisch ist etwa Röm 7,24f.: „Ich elender Mensch! Wer wird mich erlösen von diesem todverfallenen Leibe? Dank sei Gott durch Jesus Christus, unseren Herrn! So diene ich nun mit dem Gemüt dem Gesetz Gottes, aber mit dem Fleisch dem Gesetz der Sünde" (LÜ). Vergleichbar sind auch die übrigen Stellen. Während Paulus bereits Röm 6 den problematischen Zusammenhang von Sünde, Gesetz, Leib und Gehorsam erörtert, kann er 6,17 in einen Dankesruf ausbrechen, mit dem aber der zu besprechende Zusammenhang keineswegs verlassen wird. Und nachdem Paulus 1Kor 15 den – (wohl) auch für ihn beunruhigenden – Durchgang den Tod erörtert hat, resümiert er 15,56f.: „Der Stachel des Todes aber ist die Sünde, die Kraft aber der Sünde ist das Gesetz. Gott aber sei Dank, der uns den Sieg gibt durch unsern Herrn Jesus Christus!" (LÜ)

Dieser Gebrauch der Formel als Markierung für den Übergang von einer prekären Situation zu einer erleichternden Einsicht fügt sich außerordentlich gut zu 2Kor 2,14. Davor ist von einer für Paulus außerordentlich bedrängenden Situation die Rede, von der Ungewissheit über die Reaktion der korinthischen Gemeinde, der er doch sehr verbunden war; danach beschreibt Paulus die Realität ambivalenter Reaktionen auf seinen Dienst, auf Grund derer er sich bei einer negativen Reaktion der Korinther keine Vorwürfe zu machen bräuchte. – Entsprechend der üblichen Verwendung der Danksagungsformel, verbindet sie hier 2,12f. und die „Lösung" in 2,14f. zu einer Einheit.[97]

Hat man damit also den sonst als „Nahtstelle" angesehenen Übergang als verbindend erfasst, so stellt sich die Frage nach dem exakten Ende des Abschnitts aufs Neue, denn nicht selten wird eine Loslösung der Frage in 2,16b und der

---

[94] Dies gesteht auch BULTMANN, 2Kor, 66, zu: Diese Formel „hat ihren Bezug sonst auf das unmittelbar Vorhergehende, indem sie einen Gegensatz oder ein neues Moment, das an das Vorangehende organisch anschließt (8_{16}), einführt"; an dieser Stelle aber, meint BULTMANN, sei dies nicht der Fall, da – auf Grund der auch von ihm vertretenen Teilungshypothese – der Kontext verloren sei.

[95] Vgl. dazu nur P.BACHMANN, 2Kor, 128.

[96] Bezüglich der Formelhaftigkeit gewisser Wendungen vertritt etwa GÜTTGEMANNS, studia, 80, eine m.E. unhaltbare Extremposition, wenn er behauptet, δικαιοσύνη θεοῦ sei „kein im strengen Sinne stereotypes und technisches Syntagmem", da es auch zertrennt, umgestellt und erweitert vorkomme.

[97] Einen Zusammenhang zwischen 2,13 und 14 sehen auch MURPHY-O'CONNOR, Macedonia (wenn auch in einer Weise, die nicht meiner Sicht entspricht) und THRALL, 2Cor, 128-130, (die 2,12-17 zusammen kommentiert).

zugehörigen Antwort in 2,17 vom vorigen Kontext vertreten[98]. Dagegen spricht allerdings schon die Tatsache, dass 2,16b mit einem καί beginnt, was schwerlich den Anfang einer Hauptsequenz signalisieren kann. Sodann ist der Einschub einer Frage in einen an die Reisenotiz angeschlossenen Kommentar auch in 1,17 zu beobachten, so dass die Frage in 2,16b im gegebenen Kontext durchaus Sinn macht. Und überdies darf hier erneut an die oben aufgezeigten Affinitäten zwischen 1,8ff. und 2,12-17 erinnert werden:[99] so die nur in 1,12 und 2,17 erwähnte εἰλικρίνεια, die Todesbegrifflichkeit sowie die Gegenüberstellung von Tod und Leben. Zudem kann man auch einen Zusammenhang zwischen der formelhaften Wendung κατέναντι θεοῦ ἐν Χριστῷ λαλοῦμεν und der Darstellung der Verkündigung in 1,12 und 1,18-20 annehmen. Dass das Stichwort ἱκανός, welches in 3,4-6 hervortritt, bereits in 2,16b zu finden ist, spricht nicht gegen diese Abgrenzung, denn an Rändern finden sich öfter Worte, die in der folgenden Sequenz von Bedeutung sind oder es in der vorigen waren.[100]

Man wird also nicht umhin können, 2,12-17 als Einheit zu betrachten, welche in Analogie zu den anderen Absätzen der Texteinheit A konstruiert ist und diesen ersten Hauptteil zum Abschluss bringt.

Der letzte Hauptteil in 12,19ff.

Im Zusammenhang mit den „Texträndern" muss noch die oben postulierte Einheit 12,19-13,10 besprochen werden, zumal diese Segmentierung nicht als *common sense* der Exegese angesehen werden kann.[101]

Dass mit 12,19 eine weitere Einheit beginnen soll, wird dem Leser bzw. Hörer durch die von Paulus in diesem Vers gewählten – und oben bereits angesprochenen –[102] Formulierungen deutlich signalisiert. „Πάλαι δοκεῖτε ὅτι ..." bzw. „Schon lange mag es euch so vorkommen als ..." – mit diesen Worten signalisiert der Apostel den Adressaten, dass er von dem eben noch Besprochenen auf die Ebene eines größeren textuellen Zusammenhanges wechselt. Und natürlich präzisiert er sofort, was er im Auge hat: πάλαι δοκεῖτε ὅτι ὑμῖν ἀπολογούμεθα. In der Tat spricht er damit einen Eindruck an, den wohl nicht nur der heutige Leser bei der Lektüre von 2Kor gewinnt, sondern einen, dessen sich auch die eigentlichen Adressaten wohl kaum hatten erwehren können,

---

[98] THEOBALD, Gnade, 170-174, betrachtet 2,14-7,4 als eigenes Brieffragment, sieht in 2,14-16a die Brieferöffnung (als Ersatz für die übliche Danksagung), in 2,16b-17 die Überleitung zum Hauptthema des Briefes, wobei 2,17 die Themenangabe machen soll. WITHERINGTON, Corinth, 371-374 sieht in 2,17 die *propositio*; KLAUCK, 2Kor, 33f., sieht in 2,16b-17 ebenfalls den Themasatz.

[99] Siehe S.54f.

[100] Einige Beispiele: 1. Das Stichwort θλῖψις ist prominent in 1,3-7 und begegnet im nächsten Abschnitt nur in 1,8; 2. Die Ruhmesbegrifflichkeit, von Bedeutung in 9,2-4, wird zuvor in 8,24 [7,4.14] antizipiert.

[101] In der Literatur wird 12,19-13,10 als Einheit betrachtet von PLUMMER, 2Cor, BULTMANN, 2Kor, BARRETT, 2Cor, 326ff., MARTIN, 2Cor, WOLFF, 2Kor, BIERINGER, Jealousy, 251, HECKEL, Kraft, 50. Daneben wird auch vorgeschlagen: 12,11-13,10 (P.BACHMANN, 2Kor, 396ff.) bzw. 12,14-13,10 (TALBERT, Cor, 111.128-130, MURPHY-O'CONNOR, Theology, 125-136; FURNISH und BEST unterteilen in 12,14-21 und 13,1-10).

[102] Siehe S.42f.

schließlich nimmt der Apostel im Verlauf des gesamten Briefes ständig Bezug auf Themen, die den Korinthern Anlass zu Verdächtigungen gegeben hatten – ein Eindruck freilich, den Paulus sofort mit den Worten κατέναντι θεοῦ ἐν Χριστῷ λαλοῦμεν korrigiert wissen will. Dabei unterstreicht der Apostel den Neueinsatz auch dadurch, das er die Adressaten als ἀγαπητοί anspricht, eine Wortwahl mit starker Signalwirkung,[103] insbesondere nach all den kritischen Bemerkungen, die er im Verlauf der letzten Kapitel über die Korinther und ihre Wahrnehmungen gemacht hat, und die Zweifel daran geweckt hatten, ob Paulus überhaupt noch positive Ambitionen bezüglich der Korinther hat. Beide Verdachtsmomente, die bei der Lektüre des Briefes schon an ganz früher Stelle hatten aufkommen können, werden hier also in gewisser Weise thematisiert und zugleich zurechtgerückt.

Der Übergang zu einer neuen Einheit wird auch durch einen vorausgehenden „Abbruch" signalisiert, indem Paulus die Reihe von Fragen, die er in 12,16-18 aufgeworfen hat, schlicht unbeantwortet lässt. Dazu kommt auch eine deutliche thematische Verschiebung gegenüber dem Vorigen: Die in den letzten Abschnitten so wichtige Ruhmesbegrifflichkeit spielt hier überhaupt keine Rolle mehr; stattdessen wird der anstehende Besuch (12,20f.; 13,1f.4.10) stark betont.[104] – Und schließlich zeigen sich in der Einheit 12,19-13,10 etliche verklammernde Elemente. Die Ausführungen sind gerahmt durch zwei οἰκοδομή-Belege:[105] Nachdem Paulus betont hat, dass all sein Tun der οἰκοδομή der Korinther diene (12,19b), schließt er den Passus mit dem Hinweis, der κύριος habe ihm die Vollmacht zur οἰκοδομή und nicht zu καθαίρεσις gegeben (13,10)[106]. Diese abschließende Ergänzung der Erbauung durch den Hinweis auf die Zerstörung nimmt die drohenden Töne aus 13,1ff. auf. Auch die in 13,7 formulierte Bitte an Gott, die Korinther möchten nichts Böses tun, kann sehr wohl in Bezug gesetzt werden zu den in 12,20f. aufgezählten unerfreulichen Verhaltensweisen.[107] Ähnlich verklammernd wirkt auch der Nachhall der einleitenden Formel κατέναντι θεοῦ ἐν Χριστῷ λαλοῦμεν (12,19) in der Wendung ὁ ἐν ἐμοὶ λαλῶν Χριστός in 13,3,[108] die zweimalige Verwendung des Verbs προαμαρτάνειν in 12,21 und 13,2 sowie die vier ἔρχεσθαι-Belege (12,20f.; 13,1f.).

Nun zeigt sich in diesen wenigen Versen zugleich eine Fülle von Rückbezügen, und zwar zunächst zur vorausliegenden Texteinheit D. Die anscheinenden Diskrepanzen zwischen dem Auftreten des Apostels aus der Ferne und in der

---

[103]   Während die Verwendung von ἀγαπητοί in 2Kor 12,19 bei BAUER, Wörterbuch, 10, lediglich unter die Rubrik „Anrede" eingeordnet wird und darum im Sinne von „mein Lieber" wiedergegeben wird, versteht MARTIN, 2Cor, 460, den Ausdruck als „term of endearment".

[104]   So auch MARTIN, 2Cor, 452.

[105]   Auch WOLFF, 2Kor, 257, sieht diesen Passus vom „Motiv der Erbauung der Gemeinde umrahmt"; HECKEL, Kraft, 43, spricht von einer *inclusio*; vgl. auch BIERINGER, Jealousy, 251.

[106]   Die Gegenüberstellung von οἰκοδομή und καθαίρεσις findet sich allerdings schon in 10,8; darum siehe die folgenden diesbezüglichen Erwägungen.

[107]   So auch WOLFF, 2Kor, 263f. (bezieht „die radikale Verneinung μὴ … μηδέν" in 13,7 „auf alles zuvor Getadelte" wie z.B. „Unzucht [12,21], Streitigkeiten [12,20]"), MARTIN, 2Cor, 481 („The 'wrong' may have been a refusal to follow Paul's instructions to repent [12:20,21]").

[108]   Vgl. HECKEL, Kraft, 43 Anm. 157.122.

Gegenwart finden sich nicht erst in 13,1ff., sondern bereits in 10,1ff. Dabei werden hier wie dort die gegensätzlichen Lexeme ἀπών und παρών verwendet (10,1.2.10; 13,2.10). Entsprechend wird hier wie dort auch der Gegensatz von stark und schwach zum Ausdruck gebracht (10,1.2.4.10; 13,3b.4.9.10). Dabei begegnet in beiden Passagen sowohl die wörtlich identische Formulierung „Vollmacht zum Erbauen nicht zum Zerstören" (10,8; 13,10) als auch jeweils ein Vertreter der Wortfamilie ταπεινός (10,1; 12,21). Die in 13,3.4.9 thematisierte Schwachheit des Apostels begegnet schon in 12,9f., und die Erwähnung des „dritten" Kommens ist bereits in 12,14 angesprochen. Die beiden in 13,3.5 verwendeten Lexeme aus der Wortfamilie δοκιμάζειν, wovon sich der eine auf Paulus (13,3) und der andere auf die Korinther bezieht (13,5), dürften an die Aussage in 10,18 erinnern, dass nur derjenige δόκιμος ist, den der Herr empfiehlt. – Insgesamt entsteht dabei der Eindruck, dass gerade in 13,3f. „die Hauptfäden der Kapitel 10-13" gebündelt werden,[109] da fast alle der eben genannten Querverbindungen in Beziehung zu diesen beiden Versen stehen.

Die angeführten Zusammenhänge darf man allerdings nicht dergestalt missverstehen, als wären die Verse 12,19-13,10 noch eine Subsequenz von D.[110] Dem widerspricht die Tatsache, dass E Rückbezüge nicht nur zu D, sondern zu den verschiedensten Passagen im ganzen Brief aufweist! Die in 12,21 notierte Bemerkung über diejenigen, welche nicht μετανοεῖν wollen, ist z.B. zu verbinden mit den Erwägungen zur μετάνοια der Korinther in 7,9f. und zu der Veränderung einer gewissen, nicht namentlich genannten Person in 2,5ff. Die Erbauung der Gemeinde begegnet neben 13,2 – wenn auch in anderer Terminologie – bereits in 1,23ff.,[111] und das Handeln des Apostels in der δύναμις θεοῦ (13,4 [2-mal]) findet sich bereits in 4,7; 6,7 und erinnert überdies an den in B häufig verwendeten – und für die Strukturierung dieses Hauptteils nicht unbedeutenden – Ausdruck ἐκ θεοῦ.[112] Die Verknüpfung des Geschicks des Apostels mit der Auferstehung Jesu findet sich außer in 13,4 etwa auch in 4,10f.14 oder 5,14f. Die Furcht vor einer Demütigung beim nächsten Zusammentreffen bestimmt nicht nur 12,21, sondern etwa auch 9,2f., da Paulus dort ein mögliches Zunichtewerden seines die Korinther betreffenden Rühmens erörtert. Das in der letzten Bemerkung zu einer möglichen Demütigung beim anstehenden Besuch erwähnte πάλιν bezieht sich auf die Betrübnis während des letzten Zusammentreffens zurück, die in 2,1-4 angesprochen wird.[113] Zudem dürfte die in 13,7 mittels der „radikalen Verneinung" μὴ μηδέν formulierte und an Gott gerichtete Bitte, die Korinther möchten „überhaupt nichts Schlechtes" tun, nicht allein auf die in 12,20f. genannten Missstände zu beziehen sein, sondern tatsächlich „auf

---

[109] Heckel, Kraft, 44; die Aussage und Funktion der beiden Verse bespricht er ausführlich ebd., 121-142; siehe dazu auch unten S.96f.

[110] Dies tut aber Rolland, structure, 74f, der die Stücke 10,1-11 und 13,1-10 als ringförmige Entsprechungen auffasst.

[111] Diesen Zusammenhang erwähnt auch Bultmann, 2Kor, 243, obwohl für ihn die beiden Verse zu ganz verschiedenen Briefen gehören.

[112] Siehe dazu S.38f.67.

[113] So auch Wolff, 2Kor, 260.

alles zuvor Getadelte"[114] – d.h. auf die korinthische Kritik an Paulus ebenso wie auf die Gemeinschaft mit den Antipaulinern,[115] die Verweigerung in Sachen Kollekte genauso wie die in den Lasterkatalogen aufgezählten Dinge. Dem korrespondieren – sozusagen als Ergänzung zu dieser Bitte – die über den Brief verstreuten Forderungen nach dem Tun des „Guten" bzw. des von Paulus Gewünschten: Die Korinther sollen sich von falschen Partnern trennen (6,14ff.), die Heiligung zu Ende bringen (7,1), gute Werke tun (9,8). Diese Forderungen werden durch den Hinweis auf die Vergeltung von Gutem und Bösem im Gericht (5,10) nachdrücklich forciert, wobei 5,10 und 12,21 auch noch über das Lexem πράσσειν als Ausdruck für das menschliche Tun miteinander verbunden sind. Und schließlich kann man in der in 13,8 vorliegenden Aussage, der Apostel vermöge nichts gegen die Wahrheit, den Nachklang von nicht weniger als fünf Stellen vernehmen: Paulus empfiehlt sich durch die Offenbarung der Wahrheit (4,2), das Wort der Wahrheit zeichnet ihn aus (6,7), seine Aussagen über die Korinther entsprechen der Wahrheit (7,14), die Wahrheit Christi ist in ihm (11,10), und selbst wenn er sich weiter rühmte, würde das dabei Ausgesagte noch der Wahrheit entsprechen (12,6).[116] Von daher dürfte sich das in 12,19 und 13,3 verwendete λαλεῖν auf die paulinische Verkündigung insgesamt und alles bislang darüber Gesagte beziehen.[117]

Diese (nicht nur strukturellen) Erwägungen ergeben also einerseits eine Kohärenz innerhalb der Verse 12,19-13,10 und anderseits zahlreiche Rückbezüge zum Briefganzen. Aus der Stellung dieser Passage im Brief und den Rückbezügen wird zugleich ersichtlich, dass E als Zusammenfassung der im Brief verfolgten Intention anzusehen und somit der rhetorischen *peroratio* zu vergleichen ist.[118]

---

[114] Die verwendeten Zitate stammen von WOLFF, 2Kor, 257.263f., der aber – gegen den von mir durch die Zitation erweckten Eindruck – in 13,7 lediglich eine Bezugnahme auf 12,20f. sieht (vgl. dazu oben S.58 Anm.107); in dem von mir vertretenen weiteren Sinne versteht auch P.BACHMANN, 2Kor, 410.

[115] Vgl. dazu WOLFF, 2Kor, 264 (er bezieht diese „radikale Verneinung" neben 12,21 auch auf das „Hereinfallen auf die Antipauliner [11,4.20]" und die „Kritik am Apostel [13,3]", MARTIN, 2Cor, 481 (er schließt in κακός die Ablehnung des Paulus ein).

[116] In der Literatur werden diese Entsprechungen verschiedentlich gesehen, so etwa von WOLFF, 2Kor, 264 (zu 4,2), BULTMANN, 2Kor, 250 (zu 4,2; 6,7), FURNISH, 2Cor, 573 (zu 4,2; 6,7).

[117] Vgl. HECKEL, Kraft, 122.

[118] Siehe dazu unten S.227f.

2.3. Der „Binnentext"

Nun bedürfen die zentralen Texteinheiten B bis D einer eingehenden Erörterung. Während letztere keine außergewöhnlichen Probleme hinsichtlich der Strukturierung aufwirft, bedürfen die beiden oben ermittelten Neueinsätze in 3,1 und 6,11 einer gründlicheren Besprechung. Gerade letzterer trennt doch von der sonst oft postulierten „Apologie"[119] einen erheblichen Teil ab und fügt diesen dann mit Textabschnitten zusammen, denen nicht nur mangelnde Kohärenz unterstellt wird, sondern in denen man z.T. eigene Brieffragmente erkennen zu können meint. Hier besteht also der Bedarf einer gründlicheren Absicherung der oben skizzierten Briefstruktur. Die sich so ergebenden Fragen sollen dabei aus den Strukturbeobachtungen am fortlaufenden Text besprochen werden. Indem diese nachgezeichnet werden, müssen sich auch die aufgeworfenen Fragen klären.

Neueinsatz mit 3,1

Für einen Neueinsatz mit 3,1 konnten bereits verschiedene Argumente ins Feld geführt werden.[120] Allerdings wird man in der Literatur höchstens Unterstützung für die Einschätzung von 3,1 als untergeordnetem Absatz finden,[121] kaum aber für eine solche als Eröffnung eines Hauptteils. Besonders kritisch für die Annahme eines Neueinsatzes mit 3,1 ist der von J.Lambrecht vorgelegte Versuch, in 2,14-4,6 die zyklische Struktur A (2,14-3,6) – B (3,7-18) – A' (4,1-6) nachzuweisen,[122] denn er kann diese Strukturrekonstruktion auf bemerkenswerte semantische Entsprechungen zwischen A und A' stützen. Für die hier zu besprechende Problematik haben nur die Affinitäten zwischen 2,14-17 und 4,1-6 eine kritische Bedeutung, da diese hinter den von mir vertretenen Absatz mit 3,1 zurückgreifen würden. Die von Lambrecht für diesen Zusammenhang aufgelisteten Rekurrenzen sind eindrücklich: καπηλεύειν bzw. δολοῦν τὸν λόγον τοῦ θεοῦ (2,17; 4,2), ἐν τοῖς ἀπολλυμένοις (2,15; 4,3), κατένατι bzw. ἐνώπιον (τοῦ) θεοῦ (2,17; 4,2), φανεροῦν bzw. φανέρωσις (2,14; 4,2), κηρύσσειν bzw. λαλεῖν (2,17; 4,5) oder τῆς γνώσεως αὐτοῦ bzw. τοῦ θεοῦ (2,14; 4,6).

Solche Zusammenhänge müssen m.E. aber gerade dann nicht *zwingend* als Ringkomposition aufgefasst werden, wenn die betreffenden Lexeme neben den genannten Stellen noch häufiger vorkommen. In diesem Fall sollte man zu-

---

[119] Zu diesem Ausdruck siehe S.14 Anm.22.
[120] Siehe S.42f.
[121] Als eigenständiger Unterabschnitt wird 3,1-3 besprochen z.B. bei Belleville, Reflections, 142, Bultmann, 2Kor, 74ff., Klauck, 2Kor, 34f., Plummer, 2Cor, 76ff., P.Bachmann, 2Kor, 139ff., bzw. 3,1-6 bei Thrall, 2Cor, 217ff.
[122] Lambrecht, Structure, 260-278. Eine eigenständige Einheit in 2,14-4,6 sehen auch Wolff, 2Kor, 52 ff., Schröter, Schriftauslegung, 240-243, Thrall, 2Cor, 188ff., Bultmann, 2Kor, 65ff., u.a. Obwohl Martin, 2Cor, 74ff., den Passus 4,1-6 nicht in eine eigene Einheit mit 2,14ff. zusammen schließt, spricht er dennoch von einer „ring composition" der beiden Abschnitte.

nächst vom Textganzen ausgehen, die gesamte Verteilung genauer erfassen, nach Ballungen fragen, Unterschiede in der Bedeutung der Lexeme bzw. Wortfamilien erheben, deren Verwendung in den durch ihre Verteilung über den Brief angezeigten größeren Querverbindungen überprüfen und im Zusammenhang mit der Struktur des Gesamttextes bedenken.

Tut man dies, so finden sich schon die beiden von LAMBRECHT korrelierten Wendungen κατέναντι bzw. ἐνώπιον (τοῦ) θεοῦ (2,17; 4,2) in anderen Verbindungen „eingebettet". Während κατέναντι τοῦ θεοῦ ausschließlich in den beiden formelhaften Wendungen von 2,17 und 12,19 vorkommt, ist die Wendung ἐνώπιον τοῦ θεοῦ bzw. κυρίου ein Phänomen des dazwischen liegenden Binnentextes: 4,2; 7,12; 8,21. In größer angelegten Querverbindungen „verliert" sich dann nicht nur die Wortfamilie φανεροῦν (2,14; 3,3; 4,2.10f.; 5,10. 11[2-mal]; 7,12; 11,6), sondern auch das Wortfeld der Verkündigung, das nach LAMBRECHT durch die Lexeme κηρύσσειν bzw. λαλεῖν repräsentiert wird (1,19; 2,17; 4,5.13[2-mal]; 7,14; 11,4[2-mal].17[2-mal].23; 12,4.19; 13,3). Die Formulierungen καπηλεύειν bzw. δολοῦν τὸν λόγον τοῦ θεοῦ (2,17; 4,2) finden sich zwar im übrigen Brief nirgends mehr in semantischer Entsprechung, aber es begegnet doch auch andernorts das damit angesprochene Problem: Gleich an mehreren Stellen geht es um ein zweifelhaftes Verhalten der Verkündiger in finanziellen Dingen (7,2; 8,20f.; 11,5ff.; 12,18). Es zeigt sich also statt einer Konzentration der von LAMBRECHT angeführten Indizien eine deutliche Streuung derselben. Nimmt man dies zum Anlass, sich aus der von ihm als *common sense* vorausgesetzten Begrenzung auf 2,14-4,6[123] zu lösen, so verschwimmt die so deutlich wirkende zyklische Struktur in größeren Zusammenhängen.

In Folge dessen ist dann auch zu erkennen, dass die Ausführungen des Apostels in 2,14ff. und 4,1ff. sich nicht exklusiv aufeinander beziehen, sondern in einer Reihe stehen mit etlichen weiteren Passagen, in denen durchweg die Elemente „Verkündigung", „Redlichkeit", „vor Gott" und „mögliche Ablehnung" vorkommen. Mit unterschiedlichen sprachlichen Mitteln werden eben diese Gedanken realisiert in 1,12ff.; 2,14ff.; 4,1ff.; 5,11ff., 6,3ff. und 11,1ff. Es handelt sich dabei um eine Serie von (Re-) Aktivierungen eines und desselben gedanklichen Konzepts[124]. In der Literatur wird dies zwar nicht ausdrücklich so gesagt, doch der Zusammenhang zwischen diesen Abschnitten schlägt sich doch indirekt darin nieder, dass bei der Besprechung des einen Abschnitts häufig auf die anderen verwiesen wird.[125] Dabei zeigen sich zwischen diesen Stellen wechselnde semantische Entsprechungen. So finden sich in 4,1ff. nicht nur Entsprechungen zu 2,14ff. sondern eben auch solche zu 11,1ff.:[126] κηρύσσειν (4,5; 11,4[2-mal]), Ἰησοῦς (4,5; 11,4), τὰ νοήματα (4,4; 11,3), πανουργία (4,2; 11,3), εὐαγγέλιον (4,3f., 11,4) Die Übereinstimmungen zwischen den von LAMBRECHT als A bzw. A' bezeichneten Abschnitten käme dann also nicht auf

---

[123] LAMBRECHT, Structure, 258, stützt sich ebd., Anm.2, auf eine Fülle an Literatur.

[124] Zum Terminus „gedankliches Konzept" siehe oben S.43 samt Anm.31.

[125] So verweist etwa KLAUCK, 2Kor, 22, bei der Besprechung von 1,12 bereits auf 4,2 und 5,11 sowie ebd., 53, bei der Erörterung von 5,11ff. auf 2,17 und 4,2. Solche Querverweise finden sich z.B. auch bei WOLFF, 2Kor, 29f.84f.119ff.139f.210ff.

[126] Siehe dazu unten S.196.

Grund einer ringförmigen Struktur zustande, sondern auf Grund der (Re-)Aktivierung des jeweils zugrundeliegenden Konzepts.

Auch der von LAMBRECHT vertretene Zusammenhang von 3,1-3 mit dem Vorausliegenden wird auf Grund gewisser semantischer Indizien recht fraglich. Einem solchen steht nicht nur der asyndetische Anschluss im Wege, sondern auch die Tatsache, dass zwischen 3,1-3 und 2,14-17 keinerlei semantische Bezüge bestehen. Im Gegensatz dazu zeigt sich aber eine deutliche Bindung von 3,1-3 an den unmittelbar folgenden Text. Der erste Beleg aus der Wortfamilie διακονεῖν ist in 3,3 zu finden und dann gleich in etlichen folgenden Versen (3,6. 7.8.9[2-mal]). Die in 3,1-3 enthaltene Thematik von Lesen und Schreiben ist wohl auch im rückwärtigen Kontext zu finden, dort aber in erheblichem Abstand,[127] während sich im dritten Kapitel eine Konzentration der damit verbundenen Begrifflichkeit zeigt: ἀναγινώσκειν (3,2.15), ἐπιστολή (3,1f.), ἐγγράφειν (3,2f.), μέλας (3,3), γράμμα (3,6f.), ἀνάγνωσις (3,14) etc. Ähnlich verhält es sich mit dem Lexem πνεῦμα, wenn es, wie in 3,3, zur Bezeichnung des Geistes Gottes dient: in dieser Bedeutung begegnet es wohl bereits in 1,22, dann aber im 3,3 nachfolgenden Kontext konzentriert in 3,6.8.17.18 sowie später in 5,5 und 6,6. Diese Verbindungen verweisen auf einen Zusammenhang, der in 3,1-3 anhebt und in den folgenden Kapitel weiter besteht.

Folgt man diesen Verbindungslinien weiter, so stößt man auf weitere Lexeme und Wortfamilien, die zwar statistisch gesehen nicht allein auf Texteinheit B beschränkt sind, wohl aber allein dort und in deren Ränder in einer gewissen Bedeutung vorkommen. So wird etwa die Problematik des (Sich-Selbst-)Empfehlens in 2Kor öfter thematisiert, doch nur gelegentlich wagt es der Apostel, sich wirklich selbst zu empfehlen:[128] Er geht die Problematik in 3,1 mit der Frage ἀρχόμεθα πάλιν ἑαυτοὺς συνιστάνειν und der Erwähnung von συστατικαὶ ἐπιστολαί an, empfiehlt sich dann tatsächlich in 4,2; 5,12, und zuletzt in 6,4, wo er mit der Bemerkung ἐν παντὶ συνιστάντες ἑαυτοὺς ὡς θεοῦ διάκονοι einen „Peristasenkatalog"[129] eröffnet, der ihn ausweisen soll. Ganz ähnlich verhält es sich mit der in dieser Bemerkung gestreiften Wortfamilie διακονεῖν:[130] Sie bezeichnet entweder die Aktivität des Paulus oder aber die Kollekte sowie die Umtriebe der Gegner. Im zuerst genannten Sinne wird sie erstmals in 3,3 in dem Hinweis verwendet, die Korinther seien ein Brief Christi, διακονηθεῖσα ὑφ' ἡμῶν, und – nach der Verwendung in 3,6-9; 4,1; 5,12 – zum letzten Mal in dem bereits zitierten Satz 6,4a, sowie in dem Anliegen des Apostels, seine διακονία möge nicht „verlästert" werden (6,3).[131] Dazu kommt, dass der in 3,9 erwähnten διακονία τῆς δικαιοσύνης der Ausdruck διακονία

---

[127] So findet sich etwa γράφειν schon in 1,13; 2,3.4.9 und ἀναγινώσκειν in 1,13; vgl. dazu auch unten S.213.

[128] Zu den variierenden Bezugspersonen von συνιστάνειν siehe S.39.

[129] Zu diesem Ausdruck sowie der Erforschung der damit bezeichneten literarischen Form vgl. nur FITZGERALD, Cracks, 7-31, EBNER, Leidenslisten, 2-7.

[130] Διακονεῖν: 3,3; 8,19.20; διακονία: 3,7.8.9(2-mal); 4,1; 5,18; 6,3; 8,4; 9,1.12.13; 11,8; διάκονος: 3,6; 6,4; 11,15(2-mal).23 .

[131] Nur in 11,8 wird es noch einmal im Sinne des apostolischen Dienstes verwendet, während es in 11,15(2-mal).23 auf das Wirken der Gegner des Paulus bezogen wird.

τῆς καταλλαγῆς in 5,18 entspricht,[132] und überdies das Lexem δικαιοσύνη nach 3,9 erneut in 5,21 und 6,7 begegnet[133]. Auch das oben bereits angesprochene πνεῦμα als Bezeichnung für den Geist Gottes findet sich nach 3.3.6(2-mal).8.17(2-mal); 4,13; 5,13 zum letzten Mal in 6,6. Und schließlich kann man darauf verweisen, dass die in Kapitel 3 für die Charakterisierung des apostolischen Dienstes so wichtige δόξα nur noch einmal aufgenommen wird: in 6,8.[134] – Auf Grund dieser Entsprechungen zwischen den Rändern der Texteinheit B kann man durchaus von einer Ringstruktur sprechen.

Der oben auf Grund des metakommunikativen Satzes und anderer Indizien angenommene Neueinsatz mit 3,1 kann sich nun, nach den eben angestellten Überlegungen – kein Zusammenhang von 3,1-3 mit den vorausliegenden Versen, Rekurrenz eines Konzepts, Ringstruktur um die Texteinheit B – gegen die Strukturrekonstruktion von LAMBRECHT u.a. durchaus behaupten. Zudem steht sein Vorschlag auch noch in Spannung zu einer bemerkenswerten Struktur, welche die Texteinheit B durchzieht. Diese gilt es jetzt darzustellen.

Anschließende Textstrukturen

Versucht man B zu strukturieren, fallen sofort einige Abschnitte auf, die sich durch die konzentrierte Verwendung bestimmter Begrifflichkeiten auszeichnen: Im Bereich von 3,6ff. zeigt sich eine Häufung von Belegen der Wortfamilien διακονία und δόξα,[135] in 4,7ff. findet sich die Thematik des Leidens und der Gegensatz von Leben und Tod,[136] in den Versen 5,1ff. konzentrieren sich Behausungs- und Bekleidungsbegrifflichkeit,[137] worauf in 5,6ff. etliche σῶμα-Belege und Komposita mit δημεῖν zu beachten sind[138]. Und schließlich sticht 6,3-10 schon allein durch seine literarische Form – als Peristasenkatalog[139] – hervor. Auch der Passus 4,7-18 lässt sich ohne weiteres begrenzen, denn zu Beginn desselben verschiebt sich die Motivik von der Herrlichkeit des Dienstes zu dessen Niedrigkeit und den mit ihm verbundenen Schwierigkeiten.[140] Dazu kommen die am Anfang und am Ende begegnenden Gegensatzpaare (z.B. in 4,7 [dieser Schatz - irdische Gefäße]; 4,18 [das zu Sehende ist vergänglich - das

---

[132] Unabhängig von strukturellen Erwägungen wird doch die sinngemäße Entsprechung der genannten διακονία-Belege benannt z.B. von HOFIUS, Erwägungen, 187, WOLFF, 2Kor, 129, FURNISH, 2Cor, 317.

[133] Weitere Belege finden sich in 6,14; 9,9f.; 11,15.

[134] 1,20 ist es die Ehre Gottes und in 8,19.23 die Ehre Christi.

[135] Wortfamilie διακονεῖν: διάκονος (3,6) und διακονία (3,7.8.9[2-mal]); Wortfamilie δοξάζειν: δόξα (3,7[2-mal].8.9[2-mal].10.11[2-mal]) und δοξάζειν (3,10[2-mal]).

[136] Leiden: θλίβειν (4,8), θλῖψις (4,17), ἀπορεῖν (nur 4,8), διώκειν (nur 4,9) und καταβάλλειν (nur 4,9); Gegensatz von Tod und Leben: θάνατος (4,11.12), θνητός (4,11), ζωή (4,10.11.12).

[137] Behausungsbegrifflichkeit: οἰκία (nur 5,1[2-mal]), σκῆνος (nur 5,1.4), οἰκοδομή (5,1) und οἰκητήριον (nur 5,2); Komposita mit δύειν: ἐπενδύεσθαι (nur 5,2.4) und ἐκδύειν (nur 5,3.4).

[138] Komposita mit δημεῖν: ἐνδημεῖν (nur 5,6.8.9) und ἐκδημεῖν (nur 5,6.8.9); σῶμα (5,6.8.10).

[139] Zu diesem Terminus siehe oben S.63 Anm.129.

[140] Vgl. dazu nur WOLFF, 2Kor, 89, FURNISH, 2Cor, 277.

nicht zu Sehende ewig])[141] sowie das Lexem θλῖψις in 4,17, das sich auf die Ausführungen in 4,8-11 zurück bezieht.

Die exakte Delimitierung scheint also problemlos zu sein. Dieser Eindruck verflüchtigt sich allerdings, wenn man die bereits erwähnten Querverbindungen nicht aus den Augen verliert. So sind etwa συνιστάνειν, ἐκ θεοῦ oder die Belege der Wortfamilie διακονεῖν über diese Kapitel verteilt und nicht auf gewisse Abschnitte beschränkt. Das in 3,13-18 häufig verwendete Lexem κάλυμμα und das damit verwandte Partizip ἀνακεκαλυμμένος korrespondiert dem in 4,3 gleich zweimal vorkommenden Partizip κεκαλυμμένος. Der oft so selbstverständlich akzeptierte Absatz in 5,1 scheint aber auf Grund der Konjunktion γάρ doch enger mit dem Vorigen verbunden zu sein. Dies lässt sich auch hinsichtlich der beiden Vorkommen von οὖν in 5,6.11 sagen. Die so deutlich werdenden Verknüpfungen der Abschnitte könnte zu der Folgerung führen, „that the division of that apology remains to a certain extent problematic and arbitrary. We cannot point to any clear or undoubtable caesurae in the course of the apology. The introductory verses of each so-called section, just as those of the smaller subdivisions, are most genuinely transitional verses and thus serve more to connect than to strictly separate one section from another"[142]

Dennoch lässt sich eine präzise Segmentierung durchführen, und zwar auf Grund einer bemerkenswerten, durch Wiederholungen konstituierten Struktur, welche die gesamte Texteinheit B durchzieht. Zunächst fallen die in regelmäßigen Abständen repetierten ἔχειν-Belege auf. Meist stehen sie in Frontposition, und in allen Fällen, außer in 5,1, sind sie mit einem Korrelativum bzw. Demonstrativum kombiniert:[143]

3,4   πεποίθησιν δὲ *τοιαύτην* ἔχομεν ...
3,12   ἔχοντες οὖν *τοιαύτην* ἐλπίδα ...
4,1   ἔχοντες τὴν διακονίαν *ταύτην* ...
4,7   ἔχομεν δὲ τὸν θησαυρὸν *τοῦτον* ...
4,13   ἔχοντες δὲ *τὸ αὐτὸ* πνεῦμα ...
5,1   ... οἰκοδομὴν ἐκ θεοῦ ἔχομεν.

Selbstverständlich haben solche Wiederholungen strukturierende Wirkung.[144] Mit H.LAUSBERG gesprochen, markieren „Wiederholungen auf Abstand" Absätze im Text, wobei sich hier die „Wiederholung von gleichen Satzteilen" (in unserem Fall das Lexem ἔχειν) mit der „Wiederholung von Satzteilen gelockerter Gleichheit" (Wechsel der Substantive und der Verbformen) verbindet.[145] Die so konstruierte Reihe von Absätzen bricht dann allerdings nicht einfach am Ende

---

[141] Weitere Gegensatzpaare nennt KLAUCK, 2Kor, 47.
[142] LAMBRECHT, nekrōsis, 311.
[143] Diese Wiederholungen werden in der Literatur öfters erwähnt, so etwa bei KLEINKNECHT, Gerechtfertigte, 252, BELLEVILLE, Reflections, 142f., KLAUCK, Erleuchtung, 269. Ohne sie für die Strukturierung zu verwenden wird die Formelhaftigkeit erkannt von THRALL, 2Cor, 298 („ἔχω-formulae"), WOLFF, 2Kor, 70 („ἔχοντες-Aussagen"). KLAUCK, 2Kor, 60, und DERS., Erleuchtung, 269, nennt sie „Habe-Formeln".
[144] Siehe oben S.23.23.27 sowie zu den Blöcken in Texteinheit A oben S.51f.
[145] LAUSBERG, Elemente, verhandelt in den §§ 259-273 die „Wiederholungen auf Abstand", in den §§ 264-273 „Wiederholung als parallele Absatzmarkierung" und in den §§ 274-292 „Wiederholung von Satzteilen gelockerter Gleichheit"; vgl. dazu auch GRODDECK, Rhetorik, 119-156.

des vierten Kapitels ab, sondern geht in eine weitere über, deren Absätze jeweils mit οἶδα-Belegen eingeleitet werden. Schon in 4,14, also im unmittelbaren Anschluss an das letzte Element der ἔχειν-Reihe, taucht erstmals seit 1,7 wieder das Lexem οἶδα auf. Dieses wird dann auch in 5,1 zusammen mit einem ἔχειν-Beleg verwendet und begegnet daraufhin ebenfalls in auffällig regelmäßigen Abständen:[146]

5,1   οἴδαμεν γὰρ ὅτι ...
5,6   ... εἰδότες ὅτι ...
5,11   εἰδότες οὖν ...
5,16   ... οὐδένα οἴδαμεν κατὰ σάρκα ...

Bei der so deutlich werdenden Reihung von Absätzen – die sich als Gerüst von Texteinheit B begreifen lässt – fragt sich natürlich, ob diese schlicht seriell aufeinander folgen oder ob sich darin größere Gruppierungen erkennen lassen. Hier geben die Verbformen einen entscheidenden Hinweis. Es ist plausibel anzunehmen, dass die als Partizipien formulierten ἔχειν- und οἶδα-Belege Subordination signalisieren, während die als *verba finita* realisierten Vorkommen (3,4; 4,7; 5,1.16) jeweils den Beginn eines größeren bzw. übergeordneten Zusammenhangs anzeigen[147]. Letztere fallen nun überraschenderweise zusammen mit dem bereits erwähnten, bei Paulus nicht eben häufig anzutreffenden Ausdruck ἐκ θεοῦ.[148] Nachdem er erstmals im ersten der beiden „Klammersätze", also in 2,17, zu finden war, begegnet er hier explizit in 3,5; 5,1.18 und in Form der Gegenüberstellung von ἐξ ἡμῶν und ἦ τοῦ θεοῦ in 4,7. Somit decken sich diese Belege ausnahmslos mit den durch *verba finita* markierten Einsätzen:

3,4f.   ἔχομεν ...
       [V.5] ... ἡ ἱκανότης ἡμῶν *ἐκ τοῦ θεοῦ*
4,7   ἔχομεν ...
       ἵνα ἡ ὑπερβολὴ τῆς δυνάμεως ἦ *τοῦ θεοῦ* καὶ μὴ ἐξ ἡμῶν
5,1   οἴδαμεν ...
       οἰκοδομὴν *ἐκ θεοῦ* ἔχομεν, οἰκίαν ἀχειροποίητον ...
5,16ff. οἴδαμεν ...
       [V.18] τὰ δὲ πάντα *ἐκ τοῦ θεοῦ* τοῦ καταλλάξαντος ...

Mit dieser Über- und Unterordnung sind auch die Unterabschnitte deutlich zu bestimmen. Es treten die größeren Einheiten 3,4-4,6; 4,7-18; 5,1-15 und 5,16ff. hervor, wobei die übrigen ἔχειν- bzw. οἶδα-Wiederholungen untergeordnete Abschnitte markieren. In der ersten und dritten Einheit wird damit sofort eine Dreiteilung deutlich: 3,4-4,6 wird durch das zweimalige ἔχοντες in 3,12 und 4,1 ebenso gegliedert wie 5,1-15 durch die Wiederholung von εἰδότες in 5,6 und 5,11. Lediglich in der zweiten Einheit, 4,7-18, findet sich nur eine dieser Wiederholungen, nämlich ἔχοντες in 4,13. Dafür lässt sich aber 4,16 auf Grund weiterer Beobachtungen als zweiter Einschnitt verständlich machen. Wie in 4,1 die dritte Sequenz innerhalb der ersten großen Einheit mit den fol-

---

[146]   Auch diese Wiederholungen wurden bereits erkannt und in der Literatur benannt, so etwa bei BELLEVILLE, Reflections, 151f., KLEINKNECHT, Gerechtfertigte, 252 (nennt allerdings nur 5,1.11).
[147]   In der Unterscheidung von Partizip bzw. *verbum finitum* erkennt auch WONNEBERGER, Textgliederung, 311, ein Indiz für die Zuweisung der Texthierarchiestufen.
[148]   Siehe dazu S.38f.

gernden Partikeln διὰ τοῦτο beginnt und dann die Phrase οὐκ ἐγκακοῦμεν verwendet wird, so beginnt 4,16 mit διὸ und derselben Phrase. Dazu kommt, dass in der ersten und dritten Einheit unmittelbar vor dem zweiten Einschnitt jeweils eine Formulierung mit πᾶν und einem Personalpronomen vorliegt: ἡμεῖς δὲ πάντες in 3,18 und τοὺς γὰρ πάντας ἡμᾶς in 5,10. Damit vergleichbar ist in der zweiten Einheit die Formulierung τὰ γὰρ πάντα δι᾽ ὑμᾶς in 4,15. Somit ergibt sich die folgende Einteilung:

Einheit 3,4-4,6 mit den Sequenzen 3,4-11; 3,12-18; 4,1-6
Einheit 4,7-18 mit den Sequenzen 4,7-12; 4,13-15; 4,16-18
Einheit 5,1-15 mit den Sequenzen 5,1-5; 5,6-10; 5,11-15
Einheit 5,16ff.

Es ist also keineswegs so, „that the division of that apology remains to a certain extent problematic and arbitrary"[149]. Vielmehr lässt sich eine deutliche Struktur der Texteinheit Β erkennen, die sich allerdings nicht so ohne weiteres zu der von LAMBRECHT u.a. vorgenommenen Aufteilung fügt. Zum einen lässt sich die von ihm und anderen vorausgesetzte Texteinheit 2,14-4,6 – und deren Unterteilung in die Einheiten 2,14-3,6; 3,7-18 und 4,1-6 – nicht mit der hier erarbeiteten Struktur vereinbaren, denn aus dieser ergibt sich als erste Einheit 3,4-4,6. Zum anderen bleiben bei seiner Untergliederung der ersten Einheit die durch Wiederholungen deutlich markierten Absätze in 3,4 und 3,12 unberücksichtigt. – Zu klären bleibt allerdings, wie weit das letzte, mit 5,16 beginnende Segment reicht. Dies muss im Zusammenhang mit der Frage nach der Eröffnung des nächsten Hauptteils besprochen werden.

Neueinsatz mit 6,11

Während der Orientierung an der Textoberfläche fiel das Augenmerk bereits auf 6,11: Im Zwischenbereich zwischen zwei dort noch als Text*felder* bezeichneten Einheiten stehend, ließe sich dieser Vers sehr gut als Neueinsatz verstehen.[150] Zu dieser Einschätzung bestehen nun zwei ernsthaft zu erwägende Alternativen: Während FURNISH 5,20 – auf Grund einer Verschiebung von „the indicative mood ... to the imperative, discourse to exhortation" sowie einer gewissen Nähe zu Röm 12,1 (in beiden Versen wird οὖν und παρακαλεῖν verwendet) – für die Eröffnung einer „appellativen" Einheit hält, die er bis 9,15 reichen sieht,[151] kommt BELLEVILLE auf Grund eines Vergleichs mit nichtliterarischen Papyri zu der Annahme, dass in 6,1 „the transition in the letter body from background to request"[152] vorliege, also der Beginn jener Sequenz, welche die eigentliche Anfrage bzw. Aufforderung enthält, worauf dann ab 7,3 die Schlussbemerkungen und in 7,16 der Briefschluss zu finden seien.[153]

---

149 LAMBRECHT, nekrōsis, 311.
150 Siehe oben S.40f.45.
151 FURNISH, 2Cor, 348f..
152 BELLEVILLE, Reflections, 156.
153 BELLEVILLE, Reflections, 127.156ff., DIES., Letter, 146f.,149. Einen Neueinsatz erkennen in 6,1 auch THRALL, 2Cor, 449ff. (sieht eine eigene Einheit in 6,1-7,4) und WOLFF, 2Kor, 137.

Gegen beide Alternativvorschläge sprechen zunächst gewisse verklammernde Elemente, die 5,16ff. und 6,3ff. verbinden.[154] Man kann sich hier zwar nicht auf exklusiv verwendete Lexeme stützen, aber doch immerhin auf solche, die in diesen Versen gehäuft zu finden sind, während sie im unmittelbaren oder weiteren Kontext fehlen. Nahezu exklusiv finden sich hier die beiden Lexeme ἰδού und νῦν. Nach dem sie bislang in 2Kor nicht vorkamen, liegen beide hier gleich viermal vor (ἰδού in 5,17; 6,2[2-mal].9; νῦν in 5,16[2-mal]; 6,2[2-mal]), worauf sie erst nach erheblichem Abstand und dann nur vereinzelt zu finden sind.[155] Nicht ganz so selten, aber doch in einer auffälligen Konzentration finden sich die Wortfamilien γινώσκειν und διακονεῖν sowie das Lexem λόγος. Alle drei begegnen am Anfang des vierten Kapitels, im achten und dazwischen ausschließlich in diesen Versen![156] Dabei darf man hinsichtlich der Vorkommen der beiden Wortfamilien hier durchaus von einer Häufung sprechen, da die erste in Form von γινώσκειν (5,16[2-mal].21), γνῶσις (6,6) und ἐπιγινώσκειν (6,9) gleich viermal begegnet und die zweite in Form von διακονία (5,18;6,3) und διάκονος (6,4) immerhin dreimal. Das Lexem λόγος kommt hier immerhin noch in den Versen 5,19 und 6,7 vor.[157] Dabei lassen die jeweils ersten und letzten Belege dieser semantischen Größen die Ränder dieses Abschnitts deutlich werden: ἰδού in 5,17 und 6,9, die Wortfamilie γινώσκειν in 5,16 und 6,9, sowie λόγος in 5,19 und 6,7. Es besteht also ein Zusammenhang von 5,16f. an bis zum Ende der Verse 6,3-10. Intern wird dieser Abschnitt noch durch weitere Elemente verklammert: Das Lexem δικαιοσύνη findet sich in 5,21 und 6,7, die καταλλαγή-Begrifflichkeit in 5,18-20 und das Lexem παρακαλεῖν in 5,20 und 6,1. Sodann besteht ein Zusammenhang zwischen der in 5,16 mittels der Wendung γινώσκειν κατὰ σάρκα angezeigten Thematik und den Ausführungen in 6,3-10: Die Tatsache, dass Paulus von anderen κατὰ σάρκα betrachtet wird, beschert ihm die benannten Schwierigkeiten, während er – im Gegensatz dazu – andere Menschen nicht κατὰ σάρκα wahrnimmt, was ihn zu dem dargestellten hingebungsvollen Lebensstil führt. Und schließlich darf man die in 6,2 gleich zweimal angesprochene σωτηρία durchaus als summarischen Rückverweis auf die vorausgegangenen Äußerungen zur neuen Schöpfung, zum Vergehen des Alten, zur Versöhnung Gottes, zur Nichtanrechnung der παραπτώματα oder zum Zur-Gerechtigkeit-Gottes-Werden (5,21) verstehen.[158] Angesichts dieser Verklammerung signalisieren die ermahnenden Elemente nicht –

---

[154] PLUMMER, 2Cor, 189, z.B. meint lapidar: „vi.1 is closely connected with v.20,21".

[155] Ἰδού begegnet noch in 7,11; 12,14 und νῦν in 7,9; 8,14; 13,2.

[156] Abgesehen von den Vorkommen in den Versen 5,16-6,10 findet sich die Wortfamilie γινώσκειν zuletzt in 4,6 und dann wieder ab 8,7.9, die Wortfamile διακονεῖν zuletzt in 4,1 und anschließend ab 8,4 und das Lexem λόγος in 4,2 und erneut ab 8,7.

[157] Diesen Zusammenhang stellt auch FURNISH, 2Cor, 356, her – und dies, obwohl er eine Zäsur vor 5,20 annimmt: „For Paul, *the word of truth* is nothing else than 'the word of reconciliation' (5:19) ...". Anders sieht dies jedoch WOLFF, 2Kor, 141, nach dem das „Wahrheitswort" in 6,7 „weniger die Evangeliumsverkündigung" bezeichnet „als vielmehr die Wahrhaftigkeit apostolischen Redens überhaupt", was sich dann eher auf Stellen wie 1,17ff. bezöge.

[158] Ebenso z.B. BULTMANN, 2Kor, 169, FURNISH, 2Cor, 353.

wie Furnish will – bereits den Übergang, sondern sind vielmehr als Vorverweis auf die anschließende Texteinheit C zu verstehen.

Raten schon diese Beobachtungen von einer Zäsur vor 6,11 ab, so sprechen noch weitere Einwände gegen die genannten Alternativvorschläge. Zwar weisen 5,20 und Röm 12,1 gewisse Entsprechungen auf (οὖν, παρακαλεῖν und eine anschließende konkrete Forderung), welche die beiden Verse als Varianten der transitorischen παρακαλῶ-Sätze[159] erscheinen lassen könnten, so dass entsprechend Röm 12,1 auch 5,20 ein neues Textsegment beginnen müsste.[160] Doch lassen schon die zahlreichen Variationen jener „Sätze"[161] grundsätzlich fraglich werden, ob dahinter wirklich eine Formel mit stereotyper Funktion steht, so ist gerade 5,20 von allen Variationen am weitesten vom „Idealtypus", wie er in Röm 12,1 vorliegt, entfernt: παρακαλεῖν wird als Partizip in Abhängigkeit von einem anderen Verb (πρεσβεύομεν) konstruiert, οὖν steht nicht in direktem Zusammenhang mit παρακαλεῖν, ἀδελφοί fehlt und die vorzutragende Aufforderung ist nicht Bestandteil des παρακαλεῖν-Satzes selbst sondern erst des mit δεόμεθα anhebenden Folgesatzes.[162] Auch 6,1 kann unmöglich als einer dieser Überleitungssätze angesehen werden, da hier παρακαλεῖν in der 1. *pers.plur.* steht, das Verb zudem in untypischer Weise mit συνεργεῖν kombiniert ist und überdies der Vokativ ἀδελφοί fehlt. Zudem sind die von Belleville zum Vergleich herangezogenen Papyri schwerlich mit 2Kor vergleichbar, da diese wesentlich kürzer sind. Wollte man dennoch deren Struktur auf 2Kor übertragen, so wäre die „background section", welche dort die Vorbereitung für die anschließende Aufforderung bildet, in 2Kor – Belleville nimmt an, diese läge in 2Kor 1,8-5,21 vor – unverhältnismäßig lang.

Wichtig ist nun aber auch eine spezielle Eigenschaft von Schlusssequenzen: die Rückverweise zum vorausliegenden Text! Eben solche Rückbezüge werden in der Literatur bei der Besprechung von 5,16ff. und 6,3-10 in großer Zahl aufgezeigt, und zwar sowohl zum unmittelbar Vorangehenden als auch zu weiter zurückliegenden Textsegmenten. Einige Zitate mögen dies deutlich machen. Man sieht schon in dem in 5,16 enthaltenen Gedanken οὐ κατὰ σάρκα γινώσκομεν (5,16) eine Bezugnahme auf die Thematik des dritten Kapitels: Die Bemerkung sei nötig, da die Korinther in der Gefahr stünden, „sich die Neuheit Christi durch Zwischengrößen (Mose, Alter Bund 3,6ff.) verdecken zu lassen"[163]. Ein regelrechtes Beziehungsgeflecht sieht man darin, dass Paulus in „5,20-6,2 als Verkündiger zu den Korinthern redet und auf diese Weise sich als

---

159 Diese wurden eingehend thematisiert von Bjerkelund, Parakalō.

160 Zum Neueinsatz mit Röm 12,1 vgl. nur Dunn, Romans, 705ff.

161 Die gerne als „Formel" angesehene Zusammenstellung von παρακαλῶ, οὖν, ὑμᾶς und ἀδελφοί findet sich nur Röm 12,1; mit δέ (statt mit οὖν) findet sie sich jedoch auch Röm 15,30; 16,17; 1Kor 1,10; 16,15; mit οὖν aber ohne ἀδελφοί formuliert Paulus 1Kor 4,16 und ohne die beiden genannten Elemente 2Kor 2,7; 10,1. Das Verb in der 1.*pers. plur.* begegnet in Verbund mit δέ, ὑμᾶς und ἀδελφοί 1Thess 4,10; 5,14; weitere, um verschiedene Elemente reduzierte Formulierungen im Plural finden sich 2Kor 6,1; 1Thess 2,12; 4,1. – Inwieweit angesichts dieses Befundes wirklich von einer „Formel" gesprochen werden kann, ist zweifelhaft.

162 Dem entsprechend zählt auch Bjerkelund, Parakalō, 26, 5,20a *nicht* zu den typischen, transitorischen παρακαλῶ-Sätzen.

163 P.Bachmann, 2Kor, 260f.

διάκονος τῆς καταλλαγῆς, bzw. τοῦ πνεύματος und τῆς δικαιοσύνης (3,8f.) erweist, also als den, der die ὀσμὴ τῆς γνώσεως Gottes verbreitet (2,14), der die γνῶσις τῆς δόξης τοῦ θεοῦ erstrahlen lässt (4,6), in dem also die ζωὴ τοῦ Ἰησοῦ wirksam ist (4,10f.)"[164]. Sodann fasst „[d]er Gegensatz ‚als Sterbende, und (doch) - siehe: wir leben!'" in 6,10 den Abschnitt „4,10-12 zusammen"[165]. In der καινὴ κτίσις (5,17) erkennt man eine „Beziehung zum Neuen Bund in 3⁶, zum Erneuertwerden des inneren Menschen in 4¹⁶ und zur Abbild-Christologie in 4⁴", ja „Paulus selbst ist ein Beispiel für eine neue Schöpfung (4⁶)".[166] Die Form des Peristasenkatalogs findet sich sowohl in 6,3ff., als auch in 4,8f. und zwar jeweils unter Einschluss des Gegensatzes von Leben und Tod (4,10ff.; 6,9), so dass gefolgert werden kann: „Die Gleichzeitigkeit von Sterbezustand und Lebensbesitz ist eine Wiederaufnahme der Aussagen von 4¹⁰ᶠ"[167] Ließen sich auch noch weitere Zusammenhänge aufzeigen,[168] so ist doch das Wesentliche bereits deutlich: Die Verse 5,16-6,10 bilden eine Einheit, welche auf Grund der Rückbezüge und der Stellung den Abschluss der Texteinheit Β bilden.

Versucht man diese Schlusseinheit zu untergliedern, so findet die von FURNISH vorgenommene Segmentierung doch noch eine gewisse Bestätigung, da sich hier, neben dem in der Literatur allgemein anerkannten Absatz 6,3-10, ein weiterer ab 5,20 zeigt.[169] Auf den ersten Blick mag dem widersprechen, dass 5,20 mit den beiden vorangehenden Versen über das Lexem καταλλάσσειν verbunden ist, doch andererseits signalisiert die Partikel οὖν, dass hier eine Folgerung aus dem Vorigen gezogen wird. Sodann ist 5,20 mit 6,1 nicht allein durch die Verwendung von παρακαλεῖν verbunden, sondern durch den ermahnenden Ton, der den ganzen Absatz prägt. Von daher dürfte sich nicht erst der Appell in 6,1 (παρακαλοῦμεν μὴ εἰς κενὸν τὴν χάριν τοῦ θεοῦ δέξασθαι ὑμᾶς) mit dem in 6,2 gebotenen Zitat und der angehängten Aktualisierung an die Korinther richten, sondern bereits die Aufforderung in 5,20 (καταλλάγητε τῷ θεῷ).[170] Ab 6,3 dann einen eigenen Unterabschnitt zu erkennen ist zwar nicht unüblich,[171] aber doch auch nicht selbstverständlich. Immerhin scheint die aus-

---

[164]   BULTMANN, 2Kor, 164.

[165]   WOLFF, 2Kor, 142.

[166]   Beide Zitate von KLAUCK, 2Kor, 55.

[167]   KLAUCK, 2Kor, 59; vgl. auch WOLFF, 2Kor, 142.

[168]   BULTMANN, 2Kor, vermerkt etliche Bezüge zwischen 5,16ff. und dem unmittelbar Vorausliegenden: 5,16 ziehe „wie das [ihm parallele] ὥστε V.17 die Konsequenzen aus V.14f." (ebd., 155); „V.17 entfaltet den Gedanken des ἄρα οἱ πάντες ἀπέθανον von V.14, bzw. den Gedanken von V.16" (ebd., 158). Sich weiter erstreckende Zusammenhänge benennen FURNISH, 2Cor, 333 (im Vergehen des Alten [5,17] sei auch dasjenige von „the power of the god of this age [4: 4]" und „the worldly standards by which others have been assessed [v. 16a]" zu erkennen), MARTIN, 2Cor, 152 (sieht einen Zusammenhang zwischen γέγονεν καινά [5,17] und καινὴ διαθήκη [3,6])

[169]   Exakt dieselbe Subsequenz sehen BULTMANN, 2Cor, 164ff. und FURNISH, 2Cor, wobei letzterer damit „seinen" zweiten großen Hauptblock (5,20-9,15) beginnen sieht. Bei anderen Exegeten finden sich wenigstens Unterstützung für die anfängliche Zäsur (PLUMMER, 2Cor, 184) oder das Ende (TALBERT, 2Cor, 166, KLAUCK, 2Kor, 57, P.BACHMANN, 2Kor, 275, WITHERINGTON, 2Cor, 392ff.).

[170]   Siehe dazu unten S.123.

[171]   P.BACHMANN, 2Kor, 273.276f.; KLAUCK, 2Kor, 58; WITHERINGTON, Conflict, 398.

schließliche Verwendung von Partizipien in 6,3-10 einen grammatikalischen Zusammenhang mit dem rückwärtigen Kontext anzuzeigen.[172] Demnach könnte man diese Verse syntaktisch als die Fortsetzung von συνεργοῦντες in 6,1 – nach einer „Parenthese"[173] in 6,2 – ansehen. Allerdings verwendet Paulus öfters Partizipien statt des *verbum finitum*,[174] so dass die Verse 6,3-10 sehr wohl eine eigene Einheit bilden können.[175] Somit ergibt sich die Unterteilung in 5,16-19; 5,20-6,2 und 6,3-10.[176] Dabei bildet 6,3-10 den Schlusspunkt innerhalb der Schlusseinheit 5,16-6,10, welche durch das zu Beginn verwendete ὥστε als Schlussfolgerung des bisher Diskutierten erscheint.[177]

Die folgenden Kapitel

Eine Zäsur vor 6,11 aufzuzeigen ist das Eine, einen damit eröffneten Hauptteil nachzuweisen aber ist das Andere. Tatsächlich wird 6,11 nicht selten als Neueinsatz erkannt, aber die damit verbundene Texteinheit lässt man meist im siebten Kapitel ihr Ende finden.[178] Dies liegt daran, dass man zwischen dem siebten Kapitel und dem folgenden keine Kohärenz finden zu können meint und zudem das achte und neunte Kapitel häufig als Dubletten betrachtet, die zudem beide durch gewisse Zäsurmarker eröffnet werden. Angesichts dieser Diskussionslage kann man nicht allein jene Kohärenzmerkmale ins Feld führen, die durch die Beobachtungen an der Textoberfläche bereits festgestellt werden konnten, wie etwa das Nebeneinander der *1.pers.sing.* und *plur.*, die zahlreichen Orts- und Personennamen oder das häufige Vorkommen der Wortfamilie παρακαλεῖν.[179] Vielmehr wird man sowohl der Kohärenz weiter nachzugehen haben als auch die Zäsurmarker besprechen müssen.

Dass mit 8,1 und 9,1 Absätze beginnen, ist offensichtlich und unbestritten, doch die Tiefe der jeweiligen Zäsur bedarf der Klärung. Alle, die 2Kor 1-9, oder gar alle dreizehn Kapitel, als einheitlichen Brief auffassen, betrachten Kapitel acht und neun als eine thematische Einheit. Für sie hat die in 9,1 enthaltene Partikel γάρ eine verknüpfende, d.h. begründende, erläuternde oder resump-

---

[172] Martin, 2Cor, 170; Plummer, 2Cor, 191f.

[173] Plummer, 2Cor, 191.

[174] Vgl. Furnish, 2Cor, 307 [zu 5,12] und 342 [zu 6,3]; Blass/Debrunner/Rehkopf, Grammatik, § 468.2. Partiell bestätigt dies auch Bultmann, 2Kor, 170: „die Partizipien V.9 (d.h. 6,9 [U.S.]) ὡς ἀγνοούμενοι usw. sind in Wahrheit konstruktionslos und als verba finita empfunden."

[175] Vgl. dazu Furnish, 2Cor, 342.353ff.; N.Watson, 2Cor, 68ff.

[176] Dergestalt unterteilen Bultmann, 2Kor, 155-176, Furnish, 2Cor, 329ff.349ff. (nur dass er noch in die kleineren Absätze 5,16f. und 5,18f. unterteilt).

[177] Furnish, 2Cor, 311, sieht darin ebenfalls eine „a true inferential particle" (dabei die These abweisend, hier liege nur eine Parenthese vor), zunächst nur für die Konsequenz, die sich aus 5,15f. ergibt, wobei die Folgerung in den Duktus von 5,11ff. gehört.

[178] Wolff, 2Kor, 145, vermerkt zu 2Kor 6,11: „Die ausdrückliche Anrede an die Korinther (V.11) markiert einen Neueinsatz"; die damit verbundene Texteinheit endet für ihn aber mit 7,16. Dagegen erkennt Plummer, 2Cor, in 6,11-7,16 wohl eine Einheit, begreift sie aber als Schluss des ersten Hauptteils 1,12-7,16. P.Bachmann bezeichnet 6,11-7,4 als „Abschluß und Übergang" zum Schluss des 1. Hauptteils (2,12-7,1). Bei Schnelle, Einleitung, 51, erscheint der Passus 6,11-7,16 auf einer Stufe mit anderen Hauptabschnitten des Briefkorpus.

[179] Siehe dazu oben S.38ff.

tive Funktion.[180] Dagegen argumentieren freilich jene, die diese beiden Kapitel als eigenständige Briefe betrachten. Identifiziert man etwa περὶ μὲν γάρ mit dem *topical marker* περὶ δέ, der gewöhnlich ein neues Thema einführt, dann entsteht insofern ein „Bruch" als das Thema des neunten Kapitels ja bereits das achte bestimmt und somit keineswegs neu ist.[181] Andere sehen wohl den Unterschied zwischen den beiden Wendungen,[182] führen stattdessen aber gegen die rückbezügliche Funktion des γάρ in 9,1 ins Feld, dass der Rückbezug durch das voranstehende μέν aufgehoben würde, zumal eben diese Partikel im Zusammenhang mit δέ in 9,3 zu konstruieren sei; der somit angenommene Neuansatz wird dann als Beginn eines Briefkorpus aufgefasst.[183] Diese Argumentation ist jedoch problematisch.[184] Weder in Apg. 28,22 noch in außerbiblischen Belegen hat περὶ μὲν γάρ eine einleitende, sondern immer eine das Vorige ergänzende Funktion. Überdies wird die Wendung häufig durch ein folgendes δέ ergänzt, ohne dass dadurch γάρ seine verknüpfende Funktion verlieren würde.[185] Daraus ergibt sich also, dass diese Wendung „expresses a close relationship ... to what precedes"[186]. Selbstverständlich ist mit dieser Beobachtung allein nicht schon das Verständnis von Kp. 9 im Sinne eines eigenständigen Briefes widerlegt. Doch immerhin entfällt περὶ μὲν γάρ als Argument für diese Auffassung, und zudem müssen Vertreter dieser Auffassung sich dem Problem stellen, dass von dem postulierten Brief nicht nur das Präskript sondern dasjenige Stück weggefallen wäre, dessen Begründung mit περὶ μὲν γάρ eingeleitet werden soll.

Was 8,1 anbelangt, so ist die Enthüllungsformel für sich genommen – wie oben bereits besprochen wurde –[187] noch kein sicheres Indiz für die Eröffnung einer größeren Texteinheit, weshalb weitere Anzeichen zur Klärung herangezogen werden müssen. Entscheidend ist hier, dass die Formel von etlichen kohäsiven Mitteln – von denen (immerhin) gelegentlich die häufige Bezugnahme auf Titus genannt wird –[188] umgriffen ist, welche die Kapitel 7 und 8 deutlich miteinander verbinden.[189] Die für diesen Zusammenhang relevanten semantischen Beziehungen resümiert z.B. WITHERINGTON: „7:2-16 prepares the hearer for what

---

[180] So etwa WOLFF, 2Kor, 180 (begründend), KLAUCK, 2Kor, 71 (resumptiv), FURNISH, 2Cor, 425.428ff. (resumptiv). AMADOR, Revisiting, 107, versteht 9,1 als *paralepsis*.

[181] Vgl. BULTMANN, 2Kor, 258, WINDISCH, 2Kor, 269; FURNISH, 2Cor, 425, nennt als weitere Vertreter dieser Position WENDLAND und HÉRING.

[182] Vgl. dazu nur BETZ, 2Kor 8/9, 166; STOWERS, Integrity, 345, bestätigt die Differenz der beiden Formulierungen, nicht aber die folgende Argumentation von BETZ.

[183] So BETZ, 2Kor 8/9, 166f., unter Berufung auf HALMEL (auch ebd., 62 [samt Anm. 236]). Auch WINDISCH, 2Kor, 268f., vertritt diese Auffassung.

[184] Die folgenden Einwände macht STOWERS, Integrity, 341ff.

[185] So STOWERS, Integrity, 341ff.

[186] STOWERS, Integrity, 345.

[187] Siehe dazu S.50f.

[188] So etwa WOLFF, 2Kor, 163 („Der Zusammenhang zwischen 7,4ff. und Kapitel 8 ist deutlich. Er ist vor allem durch die Bezugnahme auf die Wirksamkeit des Titus in Korinth gegeben"); ähnlich FURNISH, 2Cor, 408.

[189] KLAUCK, 2Kor, 66, meint lapidar: „Das erste Kollektenkapitel ist auf verschiedene Weise mit Kap. 7 und darüber hinaus mit 2Kor 1-7 verknüpft", ohne aber diese Zusammenhänge genauer zu benennen.

is to be said in chs. 8-9 by mentioning Titus (7:6,14; 8:6,16), what happened to Paul and the churches in Macedonia (7:5; 8:1f.,24; 9:2,4), his boasting over the Corinthians (7:4,14; 9:2), the joy/grace (*chara/charis*) of God (7:6-8,13; 8:1), the earnestness, zeal and eagerness of the Corinthians (7:11; 8:8; 9:2), Titus's eagerness and concern for the Corinthians (7:13; 8:16f.), and the testing of the Corinthians (7:12; 8:8)."[190] Hinzufügen lassen sich noch weitere semantische Beobachtung wie etwa die Rekurrenz der Lexeme ἐπιτελεῖν (7,1; 8,6.11[2-mal]), καταισχύνειν (7,14; 9,4), ἁπλότης (8,2; 9,11.13) oder ζῆλος (7,7.11; 9,2).

Dazu kommen weitere kohäsive Mittel, welche die Texteinheit C insgesamt bestimmen. So wird etwa die in 2Kor häufig verwendete Wortfamilie καυχᾶσθαι, die meistens dazu dient, den (negativen) Selbstruhm zu thematisieren, allein in B mit der Wendung ὑπὲρ ὑμῶν verbunden (7,4.14; 8,24; 9,2.3),[191] um des Paulus Rühmen über die Korinther zu bezeichnen. Zudem begegnet das Lexem κοινωνία in 2Kor – abgesehen von 13,13 – nur in 6,14; 8,4 und 9,13, d.h. am Anfang, in der Mitte und am Ende der Texteinheit.[192] Bemerkenswert ist dies v.a. deshalb, weil damit ein für die Texteinheit B zentrales – und noch zu besprechendes –[193] Anliegen benannt ist: In unterschiedlicher Weise geht es Paulus hier ständig um „Koalitionsbildung": Er will die Korinther nicht nur von einer falschen Koalition bewahren (6,14ff.), sondern sie überdies mit der Sendung des Titus und der Gesandtschaft zur Beteiligung an der „richtigen" Gemeinschaft bewegen, zumal er den Adressaten gerade in 9,13f. „werbend" vor Augen führt, wie viel dieser Gemeinschaft ihrerseits an den Korinthern liegt. Ähnlich verhält es sich mit der, bereits in der Einleitung (6,11ff.) mittels der Lexeme ἀνοίγειν, πλατύνειν oder στενοχωρεῖν angesprochenen Thematik des Verschlossen- bzw. Offen-Seins, welche dann wieder in Kp. 9, bei der Besprechung eines freiwilligen und großzügigen Gebens, eine besondere Rolle spielt – ein Zusammenhang, der auch durch die Verwendung von πλεονεκτεῖν / πλεονεξία in 7,2 und 9,5 unterstrichen wird. Dem entspricht es, dass die καρ‒δία sowohl in 6,11f. als auch in 9,7 hinsichtlich einer möglichen „Verhärtung" zur Sprache kommt: Der Gegenüberstellung von στενοχωρεῖν und πλατύνειν hier korrespondiert diejenige von Zwang und Freiwilligkeit dort. Auch eine Rekurrenz „gottesdienstlicher Kategorien" ist zu beobachten: Wie in 6,16 z.B. mittels der (geforderten) Abkehr von den εἴδωλα sowie der Rede von dem durch Menschen gebildeten Tempel Gottes (6,16) kultische Aspekte verbunden sind,[194] so erinnern in 9,12-15 das Lexem λειτουργία sowie die „Handlungen" des Bekenntnisses, des Danks, der Fürbitte und des Lobpreises an einen „Gottesdienst".[195] Und schließlich kann auf einen weiteren ringförmigen Zusammen-

---

190 WITHERINGTON, Conflict, 410. daneben erwähnt FURNISH, 2Cor, 408, etwa auch die Kongruenz zwischen der *earnestness*, welche in 7,11 den Korinthern attestiert und jener, welche in 8,2-5 hinsichtlich der Mazedonier ausgeführt wird.

191 Vgl. BIERINGER, Plädoyer, 174.

192 Siehe unten S.161.

193 Siehe unten S.159ff.

194 Vgl. dazu nur STRACK, Terminologie, 217f.252-261.

195 Ebenso folgert THRALL, 2Cor, 587, aus der Summe der genannten Phänomene, dass Paulus

hang zwischen dem agrarischen Bildfeld von 9,6-10 einerseits und den darin ebenfalls beheimateten Lexemen ἑτεροζυγεῖν (6,14) und καθαρίζειν (7,1)[196] festgestellt werden.

Was nun die Teilabschnitte von Texteinheit C angeht, so bedürfen die Kapitel 8 und 9 nicht vieler Worte. Auf Grund der thematischen Übereinstimmung sowie etlicher gemeinsamer Lexeme sind die beiden Kapitel als eine Einheit zu betrachten, wobei jedes für sich einen eigenen Abschnitt bildet. Weniger klar ist die Lage bei der Segmentierung von 6,11-7,16. Gewöhnlich nimmt man eine Zäsur vor 7,5 an, während nur wenige den Alternativvorschlägen eines Einschnittes vor 7,2 bzw. 7,4 zuneigen.[197] Nun ist aber nicht nur 7,5 mit dem Vorigen über die Konjunktionen καὶ γάρ deutlich verknüpft, sondern es finden sich bereits in 7,4 etliche Lexeme, welche die Verse 7,5ff. wesentlich prägen, aber im näheren rückwärtigen Kontext nicht anzutreffen sind, wie etwa die Wortfamilien παρακαλεῖν (7,4.6[2-mal].7[2-mal].13[2-mal]), χαίρειν (7,4.7.9.13[2-mal].16) und καυχᾶσθαι (7,4.14[2-mal]).[198] Mit 7,4 einen Absatz beginnen zu lassen empfiehlt sich überdies durch den asyndetischen Anschluss sowie die hier gleich zweimal vorkommende παρρησία, die bei Paulus auch sonst am Beginn eines Absatzes stehen kann.[199] Dem korrespondiert auch die gedankliche Verschiebung, die mit 7,4 vor sich geht. Vor 7,4 überwiegt der appellative Charakter in den Ausführungen, in welchen sich Paulus um die Wiederherstellung eines bestimmten Beziehungsaspektes bemüht, während ab 7,4 aufgezeigt wird, was des Paulus diesbezügliche Zuversicht nährt.

Insgesamt sind also die Teileinheiten 6,11-7,3; 7,4-16; 8,1-24 und 9,1-15 zu erkennen, von denen die ersten beiden und die letzten beiden enger zueinander zu stellen sind.

---

die Kollekte höchstwahrscheinlich für „a cultic act" hält, während Wolff, 2Kor, 187f., dies allein dem Wort λειτουργία entnimmt; vgl. auch Furnish, 2Cor, 451, der von Paulus' „„priestly service' to God" spricht, oder Martin, 2Cor, 298, der im Vorgang des „thanksgiving" „a liturgical overtone" erkennt.

[196] Belleville, 2Cor, 184: „In the sphere of agriculture, *katharizô* ... means ‚to prune away' or ‚clear' the ground of weeds – which may not be far off the mark here."

[197] Martin, 2Cor, 212ff., und Witherington, Corinth, 407ff., setzen 7,2-16 ab; Furnish, 2Cor, und Wolff, 2Kor, 154ff., sehen einen Einschnitt vor 7,4, während Thrall, 2Cor, 486ff., sowie Barrett, 2Cor, 205ff., die Verse 7,5-16 als Einheit verstehen.

[198] Auch Lietzmann, 1/2Kor, 139, sieht diese Verbindungen. Bornkamm, Vorgeschichte, 22 Anm.82, versucht dies mit dem Hinweis zu entkräften, dass der konkrete Anlass für Trost und Freude in 7,2-4 noch allgemeinerer Natur sei, dann aber ab 7,5 durch Rückkehr und Nachricht des Titus bedingt sei.

[199] Von den vier paulinischen Vorkommen des Lexems (2Kor 3,12; 7,4; Phil 1,20; Phm 8) stehen die übrigen am Anfang oder doch unmittelbar nach einem solchen (Phil 1,20); vgl. z.B. auch Joh 11,54; 16,25.29; 18,20; in den Deuteropaulinen jedoch öfter am Schluss eines Absatzes (z.B. in Eph 3,12; 6,19).

Die Texteinheit ab 10,1

Die Begrenzungen von D sind ohne weiteres deutlich zu machen. Der Beginn mit 10,1 ist unbestritten, da die Zäsur auf Grund verschiedenster Indizien, von denen einige schon genannt wurden,[200] deutlich zu erkennen ist. Dazu kommen noch andere Beobachtungen. Schon das betont vorangestellte αὐτὸς ἐγώ, verstärkt durch die namentliche Nennung des Apostels, lässt einen Absatz erkennen.[201] Zudem setzt sich der so angefangene Satz in Form einer jener παρα-καλῶ- Sätze fort, mit denen Paulus öfter zu einer anderen Einheit hinüberwechselt.[202] Überdies erkennt man in diesen Worten und dem unterstützenden δέ eine deutliche Distanzierung vom Vorigen. Indem Paulus αὐτὸς ἐγώ formuliert „he is singling himself out from the preceding 'we'"[203] auf der einen Seite und gleichzeitig von dem großen Dank anderer Gemeinden für das (zu erhoffende) Verhalten der Korinther, wie es in den letzten Versen von Texteinheit C zum Ausdruck kommt. Vor allem in 9,11-15 scheint kein Wörtchen der Kritik mehr laut zu werden, die doch zuvor immer wieder zu hören war.[204] 10,1ff. setzen sich eben davon zweifach ab: „Ich aber" – Paulus hat im Gegensatz zu dem, wie die eben erwähnten Gemeinden die Lage in Korinth einschätzen, noch etwas anderes zu sagen: „Ich aber ermahne" – der Apostel hat statt zu loben nun noch zu mahnen. Der Neueinsatz ist nicht zu übersehen.

Fragt man nun nach Teileinheiten von D, so fallen verschiedene Kohärenzen ins Auge, wie z.B. das gehäufte Vorkommen von Lexemen aus dem Wortfeld „messen"[205] und das Lexem καυχᾶσθαι[206] in 10,13-17. Diese Belege sind gerahmt durch ein je zweimaliges Vorkommen von συνιστάνειν in 10,12.18 und die Verbindung von καυχᾶσθαι und κανών in 10,13.16. Dazu kommt eine dreimalige Verwendung einer οὐ-γάρ-Konstruktion in 10,12.14.18, welche im näheren und weiteren Kontext nicht mehr zu beobachten ist. Allerdings scheint die sich so abzeichnende Sequenz auf Grund des einleitenden οὐ γάρ mit dem Vorigen näher verbunden zu sein.[207] Die vorausgehenden Verse 10,1-11 zeigen eine Kohärenz in den Wortfeldern von „stark" und „schwach" sowie in den Wiederholungen von κατὰ πρόσωπον in 10,1.7 und von πείθω / πεποίθησις in 10,2.7. Es steht also zu erwarten, dass hier eine Texteinheit in zwei größere Einheiten zu unterteilen ist.

---

[200] Siehe oben S.40.41.

[201] Vgl. nur P.BACHMANN, 2Kor, 335, WOLFF, 2Kor, 195, FURNISH, 2Cor, 455.

[202] Vgl. dazu BJERKELUND, Parakalō, der ebd., 147-155, 2Kor insgesamt und ebd., 154f., 2Kor 10,1 bespricht; ebd., 189, meint er gar, die durch *parakalō*-Sätze eingeleiteten Abschnitte würden „das eigentliche Anliegen des Apostels" enthalten.

[203] FURNISH, 2Cor, 455; dazu äußern sich kritisch P.BACHMANN, 2Kor, 335, MARTIN, 2Cor, 302, denn ihrer Meinung nach, geht es Paulus ausschließlich um die Betonung seiner Autorität.

[204] Zur Texteinheit C insgesamt siehe S.72ff.133ff.; dass 9,11-15 nur scheinbar kritiklos ist, wird deutlich S.154-171.

[205] Wie z.B. μέτρον, κανών, ἄμετρος etc.

[206] 10,8.13.15.16.17(2-mal); darum sieht FURNISH, 2Cor, 481, wohl Paulus in 10,13 auf V.8 zurückgreifen.

[207] MARTIN, 2Cor, 318, sieht engen Zusammenhang zwischen V.11 und 12, obwohl er dazwischen abtrennt! Vgl. BULTMANN, 2Kor, 195. Ebenso WOLFF, 2Kor, 204: das γάρ in V.12 zeigt an, dass ab hier die Ankündigung des Vorgehens gegen die Gegner begründet werden soll.

Auch der Abschluss von D ist offensichtlich. Der Eröffnung der Texteinheit mit ἐγώ (10,1) entspricht die Konzentration dieses Personalpronomens in der Sequenz 12,11-18, in der es immerhin gleich viermal vorkommt. Der darin zu erkennende Rückbezug zeigt sich auch in weiteren Wiederaufnahmen: die Überapostel (11,5; 12,11), das Zur-Last-Fallen (12,13f.[16]; 11,9), der letzte συνιστάνειν-Beleg (12,11), das Lexem φοβεῖσθαι (12,20; 11,3) und das in 12,16 verwendete Lexem πανοῦργος, welches an die πανουργία in 11,3 erinnert. Die in diesen Versen zu beobachtenden Rückbezüge verweisen zugleich auf den Anfang von C zurück. Die ἀδικία-Begrifflichkeit tritt nur 7,2.12(2-mal) und 12,13 auf, was auch mit πλεονεκτεῖν der Fall ist (7,2; 12,17f.)[208]. Dabei entsprechen sich nicht nur verschiedene Lexeme, sondern in gewisser Weise auch die Inhalte bzw. Propositionen. In 7,2 bestreitet Paulus, die Korinther unrechtmäßig behandelt oder ausgenutzt zu haben. In 12,13 ironisiert er sein Nicht-zur-Last-fallen als Unrecht und stellt in 12,17f. die rhetorisch zu verstehenden Fragen, ob er oder Titus sie ausgenutzt hätten. An beiden Stellen wird dann auch die Erwiderung durch die Korinther thematisiert (6,13; 12,15b), und nur hier operiert Paulus mit dem Motiv „Eltern-Kind" (6,13; 6,18; 12,14)[209]. Überdies bieten 12,17f. das Stilmittel der „Fragenserie", welches auch in 6,14b-16a zu finden ist. Der abschließende Charakter ist deutlich.

Sodann fällt die Wortfamilie ἄφρων ins Auge, die ausschließlich zwischen 11,1 und 12,11 begegnet.[210] Das so abgesteckte Textfeld zeichnet sich zudem durch eine Konzentration des Wortfeldes „sprechen/verkünden"[211] sowie durch einen steigernden bzw. vergleichenden Sprachgebrauch aus: Paulus spricht von den ὑπερλίαν ἀπόστολοι (11,5; 12,11), er ist nicht weniger als sie (11,5), sie wollen sein wie er (11,12), doch eine ἀφορμή dazu will der Apostel ihnen nicht geben (11,12), ihr Auftreten ist οὐ μέγα (11,15), Paulus muss sich rühmen, weil jene sich rühmen (11,18), wie sie kühn, Hebräer, Israeliten, Abrahams Kinder sind, so ist es auch der Apostel (11,21b-22), auf ihren Anspruch, Diener Christi zu sein, antwortet er „ὑπὲρ ἐγώ" (11,23), worauf er sogar von außerordentlichen Offenbarungen, von einer ὑπερβολὴ τῶν ἀποκαλύψεων sprechen kann (12,1ff.), deren er sich nicht ὑπεραίρεσθαι darf (12,7). Es zeigt sich daran ein größerer Zusammenhang im Bereich von 11,1-12,13. Darin findet sich allerdings ab 11,16 eine weitere Ansammlung des Lexems καυχᾶσθαι,[212] was auf eine kleiner Einheit hinweist. Dem entspricht es, dass sich vor 11,16 eine ringförmige Wiederholung von Bedrohung, Versuchung, Satans Engel bzw. von Bezügen zur Sündenfallgeschichte[213] zu finden ist (11,2f.13ff.). Von daher lässt

---

[208] Dieses Lexem begegnet sonst nur noch in 2,11.
[209] Die Entsprechung der beiden Passagen in Form der Motivs „Eltern-Kind" wird auch erwähnt von Wolff, 2Kor, 255, Martin, 2Cor, 441, Furnish, 2Cor, 565, allerdings ohne daraus besondere Konsequenzen für die Strukturierung zu ziehen.
[210] Das Adjektiv begegnet in 11,16(2-mal).19; 12,6.11; das Nomen in 11,1.17.21.
[211] Es finden sich λαλεῖν in 11,17(2-mal).23; 12,4.19, κηρύσσειν in 11,4(2-mal), λέγειν in 11,16.21(2-mal), λόγος in 11,6, ῥῆμα in 12,4 etc.
[212] Das Verb findet sich in 11,16.18(2-mal).30(2-mal); 12,1.5(2-mal).6.9, das Nomen in 11,10.17.
[213] So auch Klauck, 2Kor, 86.

sich vermuten, dass auch dieses Feld in zwei größere Sequenzen zu unterteilen ist.

Die sich so abzeichnenden zwei größeren Textfelder lassen sich nun auch ohne weiteres delimitieren. Deutliche Hinweise geben schon die appellativen Wendungen in 10,1.7; 11,1.16. Die Verbform βλέπετε in 10,7 könnte zwar auch indikativisch oder fragend sein, doch spricht sowohl die folgende Aufforderung τοῦτο λογιζέσθω, als auch die Tatsache, dass alle übrigen Belege von βλέπετε bei Paulus und in den Deuteropaulinen imperativisch zu verstehen sind,[214] für die Befehlsform. Neben den beiden deutlichen Einschnitten 10,1 und 10,7 scheint derjenige von 10,12 nicht so markant zu sein. Anders wird man urteilen, wenn man die Ironie in diesen Worten erkennt; nach den starken Worten der vorausliegenden Verse kann man diesen Satz kaum anders verstehen.[215] Somit lässt sich die erste Texteinheit als 10,1-18 festlegen und zugleich in die Einheiten 10,1-6, 10,7-11 und 10,12-18 zergliedern.

Für das Folgende ist die in 11,1 zum ersten Mal vorkommende Wortfamilie ἄφρων bei der Segmentierung wichtig. Mit ὄφελον ἀνείχεσθέ μου μικρόν τι ἀφροσύνης leitet Paulus einen neuen Abschnitt ein. Dabei verwendet er Lexeme dieser Wortfamilie an zwei weiteren markanten Stellen. In 11,16 bezieht er sich mit πάλιν λέγω, μή τίς με δόξῃ ἄφρονα εἶναι ebenso auf 11,1 zurück wie in 12,11 mit den rückblickenden Worten γέγονα ἄφρων. Daraus ergeben sich die drei Hauptteile dieser Einheit: 11,1-15; 11,16-12,10 und dem Schlussteil in 12,11ff.

Das markante ἰδού in 12,14 ist den bereits besprochenen appellativen Wendungen vergleichbar. Dabei machen die in 12,14-18 erkennbaren Rückbezüge[216] deutlich, dass es sich darin um den Abschluss der gesamten Texteinheit D handelt. Daraus ergibt sich zugleich, dass 12,11-13 die letzte Sequenz in der durch durch die Wortfamilie ἄφρων ausgezeichneten Texteinheit bildet. Bestätigend treten die Rückbezüge zu den ersten Versen des elften Kapitels, wie z.B. in ἄφρων (12,11; 11,1), ὑπερλίαν ἀπόστολοι (12,11; 11,5), καταναρκᾶν (12,13; 11,9) oder ἄλλαι / λοιπαὶ ἐκκλησίαι (12,13; 11,8), hinzu.

Will man die ἄφρων-Texteinheit, also 11,1-12,13, noch etwas detaillierter zergliedern, so kann man v.a. innerhalb des Teils 11,16-12,10 durchaus noch weitere Teilsequenzen ausmachen. Auf die Einleitung 11,16-21a folgt dann die eigentliche „Narrenrede"[217] in 11,21b-12,10. Innerhalb derselben fällt das zweimalige καυχᾶσθαι δεῖ in 11,30 und 12,1 sowie ein weiterer ἄφρων-Satz in 12,6 auf. Daraus ergeben sich die kleineren Einheiten 11,21b-29; 11,30-33; 12,1-5 und 12,6-10.

---

[214] Vgl. Furnish, 465; ebenso P.Bachmann, 2Kor, 343f.

[215] Ebenso P.Bachmann, 2Kor, 352, Furnish, 2Cor, 480, Wolff, 2Kor, 205.

[216] Siehe dazu oben S.58ff.

[217] Zur Verwendung dieses Ausdrucks in der Literatur siehe oben S.44 Anm.34.

Ein zentrales Textsegment

Nun bietet die Textoberfläche nicht allein Hinweise, die bei der Strukturierung behilflich sind, sondern auch solche, die wichtige Textabschnitte hervortreten lassen. Dazu gehören beispielsweise Worte, die man als „Aufmerksamkeitssignale" bezeichnen könnte, wie etwa die Lexeme ἰδού oder νῦν. Die Hauptmasse der ntl. Vorkommen des Lexems ἰδού liegt zwar in den synoptischen Evangelien (200 von 274 Belegen), doch die Art und Weise,[218] in der das atl. Vorbild נה ה (bzw. הֵן), das in seinem ursprünglichen Kontext bereits zur „Belebung d(er) Rede"[219] diente, dann bei den Synoptikern verwendet wird, um „die Aufmerksamkeit d(er) Hörer od(er) Leser zu erregen"[220], darf wohl auch für Paulus veranschlagt werden. Bei ihm finden sich insgesamt neun Belege,[221] davon sechs in 2Kor, wovon sich wiederum allein vier in dem kurzen Passus 5,16–6,10 finden: 5,17; 6,2(2-mal) und 6,9, also am Anfang, in der Mitte und gegen Ende der Einheit. Diese bemerkenswerte Häufung dürfte dazu dienen, die Aufmerksamkeit des Lesers bzw. Hörers zu steigern, wobei es nicht allein um diejenigen Sätze geht, in denen das ἰδού jeweils verwendet wird, sondern um das im gesamten Passus Gesagte.

In ähnlicher Häufung wie ἰδού begegnet hier auch das Lexem νῦν: 5,16(2-mal); 6,2(2-mal).[222] Es trägt ebenfalls zur Steigerung der Aufmerksamkeit bei, da νῦν nicht nur eine temporale oder eschatologische[223] Bedeutung hat, sondern oft auch ein sachliche, insofern als damit ein deutlicher Situationsbezug hergestellt wird,[224] also im Sinne von „der gegenwärtigen Situation entsprechend" oder „wie die Dinge nun einmal liegen"[225]. Es wird so angezeigt, dass es hier um Entscheidendes in der Briefsituation geht. Besonders auffällig ist dabei, dass an dieser Stelle νῦν jeweils mit ἰδού kombiniert ist. Schon in 5,16f. folgt

---

[218] Der Gebrauch von ἰδού bei den Synoptikern hat freilich Variationen, wie Dahn, ὁράω, 1130f., aufzeigt: leitet ein Gespräch ein, macht auf etwas aufmerksam, in prädikativer Verwendung kündigt es Neues bzw. Überraschendes an, steht im Zusammenhang mit der Heilsverkündigung, fungiert als Hinweis auf die Erfüllung von Verheißungen und als Versicherung vom Eintreffen des Angekündigten. Doch trotz der unterschiedlichen Nuancen ist allen gemeinsam, dass mit diesem Lexem die Aufmerksamkeit für das im Text Folgende gesteigert werden soll.

[219] Bauer, Wörterbuch, 753; vgl. Weber, הֵן, 220f.: „*hen* is mainly used to emphasize the information which follows it" bzw. „*hinneh* may be used to point out things …, but more often it is used to point out people".

[220] Bauer, Wörterbuch, 753: Der Aspekt der Aufmerksamkeit klingt hier, in diesem Wörterbuch, in nahezu allen ausdifferenzierten Wortnuancen an (z.B.: „nach vorausgehendem *gen.abs.*, um das Neue einzuführen, das in der durch ihn gekennzeichneten Sachlage bes. *Aufmerksamkeit* fordert"; „Auch ganze Geschichten können durch ἰδού eingeführt u. der *Aufmerksamkeit* empfohlen werden").

[221] Röm 9,33 (zit. Jes 28,16); 1Kor 15,51; 2Kor 5,17; 6,2(2-mal).9; 7,11; 12,14; Gal 1,20.

[222] Insgesamt begegnet νῦν in 2Kor in 5,16(2-mal); 6,2(2-mal); 7,9; 8,14; 13,2.

[223] In der Literatur wird an dieser Stelle häufig für diese Auffassung des νῦν optiert, so z.B. bei Plummer, 2Cor, 191 („By νῦν is meant all the time between the moment of writing and the Advent. … The point is … that the wonderful time which the Prophet foresaw is now going on"), Wolff, 2Kor, 138 („Seit der Rettung dauert das eschatologische 'Jetzt' … an").

[224] So auch Bieringer, Time, 522 („νῦν points to the actual time when Paul wrote the letter and when the Corinthians read it").

[225] Beide Übersetzungen nach Hahn, καιρός, 1462.

dem zweimaligen νῦν in 5,16 ein ἰδού in 5,17, und in 6,2 findet sich gleich zweimal eine unmittelbare Verbindung. Der Sinn dieser Kombination ist klar – es ist die Nachdrücklichkeit[226]: „That the *attention* of the Corinthians is sought is evident from the double use of ἰδού, 'look,' and νῦν, 'now'."[227] Dazu kommt in 6,2 noch καιρός – ein Lexem, mit dem im biblischen Sprachgebrauch gerne eine Zeit bzw. eine Situation bezeichnet wird, die eine Entscheidung erfordert.[228] – Insgesamt entsteht so der Eindruck, dass in diesem Textsegment „the extreme importance of the present moment" hervorgehoben und etwas für die Briefsituation Entscheidendes angezeigt werden soll.

Die Zusammenstellung von νῦν und καιρός markiert etwa auch bei DEMOSTHENES häufig das gegenwärtig zu lösende Problem bzw. seinen Ratschlag hinsichtlich der Lösung desselben. Νῦν meint bei ihm also nicht einfach „jetzt" und steht auch nicht nur für eine Bestandsaufnahme bzw. Standortbestimmung, sondern ist engstens verbunden mit dem Aufruf zum jetzt nötigen Handeln. Diese Appelle folgen öfter auf die Klage über früheres Nicht-hören-Wollen und vergangene Fehlentscheidungen und stilisieren die jetzige Situation als καιρός für die richtige Entscheidung. Hier nur zwei Beispiele:

Erste Olynthische Rede, 9 (Or. 1,9)

νυνὶ δὴ *καιρὸς* ἥκει τις οὗτος ὁ τῶν 'Ολυνθίων αὐτόματος τῇ πόλει, ὃς οὐδένος ἐστιν ἐλάττων τῶν προτέρων ἐκείνων.	*Jetzt* nun bietet sich von selbst für die Stadt diese *Gelegenheit*, hier durch die Olynthier; sie steht keiner jener früheren nach.

Dritte Olynthische Rede, 6 (Or. 3,6)

Τὰ μὲν δὴ τότε πραχθέντ' οὐκ ἂν ἄλλως ἔχοι· *νῦν* δ' ἐτέρου πολέμου *καιρὸς* ἥκει τις, δι' ὃν καὶ ...	Nun, die damaligen Geschehnisse lassen sich wohl nicht mehr ändern. Doch *jetzt* bietet sich der *günstige Zeitpunkt* eines neuen Krieges; ...

Nachdem deutlich wurde, dass ἰδού, νῦν und καιρός wie Markierungsfahnen diese Texteinheit als besonderes Terrain kenntlich machen, ergibt sich sofort ein weiterer bemerkenswerter Sachverhalt. Abgesehen von 3,1-3 und 5,16ff. hat der Hauptteil 3,1-6,10, der oft als wesentlicher Teil des Briefes angesehen wird,[229] kaum weitere direkte Bezüge zu den Adressaten, allenfalls in Form von sie einschließenden Bemerkungen.[230] Im Kontrast dazu tritt nun am Ende ein markanter Hörerbezug hervor, und zwar insbesondere in den zwei nahezu eruptiv wirkenden Appellen 5,20 und 6,1f. Da gerade Textabschlüsse in bündelnder Weise die eigentliche Intention der zu Ende gehenden Texteinheit zu erkennen geben, entsteht auf Grund der energischen Zuspitzung auf die Adressaten der Eindruck, dass das Zurückliegende, das eher grundsätzlich-theologisch wirkte

---

226 Dass die Kombination betonende Funktion hat, ist z.B. auch vermerkt bei WOLFF, 2Kor, 138 („das ... durch ἰδού stark betonte νῦν"; dabei ein Hinweis auf FIEDLER, Formel, 40), BIERINGER, Time, 527 („by the addition of the double ἰδού νῦν Paul in v.2b emphasizes the extreme significance of the eschatological 'now'.")

227 MARTIN, 2Cor, 169.

228 Vgl. WOLFF, 2Kor, 138 („Entscheidung fordernde[n] Heilszeit").

229 BORNKAMM, Vorgeschichte, 21 („theologisch ohne Frage das bedeutendste Stück des Briefganzen"), MURPHY-O'CONNOR, Theology, 28 („This section is the heart of the letter"),

230 Siehe oben S.40f.

und vorwiegend auf Paulus bezogen zu sein schien, auch auf die Adressaten ausgelegt bzw. ausgewertet werden muss. Die „Selbstdarstellung“ des Paulus dürfte also mitunter der Infragestellung der Korinther dienen. Zugleich ist nicht zu übersehen, dass die beiden Appelle merkwürdig „unscharf“ sind. Sie bedürfen durchaus noch der Präzisierung, wenn sie eindeutig verstanden werden sollen. Und so entsteht die Erwartung, dass von Paulus im darauf folgenden Text dazu noch etwas gesagt werden wird. Beide Aspekte – sowohl die rückwirkende Zuspitzung als auch die nachfolgende Klärung – sind noch eingehender zu klären.[231]

An dieser Stelle reicht es aus, festzustellen, dass das Textsegment 5,16ff. auf Grund der Aufmerksamkeitssignale, der „rückwärtig klärenden Zuspitzung“ auf die Adressaten und der offensichtlich vorverweisenden Funktion auf noch zu Besprechendes eine zentrale Stellung inne hat, somit zu den „exponierten“ Textstellen gehört und darum besonderer Aufmerksamkeit bedarf.

---

[231] Zur rückwirkenden Zuspitzung siehe unten S.123ff. und zur nachfolgenden Klärung siehe unten S.133ff.

3. Thematische Analysen

3.1. Thematische Hinweise an exponierten Textstellen

In der Einleitung wurde ausführlich dargelegt, warum ein genauer Blick auf die Textränder, also auf Anfang und Schluss eines Textes von Bedeutung ist.[1] Tatsächlich wird dieser Sachverhalt auch immer wieder zur Einschätzung der Briefsituation genutzt, v.a. in Bezug auf das Exordium.[2] So sagt etwa AUNE hinsichtlich des Proömiums in 2Kor: „The length of the thanksgiving period reflects the degree of intimacy between writer and recipients. The longer thanksgivings of Philemon and 1 Thessalonians reflect cordial relations. They are missing from Galatians and 2 Corinthians, reflecting strained relations"[3]. In ähnlicher Weise formuliert KLAUCK für den Schluss, also die letzten drei Verse unseres Briefes: „Der Briefschluß ist im Ton nicht unfreundlich gehalten, fällt aber im Vergleich zu anderen Briefen deutlich kürzer aus, ein Indiz für manche Reserven, die trotz der herzlichen Anrede (vgl. 12[19]) zurückbleiben"[4].

Damit ist bereits Richtiges gesagt, jedoch ohne die betreffenden Textpassagen ausreichend „genutzt" zu haben. Schon die so unscheinbar wirkenden Elemente Prä- und Subskript bieten, trotz aller Neigung zu konventionellen Formen, Hinweise auf das eigentliche Briefanliegen und nicht allein das Proömium (wobei auch dieses in den Arbeiten am 2Kor nicht immer die nötige Aufmerksamkeit erfährt). Behält man überdies die textlinguistische Annahme einer Texthierarchie im Auge, nach der gewisse Passagen des Binnentextes in besonderer Weise zu gewichten sind – eine Einsicht, die freilich in der gängigen exegetischen Praxis schon längst berücksichtigt wird –, dann ist bei der Ermittlung des Hauptanliegens des 2Kor anhand der „exponierten Textstellen" auch das oben ermittelte „zentrale Textsegment" 5,16-6,10 zu berücksichtigen.

Die Ränder des Briefes

Die Aufmerksamkeit soll zunächst den „Rändern" des Briefes gelten.[5] Die Strukturerwägungen haben gezeigt, dass außer den brieftypischen Randstücken gerade die durch die Formel κατέναντι θεοῦ ἐν Χριστῷ λαλοῦμεν (2,17; 12,19) begrenzten Texteinheiten A und E eine rahmende Funktion haben, was sich v.a. an der Tatsache zeigt, dass in beiden Einheiten identische thematische Aspekte zu finden sind.[6] Es geht hier also zunächst um einen Vergleich der ersten zwei Kapitel des Briefes mit dem in 12,19 eröffneten Briefende.

---

[1] Siehe oben S.24ff.

[2] Vgl. nur P.BACHMANN, 2Kor, 35, dem MARTIN, 2Cor, 10, beipflichtet („it is necessary to stress, with Bachmann [35], that in this opening section we meet the situation that was at the heart of the debate between Paul and his Corinthian converts").

[3] AUNE, Environment, 186.

[4] KLAUCK, 2Kor, 103; ebenso WOLFF, 2Kor, 266.

[5] Zu diesem Ausdruck siehe oben S.24.

[6] Siehe oben S.42f.

Aufschlussreich sind zunächst die Verschiebungen, die sich in der am Briefende erfolgenden Wiederaufnahme der anfangs angeschnittenen Themen zeigen. Die nach 2,5-8 tatsächlich vollzogene Reue scheint nach 12,20f. nicht oder nur ungenügend stattgefunden zu haben, so dass Paulus seinen früheren Entschluss, die Gemeinde zu schonen (1,23), nun aufgibt und in diesem Sinne aktiv zu werden gedenkt (13,2).[7] „Damals" wollte er ein strenges Auftreten vermeiden, während er „diesmal" ein solches explizit ankündigt, freilich immer noch in der Hoffnung, einen solchen Auftritt durch dessen Ankündigung verhindern zu können. „Damals" schrieb er, um ein Betrübtwerden seiner selbst und der Korinther zu verhindern (2,1-4), während diese Betrübnis „nun" unausweichlich zu sein scheint (12,20f.). Dass die Adressaten im Glauben stehen, wird in 1,24 konstatiert, aber in 13,5 problematisiert. Die Verknüpfung der Schwachheit des Paulus mit dem Geschick Jesu wird in 1,4ff. hinsichtlich des Nutzens für die Korinther ausgewertet,[8] während damit in 13,4 die (anstehenden) Korrekturen an der Gemeinde begründet werden,[9] wobei auch dies zu deren Nutzen sein soll. Dieses „Gefälle" zwischen den Texträndern als (Teil-)Argument für Teilungshypothesen zu nutzen,[10] halte ich für nicht legitim, da sich ähnliche Verschiebungen auch in Abschnitten zeigen lassen, die sich in den postulierten Teilbriefen befinden.[11] Somit darf die hier zu beobachtende Strategie, zunächst mit positiven Aussagen anzuheben, um anschließend die problematischen Aspekte hervortreten zu lassen,[12] durchaus als Merkmal des Briefes angesehen werden. Daraus ergibt sich m.E. ein Hinweis darauf, wie der Absender die Lage der Adressaten einschätzt: Seine behutsame Vorgehensweise lässt vermuten, dass er mit massiven Vorbehalten bei den Empfängern rechnet.[13] Er scheint darum eine vorsichtige Strategie zu wählen, um sich die Bereitschaft der Empfänger, überhaupt zuzuhören, sichern zu können. Erst nachdem dies erreicht ist, kann er sich unverblümt der heiklen Problematik zuwenden, und die dabei gewählten Formulierungen lassen das zu Regelnde wahrlich nicht als Bagatelle erscheinen: Nach 13,5 haben sich die Adressaten immerhin dahingehend zu prüfen, ob sie überhaupt (noch) im Glauben stehen und ob Christus wirklich

---

[7] Zu diesem Zusammenhang vgl. nur WOLFF, 2Kor, 261.

[8] Siehe dazu S.102ff.

[9] Vgl. dazu nur WOLFF, 2Kor, 262: „er wird sein Erfaßtsein von der lebenschaffenden Kraft Gottes ... den Korinthern gegenüber erweisen, nämlich wenn er sie demnächst besucht und schonungslos alles aufdecken wird ..."

[10] PLUMMER, 2Cor, 376, verweist z.B. auf die Diskrepanz zwischen 1,24 und 13,5.

[11] Nimmt man etwa 2Kor 2,14-7,4 als eigene Einheit, dann ergibt sich etwa zwischen 3,1ff. und 6,11ff. ein ganz ähnliches Gefälle: In 3,1ff. wird ein enges Verhältnis zwischen dem Absender und den Adressaten konstruiert, während dieses in 6,11ff. gerade problematisiert wird. In Kp.9 wird zunächst vom guten Willen der Adressaten gesprochen, während dieser im folgenden als sehr fraglich erscheint. Nicht anders steht es auf der Mikro- bzw. Satzebene: In 1,6 lässt Paulus auf eine konstatierende eine konditionale Aussage folgen (siehe S.112f.), und 7,11 beginnt generell lobend und wird dann am Ende auf eine spezielle Sache reduziert (siehe S.168).

[12] BJERKELUND, Parakalō, 152, spricht von „einer merkwürdigen Doppeltheit der Aussagen in 2Kor, die einerseits betonen, dass alles in Ordnung ist, andererseits aber hervorheben, wie viel die Gemeinde in Korinth zu wünschen übrig lässt"

[13] Vgl. dazu nur SILVA, Measuring, 52, sowie die rhetorischen Erwägungen zur *insinuatio* unten S.233ff.

„in" ihnen ist – zwei Bemerkungen, die in Verbindung mit der Ankündigung eines schonungslosen Vorgehens (13,2ff.) die Briefsituation und die sie bestimmende Problematik als ein bedrohliches Szenario erscheinen lassen.

Natürlich interessiert, um welche Problematik es sich – aus paulinischer Perspektive – genau handelt. Einen Hinweis darauf findet man in den zahlreichen und ganz unterschiedlich realisierten Hinweisen auf die Beziehungsebene.[14]

Unverkennbar ist zunächst, dass Paulus die von ihm diagnostizierte Problematik nicht aus einer unpersönlichen Distanz angeht. Vielmehr zeigt sich in seinen Ausführungen eine sehr enge Beziehung zu den Adressaten. In beiden „Randstücken" spricht er von seiner ἀγάπη zu ihnen, und er unterstreicht dies noch durch den Gebrauch von περισσοτέρως (2,4; 12,15).[15] Es kommt auch eine persönliche Betroffenheit zum Ausdruck, indem der Apostel recht häufig seine Emotionen erkennen lässt.[16] Hinsichtlich seiner eigenen Verfassung bei der Niederschrift des vorangegangenen Briefes spricht er von Traurigkeit, von Trübsal und Angst des Herzens sowie von vielen Tränen (2,1-4). Im Blick auf die anstehende Begegnung in Korinth fürchtet er, gedemütigt zu werden und Leid tragen zu müssen (12,19-21). Hinweise auf seine enge Beziehung zu den Korinthern zeigen sich überdies in den zahlreichen Verweisen darauf, wie sehr er ständig zu Gunsten der Korinther handelt, was nicht eben selten mit ὑπὲρ-ὑμῶν-Konstruktionen realisiert wird: Das Leiden des Paulus geschieht ebenso ὑπὲρ τῆς ὑμῶν παρακλήσεως wie sein Getröstetwerden (1,6); seine Hoffnung ὑπὲρ ὑμῶν ist fest (1,7); der Apostel ist bereit, sich ὑπὲρ ὑμῶν zu verzehren (12,15) und alles ὑπὲρ τῆς ὑμῶν οἰκοδομῆς geschehen zu lassen (12,19).

Was für seine Seite gilt, muss aber nicht für die Korinther zutreffen. So scheint Paulus schon in den ersten beiden Kapiteln damit beschäftigt zu sein, Verdächtigungen seitens der Korinther auszuräumen, die einer positiven Reaktion derselben im Wege stehen. Wohl aus diesem Grunde muss Paulus die Lauterkeit seines Wandels betonen (1,12f.), die Änderung seiner Reisepläne erläutern (1,15f.) oder sogar Gott als Zeugen für seine Aussagen anrufen (1,23f.). Vor allem machen dann Bemerkungen wie „Denn ich fürchte, wenn ich komme, finde ich euch nicht, wie ich will, und ihr findet mich auch nicht, wie ihr wollt" (12,20a), „Ich suche nicht das Eure, sondern Euch" (12,14b), oder „Wenn ich euch mehr liebe, soll ich dann weniger geliebt werden?" (12,15b) deutlich, wie viel Paulus in diesem Brief an gelebten Beziehungen, vor allem an der Reziprozität, also an der Gegenseitigkeit des Verhältnisses, an positiven Reaktionen der Korinther liegt,[17] und zugleich, wie sehr diese in Frage stehen.

---

[14] SILVA, Measuring, 53, konstatiert für die Kpp. 1-2 „an abundance of associative language", wobei diese sowohl als „an expression of what Paul desires for the congregation", als auch „a strategy which aims at effecting that aim" aufzufassen ist.

[15] Dies wurde auch von BIERINGER, Plädoyer, 173f., beobachtet.

[16] Überhaupt gilt 2Kor als der persönlichste Brief des Paulus; vgl. WOLFF, 2Kor, 11, BULTMANN, 2Kor, 21 (verweist dabei auf JÜLICHER), MARTIN, 2Cor, lxiii (verweist dabei auf HENGEL), BIERINGER, Plädoyer, 173.

[17] BIERINGER, Plädoyer, 177, trägt die in der Literatur dafür verwendeten Bezeichnungen zusammen: Gegenseitigkeit, Wechselseitigkeit, reciprocity, (ultimate) interdependence, partnership,

Dabei bleibt die Thematik der Beziehung und deren Krise keineswegs auf Paulus und die Korinther beschränkt. Neben der Tatsache, dass sich die Korinther dazu ermahnen lassen müssen, einer bestimmten Person zu vergeben (2,6ff.), wird die genannte Thematik vom Absender auch in einen weiteren Horizont gestellt und zwar nicht ohne kritische Untertöne. So spricht Paulus etwa von seinem tadellosen Wandel nicht nur bei den Korinthern, sondern gar ἐν τῷ κόσμῳ (1,12), und sieht sich gerade in diesem Zusammenhang genötigt, die Verdächtigungen der Korinther gegen seine Person zur Sprache zu bringen (1,13f.). In ähnlicher Weise platziert er die Korinther mehrere Male im Horizont der „weltweiten Gemeinde": Nach dem Bericht über die Todesgefahr in der Asia versucht Paulus, die Korinther mit den durch seine Missionsarbeit zum Glauben kommenden πολλοί im Gebet für seine Person zu „verbinden" (1,11);[18] Dann wird an den Informationen zu den (geänderten) Reiseplänen deutlich, wie Paulus sich darum bemüht, die Korinther zumindest in seinen Darlegungen in einem Verbund mit anderen Gemeinden erscheinen zu lassen – „Und in solchem Vertrauen wollte ich zunächst zu euch kommen ... Von euch aus wollte ich nach Mazedonien reisen, aus Mazedonien wieder zu euch kommen und mich von euch geleiten lassen nach Judäa" (1,15f.) –,[19] wobei die Darlegung dieses Vorhabens ebenso wie die Streichung desselben vermuten lässt, dass sich die Korinther nicht so ohne weiteres in diesen Zusammenhang einfügen; und zudem erwähnt Paulus verschiedene Lokalitäten, deren Nennung allein schon eine kritische Note hat, wie etwa den Landstrich Mazedonien (1,16), dessen Gemeinden in 8,1ff. im Blick auf die „Kollekte" als Gegensatz zu den Korinthern erscheinen, oder die Stadt Troas (2,12), ein Ort, dessen „offene Türen" im Kontrast stehen zu den Vorbehalten der Adressaten. – Demnach dürfte es in diesem Brief nicht allein um die Beziehung zwischen Paulus und den Korinthern, sondern vielmehr um die Beziehungsthematik in einem weiteren Sinne gehen.

Die skizzierte Problematik bleibt allerdings nicht auf die zwischenmenschliche Ebene beschränkt. Vielmehr wird das zwischen Menschen Geschehende regelmäßig in Beziehung zu Gott gesetzt. So reklamiert Paulus für seine Person ein von Gott bestimmtes Verhalten anderen Menschen gegenüber: Sein Wandel den Korinthern und der Welt gegenüber sei Ausdruck der εἰλικρίνεια τοῦ θεοῦ und der χάρις θεοῦ (1,12); In seiner Verkündigung in Korinth habe sich Jesus Christus durch die *Wir*, „durch mich und Silvanus und Timotheus", zur Sprache gebracht (1,19); Seine an den Korinthern zu vollziehende Strenge, die letztlich nur deren οἰκοδομή diene, sei eine vom κύριος gegebene Vollmacht und erscheint somit als dessen eigenes Handeln (13,10); Und dieser κύριος erweise sich überhaupt in des Apostels Reden zu und Handeln an anderen Menschen als mächtig (13,3f.). Auch im Blick auf die Korinther wird das Handeln verschiedentlich auf Gott bzw. Christus bezogen, wenn auch in kritischer Weise. Zwar spricht Paulus davon, dass sich Christus ἐν ὑμῖν als mächtig erweise (13,3),

---

Verbundenheit und Gemeinschaft.
[18] Siehe dazu oben S.53 samt Anm.83.
[19] Vgl. dazu U.Schmidt, Perspectives, 58f.

doch angesichts der Auflistung des Fehlverhaltens der Korinther (12,20f.) und der Befürchtung, Christus könnte doch nicht ἐν ὑμῖν sein (13,5), erweist sich die Formulierung von 13,3 mehr als Euphemismus denn als Realität: In ihrem Verhalten kommt Christus eben nicht so zum Zug, wie es eigentlich der Fall sein sollte.

Insgesamt entsteht so der Eindruck, dass in 2Kor dem Beziehungsgeschehen, dem zwischen Paulus und den Korinthern ebenso wie dem in einem weiteren sozialen Kontext, und zwar sowohl in seiner positiven als auch seiner negativen Gestalt, gerade als *theologischem* Thema eine wesentliche Bedeutung zukommt.

Erwägungen zum Präskript

Wendet man sich nun den ersten beiden Versen des Briefes, dem Präskript zu, dann wirkt zunächst alles recht gewöhnlich, denn gemäß dem antiken Briefschema steht die Identifizierung des Absenders voran (1,1a), worauf die Nennung der Adressaten (1,1b) und schließlich der Gruß (1,2) folgt.[20] Doch mit dem eben zu den Texträndern Gesagten im Ohr, vermag man in der Wortwahl des Paulus nicht unbedeutende Feinheiten zu vernehmen.[21]

Zunächst dürfte es als nicht unkonventionell erscheinen, dass sich Paulus hier als ἀπόστολος Χριστοῦ Ἰησοῦ bezeichnet und den Apostolat im θέλημα θεοῦ begründet. Denkt man aber an den Konflikt, der zwischen ihm und den Korinthern besteht, an die Vorbehalte der Adressaten, ja, an ihre Zweifel an seiner Legitimation, dann kann man in dieser schon am Anfang vollzogenen Verankerung seiner Person und seines Auftrages in Jesus Christus sowie in Gott selbst das Bestreben erkennen, diesen Vorbehalten gegenzusteuern.[22] Dies wird bestätigt durch die Tatsache, dass der Titel „Apostel" einen wesentlichen Textgegenstand des vorliegenden Briefes darstellt, und zwar sowohl in negativer als auch in positiver Hinsicht, da Paulus einerseits sein eigenes Apostelsein ausführlich darlegt und andererseits die ψευδαπόστολοι abzuwehren versucht.[23]

Die Annahme, dass die Gestalt des in 2Kor vorliegenden Präskripts mitbedingt ist durch die Vorbehalte der Korinther, lässt sich durch intertextuelle Vergleiche stützen.[24] Vergleicht man die Art und Weise wie Paulus sich und die Mit-Absender präsentiert, so fallen deutliche Unterschiede auf. Sowohl in Phil 1,1 als auch in 1Thess 1,1 verzichtet Paulus auf den ἀπόστολος-Titel und stellt sich mit den Mit-Absendern regelrecht auf eine Stufe, denn das eine Mal fasst er sich mit Timotheus unter dem Titel δοῦλοι Χριστοῦ Ἰησοῦ zusammen, das andere Mal lässt er die Grüße von sich, Silvanus und Timo-

---

[20] Vgl. AUNE, Environment, 163, MARTIN, 2Cor, 1. STOWERS, Letter-Writing, 20f., skizziert, wie dieses konventionelle Schema bei Paulus verändert und erweitert wird.

[21] Es ist verwunderlich, dass KENNEDY, Criticism, dies für 2Kor nicht erkennt; während er ebd., 147, in der Einleitung des Galaterbriefes die Erweiterung durch „two topics important for the letter" feststellt, bezeichnet er ebd., 87, die Einleitung von 2Kor als „a relatively simple salutation".

[22] Allerdings meint FURNISH, 2Cor, 102, in dieser *salutatio* sei kein Hinweis „of a special problem in Corinth concerning Paul's apostleship" vorhanden, obwohl er nicht bestreiten kann, dass die Hinzufügung διὰ θελήματος θεοῦ „gives a certain emphasis to the title".

[23] Ebenso MARTIN, 2Cor, 2f.

[24] PLUMMER, 2Cor, 3, erkennt in einem solchen Vergleich nichts Wesentliches.

theus gleichermaßen ausgehen. Dies dürfte für eine gewisse Vertrautheit zwischen Paulus und den adressierten Gemeinden sprechen.[25] Dem stehen jene anderen Präskripte gegenüber, in welchen er von dem Titel ἀπόστολος Gebrauch macht, nämlich in Röm, 1Kor, 2Kor und Gal. Hier werden weitere Personen, die bereits im Präskript Erwähnung finden, dann „lediglich"[26] als ἀδελφός (1Kor 1,1; 2Kor 1,1) bzw. ἀδελφοί (Gal 1,2) bezeichnet. Indem Paulus sich selbst als Apostel und andere anwesende Personen[27] als Brüder bezeichnet „erhält in der Tat ... die dem Paulusnamen beigefügte Näherbestimmung den Charakter einer ganz besonders stark hervortretenden Qualifizierung: sie weist auf eine Legitimation ganz bestimmter und bedeutungsschwerster Natur".[28] Demnach dürfte die Verwendung des Lexems ἀπόστολος am Briefanfang durch besondere, die Briefsituation belastende Schwierigkeiten bedingt sein.

Ist also die Wortwahl ἀπόστολος Χριστοῦ Ἰησοῦ durch gewisse Schwierigkeiten zwischen Paulus und den Korinthern „provoziert", so bleibt doch zu fragen, welche Intention der Absender genau verfolgt, bzw. was die von ihm gewählte Ausdrucksweise den Adressaten signalisieren soll.

Bei der Diskussion zur Stelle in der Sekundärliteratur trifft man häufig auf das Stichwort „Autorität": Der Apostolat nach dem Willen Gottes werde „stets betont, wenn Paulus Anlaß hat, seine apostolische Autorität in besonderer Weise geltend zu machen"[29]. Diese Akzentsetzung ist aber außerordentlich erklärungsbedürftig! Zunächst dürfte ἀπόστολος z.Zt. der Abfassung von 2Kor noch kein Würde- oder gar Amtstitel gewesen sein, aus dem sich *per se* Autorität hätte herleiten lassen,[30] zumal es „bei Paulus ... keinerlei Anzeichen dafür (gibt), daß der A(postel) durch seine Sonderstellung ... über die Gemeinde erhoben und vor den anderen Charismatikern ausgezeichnet wäre"[31]. In Übereinstimmung damit kann man in 2Kor feststellen, dass Paulus nicht nur das autoritäre Verhalten seiner Gegenspieler brandmarkt (11,20) und er sich eines solchen bewusst enthält (11,7-9; 12,13ff.), sondern auch, dass er das Lexem ἀπόστολος gerade bei der Besprechung des autoritären *Fehlverhaltens* seiner Gegner benutzt,[32] nicht aber bei der Ankündigung seines eigenen „beherzten"

---

[25] Ebenso urteilt GNILKA, Phil, 30; auch er benennt diese Befunde und urteilt: „Die hierin zum Ausdruck kommende Vertraulichkeit erklärt sich aus dem guten Verhältnis der philippischen Gemeinde zu ihrem Gründer".

[26] Anders sieht dies z.B. FURNISH, 2Cor, 105; man dürfe darin die Absicht sehen „to emphasize Timothy's subordinate role but rather his status as co-worker".

[27] Diese mit-erwähnte Person darf wohl nicht unbedingt als Mit-*Verfasser* angesehen werden, sondern nur als Mit-*Absender*, so argumentiert ausführlich FURNISH, 2Cor, 103f.; WOLFF, 2Kor, 16, nennt ihn lapidar Mit-*Sender* und BULTMANN, 2Kor, 25, fragt: „Wieweit er als Mitverfasser verantwortlich ist, ist natürlich die Frage".

[28] P.BACHMANN, 2Kor, 22f.; vgl. auch KLAUCK, 2Kor, 17 („eindeutige Abstufung").

[29] WOLFF, 2Kor, 16; vgl. CALVIN, 2Cor, 7, MARTIN, 2Cor, 2, FURNISH, 2Cor, 102. Im Blick auf 2Kor 8/9 findet sich dasselbe etwa bei JOUBERT, Paul, 167-173, der „Paul's patriarchal role" diskutiert. Zur Verwendung von Autoritätsterminologie bei der Diskussion von Röm 1,1 und Gal 1,1 vgl. nur DUNN, Rom, 9, LONGENECKER, Gal, 2-4.

[30] Zur Diskussion um Ursprünge und Entwicklung des „Apostolats" vgl. nur ROLOFF, Verkündigung, DERS., Apostel, HAHN, Apostel, AGNEW, Origin.

[31] D.MÜLLER, Apostel, 33.

[32] Von sich selbst spricht Paulus als ἀπόστολος nur in 2Kor 1,1 und (eher indirekt) 11,12! In ironischer Weise benutzt er das Lexem – zusammen mit ψευδαπόστολος – im Blick auf seine

Auftretens beim nächsten Besuch (12,19-13,10). Zudem lässt gerade das Desaster des letzten Besuches in Korinth (2,1.5), bei dem Paulus als schwach erlebt wurde (10,1.10), deutlich zu Tage treten, dass Apostel-Sein gerade nicht eine selbstverständlich wirkungsvolle Ausübung von Autorität bedeutet. Dass Paulus nun sich durchzusetzen vornimmt, gründet demnach nicht in einem institutionalisierten Amt „Apostolat", sondern vielmehr in einer jeweils von Gott zu schenkenden Vollmacht. Und schließlich würde es angesichts der Vorbehalte der Korinther gegenwärtig überhaupt keinen Sinn machen, schon am *Anfang* des Briefes, Autorität markieren zu wollen.

Demnach wird die hinter der Wortwahl in 1,1a stehende Intention eher in Richtung der eigentlichen Bedeutung des Apostolats zu suchen sein: das Gesandt-Sein an sich, der Apostel als einer, der zwischen Christus und Gott einerseits und den Menschen andererseits steht, einer, durch den den Menschen das zukommt, was Gott ihnen zugedacht hat, einer, der das durch Christus von Gott Empfangene selbst an andere weitergibt. Gerade diese Bedeutung dürfte an der Lauterkeit des Apostels – bzw. seinem Ethos – keinen Zweifel aufkommen lassen und somit auch nicht daran, dass die im Brief zu präsentierende Thematik als göttliches Anliegen zu verstehen ist. Das wäre weniger autoritär als vielmehr gewinnend bzw. werbend zu verstehen, denn das von Gott Kommende und durch einen tadellosen Apostel Vermittelte kann doch nur zu der Menschen Bestem sein! Natürlich sind auch diese Konnotationen dazu angetan, den Adressaten Respekt abzuverlangen, zumal der Absender angesichts einer solchen Charakterisierung als nahezu unantastbar erscheint,[33] und stattdessen die Vorbehalte der Adressaten in ein negatives Licht geraten und ihre Kritik am Absender sich unter der Hand in eine Opposition gegen Gott verwandelt.[34] Doch diese kritischen Aspekte werden von Paulus eben gerade nicht mit „zwingender" Autorität explizit beim Namen genannt, sondern eher „nebenbei" evoziert.[35] Paulus setzt nicht darauf, sich mit Autorität Respekt zu verschaffen, sondern er erwartet, dass durch sein Apostelsein, durch die Weitergabe des von Gott Empfangenen bei den Adressaten eine positive Reaktion „geweckt" wird.

Dieser, die Eingangszeile bestimmende Gedanke des paulinischen Zugute-Kommen-Lassens ist nun regelrecht „eingebettet" in „relationale" Aspekte. Dies lässt schon ein flüchtiger Blick auf die beiden Teilverse 1,1a und 1,1b deutlich werden: Paulus erscheint in „Relationen" insofern er sich zwischen Gott, Christus und den Menschen „platziert", den Brief von sich und Timotheus

---

Gegner in 11,5.13; 12,12.13. Daneben wird ἀπόστολος nur noch 8,23 für jene gebraucht, die in Sachen Kollekte unterwegs sind.

[33] In rhetorischer Hinsicht lässt sich dies im Themenbereich der *auctoritas*, der Beglaubigung, verorten; vgl. dazu UEDING/STEINBRINK, Grundriß, 249; als Quelle vgl. CICERO, Topica 19,19-20,78, hier 20,77 speziell zur Berufung auf Göttliches.

[34] SCHWEIZER, Bibelrhetorik, 1569f., versucht zu zeigen, wie Paulus in Röm 1,1-7 um den Aufbau von Macht und Autorität bemüht ist, wobei er dieses Bestreben äußerst polemisch darstellt, so als ginge es dem Apostel um die Unterwerfung einer ihm fremden Gemeinde.

[35] Vergleichbar damit sind etwa auch die vorsichtigen Formulierungen in 8,8.10 (von denen freilich JOUBERT, Paul, 168f., meint, Paulus gebe sich – trotz „the hierarchical distance between himself and the Corinthians" – als „a mild father figure"); vgl. dazu unten S.170.

ausgehen lässt, sowie sich an die Korinther wendet. Diese wiederum stehen im Verhältnis zu Paulus, erscheinen als Teil der ἐκκλησία τοῦ θεοῦ und werden im Rahmen aller Christen in Achaia angesprochen.

Dabei kann die Art und Weise, wie die Korinther adressiert werden (1,1b), als Andeutung darauf verstanden werden, dass die im gesamten Erscheinungsbild von 1,1 so bedeutende „Relationalität" sich bei Ihnen eher problematisch gestaltet. Dieser Intention wird man gewahr, wenn man die Korrelation der Korinther mit „allen Heiligen in ganz Achaia" nicht als Hinweis auf ein Rundschreiben versteht, zumal ein großer Bestandteil des Inhalts dieses Briefes andere Gemeinden in Achaia überhaupt nicht betreffen dürfte.[36] Kann ein Rundschreiben ausgeschlossen werden, dann dürfte die Bezugnahme auf „alle Heiligen in ganz Achaia" eher ermahnend ausgerichtet sein: „[I]ts function here is to remind the Corinthians that they are not the only church ... and the suggestion ... is that they should have the humility to learn from other churches"[37]. Die Korinther werden daran erinnert, dass sie sich im größeren Zusammenhang mit anderen Gemeinden zu verstehen haben – ein Anliegen, das später z.B. in 8,14; 9,1ff. oder 9,12ff. explizit zur Sprache kommt.[38] Dieselbe Absicht ist auch in der Wortwahl τῇ ἐκκλησίᾳ τοῦ θεοῦ τῇ οὔσῃ ἐν Κορίνθῳ zu erkennen. Die Formulierung wirkt umständlich und fällt im intertextuellen Vergleich deutlich auf, da andernorts (außer 1Kor 1,1) die ἐκκλησία einfach durch den Genitiv jenes Ortes bzw. seiner Einwohner näher bestimmt wird, in dem sich die angeschriebene Gemeinde befindet[39]. Demnach wird des Apostels Absicht nicht darin bestehen, den Korinthern das Ehrenprädikat ἐκκλησία τοῦ θεοῦ zuzugestehen, sondern vielmehr darin, sie auf die Tatsache hinzuweisen, dass es um „die Gemeinde, Kirche ... wie sie in Korinth ist", geht, also um die Manifestation der Kirche Gottes an diesem einen Ort.[40] Da die ἐκκλησία τοῦ θεοῦ nicht einfach die Summe „individueller" Ortsgemeinden ist, sondern – gerade umgekehrt – letztere als lokale Ausdrucksformen der Kirche Gottes zu verstehen sind, bestimmt ein größeres Ganzes das Lokale. Darum kann die korinthische Gemeinde sich nicht „abkoppeln" und als „unabhängig" betrachten, sondern muss sich im Rahmen des großen Ganzen verstehen; sie hat ihren Platz unter den anderen einzunehmen und muss sich in „Relation" zu ihnen begreifen.

---

[36] Ebenso abgelehnt von Furnish, 2Cor, 106: „It is hardly possible that any letter to Corinth would have been circulated literally throughout the *whole* province, because in Paul's day that included a vast geographical area"; ebenso Thrall, 2Cor, 87, Plummer, 2Cor, 4. Anders aber Bultmann, 2Kor, 24.

[37] Murphy-O'Connor, Theology, 22; vgl. auch Plummer, 2Cor, 4: „The Corinthians were apt to be exclusive and to plume themselves upon a supposed superiority. St. Paul may be reminding them that they are not the whole church".

[38] Siehe dazu unten S.152ff.

[39] So in Gal 1,2: ταῖς ἐκκλησίαις τῆς Γαλατίας, und in 1Thess 1,1: τῇ ἐκκλησίᾳ Θεσσαλο-νικέων. Longenecker, Gal, lxxxvii, erblickt in diesen Unterschieden eher eine Entwicklung im paulinischen Verständnis von ἐκκλησία.

[40] K.L.Schmidt, καλέω, 508; Martin, 2Cor, 3, folgt ihm ausdrücklich; Bultmann, 2Kor, 24, und Wolff, 2Kor, 17, sind ebenfalls in diese Richtung zu verstehen; schließlich wird die Verschränkung von lokaler und universaler Ekklesia auch von Bauer, Wörterbuch, 486 hervorgehoben.

Sind diese Erwägungen richtig, dann ist in diesen Anspielungen auf den größeren Gemeindekontext auch etwas von jener Strategie zu greifen, die man als *rhetoric of honor and shame*[41] bezeichnet hat. Während die Korinther Vorbehalte hegten gegen die von Paulus in 1,1a für sich reklamierten Legitimationen, gab es etliche Gemeinden, die zu einer Infragestellung derselben wohl keinen Anlass sahen. Dazu gehörten wohl nicht nur die im Brief so positiv präsentierten Mazedonier (8,1ff.), sondern auch die übrigen Achaier, denn Indizien in den Kollektenkapiteln lassen dort eine ungebrochene Fortsetzung der Sammlung erkennen,[42] während sie bei den Korinthern gerade auch auf Grund ihrer Skepsis gegenüber Paulus ins Stocken geriet. Indem Paulus nun bereits im Präskript Bezug nimmt auf die wohl loyalen Achaier und die weltweite Kirche, von der die Korinther nicht annehmen konnten, sie seien gegen Paulus eingestellt, wird den Adressaten eine Beschämung angedeutet, die ihnen aus ihrer Kritik an Paulus vor den anderen erwachsen könnte. Gerade die in der Adresse erwähnten Achaier würden als erstes von den Vorbehalten der Korinther und von ihrer mangelhaften Beteiligung an der Kollekte hören, oder haben es bereits.[43] Darum dürfte es als ein geschickter Schachzug des Paulus zu werten sein, gerade sie schon im Präskript zu erwähnen: Der zwischen Absender und Adressaten schwelende Konflikt wird vor einem größeren Forum platziert, in dessen Augen die Vorbehalte der Korinther als merkwürdig erscheinen. So wird die zu verhandelnde Sache für die Korinther zunächst zu einer Frage der Ehre[44] und führt darum – bei erfolgreicher Wirkung der Strategie – dazu, dass die Korinther sich den übrigen Gemeinden annähern, die Übereinstimmung mit diesen suchen und darin dem von Paulus Intendierten entsprechen.

In den bislang besprochenen Anspielungen ist nun auch eine Wertung des Standes der Korinther zu vernehmen, und zwar eine nicht eben rühmliche, was in der Literatur allerdings meist anders aufgefasst wird. Man sieht in 1,1b eine zweiteilige Adresse mit der in geografischem Sinne konzentrischen Anordnung von Korinthern und Achaiern.[45] Aus diesem Grunde meint man, das in 1,1c auf

---

[41]   Einen knappen Überblick dazu bietet WITHERINGTON, Conflict, 154f.; zum gesamten Thema vgl. die Sammelbände PERISTIANY, Honour, oder GILMORE, Honor; zur Rezeption in der ntl. Forschung siehe z.B. MOXNES, Honor (zu Röm), in MATTHEWS, Honor, die beiden Aufsätze von K.C.HANSON (ebd., 81-112, zu den Makarismen) und J.H.NEYREY (ebd., 113-137, zum johanneischen Passionsbericht), MALINA/NEYREY, Honor (zum lukanischen Doppelwerk), oder NEYREY, Honor (zu Mt).

[42]   Nach BETZ, 2Kor 8/9, 168f., zeigt 9,1ff., dass die Sammlung in Achaia weiterging, während sie in Korinth zum Stocken kam. „Wir dürfen daraus folgern, dass die sich in der Korintherkorrespondenz widerspiegelnde Krise sich auf die Gemeinde in dieser Stadt beschränkte, und dass die anderen Gemeinden in dieser Region ein ungebrochenes Verhältnis zum Apostel behielten".

[43]   Vgl. KLAUCK, 2Kor, 17 („Die Konflikte und Ereignisse in der Stadtgemeinde gehen auch sie [d.h. die übrigen achaischen Christen (U.S.)] etwas an.")

[44]   Diese Strategie verwendet Paulus auch bei den Ausführungen zur Kollekte; siehe dazu S.154f.

[45]   LIETZMANN, 1/2Kor, 99: „Da Korinth die Hauptstadt der Provinz ist, in welcher der Prokonsul residiert (...), bildet seine Gemeinde anscheinend eine Zentrale für die übrigen in der Provinz wohnenden Christen. Hier liegen die Wurzeln der späteren Metropolitanverfassung"; ihm folgen z.B. BULTMANN, 2Kor, 24; KLAUCK, 2Kor, 17; MARTIN, 2Cor, 3, äußert sich lediglich kritisch zu den angeblichen Wurzeln der Metropolitanverfassung.

die Letzteren bezogene Attribut ἅγιος auch den Korinthern zuschreiben zu dürfen.[46] Dies ist aber durchaus fragwürdig. Das betreffende Adjektiv ist nur auf die Achaier bezogen, und die Verknüpfung der beiden Gruppen mittels σύν ermächtigt nicht zu der Annahme, Aussagen über die zweite würden auch für die erste Gruppe gelten, denn σύν entspricht nicht selten einem einfachen καί[47] und kann ganz verschiedene, ja sogar konträre Dinge miteinander verknüpfen. Für die Nichtübertragbarkeit spricht auch die unterschiedliche Wertung der beiden Personengruppen, die sich in der sprachlichen Form abzeichnet. Während die erste Satzhälfte mit den notwendigsten Satzgliedern auskommt, wird die zweite mit den beiden Lexemen πάντες und ὅλος „aufgefüllt", welche durchaus eine pleophore Wirkung haben.[48] Der erste Teil der Adresse ist sprachlich eher karg,[49] während der zweite voller erscheint. Die Art und Weise, wie die Achaier *lobend* als ἅγιοι bezeichnet, die Korinther aber mit eher *kritischer* Absicht der ἐκκλησία θεοῦ eingeordnet werden, verweist auf eine unterschiedliche Bewertung: Während die Achaier positiv dastehen, erscheinen die Korinther eher im Zwielicht.

Dasselbe Bild ergibt sich durch intertextuelle Vergleiche. Betrachten wir zunächst die Art und Weise, wie die Adressaten in den Präskripten der beiden Korintherbriefe angesprochen werden.

1Kor 1,1b-2	2Kor 1,1b-2
τῇ ἐκκλησίᾳ τοῦ θεοῦ	τῇ ἐκκλησίᾳ τοῦ θεοῦ
τῇ οὔσῃ ἐν Κορίνθῳ	τῇ οὔσῃ ἐν Κορίνθῳ
ἡγιασμένοις ἐν Χριστῷ Ἰησοῦ	/
κλητοῖς ἁγίοις	/
σὺν πᾶσιν τοῖς ἐπικαλουμένοις	σὺν τοῖς ἁγίοις πᾶσιν
τὸ ὄνομα τοῦ κυρίου ἡμῶν Ι.Χ.	τοῖς οὖσιν ἐν ὅλῃ τῇ Ἀχαΐᾳ
ἐν παντὶ τόπῳ, αὐτῶν καὶ ἡμῶν.	/

Das Präskript in 2Kor ist nicht einfach nur knapper,[50] sondern es sind gerade vielsagende Auslassungen, die den Unterschied machen.[51] Die gesamte, zweiteilige Adresse, „welche 1 Kr 1,2 aus 31 mit Gedanken fast überladenen Worten besteht"[52], fällt in 2Kor um die Hälfte kürzer aus, wobei vor allem die Ehrenprädikate für die korinthische Gemeinde fehlen! Dabei wird gerade die Bezeichnung der Adressaten als „Heilige", wie sie in den ersten Versen des 1Kor in Form des Perfektpartizips ἡγιασμένοι oder durch κλητοὶ ἅγιοι begegnet, den Korinthern in 2Kor weder im Präskript noch irgendwo im übrigen Brief zugestanden! Insgesamt fällt im Vergleich zu 1Kor die Bezeichnung der adressierten Gemeinde nahezu genauso knapp aus wie diejenige in Gal, wo die Empfän-

---

[46] So z.B. ausdrücklich P.Bachmann, 2Kor, 24.

[47] Vgl. Bauer, Wörterbuch, 1560.

[48] Eine besondere Hervorhebung durch diese beiden Begriffe erkennt auch P.Bachmann, 2Kor, 23f. („durch das ἐν ὅλῃ ... nach πᾶσιν stark hervorgehoben" [ebd. 24]).

[49] In vergleichbarer Weise argumentiert Zahn, Gal, 32, bzgl. Gal 1,2; er stellt fest wie hier die korinthischen Gemeinden mit „4 *mageren* Worten" angesprochen werden; siehe dazu unten S.91.

[50] Vgl. nur Conzelmann/Lindemann, Arbeitsbuch, 266.

[51] Sie sind auch allgemein erkannt; vgl. dazu nur Wolff, 2Kor, 16; Furnish, 2Cor, 99-101; Lietzmann, 1/2Kor, 99.

[52] Zahn, Gal, 32.

ger „mit den 4 mageren Worten ταῖς ἐκκλησίαις τῆς Γαλατίας abgetan"[53] werden. Dort zeigt sich ein „Mangel jeder Andeutung von Wertschätzung der Leser seitens des Apostels"[54], und hier verhält es sich offenkundig entsprechend.

So sehr nun die beiden Teilsätze 1,1a und 1,1b die Einstellung und Beziehung der Korinther zu Paulus und der Kirche als wesentliches Problem erkennen lassen, und die Adressaten deswegen in 1,1b etwas „unterkühlt" addressiert – und somit gewertet – werden, so sehr kommt in der Wortwahl des Apostels zugleich zum Ausdruck, wie sehr ihm an einem in Gott begründeten Beziehungsgeschehen gelegen ist. So wird etwa im *Miteinander* von ἀπόστολος διὰ θελήματος θεοῦ (1,1a) und ἐκκλησία θεοῦ (1,1b) deutlich, dass sowohl Apostolat als auch Gemeinde in Gott gründen und somit nicht voneinander zu lösen sind. Dann lässt auch das *Miteinander* der Formulierungen τῇ ἐκκλησίᾳ τοῦ θεοῦ τῇ οὔσῃ ἐν Κορίνθῳ und σὺν τοῖς ἁγίοις πᾶσιν τοῖς οὖσιν ἐν ὅλῃ τῇ Ἀχαΐᾳ die (korinthische) Ortsgemeinde als Ausdruck der von Gott „initiierten" ganzen Kirche erscheinen. Und schließlich kann man in den mit 1,1a und 1,1b zum Ausdruck gebrachten Aspekten einen gedanklichen Zusammenhang erkennen: Paulus, gibt das durch Christus von Gott Empfangene weiter, was die Empfänger wiederum in Beziehung zu anderen setzt bzw. setzen soll.

Erwägungen zum Subskript

Gemäß den methodischen Überlegungen im ersten Kapitel soll nun auch ein Blick auf das Ende des Briefes geworfen werden.[55] Die Besprechung des Briefschlusses fällt in der Literatur meistens recht knapp aus,[56] wobei man sich in der Regel mit einer Benennung der stereotypen Elemente begnügt: abschließende paränetische Wendungen, Friedenswunsch, Grüße und χάρις-Spruch.[57] Besondere Beachtung findet lediglich die Erweiterung des χάρις-Spruches zu einer nahezu trinitarischen Form und gelegentlich die Häufung der Imperative in 13,11.[58] Insgesamt entsteht bei der Lektüre der Sekundärliteratur der Eindruck, Paulus formuliere hier einen recht gewöhnlichen Schluss.

Das allerdings scheint mir dem Text nicht gerecht zu werden. Obwohl hier typische Elemente vorliegen, präsentieren sie sich doch keineswegs als einfache Aneinanderreihung von rein konventionellen Wendungen.[59] Zunächst kommt man nicht umhin, „to notice the striking number of imperatives employed in 13: 11a."[60] Paulus integriert wohl sonst gelegentlich noch *eine* Mahnung in den

---

[53] Zahn, Gal, 32.
[54] Ebd.
[55] Siehe oben v.a. S.26ff.
[56] Ausnahmen bilden z.B. Martin, 2Cor, 490-507, und Weima, Endings, 208-215.
[57] Eine Auflistung der stereotypen Elemente findet sich etwa bei Wolff, 2Kor, 266, oder bei Martin, 2Cor, 492.
[58] Tatsächlich nur „gelegentlich"; z.B. vermerkt Bultmann, 2Kor, 252, diese Häufung nicht und handelt alle fünf Imperative in nur 13 Zeilen ab.
[59] So auch Klauck, 2Kor, 103: „Die Imperative in [11] gehören ohne Ausnahme zum allgemeinen Wortfeld der urchristlicher Mahnrede ... Sie enthalten dennoch situationsbedingte Aspekte ...".
[60] Martin, 2Cor, 493.

Schluss,[61] aber nirgends sonst so viele. Es bleibt zu prüfen, ob diese Häufung nicht als nachdrückliche und zielstrebig gestaltete Bündelung des im Brief Geforderten zu verstehen ist.[62]

Sodann lassen diese Schlussverse eine bestimmte Struktur erkennen.

13,11 λοιπόν, ἀδελφοί, χαίρετε,
καταρτίζεσθε, παρακαλεῖσθε,
τὸ αὐτὸ φρονεῖτε, εἰρηνεύετε,
καὶ ὁ θεὸς τῆς ἀγάπης καὶ εἰρήνης
ἔσται μεθ' ὑμῶν.

13,12 ἀσπάσασθε ἀλλήλους ἐν ἁγίῳ φιλήματι.
ἀσπάζονται ὑμᾶς οἱ ἅγιοι πάντες.

13,13 ἡ χάρις τοῦ κυρίου Ἰησοῦ Χριστοῦ
καὶ ἡ ἀγάπη τοῦ θεοῦ
καὶ ἡ κοινωνία τοῦ ἁγίου πνεύματος
μετὰ πάντων ὑμῶν.

Es fallen zwei μεθ'-ὑμῶν-Formulierungen in 13,11b und 13,13 auf, die jeweils zukunftsorientiert[63] und von einer Verbindung von θεός und ἀγάπη bestimmt sind. Ihnen geht jeweils eine imperativische Sequenz voraus: 13,11a enthält fünf Imperative und 13,12 immerhin einen, so dass sich 13,11a und 13,11b sowie 13,12 und 13,13 einander zuordnen lassen. Für diese Zuordnung spricht auch jeweils ein verklammerndes Element. In 13,11b wird der fünfte Imperativ (εἰρηνεύετε) in der Wendung θεὸς τῆς ... εἰρήνης (13,12) wieder aufgenommen, wodurch ein innerer Zusammenhang entsteht.[64] Dasselbe geschieht in der zweiten Einheit durch eine dreifache Verwendung von ἅγιος: Es ist die Rede vom heiligen Kuss, vom Gruß aller Heiligen und von der Gemeinschaft des Heiligen Geistes. – Insgesamt erscheinen die Schlussverse also als sorgfältig gestaltet, was einerseits der Annahme widerspricht, hier läge ein ganz gewöhnlicher Schluss vor, und andererseits die Auffassung stützt, dem Absender sei auch hier noch an einer speziellen Aussage gelegen.

---

[61] Beispielsweise 1Kor 15,22 („Wenn jemand den Herrn nicht lieb hat, der sei verflucht.") oder Gal 6,17 („Hinfort mache mir niemand weiter Mühe").

[62] Vgl. WITHERINGTON, Conflict, 474 (Paulus „continues to offer parting shots on some of his major themes right up to the final benediction[s]"), MARTIN, 2Cor, 492 („In these closing verses, Paul makes his final appeal to the Corinthians", welcher keineswegs „as general" ist „as Harris [405] would have us believe"), MURPHY-O'CONNOR, Theology, 135 („In the concluding paragraph of the letter Paul synthesizes his appeal in the simplest possible terms"), MÜLLER, Schluß, 81f. (die Verse 2Kor 13,11-13 entsprechen nicht dem „Regelfall" typischer paulinischer Briefendungen und dürfte darum die „geschichtliche Situation der Abfassungsverhältnisse widerspiegeln".

[63] Die Verwendung des Futurs in V.11b wird (in den Kommentaren) nur von MARTIN, 2Cor, 501, ausführlich diskutiert; aber indem etwa BULTMANN, 2Kor, 252, von „Verheißung" spricht ist dasselbe gemeint. Natürlich ist auch V.13 futurisch aufzufassen, denn eine Segen oder Wunsch bezieht sich auf das, was kommen mag.

[64] Diese wird auch von BULTMANN, 2Kor, 252 vermerkt („Die Verheißung, bzw. der Wunsch der εἰρήνη scheint also traditionell an dieser Stelle zu sein und brauchte deshalb hier nicht mit Bezug auf das vorhergehende εἰρηνεύετε gewählt zu sein. Da τῆς εἰρήνης jedoch durch das vorausgeschickte τῆς ἀγάπης vermehrt ist, ist der Bezug auf εἰρηνεύετε nicht zu verkennen, wie auch das καὶ ... statt des üblichen δὲ zeigt"); vgl. ebenso PLUMMER, 2Cor, 381.

Wechselt man auf die inhaltliche Ebene, dann trifft man diesbezüglich in der Literatur auf die Ansicht, die Fülle der Imperative verweise auf die Notwendigkeit, die Einheit innerhalb der korinthischen Gemeinde wieder herzustellen.[65] Diese Auffassung kommt dadurch zu Stande, dass man die Schlussmahnungen in 13,11 eng mit dem unmittelbar zuvor Gesagten verbindet,[66] indem man etwa καταρτίζεσθε auf κατάρτισις in 13,9 zurückbezieht und die beiden letzten Imperative τὸ αὐτὸ φρονεῖτε und εἰρηνεύετε auf die Eintracht innerhalb der korinthischen Gemeinde abzielen sieht.[67] Dies wiederum wird durch einen Rückbezug auf die in 12,20b genannten Größen ἔρις, ζῆλος und θυμοί begründet,[68] welche man als Ausdruck innergemeindlicher Streitigkeiten versteht[69]. Von daher werden dann auch der zweite und dritte Imperativ konsequenterweise als Medium aufgefasst: „bessert euch, vermahnet einander"[70].

Die Ausrichtung der Imperative *auch* auf die Überwindung innergemeindlicher Spannungen ist nicht zu bestreiten, wohl aber die Reduktion des durch die Imperative Geforderten allein auf diese Problematik. Dies zeigt sich schon an den von Paulus gewählten Formulierungen.

Untersucht man die Verwendung der letzten beiden Imperative in anderen Texten, dann fällt jeweils eine konkrete Spezifizierung auf, etwa wenn es in Röm 12,18 μετὰ πάντων ἀνθρώπων εἰρηνεύοντες oder in 1Thess 5,13 εἰρηνεύετε ἐν ἑαυτοῖς heißt.[71] Beide Male ist klar spezifiziert, mit wem in Frieden gelebt werden soll, das eine Mal „mit allen Menschen", das andere Mal „untereinander". Entsprechendes zeigt sich auch in 1Kor 1,10,[72] einem Vers, der 2Kor 13,11 durch die Verwendung von τὸ αὐτό und καταρτίζειν recht nahe steht. Hier wird das von Paulus Geforderte gleich mehrfach ausdrücklich auf die innergemeindliche Einheit zugespitzt. Die σχίσματα werden ausdrücklich durch ἐν ὑμῖν qualifiziert, und die folgenden Bezeichnungen ὁ αὐτὸς νοῦς und ἡ αὐτὴ γνώμη, die das Wünschenswerte bezeichnen, bilden den Gegensatz zu σχίσματα ἐν ὑμῖν und zielen somit auf die Überwindung der innergemeindlichen Spaltungen. Eine vergleichbare Zuspitzung sucht man in 13,11 aber vergeblich.[73]

Die von Paulus in 13,11 verwendeten Imperative wirken – zumal im intertextuellen Vergleich – merkwürdig „unscharf", denn nicht nur der konkrete Anlass des χαίρετε ist nicht sofort klar,[74] sondern auch, in welcher Hinsicht ein

---

[65] Vgl. dazu z.B. WOLFF, 2Kor, 267, MARTIN, 2Cor, 498f., WEIMA, Endings, 209.210f.

[66] Vgl. dazu nur WOLFF, 2Kor, 266 („Die Schlußverse fügen sich organisch an den vorhergehenden Abschnitt an"), PLUMMER, 2Cor, 379 („there are fairly conspicuous links between these concluding verses and those which immediately precede them").

[67] So z.B. MARTIN, 2Cor, 499, WOLFF, 2Kor, 267, FURNISH, 2Cor, 585.

[68] So z.B. WOLFF, 2Kor, 258f., FURNISH, 2Cor, 585.

[69] So z.B. WOLFF, 2Kor, 258f., BULTMANN, 2Kor, 239f., PLUMMER, 2Cor, 379f.

[70] BULTMANN, 2Kor, 251; vgl. auch MARTIN, 2Cor, 499, BARRETT, 2Cor, 342, MURPHY-O'CONNOR, Theology, 135.

[71] FURNISH, 2Cor, 582, erwähnt diese Parallelen, erkennt aber den Unterschied nicht.

[72] MITCHELL, Reconciliation, 68-80.198f., bespricht sowohl Form und Bedeutung dieses Verses als auch das darin verwendete Vokabular ausführlich.

[73] Vgl. PLUMMER, 2Cor, 380: „For ‚comfort one another' we should probably have παρακαλεῖτε ἀλλήλους, as in 1 Thess. iv 18, v.11, or ἑαυτοῦς (cf. v. 5)."

[74] Allerdings wird hier gewöhnlich im Sinne von Phil 3,1 interpretiert, also „freut euch im Herrn", so z.B. MARTIN, 2Cor, 497f.

καταρτίζειν und ein παρακαλεῖν nötig ist oder mit wem Frieden gemacht werden soll. Nirgends ist so etwas wie ein spezifizierendes ἐν ὑμῖν o.ä. zu finden. Diese vom Autor offenbar beabsichtigte Unschärfe verdient es, ernst genommen und verstanden zu werden. Dazu kommt, dass die Verknüpfung dieser fünf Imperative allein mit dem direkt Vorausgegangen der allgemeinen Bedeutung von Textabschlüssen, wie sie in der Einleitung aufgezeigt wurde,[75] nicht gerecht wird, denn „the subscriptions serve to highlight and summarize the main points that have been dealt with in those bodies"[76]. Demnach muss an dieser Stelle primär danach gefragt werden, inwiefern die hier anzutreffenden Imperative vom Ganzen des im Brief Gesagten bestimmt sein können.

So dürfte etwa der Imperativ παρακαλεῖσθε wohl kaum ein Ermahnen der Korinther untereinander bezeichnen, da es in 2Kor nur eine geringfügige Zahl von Hinweisen auf gemeindeinterne Uneinigkeiten gibt,[77] während Paulus die Korinther nahezu durchweg als homogene Gruppe anspricht.[78] Vielmehr ist dieser Imperativ zu verbinden mit der in 2Kor häufig thematisierten παράκλησις, die sich meistens durch Paulus an den Korinthern ereignet:[79] Er ist es, der die von Gott empfangene παράκλησις den Korinthern zuteil werden lässt (1,3-7),[80] der sie dazu ermahnt (παρακαλεῖν), eine bestimmte Person zu „trösten" (2,7f.), sich mit Gott versöhnen zu lassen (5,20) bzw. die Gnade nicht vergebens empfangen zu haben (6,1); und er ist es, der Titus und andere „Brüder" dazu anhält (παρακαλεῖν), sich um die Korinther zu bemühen (8,6; 9,5; 12,18). Von daher sollte man diesen Imperativ wohl eher im Sinne von „lasst euch ermahnen" (Passiv)[81] als von „ermahnt einander" (Medium) verstehen. Entsprechend dürfte auch τὸ αὐτὸ φρονεῖτε in einem „weiteren" Sinne aufzufassen sein: gleich gesinnt etwa wie die ἐκκλησία τοῦ θεοῦ, der die Korinther bereits 1,1b eingeordnet werden, wie die πολλοί, die für Paulus im Gebet einstehen (1,11), wie die Mazedonier, die den Korinthern als Vorbild präsentiert werden (8,1ff.), oder jene πολλοί, die im Blick auf die Korinther in großer Erwartung Gott Dank sagen (9,12ff.).[82]

In vergleichbarer Weise stehen dann auch die den – durch intertextuelle Vergleiche als völlig ungewöhnlich zu erkennenden – Schlussvers bestimmenden Prädikationen χάρις, ἀγάπη und κοινωνία in Verbindung mit dem Ganzen

---

[75] Siehe oben S.26f.

[76] LONGENECKER, Gal, 287.

[77] Neben 12,20b könnte man auf 1,11 oder 2,5ff. hinweisen. Die πολλοὶ πρόσωποι (1,11) könnten eine Mehrheit in der Gemeinde anzeigen, und die Anweisungen hinsichtlich des Umgangs mit einer gewissen Person (2,5ff.) lassen unterschiedliche Ansichten in der Gemeinde vermuten.

[78] Paulus versucht nur zwei Gruppen aus der Gemeinde auszugrenzen, nämlich die „zuvor gesündigt haben" (12,20) und die Super- bzw. Falschapostel (11,5.13; 12,11).

[79] Es gibt nur eine einzige Ausnahme im ganzen Brief, nämlich 7,7, wo es darum geht, dass Titus von den Korinthern getröstet worden sei, wobei hier passivisch formuliert wird, sodass der Anteil der Korinther minimiert wird!

[80] Nach MARTIN, 2Cor, 499, bezieht TASKER παρακαλεῖν in 13,11 auf 1,3-7!

[81] Ebenso z.B. FURNISH, 2Cor, 582.585 („pay attention to my appeals"), PLUMMER, 2Cor, 380 („listen to my exhortations and entreaties").

[82] Siehe zu 1,1b S.91ff., zu 1,11 S.53f., zu 8,1ff. S.(145.149)152f. und zu 9,12ff. S.150f. 154f.

des Briefes. Die *Gnade* sollen die Korinther nicht vergebens empfangen haben (6,1), an die Gnade Christi sollen sie denken (8,9), das Gegeben-Sein der Gnade Gottes bei den Mazedoniern wird ihnen vor Augen geführt (8,1ff.) und die Gnade soll sich in der Kollekte auswirken (Kp. 8 und 9). *Liebe* ist die treibende Kraft im Leben des Paulus (5,14) und Liebe will er in den Korinthern geweckt haben (8,7); diese Liebe muss sich prüfen lassen (8,8), einer bestimmten Person gegenüber zum Ausdruck kommen (2,8) und der Gesandtschaft gegenüber unter Beweis gestellt werden (8,24). Und schließlich verweist das Lexem κοινωνία, das nur noch in 6,14; 8,4; 9,13 vorkommt,[83] auf einen wesentlichen Aspekt von Texteinheit B: Während den Adressaten vor Augen geführt wird, dass die Mazedonier an der Gemeinschaft, welche durch die Kollekte entsteht, partizipieren wollen (8,4), und die am Ende des neunten Kapitels erwähnten ἅγιοι von einem Interesse der Korinther an Gemeinschaft ausgehen (9,13),[84] müssen die Adressaten sich die kritische Frage gefallen lassen, wie denn Licht mit der Finsternis Gemeinschaft haben könne (6,14).

Sind die gemachten Beobachtungen zutreffend und die Schlussverse tatsächlich vom Briefganzen her gestaltet, dann verdienen sie es, noch etwas genauer auf ihre eigentliche Aussage hin untersucht zu werden.

Innerhalb der Imperative von 13,11 fällt eine gewisse Gruppierung auf.[85] Die letzten beiden, τὸ αὐτὸ φρονεῖτε und εἰρηνεύετε, liegen deutlich auf einer „Linie“:[86] Es handelt sich um Aufforderungen, das Verhältnis zu nicht näher spezifizierten, nur durch das Briefganze zu assoziierenden Personen zu „ordnen“, Übereinstimmung bzw. gute zwischenmenschliche Verhältnisse herzustellen. Der Umgang miteinander, der Bereich des Handelns ist hier im Blick, wobei den Korinthern die Verantwortung zugeschoben wird, schließlich richtet sich die Aufforderung an *sie*. Die zwei voranstehenden Imperative καταρτίζεσθε und παρακαλεῖσθε befinden sich wiederum auf einer „Linie“, die nicht nur textuell sondern auch logisch vorgeordnet ist: Sie thematisieren die Bereitschaft, etwas anzunehmen, sich etwas sagen bzw. sich korrigieren zu lassen. Dies ist v.a. dann deutlich, wenn man beide, analog zu dem bereits zu παρακαλεῖσθε Gesagten, passivisch auffasst, so dass hier „laßt euch wieder zurechtbringen, laßt euch ermahnen“[87] gemeint wäre. Dass es sich dabei v.a. um ein Empfangen der Korinther durch Paulus handelt, wird in dem 13,11 einleitenden Satz bereits angezeigt: Fasst man χαίρετε nicht als bloßen Abschiedsgruß auf,[88] sondern entsprechend den folgenden Worten als einen tatsächlichen Im-

---

83   Siehe dazu S.74.161.

84   Zum Verständnis von 9,13 siehe S.154ff.

85   Eine Gruppierung innerhalb der Imperative wird in der Literatur öfters vollzogen, so z.B. bei WOLFF, 2Kor, 267 („Die Aufforderungen 'seid eines Sinnes!' und 'habt Frieden!' sind weitgehend synonym"), FURNISH, 2Cor, 585 (gruppiert zunächst „the remaining four admonitions" und dann „the two final admonitions"), BULTMANN, 2Kor, 252 („Wie καταρτίζειν und παρακαλεῖν eng zusammengehören, so auch: τὸ αὐτὸ φρονεῖτε, εἰρηνεύετε").

86   Vgl. WOLFF, 2Kor, 267, FURNISH, 2Cor, 585, BULTMANN, 2Kor, 252. Dagegen wird gelegentlich der letzte Imperativ als „natural result" des vorletzten angesehen, so etwa bei PLUMMER, 2Cor, 380, MARTIN, 2Cor, 499.

87   WOLFF, 2Kor, 266.

88   Dies tun aber tun PLUMMER, 2Cor, 380, BARRETT, 2Cor, 342.

perativ,[89] so kann man in den einleitenden Worten λοιπόν, ἀδελφοί, χαίρετε (13,11a) eine Aufforderung an die Korinther erkennen, sich des durch Paulus von Gott Empfangenen bewusst zu werden: „Die Freude über das durch die Verkündigung des Paulus geschenkte Heil soll die Korinther erfüllen."[90] Eben daran erinnert auch die Anrede ἀδελφοί, mit der Paulus während des gesamten Briefes so „gegeizt" hatte[91]: Zu solchen wurden die Adressaten nur durch des Apostels Missionsarbeit. Im vorliegenden Kontext erhält diese „Abhängigkeit" vom Apostel allerdings eine besondere „Färbung", denn die Aufforderung χαίρετε mag nach dem vorausgegangen οὐ φείδεσθαι (13,2) und dem drohend wirkenden Lexem καθαίρεσις (13,10) ja durchaus nach einer Zumutung klingen. Doch Paulus hat es in 13,10 nicht unterlassen, deutlich herauszukehren, dass auch das bedrohlich Klingende zu der Korinther οἰκοδομή, zu der er durch die vom κύριος gegebenen ἐξουσία jeweils befähigt wird, geschehen soll. – So wird in diesem Vers eine Art „Dreischritt" deutlich: (1) das durch Paulus von Gott Gegebene (2) sollen die Korinther annehmen und (3) sich so zu einer Verhaltensänderung gegenüber anderen führen lassen.

Dieser „gedankliche Komplex" wird daraufhin mit einer Verheißung verbunden. Der Verwirklichung desselben wird die (bleibende) Präsenz Gottes in Aussicht gestellt: καὶ ὁ θεὸς ... ἔσται μεθ' ὑμῶν, wobei diese genauer als eine von Liebe und Frieden bestimmte charakterisiert wird. Freilich schreckt man davor zurück, das ganze Satzgefüge von 13,11 als konditional anzusehen.[92] In der Literatur wird dies meist nachdrücklich abgewiesen, gelegentlich gar mit dem polemisch gemeinten Stichwort „pelagianisch"[93] belegt. Doch ist auch bei dieser Auffassung nicht zu bestreiten, dass die Verwirklichung des in den Imperativen Geforderten zu der von Liebe und Frieden bestimmten Präsenz Gottes dazugehört. Für ein konditionales Verständnis im engeren Sinne sprechen dann auch die Beobachtungen, dass die Imperative mit dem Nachsatz in 13,11b durch die Wiederaufnahme von εἰρηνεύετε in εἰρήνη eng verbunden sind,[94] dass 13,11b im Indikativ Futur formuliert ist und diese Zeitform keinerlei Aspektbedeutung hat, sondern in allen Formen auf Zukünftiges verweist[95], sowie die enge syntaktische Verknüpfung. Die von Liebe und Frieden bestimmte Gegenwart Gottes ist keinesfalls unabhängig vom Verhalten der Korinther – eine Aussage die an

---

[89] Vgl. Wolff, 2Kor, 267, Furnish, 2Cor, 581, Bultmann, 2Kor, 252, Weima, Endings, 210, Witherington, Conflict, 474 samt Anm. 2.

[90] Wolff, 2Kor, 267.

[91] Siehe S.41 Anm.22.

[92] Furnish, 2Cor, 586, lehnt die konditionale Auffassung ab; nach Barrett, 2Cor, 342, läge sie wohl im Bereich des Möglichen, doch erwägt er eine bloße Aufreihung von Gedanken: „In his final words Paul, it may be, simply puts separate propositions together. Do this; do that; God will be with you." Martin sieht, im Anschluss an Barrett, eine doppelte Bedeutung; Gott ermögliche einerseits die Verwirklichung des Geforderten und knüpfe andererseits seine Präsenz an dieselbe.

[93] Windisch, 2Kor, 426. Dagegen aber Bultmann, 2Kor, 252f.: „Um deswillen ist die Verheißung aber nicht jüdisch und pelagianisch ... Denn der Gedanke, daß Gott als der Gott der Liebe und des Friedens nur bei denen weilt, die Liebe und Frieden wirken, schließt den Verdienstbegriff nicht notwendig ein."

[94] So auch Bultmann, 2Kor, 252.

[95] Hoffmann/von Siebenthal, Grammatik, § 192.202

6,14-7,1 erinnert und die im Blick auf das Briefganze sowie auf die unmittelbar vorausliegenden Kapitel mit der ihnen eigenen heftigen Auseinandersetzung zwangsläufig die Frage aufwirft, was dann im Falle der Nicht-Verwirklichung zu erwarten wäre. Steht die Präsenz Gottes an sich auf dem Spiel? Oder weicht ihre Bestimmtheit durch Liebe und Frieden einer anderen Form? Die Frage bleibt unbeantwortet und wird so zu einer letzten, leisen Anspielung auf den bereits oben bemerkten bedrohlichen Horizont.[96]

Interessanterweise ist auch hier am Schluss wieder – wie schon an den Briefrändern und dem Präskript – eine „Ausweitung" des Szenarios festzustellen. Paulus, der wohl im zweiten und dritten Imperativ implizit präsent ist,[97] nimmt sich völlig zurück,[98] verwendet weder ἐγώ, noch ein Possessivpronomen, noch ein Verb in der *1.Pers.Sing.* oder *Plur.*, und „verschwindet" stattdessen beim Gruß unauffällig unter den ἅγιοι πάντες. Daran wird ersichtlich, dass es in diesem Brief nicht allein um die Ordnung der Beziehung zwischen den Korinthern und dem Apostel geht. Indem Paulus in den ἅγιοι πάντες „aufgeht", werden Einzelpersonen unbedeutend und die Korinther vor das größere Forum der weltweiten Kirche gestellt. Man kann darin durchaus einen Hinweis darauf erkennen, dass es in diesem Brief auch um die Beziehung zu anderen Christen geht. Vielleicht darf man von hier aus sagen, dass sich im Bereich der Beziehungen ein grundsätzliches Problem der Korinther zeigt. Die von Paulus erhoffte Änderung, wäre dann ein umfassendes τὸ αὐτὸ φρονεῖτε, eine Einmütigkeit untereinander, mit Paulus und den ἅγιοι πάντες und nicht nur eine Übereinstimmung im Gemeindehorizont.

Dass es eben um die Verwirklichung von Gegenseitigkeit, von reziproken Beziehungen im umfassenden Sinne geht, das deutet sich in 13,12 an. In beiden Satzhälften geht es um ein ἀσπάζειν, einmal unter den Korinthern selbst, dann zwischen „allen Christen" und den Korinthern. Der Gruß mit dem „heiligen Kuss" ist wohl als *usus* anzusehen, hat doch aber in der gegenwärtigen Gemeindesituation *auch* eine versöhnende Bedeutung,[99] denn im Gegensatz zu den Imperativen in 13,11 wird hier nun eindeutig durch ἀλλήλους auf die Korinther hin spezifiziert, so dass damit die Ordnung der Beziehungen innerhalb der Gemeinde in den Blick kommt. Diese Notwendigkeit der Neuordnung von Beziehungen wird dann aber sofort in einen größeren Kontext gestellt, in denjenigen von allen Christen, was im umfassenden Sinne von der „Kirche als Ganzer" zu verstehen ist.[100] Dabei geht es nicht nur um die Übermittlung eines tatsächli-

---

[96]   Siehe S.86 (und unten S.99.113.129ff.176ff.185.189.193.197).
[97]   Wolff, 2Kor, 267 („„der Imperativ 'laßt euch ermahnen!', nämlich durch Paulus").
[98]   So auch Wolff, 2Kor, 266 („Das persönliche Moment tritt ... zurück").
[99]   So Martin, 2Cor, 494 („Paul was hoping that the kiss would represent mutual forgiveness and reconciliation among the church members in Corinth")
[100] Dieses umfassende Verständnis wird vertreten von Martin, 2Cor, 503, Wolff, 2Kor, 268. Daneben wird häufig eine Reduktion auf alle mazedonischen Christen, auf die Christen in der Stadt, von der aus Paulus den Brief schickt oder gar nur auf diejenigen Christen im unmittelbaren Umfeld von Paulus vorgenommen, so etwa bei Furnish, 2Cor, 587, Bultmann, 2Kor, 253 („die Christen in der Umgebung des Paulus"), Schmiedel, Thess/Kor, 305 („natürlich nur die am Aufenthaltsort des P und die ihm etwa auf der Durchreise Grüsse aufgetragen hatten"), Plummer, 2Cor, 382, Murphy-O'Connor, Theology, 136.

chen Grußes, sondern wohl zugleich um die Erwartung an die Korinther, sich den anderen Christen gegenüber ebenso aufgeschlossen zu zeigen, wie diese es ihnen gegenüber tun.[101] Die Beziehungsebene bedarf der Veränderung, und zwar in umfassender bzw. grundlegender Weise!

Von dem bisher Gesagten drängt sich dann auch ein gewisses Verständnis des Schlussverses auf. Die ersten beiden Genitivkonstruktionen, χάρις τοῦ κυρίου Ἰησοῦ Χριστοῦ und ἀγάπη τοῦ θεοῦ, werden meist im Sinne des *genitivus subiectivus* (die Gnade, die Christus erweist, bzw. die Liebe, die von Gott ausgeht)[102] verstanden, während man die dritte, κοινωνία τοῦ ἁγίου πνεύματος, gerne als *genitivus obiectivus* (die Teilhabe am Geist) auffasst[103]. Allerdings sollte man gerade für die letzten beiden die Möglichkeit des *genitivus auctoris* erwägen,[104] also hier eine Bezeichnung dessen finden, was Gott bzw. der heilige Geist zu bewirken in der Lage ist, nämlich ἀγάπη und κοινωνία. Von beiden Lexemen konnte bereits gezeigt werden, dass sie in 2Kor im Blick auf die Korinther gerade als problematische Größen eine bedeutende Rolle spielen.[105] Die bei den Korinthern zu findende Liebe bedarf ebenso der Förderung bzw. des Wachstums[106] wie ihr „κοινωνία-Verhalten", so dass Paulus nahezu beschwörend fragt „Wenn ich euch mehr liebe, soll ich dann (von euch) weniger geliebt werden?" (12,15b), oder „Was für eine Gemeinschaft gibt es zwischen Licht und Finsternis?" (6,14). Versteht man die Schlussverse in diesem Horizont, dann wird klar, dass Paulus mit den drei gewählten Prädikationen auf die problematischen Aspekte der korinthischen Gemeinde anspielt und ihr zugleich in Aussicht stellt, dass Gott diese zu ändern in der Lage ist.

Die Auffassung der letzten beiden Genitivkonstruktionen als *genitivus auctoris* gewinnt noch von einer anderen Seite her an Plausibilität. Ist die Reihenfolge χάρις, ἀγάπη und κοινωνία mit Bedacht gewählt – und dafür spricht die Singularität dieser „Triade" –[107], dann lässt sich in diesem dreifach differenzierten Handeln Gottes eine stimmige Abfolge dessen erkennen, was seitens des Menschen als Handeln Gottes erfahren wird: zunächst das Empfangen der

---

[101] Vgl. Martin, 2Cor, 495 („In 13:12b Paul reminds the Corinthians that they must become unified with an even greater number of Christians, namely, the other churches"), Murphy-O'Connor, Theology, 136 („The greeting from the Christians ... reminds them that this bond [of unity (U.S.)] must include others outside Corinth, the churches from which they have received (1 Thess. 1:7) and to which they owe love").

[102] Vgl. z.B. Bultmann, 2Kor, 253 („Natürlich ist τοῦ θεοῦ Gen. subj. wie τοῦ κυρίου bei χάρις"); Martin, 2Cor, 504.

[103] Vgl. z.B. Bultmann, 2Kor, 253 („Eher die Gemeinschaft mit dem Geist; d.h. die Teilhabe am Geist [Gen. Obj.]"); Wolff, 2Kor, 269.

[104] Dies wird hinsichtlich des letzten Genitivs verschiedentlich getan, aber doch meist abgelehnt; vgl. z.B. Bultmann, 2Kor, 253 („nicht ... gemeint ... die gegenseitige Gemeinschaft, die der Geist wirkt"), Wolff, 2Kor, 269 („Eine vom Pneuma gewirkte Gemeinschaft der Glaubenden untereinander ist jedenfalls primär nicht gemeint").

[105] Siehe S.97f.

[106] Dies wird auch von Martin, 2Cor, 500f., angesprochen, wobei er diesen Sachverhalt allerdings anhand von Erwägungen zu 1Kor entwickelt.

[107] Die Singularität der gesamten Benediktion in 13,13 wird in der Literatur oft vermerkt (vgl. nur Furnish, 2Cor, 587, Thrall, 2Cor, 915); doch ist schon die Zusammenstellung dieser drei Lexeme einmalig.

χάρις, dann ein Verändertwerden durch und zur ἀγάπη, die dann zu einer Neugestaltung der sozialen Bezüge, zur κοινωνία führt. Diese Abfolge ist dem in den Imperativen von 13,11 aufgezeigten „Dreischritt" vergleichbar[108], insofern dort sich ebenfalls auf das (durch Paulus) von Gott Empfangene zunächst ein Zurechtgebrachtwerden und dann eine Veränderung im Umgang mit anderen ereignen soll. Gerade dem letzten Aspekt entsprechen dann auch die in Prä- und Subskript enthaltenen Hinweise auf des Paulus Bemühen um der Korinther Beziehung zum Apostel und zur weltweiten Kirche, denn die Beziehungsebene ist hier das letzte Glied in der skizzierten Abfolge.

Insgesamt kristallisiert sich demnach an den Rändern ein „gedanklicher Komplex", in dem die zwischenmenschliche Zuwendung als notwendiger Ausdruck einer von Gott ausgehenden Bewegung begriffen wird, als Weitergeben des von Gott durch Christus bzw. Paulus Empfangenen an andere. Liegt darin das zentrale Anliegen des Briefes, dann ist 13,13 ein außerordentlich präziser Schlusspunkt.

Erwägungen zum Proömium

Trifft die Annahme zu, dass dieser „gedankliche Komplex" tatsächlich dem gesamten Brief zugrundeliegt, dann muss sie sich auch anhand des Proömiums bestätigen lassen, denn – wie in der Einleitung deutlich wurde –[109] ist gerade von dieser Texteinheit ein entscheidender Hinweis auf das zentrale Anliegen zu erwarten, was auch in den Arbeiten zu 2Kor verschiedentlich zur Sprache gebracht wird.[110] Die dadurch erzeugte Frage danach, was denn das Proömium als das/die wesentliche/n Anliegen des Briefes zu erkennen gibt,[111] wird zwar nicht einhellig beantwortet, aber eine gewisse Einigkeit besteht doch darin, dass man sich in der Themenermittlung hauptsächlich auf das als „Leitwort"[112] bezeichnete Lexem παράκλησις und die entsprechende Wortfamilie stützt.

Die Berechtigung einer solchen Fokussierung ist allerdings zweifelhaft, denn in diesen Versen lassen sich mehrere wichtige Textgegenstände erkennen: „The use of *paraklesis* language to establish rapport, the references to sufferings, and the reference to Paul and the Corinthians as *koinonoi*, fellow participants in both suffering and comfort/encouragement (v.7), are clues in the exordium as to what is to come in the letter"[113]. Im Blick auf diese verschiedenen Referenzträ-

---

[108] Siehe S.99.

[109] Siehe oben S.25ff.

[110] Vgl. nur WOLFF, 2Kor, 21.

[111] Als Themen werden genannt: „Paul's response of ‚strength-in-weakness' directed to the Corinthians' questioning of his apostleship because he was a suffering figure" (MARTIN, 2Cor, 11); „comfort in affliction", wie es sich in der apostolischen Existenz im Allgemeinen, jüngst in der Asia sowie in seiner Beziehung zu den Korinthern zeigt (FURNISH, 2Cor, 117f., vgl. auch WOLFF, 2Kor, 23); der Gedanke an Leiden und Tröstung stelle eine „zarte und unmittelbare Verbundenheit der k(orinthischen) Gemeinde mit dem Ap(ostel)" her, in dessen „Schutze" „letzte Mißverständnisse" beseitigt werden sollen (P.BACHMANN, 2Kor, 34f.).

[112] KLAUCK, 2Kor, 18; WITHERINGTON, Conflict, 357, nennt dies „key term" und HOFIUS, Trostes, 217, spricht vom „Gedanken der ‚Tröstung'" als eines „cantus firmus". Zur Problematik einer Argumentation mit „Leitworten" siehe S.29f.

[113] WITHERINGTON, Conflict, 358; vgl. auch KLAUCK, 2Kor, 18, der neben „Trost, trösten" immer-

ger ist nun das in der Einleitung zur Ermittlung des „Themas" bzw. der „eigentlichen Intention" Gesagten von Bedeutung:[114] Es ist davon auszugehen, dass ein Text auch dann einen thematischen Kern hat, wenn er verschiedene thematische Aspekte aufweist. Das Thema muss dabei nicht unbedingt explizit genannt sein, sondern kann durchaus „untergründig" die geäußerten Aspekte zusammenhalten und muss dann aus dem Text erst „erhoben" werden. Von daher reicht es nicht aus, die besonders häufig verwendeten Lexeme zu ermitteln und diese dann als die wesentlichen Textgegenstände zu betrachten, da doch das zugrundeliegende Thema nicht nur zu deren Wahl führt, sondern sich auch in den Konstellationen derselben zueinander zeigt. – Unter Berücksichtigung dieser Annahme sollen nun die Verse 1,3-7 besprochen werden.

Die zu Beginn des Proömiums verwendeten Formulierungen werden nicht selten in der liturgischen Sprache verortet,[115] was zugleich mit der Ansicht verbunden ist, dass sie eher als allgemeingültige Aussagen aufzufassen[116] und weniger durch die Situation bedingt seien[117]. Die Tatsache aber, dass Paulus hier von seiner Gewohnheit abweicht, indem er die Danksagung für die Adressaten durch eine Eulogie ersetzt,[118] die keineswegs um die Korinther kreist, nötigt dazu, der Briefsituation hier einen ganz erheblichen Einfluss einzuräumen.[119]

Das Proömium nimmt seinen Ausgangspunkt bei Gott selbst, indem mit dreierlei Gottesprädikationen eingesetzt wird: πατὴρ τοῦ κυρίου ἡμῶν Ἰησοῦ Χριστοῦ, πατὴρ τῶν οἰκτιρμῶν und θεὸς πάσης παρακλήσεως. Dass es sich dabei nicht um eine beliebige Aufzählung handelt, sondern um eine bewusste Wahl, zeigt sich gerade am inneren Zusammenhang der Lexeme οἰκτιρμός und παράκλησις:[120] Beide bezeichnen eine positive Zuwendung, meist in schwieriger Situation. Dabei ist es nicht so entscheidend, wie die Genitivkonstruktionen (ὁ πατὴρ τῶν οἰκτιρμῶν und θεὸς πάσης παρακλήσεως) grammatikalisch aufzufassen sind,[121] und auch nicht ausreichend, in den beiden Prädikationen lediglich zwei „Eigenschaften" Gottes benannt zu sehen. Von Bedeutung ist v.a. die Relationalität dieser Wendungen, da sie nicht „abstrakte" Eigenschaften bezeichnen, sondern vielmehr solche, die nur in der Zuwendung

---

hin noch „Not und Leiden" zu den „Leitworten" zählt.

[114] Siehe oben S.28ff.

[115] Vgl. nur Furnish, 2Cor, 109f., Martin, 2Cor, 7, Bultmann, 2Kor, 24-28. Hofius, Trostes, 220ff., zieht v.a. Parallelen zur Sprach der Psalmen.

[116] So Bultmann, 2Kor, 26: „Der liturgische Stil erhebt das Persönliche ins Allgemeine."

[117] Anders jedoch Hofius, Trostes, 218f.251. Er sieht Paulus gerade auf Grund der aktuellen Erfahrung der Rettung auf die Motive der Psalmen zurückgreifen.

[118] Zur diesbezüglichen Literatur siehe S.47f. samt Anmerkungen.

[119] Vgl. nur Klauck, 2Kor, 18. der lapidar feststellt: „Die Ersetzung der Danksagung durch eine Eulogie an dieser Stelle hat situationsbedingte Gründe".

[120] Vgl. dazu Wolff, 2Kor, 22 („Beide von Paulus gebrauchten Gottesbezeichnungen sind inhaltlich miteinander verbunden").

[121] P.Bachmann, 2Kor, 26, nennt die drei Möglichkeiten (*genitivus auctoris, obiectivus, effecti*) und relativiert die Diskussion mit dem Hinweis, „dass der Genitiv überhaupt und immer ein Abhängigkeitsverhältnis ausdrückt, dass dieses aber selbstverständlich in gleitender Bewegung sich modifiziert nach der jeweiligen Inhaltlichkeit der miteinander verbundenen Begriffe und der besonderen Tendenz des Gedankenzusammenhangs"; vgl. Plummer, 2Cor, 8, Bultmann, 2Kor, 26f.

zu Personen sichtbar werden – sie brauchen Adressaten, um hervortreten zu können.[122] Eben dieser relationale Aspekt wird aus der Sicht der *Wir* im folgenden Vers gleich zweimal, am Anfang und am Ende, angesprochen:

1,4   (θεός ...) ὁ παρακαλῶν ἡμᾶς ἐπὶ πάσῃ τῇ θλίψει ἡμῶν
εἰς τὸ δύνασθαι ἡμᾶς παρακαλεῖν ... διὰ τῆς παρακλήσεως
ἧς παρακαλούμεθα αὐτοὶ ὑπὸ τοῦ θεοῦ.

Der Ausgangspunkt des Proömiums bildet also die Zuwendung Gottes zu den Menschen. Diese darf nicht als eine Art Ausnahmefall betrachtet werden, da gerade „the threefold πάσης, πάσῃ, πάσῃ, intensifies the idea of abundance"[123], bzw. die Konstanz der Zuwendung. Auch darf die Bedeutung von παράκλησις nicht vorschnell auf „Trost" reduziert werden, denn zum einen hat die zugehörige Wortfamilie unterschiedliche Bedeutungsnuancen zwischen denen „precise distinctions ... are usually difficult to preserve", da „meanings often tend to overlap or to expand or contract in a given context",[124] und zum anderen spielen im weiteren Verlauf des Briefes mehrere dieser Bedeutungsnuancen eine Rolle, so dass sie schon hier (mit-)angedeutet sein könnten. Um in der folgenden Diskussion die Bandbreite der Bedeutungsmöglichkeiten nicht vorab einzuschränken, sollen vorwiegend die griechischen Worte benutzt werden.

Die Zuwendung Gottes ist für Paulus wesentlich „christologisch vermittelt"[125]. Dies deutet sich bereits im Eingangsvers an, indem in 1,3 Jesus Christus mit οἰκτιρμός und παράκλησις parallelisiert wird:

1,3   εὐλογητὸς ὁ θεός
καὶ πατὴρ τοῦ κυρίου ἡμῶν Ἰησοῦ Χριστοῦ,
ὁ πατὴρ τῶν οἰκτιρμῶν
καὶ θεὸς πάσης παρακλήσεως.

Explizit ausgesprochen wird diese „christologische Vermittlung" dann in 1,5. Mittels zweier περισσεύειν-Formulierungen, die nicht exakt parallel konstruiert sind,[126] wird hier das Zugute-Kommen des Geschicks Christi für die *Wir* zum Ausdruck gebracht:

1,5a   καθὼς περισσεύει τὰ παθήματα τοῦ Χριστοῦ εἰς ἡμᾶς,
b   οὕτως διὰ τοῦ Χριστοῦ περισσεύει καὶ ἡ παράκλησις ἡμῶν.

Es mag in 1,5a auch an eine Identifizierung der Leiden des Apostels mit den „Leiden Christi"[127] gedacht sein, doch ist bei dem besagten „Überströmen" v.a.

---

[122] Dies wird von den Kommentatoren öfter hervorgehoben, vgl. FURNISH, 2Cor, 117 („the phrase is not a description of God's nature, but of what God bestows"), SCHMIEDEL, Thess/Kor, 210, betont, dass Gott „Barmherzigkeit *ausübt*, ... allen Trost *verleiht*" (die kursive Setzung ist seine), HOFIUS, Trostes, 217, LIETZMANN, 1/2Kor, 99, BULTMANN, 2Kor, 26f., DERS., οἰκτίρω, 162.

[123] PLUMMER, 2Cor, 9.

[124] Zitate von FURNISH, 2Cor, 109, der ebd. „(1) to comfort, (2) to beseech, and (3) to exhort" als mögliche Bedeutungen angibt. Entsprechend differenziert stellt er zu 1,6a fest, dass „the word paraklesis ... connotes something more like 'appeal' in the sense of a missionary appeal, when linked here with salvation."

[125] KLAUCK, 2Kor, 19; vgl. auch WOLFF, 2Kor, 23.

[126] BULTMANN, 2Kor, 28 („statt genauer Parallele"), FURNISH, 2Cor, 118.

[127] Die παθήματα Χριστοῦ werden verschieden aufgefaßt. Einerseits sieht man hier die von Je-

an den Nutzen der Leiden Christi für andere zu denken, denn die παθήματα Χριστοῦ sind die „heilbringenden Leiden"[128], die den Menschen zugute geschahen. Jedenfalls ist das Zugute-Kommen des Geschicks Christi dann 1,5b eindeutig formuliert. – Wie die Zuwendung Gottes die Verse 1,3f. beherrscht, so ist 1,5 dominiert von Christi „Dasein für andere": Er ist den Menschen zugewandt. Sein Ergehen, sein Leiden wie sein Trost kommt ihnen zugute.

Dieselbe Art der Zuwendung wird dann auch am Apostel expliziert. Schon in 1,4 wird in allgemeiner Weise davon gesprochen, dass er in die Lage versetzt wurde, andere in all ihrer θλίψις zu „παρακαλεῖν". In 1,6 wird dies dann hinsichtlich der Korinther konkretisiert:[129]

1,6 aα εἴτε δὲ θλιβόμεθα,
β ὑπὲρ τῆς ὑμῶν παρακλήσεως
γ καὶ σωτηρίας
1,6 bα εἴτε παρακαλούμεθα
β ὑπὲρ τῆς ὑμῶν παρακλήσεως
γ τῆς ἐνεργουμένης ἐν ὑπομονῇ τῶν αὐτῶν
παθημάτων ὧν καὶ ἡμεῖς πάσχομεν.

In Kongruenz zur Darstellung der Zuwendung Christi in 1,5 reklamiert Paulus auch für sein Leiden und Getröstet-Werden, dass es den Korinthern zugute kommt. So wie sein Leiden für die Adressaten παράκλησις καὶ σωτηρία bewirkt (1,6a), so bedeutet auch sein Getröstet-Sein für sie παράκλησις.[130] Das Zugute-Kommen wird beide Male durch eine ὑπὲρ-ὑμῶν-Formulierung zum Ausdruck gebracht. Die Adressaten erscheinen also als Nutznießer dessen, was Paulus selbst erfährt. Oder anders gesagt: was dem Apostel widerfährt, lässt er ihnen zugute kommen. Dabei zeigt sich natürlich eine enge Verbindung zwischen den Leiden des Apostels und den παθήματα τοῦ Χριστοῦ. Wie letztere den Menschen zugute kommen, so sieht er auch einen Nutzen in den eigenen. Christusleiden ist sein Ergehen von daher nicht nur, weil christliche Existenz alles Leiden zu Christusleiden werden lässt,[131] sondern weil es anderen zugute kommt!

Insgesamt wird hier also eine gewisse Kongruenz zwischen Gott, Christus und Apostel hergestellt: in der „Zuwendung" zu anderen. Allerdings macht schon die Abfolge der Ausführungen, die sich von Gott ausgehend, über Christus zu Paulus und schließlich zu den Korinthern bewegen, deutlich, dass es sich hier

---

sus Christus selbst durchlebten Leiden, andererseits vermutet man darin ein Äquivalent zu den Leiden des Messias, welche die letzte Zeit vor seinem Kommen prägen und welche nicht er selbst, sondern sein Volk durchlebt. Die erste Auffassung wird vertreten von Bultmann, 2Kor, 28, Wolff, 2Kor, 23, Furnish, 2Cor, 118f., Klauck, 2Kor, 19, Plummer, 2Cor, 11f., Lietzmann, 1/2Kor, 99, u.a. Darstellungen der verschiedenen Interpretationen finden sich bei Martin, 2Cor, 9, Furnish, 2Cor, 118f.

[128] Wolff, 2Kor, 23.

[129] Häufig wird in 1,6 die Explikation des in 1,4 Angesprochenen gesehen, so etwa von Wolff, 2Kor, 24, und Thrall, 2Cor, 110. Furnish, 2Cor, 121, sieht in 1,6 aber eher eine Aufnahme von 1,5 insgesamt.

[130] Allerdings beziehen sich nach Hofius, Trostes, 225, die Sätze in 1,6 „in erster Linie auf die *Verkündigung* des Apostels".

[131] So ähnlich findet sich das bei Bultmann, 2Kor, 29.

nicht allein um dreierlei Explikationen ein und derselben „Verhaltensweise" handelt, sondern dass die drei genannten Größen miteinander zu „verketten"[132] sind. Denn genau betrachtet trifft die Bezeichnung „Zuwendung" im eigentlichen Sinne nur auf der theologischen Ebene zu. Im Blick auf Christus und den Apostel müsste man statt von „Zuwendung" eher von einem „Zugute-Kommen-Lassen" im Sinne einer Weitergabe von selbst Empfangenem sprechen. Handelt es sich etwa in 1,5a noch vorwiegend um Christi Dasein für andere, um das, was er ihnen zugute tat, so ist in 1,5b auch der Aspekt seines Empfangens enthalten, da hier auch an „de(n) Trost, den Christus erfahren hat" gedacht sein dürfte, selbst wenn dies verkürzend „nur durch διὰ τοῦ Χριστοῦ angedeutet ist"[133]. Was nun den Apostel anbelangt, so ist die Verkettung von Empfangen und Weitergeben nicht zu übersehen.[134] Schon in 1,4 bringt er dies deutlich zum Ausdruck:

A   - Gott...
B   - der uns tröstet ...,
C   - damit wir andere ... trösten können

Sodann erscheint er in 1,5, in *Wir*-Form, als Nutznießer von Christi Leiden und Trost, worauf er dann in 1,6 sein Dasein für die Korinther exemplifizieren kann, das sich in der Weitergabe des selbst Empfangenen zum Ausdruck bringt.[135]

Somit lässt sich vorläufig festhalten, dass die Zuwendung zu anderen ein das Proömium wesentlich bestimmendes Motiv ist, das an Gott, Christus und dem Apostel expliziert wird. Dabei wird die von den dreien realisierte Zuwendung so miteinander „verkettet", dass eine von Gott ausgehende „Bewegung"[136] der Zuwendung zu erkennen ist: (1) die von Gott ausgehende Zuwendung (2) wird den Empfängern zur παράκλησις, die sie „aufrichtet" und verändert, (3) worauf sie das Empfangene dann an andere weitergeben. Diese „Gedankenfigur" entspricht deutlich dem bereits erwähnten „Dreischritt" in den Schlussversen des Briefes, auch wenn die genannte Abfolge dort vorwiegend im Blick auf die Korinther entfaltet wird. – Zur Veranschaulichung lässt sich das bislang zum Proömium Gesagte auch grafisch darstellen:

---

[132]   Auch P.Bachmann, 2Kor, 30, spricht von einer „Verkettung von Empfang der Tröstung im eigenen Leiden und Fortgabe derselben an andere Bedrängte".

[133]   Bultmann, 2Kor, 28; vgl. auch Furnish, 2Cor, 119 („Here, too, a reference to Christ's sufferings is coupled with a reference to his overcoming of them – implicit in the concept of comfort"). Doch meistens sieht man hier nur die Rede von dem durch Christus vermittelten Trost vorliegen.

[134]   Vgl. auch Furnish, 2Cor, 121: Paulus „is conceiving of apostles not as the source of comfort but as agents of ist transmission".

[135]   Vgl. Bultmann, 2Kor, 31, unter Anlehnung an Windisch, 2Kor, 39: „so läßt sich wohl sagen, daß er die Rolle des 'Mittlers' spielt und 'vor den anderen an Christi Statt (steht)'"; Thrall, 2Cor, 110.112, spricht von „mediation": „the comfort which he may the mediate to others" bzw. „comfort mediated by the apostle"; Furnish, 2Cor, 121: „he is conceiving o apostles not as the source of comfort but as agents of its transmission".

[136]   Vgl. dazu Klauck, 2Kor, 19 („Die von Gott ausgehende *Bewegung*"), Schmiedel, Thess/Kor, 210 („vermöge der durch εἰς dem περισσ. verliehenen Kraft eines Verbs der Bewegung").

Grundstruktur in 2Kor 1,3-7

Ursprung

ὁ θεὸς καὶ πατὴρ τοῦ κυρίου
ἡμῶν Ἰησοῦ Χριστοῦ (1,3a)

Zuwendung

ὁ πατὴρ τῶν οἰκτιρμῶν καὶ
θεὸς πάσης παρακλήσεως (1,3b)

Empfangen

- ὁ παρακαλῶν ἡμᾶς (1,4a)
- ἡ παράκλησις, mit welcher
  παρακαλούμεθα αὐτοὶ
  ὑπὸ τοῦ θεοῦ (1,4b)

Weitergeben

εἰς τὸ δύνασθαι ἡμᾶς παρακαλεῖν
τοὺς ἐν πάσῃ θλίψει (1,4ab)

Natürlich ist zu erwarten, dass die „Nutznießer" der paulinischen Zuwendung, d.h. hier die Korinther, nicht bloß als „Endverbraucher" gedacht werden können, sondern ebenfalls in Bewegung gesetzt werden sollen. Diesem Aspekt wendet sich Paulus in 1,6f. zu. Zunächst, in 1,6a, formuliert er den „unidirektionalen" Sachverhalt, dass sein Geschick gerade auch den Adressaten παράκλησις καὶ σωτηρία (1,6a) beschert hat, worauf er eine eher „bidirektional" zu verstehende Formulierung folgen lässt: Die den Korinthern zukommende παράκλησις wird verknüpft mit den Worten τῆς ἐνεργουμένης ἐν ὑπομονῇ τῶν αὐτῶν παθημάτων ὧν καὶ ἡμεῖς πάσχομεν, worauf dann in 1,7b noch die Bemerkung ὡς κοινωνοί ἐστε τῶν παθημάτων οὕτως καὶ τῆς παρακλήσεως folgt. In beiden Fällen ist zu erkennen, dass Paulus eine gewisse Reaktion seitens der Korinther erwartet: Reziprozität bzw. Partizipation. Dies zeigt sich daran, dass Paulus sich und die Adressaten eng miteinander verknüpft: Sie sollen nicht einfach ἐν ὑπομονῇ irgendwelche Leiden ertragen, sondern dieselben, die er selbst zu tragen hat, und sie sollen nicht einfach Leidende sein, sondern vielmehr κοινωνοί τῶν παθημάτων und zwar κοινωνοί des Apostels. Damit wird inmitten der Leidensaspekte v.a. die Dimension der Gemeinschaft hervorgehoben. Auch wenn diese Formulierungen noch gründlicher Überlegungen bedürfen,[137] so ist doch deutlich, dass Paulus als „Resultante" der Bewegung der Zuwendung bei den Korinthern eine Gemeinschaft erwartet, die zumindest als Anteilnahme, als Verbundenheit der Korinther mit dem Apostel in dessen Leiden zum Ausdruck kommt.[138] Diese ist insofern „bidirektional" als sie auch dem Apostel zugute kommt,[139] denn es gilt nicht nur allgemein, dass in einer solchen Gemeinschaft „[p]eople ... find themselves helping and supporting others and being helped and supported"[140], sondern Paulus erwähnt den Nutzen für seine Person spätestens in 1,11 explizit.[141] – Die Fortsetzung der Bewegung der Zuwendung in Form der Reziprozität seitens der Korinther lässt sich wiederum grafisch illustrieren:

---

[137]   Siehe S.111ff.

[138]   Zur im Leiden entstehenden Gemeinschaft vgl. z.B. BULTMANN, 2Kor, 29 („Wie nun Christi Leiden nicht seine individuellen Leiden sind, sondern die Leiden der Seinen mitumfassen, so sind die Leiden der Seinen παθήματα Χριστοῦ, nicht nur Leiden, die sie in ihrem individuellen Verhältnis zu Christus erfahren, ..., sondern in ihnen sind zugleich mit den anderen verbunden."), KLAUCK, 2Kor, 20, BEST, 2Cor, 11.

[139]   Vgl. dazu BULTMANN, 2Kor, 31 („Gemeinschaft ..., in der das Leiden eines Jeden für den anderen fruchtbar wird"), der von KLAUCK, 2Kor, 20, zitiert wird.

[140]   BEST, 2Cor, 11.

[141]   Zu 1,11 siehe unten S.180f.

Ergänzte Grundstruktur in 2Kor 1,3-7

Ursprung

Zuwendung

Empfangen

Weitergeben

Mutualität

- ἐν ὑπομονῇ τῶν αὐτῶν παθη—
  μάτων ὧν καὶ ἡμεῖς πάσχομεν (1,6b)
- κοινωνοὶ τῶν παθημάτων (1,7b)

Nun erhält die gesamte Gedankenfigur durch die von Paulus gewählten Darstellungsmittel eine außerordentliche Qualität bzw. Bedeutung. Paulus konstruiert in 1,3f. zunächst einen „zyklischen" Gedankengang, der bei Gott einsetzt, sich über Paulus zu anderen Menschen und dann in umgekehrter Reihenfolge wieder zurück zu Gott bewegt:

A   - Gott...
B   - der uns tröstet ...,
C   - damit wir andere ... trösten können
B'   - mit dem Trost mit dem wir getröstet sind
A'   - von Gott

Indem Paulus die Bemerkungen zu seinem Handeln von Bezügen auf Gott gerahmt sein lässt, deutet er bereits die besondere Qualität auch derjenigen Zuwendung an, die sich speziell zwischen Apostel und anderen sowie allgemein zwischen Menschen ereignet. Dass selbst diese auf die Aktivität Gottes zurückzuführen ist, wird durch die in 1,3c formulierte *amplificatio*[142] bestätigt: θεὸς πάσης παρακλήσεως, Gott erscheint als der „Ursprung für alle Erweise von Barmherzigkeit und für alle tröstenden Erfahrungen"[143], somit auch der zwischenmenschlichen, wie sie gerade in 1,4 und 1,6 explizit thematisiert wird. Mit den Worten in 1,5 wird diese besondere Qualität noch unterstrichen: Paulus spricht nicht einfach davon, dass er anderen παράκλησις zuteil werden lässt; vielmehr ist diese eine διὰ Χριστοῦ überströmende und somit anderen Menschen Zugute-Kommende. Damit wird jeweils die göttliche Qualität des zwischenmenschlichen Zugute-Kommen-Lassens markiert.

Dabei macht Paulus zugleich deutlich, dass eine solche, von Gott „getragene" Zuwendung nicht einen besonders zu erwähnenden Ausnahmefall darstellt, sondern als wesentlicher Ausdruck christlicher Existenz zu verstehen ist. Dazu rekurriert er zunächst auf den „Weg" Christi: In ihm kommen Gottes οἰκτιρμοί und παράκλησις für die Menschen zum Ausdruck (1,3), und sein Leiden ebenso wie sein Getröstetwerden „strömt über" zum Nutzen der *Wir*. Das Dasein für andere bzw. das Zugute-Kommen-Lassen dessen, was Gott den Menschen zugedacht hat, war die Bestimmung der irdischen Existenz Christi. Diese „Bestimmung zum Dasein für andere" überträgt sich gewissermaßen auf die *Wir*, denn diese empfangen παράκλησις mit dem Zweck εἰς τὸ δύνασθαι ἡμᾶς παρακαλεῖν. Es ist zwar undeutlich, ob diese Konstruktion final oder konsekutiv zu verstehen ist,[144] aber deutlich ist immerhin, dass das Weitergeben engstens zum Empfangen dazugehört.

Offensichtlich um die große Bedeutung des Zugute-kommen-Lassens zu unterstreichen, wird dieses von Paulus nicht in einer allgemeinen Weise auf

---

[142] Vgl. dazu UEDING/STEINBRINK, Rhetorik, 252-255; GÖTTERT, Rhetorik, 37.

[143] KLAUCK, 2Kor, 19; ansonsten wird πάσῃ παράκλησις meist nur als liturgische Überhöhung angesehen, so jedenfalls bei BULTMANN, 2Kor, 26, FURNISH, 2Cor, 109.

[144] Zu εἰς τὸ mit Infinitiv vgl. HOFFMANN/VON SIEBENTHAL, Grammatik, §226. Während P.BACHMANN, 2Kor, 28, beide Möglichkeiten verknüpft sieht („εἰς τὸ benennt so Erfolg und Absicht zugleich") und FURNISH, 2Cor, 110, für einen finalen Sinn („purpose-clause") optiert, plädiert BAUMERT, Εἰς τό, 171, (der einen Unterschied darin sieht, ob auf εἰς τὸ lediglich ein Infinitiv folgt [final] oder ein AcI [konsekutiv]) für ein finales Verständnis.

Christus bezogen, sondern vor allem auf dessen heilbringenden Leiden. Am Anfang des gesamten Passus, in der ersten Genitivergänzung κύριος Ἰησοῦς Χριστός, liegt eine Anhäufung von Titeln vor, die man m.E. ernst nehmen[145] und nicht „abgegriffen", also zum bloßen Namen geworden,[146] oder als bloß formelhafte liturgische Wendungen ansehen sollte. So bringt der Terminus κύριος den „Aspekt der Gegenwärtigkeit" zum Ausdruck und kann dem Schema von „Auferstehung und Parusie" zugeordnet werden.[147] Der Titel Χριστός „charakterisiert Jesus als den Täter des Heilswerkes" und ist engstens mit Tod und Auferstehung verknüpft.[148] In der Kombination der Titel kommt die Verbindung der genannten Aspekte zum Ausdruck: „In dem *kyrios* ist das erlösende Handeln Jesu präsent."[149] Zweifellos geht es hier also nicht allein um einen in κύριος implizierten Herrschaftsaspekt, sondern vor allem um das Heilbringende des Christusereignisses und dessen gegenwärtiges Zugute-Kommen-Lassen für die Menschen. In eben diese Richtung präzisieren dann die 1,5 hervorgehobenen παθήματα Χριστοῦ. Diese dürften die Passion und somit die heilbringenden Leiden des Christus bezeichnen,[150] deren „Nutzen" für die Menschen hier mit einem zweifachen περισσεύειν zum Ausdruck gebracht wird. – Demnach wird Christus hier nicht einfach im Sinne eines einfachen *exemplum* für eine noble Tugend, das Zugute-Kommen-Lassen, angeführt, sondern eben diese Verhaltensweise wird in dem durch Christus erworbenen Heil begründet. Es kann sich darum nicht um eine Beliebigkeit handeln, sondern muss vielmehr als Bestandteil oder Ausdruck des Heils verstanden werden.

Bemerkenswert ist überdies, dass Paulus gerade im Kontext der Reziprozität, die in 1,6f. im Blick auf die Korinther thematisiert wird, das Lexem σωτηρία verwendet, das in seinem Sprachgebrauch in der Regel „den tiefen und bestimmten Sinn der ewigen Errettung in Gott"[151] hat. Um zu klären, aus welchem Grund und in welcher Bedeutung es hier erscheint, lohnt sich ein Blick auf die Struktur der Verse:

---

145 Doch in der Literatur finden sie wenig Beachtung. Martin, 2Cor, 7f., verliert kein Wort darüber; Bultmann, 2Kor, 25f., Lietzmann, 1/2Kor, 99, und Schmiedel, Thess/Kor, 210, wägen nur kurz ab, ob sich der Genitiv auf θεός und πατήρ zugleich bezieht.
146 Vgl. Conzelmann, Theologie, 222, Bornkamm, Ende, 40; quasi als Zweitnamen von Ἰησοῦς wird Χριστός angesehen bei Fitzmyer, Theology, 51, Barrett, Paul 104, u.v.a. Hahn, Hoheitstitel, behandelt die Frage ausführlich; er rechnet mit einer allmählichen Entwicklung weg vom titularen Gebrauch hin zur Verwendung als bloßer Eigenname, welche vor allem im hellenistischen Raum erfolgte; ebd., 213f., bestreitet er aber, dass Paulus den Titel nur noch als Eigennamen gebrauchen würde.
147 Conzelmann, Theologie, 222f.; vgl. dazu auch Fitzmyer, Theology, 53, Hahn, Hoheitstitel, 112-125.
148 Conzelmann, Theologie, 222f.; ebenso Bornkamm, Ende, 40, dem Hahn, Hoheitstitel, 213f. explizit zustimmt.
149 Goppelt, Theologie, 414.
150 Vgl. Wolff, 2Kor, 23.
151 P.Bachmann, 2Kor, 31f; ebenso Wolff, 2Kor, 24, Furnish, 2Cor, 111.120.

1,6 aα　εἴτε　δὲ θλιβόμεθα,
　β　ὑπὲρ τῆς ὑμῶν παρακλήσεως
　γ　　　καὶ σωτηρίας
1,6 bα　εἴτε　παρακαλούμεθα
　β　ὑπὲρ τῆς ὑμῶν παρακλήσεως
　γ　　　τῆς ἐνεργουμένης ἐν ὑπομονῇ τῶν αὐτῶν
　　　　παθημάτων ὧν καὶ ἡμεῖς πάσχομεν.

1,6a und 1,6b sind anfangs exakt parallel gebaut: jeweils ein εἴτε-Satz mit einer Bemerkung zum Geschick des Paulus, gefolgt von einer ὑπέρ-Konstruktion, die als Nutzen für die Korinther die παράκλησις benennt. Erst auf die stereotype Formulierung ὑπὲρ τῆς ὑμῶν παρακλήσεως folgen dann in Semantik und Länge variierende Formulierungen, welche die genannte παράκλησις näher spezifizieren: einmal schlicht das Lexem σωτηρία, das andere Mal ein längerer Bedingungssatz. Was dabei für die α-Teile gilt, dass sie „nicht gesondert (wirken), sondern als Einheit"[152], das dürfte auch für die β-Teile gelten: Da jeweils vom Nutzen für die Adressaten die Rede ist und dafür stereotyp das Lexem παράκλησις verwendet wird, sollte das in den beiden ὑπέρ-Sätzen Ausgesagte als Gesamtzusammenhang verstanden werden: παράκλησις, σωτηρία und das Mitleiden ἐν ὑπομονῇ sind miteinander zu verbinden. Dabei dürfte das καὶ in 1,6aβ wohl kaum eine bloß aufzählende Funktion haben sondern vielmehr einen inneren Zusammenhang zwischen den beiden Größen παράκλησις und σωτηρία herstellen und somit konsekutiven, finalen oder epexegetischen Sinn haben:[153] „παράκλησις und damit σωτηρία", d.h. die durch Paulus zukommende παράκλησις führt bei den Empfängern zur σωτηρία. Von diesem Zusammenhang wird dann in 1,6bβ das erste Glied einfach wiederholt, während das zweite näher expliziert wird: Die παράκλησις wird wirksam (τῆς ἐνεργουμένης) – bzw. zur σωτηρία – in einer anteilnehmenden Gemeinschaft! Damit wird das Wort „Heil", das – wie bereits gesagt – in der paulinischen Semantik meist das letztgültige Heil bezeichnet, hier auf den zwischenmenschlichen Bereich bezogen. Das eschatologische Heil konkretisiert sich demnach auch als eine Anteilnahme zwischen den Menschen! Die aus der von Paulus empfangenen παράκλησις resultierende σωτηρία zeigt sich gerade in der anteilnehmenden Gemeinschaft.

In diesem Zusammenhang markieren nun verschiedene Indizien das wesentliche Problem der Korinther. Zunächst zeigt sich in der Parallelität von 1,6a.b eine gewisse Verschiebung: Während 1,6a konstatierend formuliert ist – des Paulus Geschick bringt den Korinthern παράκλησις καὶ σωτηρία – hat 1,6b eine konditionale Komponente – des Paulus Geschick bringt den Korinthern παράκλησις, *wenn* sie ἐν ὑπομονῇ mitleiden. Es ist wohl umstritten, ob man das Partizip τῆς ἐνεργουμένης medial oder passivisch zu verstehen hat,[154] und

---

152　Bultmann, 2Kor, 30.
153　Zu den Bedeutungsvarianten von καί siehe Blass/Debrunner/Rehkopf, Grammatik, § 442, Hoffmann/von Siebenthal, Grammatik, § 252,29
154　Medial verstehen P.Bachmann, 2Kor, 32; Furnish, 2Cor, 111 (der allerdings eine passivische Sinnrichtung ebenfalls als dem Kontext angemessen betrachtet), Bauer, Wörterbuch, 535. Plummer, 2Cor, 13, erwähnt, dass Lightfoot das Vorkommen der passivischen Bedeutung von

wenn passivisch, ob dann im Sinne eines wirklichen Passives oder eines *passivum divinum*.[155] Ein echtes Passiv mit ὑπομονή als Agens erscheint zunächst als unwahrscheinlich, da in der Regel mit ὑπό konstruiert wird und nur gelegentlich mit ἀπό, ἐκ, παρά oder πρός, aber nie mit ἐν.[156] Andrerseits jedoch wird in der Koine ἐν + Dativ auch instrumental oder kausal verwendet,[157] was bei Paulus auch sonst im Verbund mit einem Passiv begegnet[158]. Für ein konditionales Verständnis spricht zunächst die Tatsache, dass die hier zu beobachtende sprachliche Vorgehensweise, eine konstatierende Aussage (1,6a) später zu „relativieren" (1,6b), nicht allein bereits bei den Beobachtungen an den Texträndern festgestellt werden konnte – man denke nur an die Aussage „Ihr steht im Glauben" (1,24), die sich später in die Aufforderung „Prüft euch selbst, ob ihr (noch) im Glauben steht" (13,5) verwandelt –[159], sondern überdies in diesem Brief häufiger als Strategie des Paulus festzustellen ist.[160]

Sodann dürften die beiden Sätze zur Leidensgemeinschaft wohl kaum wörtlich zu verstehen sein, da nirgends sonst in 2Kor etwas von einem Leiden der Korinther zu erkennen ist,[161] sondern von den Adressaten im Verlauf des Briefes vielmehr deutlich wird, dass sie die Leiden des Apostels mit Skepsis betrachten. Lässt schon allein dieser „Widerspruch" vermuten, dass die beiden Sätze keine wirkliche, sich gegenwärtig ereignende Partizipation der Korinther an Leiden irgendwelcher Art bezeichnen, so lässt sich dieser Verdacht noch durch die Tatsache erhärten, dass derartige Bekräftigungen von Zuversicht bei Paulus nicht immer konstatierend sondern öfters auch ermahnend gemeint sind, so dass „one ought not read these statements as statements of accomplished and certain fact, but both as an expression of what Paul desires for the congregation and a strategy which aims at effecting that end"[162]. – Während also von den *Wir* jeweils durch eine ὑπὲρ-ὑμῶν-Formulierung deutlich gemacht wird, wie sehr sie zugunsten der Adressaten leben, wird im Blick auf letztere mittels des konditional zu verstehenden Partizip τῆς ἐνεργουμένης unterstrichen, dass sie dessen, was die *Wir* ihnen zugute kommen lassen, nur dann teilhaftig werden, *wenn* sie Gemeinschaft realisieren. Insofern damit auch der Korinther Anteilha-

---

ἐνεργεῖν im NT überhaupt bestritten habe, was Plummer allerdings ablehnt.

[155] Martin, 2Cor, 10, lehnt es ab, hier ein echtes Passiv zu sehen und plädiert stattdessen für ein *passivum divinum*, d.h. dass „God's working is in view ... as he effects in their steadfastness the encouragement the Corinthians need".

[156] Hoffmann/von Siebenthal, Grammatik, §191.

[157] Hoffmann/von Siebenthal, Grammatik, §184i.

[158] Vgl. nur Röm 5,9: ... δικαιωθέντες ... ἐν τῷ αἵματι αὐτοῦ ...

[159] Siehe oben S.83f. samt Anm.11.

[160] Dieser Sachverhalt, der meist unter dem Stichwort „Motivvorwegnahme" besprochen wird (vgl. z.B. Theobald, Gnade, 171f.), prägt die Texteinheit А durchweg. Die bereits in А1 (1,8-14) zu spürenden Vorbehalte der Korinther werden dann in А2 (1,15-22) mit der Thematisierung der geänderten Reisepläne (1,15) sowie der Frage, ob Paulus leichtfertig plane und unzuverlässig sei (1,17) explizit gemacht, wobei nach Bultmann, 2Kor, 47, Paulus erst 1,23 – also erst zu Beginn von А3 - „den faktischen Grund für die Änderungen seiner Reisepläne" angibt.

[161] Dies vermerkt auch Thrall, 2Cor, 111,

[162] Silva, Measuring, 53. Vgl. auch Furnish, 2Cor, 121 („Such Pauline affirmations of confidence, however, ... are often implicitly hortatory")

be an der σωτηρία einer behutsamen Relativierung unterliegt, findet sich bereits hier, was an späterer Stelle noch öfter zu finden sein wird: der Hinweis auf einen bedrohlichen Horizont![163]

Diese Vorbehalte können auch durch 1,7 nicht ausgeräumt werden.[164]

1,7   καὶ ἡ ἐλπὶς ἡμῶν βεβαία ὑπὲρ ὑμῶν
  εἰδότες ὅτι ὡς   κοινωνοί ἐστε τῶν παθημάτων
        οὕτως καὶ τῆς παρακλήσεως.

Zwar entspricht die Formulierung ἐλπὶς ἡμῶν βεβαία ὑπὲρ ὑμῶν der im NT verschiedentlich anzutreffenden Sprachform der „paradoxen Zuversicht" (z.B. Röm 4,16.18 oder Heb 11,1), die gegen allen Augenschein an einer göttlichen Zusage festhält; doch die in 2Kor 1,7 ausgesprochene Zuversicht kann sich gerade nicht an einer göttlichen Verheißung orientieren, sondern der Gegenstand der Hoffnung muss von Menschen, bzw. den Korinthern, realisiert werden.[165] Zudem verweist ἐλπίς zweifellos auf etwas Zukünftiges, gegenwärtig noch nicht Gesichertes, was durch die beiden zeitlos zu verstehenden Präsensformen ἐνεργουμένης (1,6bγ) und ἐστε (1,7b) noch unterstützt wird.[166] Sind diese Überlegungen richtig, dann findet sich der Gegenstand der ἐλπίς auch nicht allein im οὕτως-Satz sondern in der gesamten ὡς-οὕτως-Konstruktion artikuliert: Der ganze Zusammenhang von Gemeinschaft bzw. Anteilnahme am Leiden und Empfangen von παράκλησις wird im Blick auf die Korinther erhofft![167]

Eben dieses Textverständnis passt zu den übrigen Daten, die sich über die Briefsituation aus dem Text erheben lassen. Die Gemeinschaft zwischen Paulus und den Korinthern scheint doch (auch) auf Grund der Tatsache belastet, dass der Apostel ein Leidender ist. Die Korinther betrachten dies mit Skepsis, wohl

---

[163]   Siehe dazu S.84.97.127ff.174ff.183.187.191.195.

[164]   1,7 wird meist als Ausdruck der Gewissheit gelesen: Martin, 2Cor,11: („the confidence ... that all is well with his readers"); vgl. Plummer, 2Cor, 14; P.Bachmann, 2Kor, 30.32; Bauer, Wörterbuch, 1790.

[165]   Dunn, Romans 1-8, 219, skizziert ebenfalls zwei unterschiedliche Auffassungen des Lexems ἐλπίς, verteilt diese aber auf das klassische Griechisch einerseits und die atl.-jüdische Tradition andererseits. Während im ersten Sprachraum „the uncertainty of the future is fundamental to the concept of ἐλπίς", gehe es im zweiten um „hope as expectation of good", weshalb das Lexem ist „closely allied to trust, trustful hope, hope as confidence in God". Eben dies, eine „confidence in God" liegt hier in 2Kor 1,7 eben nicht vor, sondern eine in die Korinther, und auf Menschen gesetzte Hoffnungen können keineswegs als sicher angesehen werden.

[166]   So Plummer, 2Cor, 13; vgl. auch Wolff, 2Kor, 24 („Die Aussage von V.6 wird in ihrer Beziehung auf die Korinther als Hoffnung charakterisiert. Es ist also kein gegenwärtiger Tatbestand"). Abgelehnt wird diese Sicht von P.Bachmann, 2Kor, 32f.

[167]   Dafür spricht noch eine dem 2Kor eigene Verwendung der Wortfamilie ἐλπίς. Die übliche paulinische Verwendung weist auf Eschatologisches hin, gelegentlich auf künftige Reise- (Röm 8,24; 1Kor 16,7; Phm 22) oder Handlungsabsichten (Phil 2,19.23, jeweils bald möglichste Sendung des Titus). In 2Kor richten sich vier der acht Belege aus diesem Feld eindeutig auf einen erhofften Vorgang bei den Korinthern (ἐλπίζω [1,13; 5,11; 13,6] und ἐλπίς [10,15]). 8,5 ist ebenfalls in dieser Richtung einzuordnen, denn hier wird über die Mazedonier etwas ausgesagt, was sich Paulus von den Korinthern erhofft. 1,10 hat immerhin eine immanente Orientierung. Nach dem bislang Beobachteten kann immerhin mit guten Gründen angenommen werden, dass sich sowohl die in 1,7 als auch die in 3,12 ausgesprochene Hoffnung, sich auf die Korinther richtet.

angestiftet durch Gegenspieler des Apostels, die für sich ein kraftvolles Auftreten in Anspruch zu nehmen scheinen. Kein Anzeichen für eine gewisse Anteilnahme an den Leiden des Apostels findet sich in 2Kor, sondern nur Hinweise auf herbe Kritik! Die Korinther wollen eben gerade nicht κοινωνοὶ τῶν παθημάτων sein und halten nicht viel von einer ὑπομονῇ τῶν αὐτῶν παθημάτων ὧν καὶ ἡμεῖς (d.h. Paulus [U.S.]) πάσχομεν ! Und überdies tun sie sich schwer damit, anderen Christen in Form der Kollekte unter die Arme zu greifen. Auch in dieser Hinsicht scheint eine Gemeinschaft bzw. Anteilnahme mit notleidenden Christen gerade am Thema Leiden zu scheitern.[168]

Insgesamt zeigt sich also das Proömium von demselben „gedanklichen Komplex" bestimmt, der bereits an den Rändern zu greifen war: Die von Gott initiierte und getragene Bewegung einer fortgesetzten Zuwendung, die sich – normalerweise – gerade auch in der zwischenmenschlichen Zuwendung niederschlägt, kommt bei den Korinthern nicht zur Entfaltung. Unter diesen Umständen ist die Bezeichnung dieser Zuwendung als παράκλησις durchaus treffend, da sie hier gerade auch in ermahnender Weise zu der Korinther Bestem – oder zu deren οἰκοδομή, wie Paulus es später im Text nennt (10,8; 12,19; 13,10) – dienen soll.

Das Wesentliche im Briefzentrum

Die bisher gewonnenen Ergebnisse sollen nun an dem Passus 5,16-6,10 überprüft werden, da dieser oben als zentrale Einheit festgestellt werden konnte.[169] Neben dem Vorhandensein der bereits deutlich gewordenen Gedankenfigur selbst interessiert freilich wiederum deren Bedeutung im Blick auf die Briefsituation.

In dieser Texteinheit begegnet bereits am Anfang eine Verkettung von Gott, Christus, Apostel und anderen Menschen:

5,16   ὥστε ἡμεῖς ἀπὸ τοῦ νῦν οἴδαμεν κατὰ σάρκα·
εἰ καὶ ἐγνώκαμεν κατὰ σάρκα Χριστόν,
ἀλλὰ νῦν οὐκέτι γινώσκομεν

5,17   ὥστε εἴ τις ἐν Χριστῷ, καινὴ κτίσις·
τὰ ἀρχαῖα παρῆλθεν, ἰδοὺ γέγονεν καινά.

5,18   Τὰ δὲ πάντα ἐκ τοῦ θεοῦ
τοῦ καταλλάξαντος ἡμᾶς ἑαυτῷ διὰ Χριστοῦ
καὶ δόντος ἡμῖν τὴν διακονίαν τῆς καταλλαγῆς,

5,19   ὡς ὅτι θεὸς ἦν ἐν Χριστῷ κόσμον καταλλάσσων ἑαυτῷ
μὴ λογιζόμενος αὐτοῖς τὰ παραπτώματα αὐτῶν
καὶ θέμενος ἐν ἡμῖν τὸν λόγον τῆς καταλλαγῆς.

Wie bereits im Proömium[170] liegt auch hier wieder eine „zyklische" form vor, wenn auch in umgekehrter Anordnung: Statt den Gedanken bei Gott beginnen und enden zu lassen wird in 5,16 mit den Worten ὥστε ἡμεῖς ἀπὸ τοῦ νῦν

---

[168]   Auch FURNISH, 2Cor, 121, sieht diesen Aspekte in 1,6f. angedeutet: es gehe hier um der Korinther Partnerschaft „along with the apostles and the whole body of Christ, in Christ's comfort as well as his sufferings".

[169]   Siehe oben S.78ff.

[170]   Siehe unten S.108.

οὐδένα οἴδαμεν κατὰ σάρκα bei der gegenseitigen Wahrnehmung, also auf der zwischenmenschlichen Ebene eingesetzt, dann über Christus zu Gott weitergegangen,[171] worauf dann in umgekehrter Reihenfolge die Bewegung beschrieben wird, die von Gott aus über Christus zu den Menschen gelangt.[172] Im Mittelpunkt dieses gedanklichen Weges, in 5,18a, wird rückblickend auf den ersten Durchgang, die gesamte Bewegung als eine göttliche bezeichnet: τὰ δὲ πάντα ἐκ τοῦ θεοῦ.[173]

Dabei realisiert sich diese „göttliche Bewegung" auch hier als fortgesetztes Zugute-Kommen-Lassen, das sowohl christologisch als auch apostolisch entfaltet wird.

Die Bedeutung Christi wird ausnahmslos im Hinblick auf den Nutzen für andere entfaltet. Der von Christus Ergriffene erfährt durch ihn Veränderung, denn wer „in Christus" ist, wird zur καινὴ κτίσις. Christus lebt zugunsten anderer und bewirkt deren Verwandlung und sein Tod als der eines Sündlosen geschah ὑπὲρ ἡμῶν (5,21). Insgesamt tritt in den Versen 5,18f. die Eigenbedeutung Christi deutlich zurück, insofern er gewissermaßen auf seine „Instrumentalität" reduziert wird:[174] Gott selbst versöhnte διὰ Χριστοῦ (5,18) bzw. ἐν Χριστῷ (5,19)[175] die *Wir* und dann auch den Kosmos mit sich.[176] Die einzige Bedeutung Christi ist hier, anderen das zukommen zu lassen, was Gott ihnen zugedacht hat. Um dieses Zugute-Kommen-Lassen für andere verwirklichen zu können, war – so wird in 5,21 gesagt – letztlich sogar die Selbsthingabe vonnöten.

Die *apostolische Entfaltung* ist dann im zweiten Durchgang (5,18-21) sowie im Peristasenkatalog (6,3-10) zu erkennen. In 5,18b wird die Versöhnung der *Wir* und die Übertragung der διακονία τῆς καταλλαγῆς erörtert, die insofern ein wesentlicher Bestandteil der von Gott ausgehenden „Bewegung" ist, als die geschehene Versöhnung durch die *Wir* den Menschen bekannt gemacht wird. Allein schon in 5,20 wird dieses Selbstverständnis des Paulus, ein an andere

---

[171] Diese Verkettung schlägt sich auch in der Wortwahl der Kommentatoren nieder, auch wenn sie diese nicht explizit als solche bezeichnen. So kommentiert etwa Klauck, 2Kor, 54f., die in 5,16 angesprochene „neue Erkenntnisform" sei *verwurzelt in einem neuen Sein* und das „Heilsgeschehen in Christus" werde in 5,18 *zurückgebunden* „an Gott als letzten Urheber".

[172] Die beiden Reihen werden von Klauck, 2Kor, 55, als „christologische Linienführung" einerseits und als „theozentrischer Gedankengang" andererseits bezeichnet.

[173] Vgl. dazu nur Wolff, 2Kor, 128 (hier werde der „Ursprung" angegeben: „Gott hat neues Erkennen [5,16 (U.S.)] und neue Schöpfung [5,17 (U.S.)] gewollt und gewirkt"); etwas erweitert bei Bultmann, 2Kor, 159 („ τὰ δὲ πάντα ἐκ τοῦ θεοῦ: nämlich das V.14 und 16f. Gesagte"), und Thrall, 2Cor, 429 (Rückbezug auf 5,14-17 insgesamt).

[174] Grammatikalisch gesehen fungiert ἐν Χριστῷ in 5,18 als „Adverbialbestimmung" (Breytenbach, Versöhnung, 111). In anderen Worten kommt diese „Instrumentalisierung" bei Witherington, Conflict, 396, zum Ausdruck: „Christ is the ... *means* of reconciliation".

[175] Zur Entsprechung der beiden vgl. Wolff, 2Kor, 130 („ἐν Χριστῷ entspricht dann dem διὰ Χριστοῦ ..., enthält aber zugleich noch den Aspekt der Gemeinschaft"); ebenso Plummer, 2Cor, 183.

[176] Auch wenn in der Literatur nur selten diese „christologische Minimierung" direkt ausgesprochen wird, so wird doch andererseits oft festgestellt, dass der Ton hier eindeutig auf Gott als dem Handelnden liegt, so etwa bei Wolff, 2Kor, 128f. („Die Formulierung zeigt, dass Gott selbst der Versöhnende ist ... Gott hat die Initiative ergriffen und sein Werk durch Christus vollbracht"); vgl. Witherington, Conflict, 396, u.a.

Weitergebender zu sein, auf dreifache Weise sprachlich realisiert: Die *Wir* sind Botschafter an Christi statt, Gott ermahnt durch sie, sie bitten an Christi statt. Wie schon bei Christus tritt auch bei den *Wir* die Eigenbedeutung völlig zurück, wobei die Gedankenabfolge erneut jene Bewegung suggeriert: Gott steht am Anfang, indem er an der Welt durch Christus die καταλλαγή realisiert; diese wird durch Paulus weitergetragen und erreicht so die Menschen. Dass in der apostolischen Wirksamkeit das von Gott durch Christus Empfangene an andere Menschen weitergegeben wird, schlägt sich auch in der Wahl des Lexems πρεσβεύειν nieder. Dieses enthält wohl Konnotationen der Autorität bzw. der Legitimation,[177] doch wesentlich ist daran vor allem der Sachverhalt, dass der Botschafter weitergibt, was ihm aufgetragen wurde.[178] Er überbringt eine Botschaft, und zwar hier eine äußerst positive und unerwartete, an die Adressaten, die dadurch zu Nutznießern derselben werden. Nicht anders verhält es sich schließlich auch mit den Ausführungen in 6,3-10. Hier demonstriert Paulus, wie er ausschließlich daran orientiert ist, für andere das Beste zu erreichen und dafür bereitwillig allerlei Unbill auf sich nimmt, wenn er dadurch nur andere reich machen kann (6,10b). Dabei nähert er sich gerade in den Leidensaspekten eindeutig dem, was von Christus in 5,21 gesagt ist. – Somit wird in beiden Entfaltungslinien eine Zuwendung zu anderen bzw. ein konsequentes Zugute-Kommen-Lassen – selbst unter widrigsten Umständen – expliziert.

Was sich nun von Christus und dem Apostel sagen lässt, das ist nun keinesfalls selbstverständlich für die „Endbegünstigten", also die Menschen in ihren zwischenmenschlichen Beziehungen.

Die horizontale Dimension wird schon durch die „Einleitung" akzentuiert: ὥστε ἡμεῖς ἀπὸ τοῦ νῦν οὐδένα οἴδαμεν κατὰ σάρκα. Hier wird aus dem Vorangehenden der Schluss gezogen, dass eine an Äußerlichkeiten orientierte Wahrnehmung, die auch – und das ist hier impliziert – das Handeln beeinflusst, für Paulus keine dem Christ-Sein angemessene Haltung darstellt. Dabei markiert sowohl der Charakter einer Schlussfolgerung (οὖν) als auch die Frontposition[179] des Satzes innerhalb dieses Textsegments die horizontale Dimension als besondere Thematik. Und indem Paulus diese Dimension dadurch als problematische charakterisiert, dass er sich von einem κατὰ-σάρκα-Erkennen vehement distanziert, lässt er sie als eine im Briefkontext besonders virulente Problematik erscheinen.

Dabei wird dies schon durch die „virtuelle Überschrift" zwischen 5,15 und 5,16 vorbereitet. In 5,15 wird auf den Punkt gebracht, wozu das von Christus Empfangene die Empfänger führen soll: nicht mehr sich selbst leben, sondern „dem, der für uns gestorben und auferstanden ist": „Das aber heißt zugleich: Er

---

[177] Vgl. dazu WITHERINGTON, Conflict, 396 („implicitly making clear his authority"), KLAUCK, 2Kor, 56 („Er wirkt als 'Gesandter' in wichtiger Mission – diese Umschreibung seiner Tätigkeit hat feierlichen, offiziellen Klang ... Als Gesandter ist er bevollmächtigter Vertreter seines Auftraggebers") oder PLUMMER, 2Cor, 184 (sieht mit DEISSMANN in πρεσβεύειν und πρεσβύτης „the proper word in the Greek East for the Emperor's Legate") und 186 („By the repeated ὑπὲρ Χριστοῦ St. Paul is characterizing the authority of an apostle.").

[178] Vgl. dazu den Exkurs zu dem πρέσβεις bei BREYTENBACH, Versöhnung, 65f.

[179] Zur allgemeinen Bedeutung der Anfangsposition siehe S.25f.

(d.h. Paulus in 'exemplarischer Weise' [U.S.]) führt ein neues Leben mit den Menschen und für die Menschen, an die er durch Gott und Christus gewiesen ist"[180]. So wird in 5,15 der Verzicht auf eine selbstische Orientierung[181] christologisch fundiert: Christi Tod und Auferstehung geschahen nicht um seiner selbst willen, sondern für andere, damit die „Nutznießer" bzw. die ihm Zugehörigen von derselben Haltung bestimmt sein können.

Diese „virtuelle Überschrift" wird dann durch die in 5,16 anhebende Gedankenfolge insofern aufgenommen, als ein γινώσκειν κατὰ σάρκα unmöglich einem Dasein für andere entsprechen kann, da ein solches Taxieren von einem Zugute-Kommen-Lassen für andere abhält.[182] Wird in 5,17 die erwünschte Veränderung im zwischenmenschlichen Bereich als Ausdruck der καινὴ κτίσις dargestellt[183] und in 5,18f.21 mittels der Selbsthingabe Christi begründet, so ist mit den einleitenden Worten in 5,16 nachdrücklich auf den Zielpunkt der „göttlichen Bewegung" hingewiesen: eine Veränderung auf der horizontalen Ebene bzw. verändertes zwischenmenschliches Verhalten.

Unter diesem Vorzeichen können auch die als Folge der καταλλαγή[184] zu verstehenden Sätze μὴ λογιζόμενος αὐτοῖς τὰ παραπτώματα αὐτῶν (5,19) und ἵνα ἡμεῖς γενώμεθα δικαιοσύνη θεοῦ ἐν αὐτῷ (5,21) nicht auf eine bloße Gerecht*sprechung* reduziert werden. Vielmehr wird das Verständnis dessen, worauf die καταλλαγή zielt – strukturell gesehen – durch die einleitenden Sätze in 5,16f. vorbereitet: Es ist die Erneuerung, die Veränderung des Menschen.[185] Zwar geschieht die Erneuerung des Menschen *durch* das Nichtanrechnen der Sünden und die Gerechtsprechung, doch eine tatsächliche Veränderung ist dabei wesentlicher Zielpunkt. Von daher dürfte es Paulus hier kaum um die Korrektur einer enthusiastischen Überheblichkeit im Blick auf die Neu-

---

[180] WOLFF, 2Kor, 122; ebenso BULTMANN, 2Kor, 154 („das Leben für Christus ist natürlich ein Leben im Dienst für die andern, ein Leben in der V.18f. beschriebenen διακονία"), WITHERINGTON, Conflict, 394 („The man for others died for us so that believers might live for others"), KLAUCK, 2Kor, 54 („Aus seinem Sein für uns folgt unser Sein für ihn und, daraus abgeleitet, für andere") u.v.a.

[181] Bei KLAUCK, 2Kor, 54, lautet dasselbe: „Sie sollen ihre Egozentrik, das Kreisen um das eigene Selbst, überwinden".

[182] So formuliert etwa KLAUCK, 2Kor, 54: „Es äußert sich z.B. darin, dass ich im anderen nur den lästigen Konkurrenten sehe, der meiner Selbstentfaltung hinderlich im Wege steht, oder dass ich ihn als Ausbeutungsobjekt betrachte, das meiner Eigensucht wie gerufen kommt."

[183] Entsprechend kommentieren etwa KLAUCK, 2Kor, 55 („Wo Menschen ein Leben für andere führen, repräsentieren sie den endzeitlichen Neuentwurf, den Gott im Sinn hat"), WOLFF, 2Kor, 127 („Als neues Geschöpf wandelt der Glaubende in der Neuheit des Lebens ..., er läßt sich in seinem Beurteilen anderer nicht mehr vom 'Fleisch' leiten ..., sondern vom Geist Gottes") u.a.

[184] Der traditionsgeschichtliche Hintergrund der paulinischen Aussagen zur καταλλαγή ist umstritten (BREYTENBACH, Versöhnung, lässt sie in der Sprache und Vorstellungswelt der hellenistischen Diplomatie wurzeln, HOFIUS, Herkunft, im atl. vorgegebenen Zusammenhang von Versöhnung und kultischer Sühne, und KIM, Concept, im Damaskuserlebnis des Apostels). – Für unsere Fragestellung ist der *Hintergrund* allerdings sekundär.

[185] Für VORLÄNDER, καταλλάσσω, 1309, ist die καταλλαγή immerhin noch „die Begründung für unsere umfassende ‚Neuschöpfung' (2Kor 5,17ff)", während dieser Aspekt in anderen Ausführungen zum Thema nicht vorkommt; so konzentriert sich z.B. BULTMANN, Theologie, 285-287, allein auf Ausführungen über die vorgängige „Herstellung des Friedenszustandes" durch Gott noch vor allem menschlichen Bemühen.

schöpfung gehen,[186] sondern vielmehr um die Mahnung, dass die tatsächliche Verwirklichung der Neuschöpfung zur καταλλαγή dazugehört.

Dies zeigt sich auch an den paulinischen Ausführungen zur καταλλαγή selbst (5,18f.):

5,18 a Τὰ δὲ πάντα ἐκ τοῦ θεοῦ
    b τοῦ *καταλλάξαντος* ἡμᾶς *ἑαυτῷ* διὰ Χριστοῦ
    c καὶ δόντος ἡμῖν τὴν διακονίαν τῆς καταλλαγῆς,
5,19 a ὡς ὅτι θεὸς ἦν ἐν Χριστῷ κόσμον *καταλλάσσων ἑαυτῷ*
    b μὴ λογιζόμενος αὐτοῖς τὰ παραπτώματα αὐτῶν
    c καὶ θέμενος ἐν ἡμῖν τὸν λόγον τῆς καταλλαγῆς.

Viele Exegeten sind der Ansicht, Paulus habe in diesen Versen Traditionsgut aufgenommen, das er durch kommentierende Bemerkungen in 5,18 und 19c erweitert habe.[187] Dabei betrachten einige den Satz καὶ θέμενος ἐν ἡμῖν τὸν λόγον τῆς καταλλαγῆς in 5,19c als Parallele zu καὶ δόντος ἡμῖν τὴν δια—κονίαν τῆς καταλλαγῆς in 5,18c, so dass mit beiden Sätzen des Paulus Beauftragung bezeichnet wäre.[188] Dies halte ich für unwahrscheinlich, denn neben den Entsprechungen zwischen 5,18b und 5,19a differieren die beiden Teilsätze doch in einem wesentlichen Element. Beiden gemeinsam ist θεός als „Initiator" der Versöhnung, sowie Χριστός als Vermittler (διὰ Χριστοῦ bzw. ἐν Χριστῷ) und die Wendung καταλάσσειν ἑαυτῷ. Beide Male geht es also um die vertikale, von Gott ausgehende Versöhnung. Variiert wird dabei nur das Objekt der Versöhnung: Einmal sind es die ἡμεῖς, dann ist es der κόσμος. Eine solche Wiederholung identischer Sätze, in der zugleich ein wesentliches Element variiert, weist darauf hin, dass an derselben Sache – hier die καταλλαγή – ein weiterer Aspekt hervorgehoben werden soll, so dass es gerade darauf ankommt, die Informations*differenz* zwischen 5,18b und 5,19a zu erfassen.[189] Die mit der Unterscheidung von ἡμεῖς und κόσμος angesprochene Differenz betrifft nun aber nicht nur diese Einzelzeilen, sondern die zugehörigen Verse insgesamt, da die beiden unterschiedlichen Objekte als stichwortartige Überschriften gelten können. Somit wäre in 5,18 das Versöhnungsgeschehen allein in der Bedeutung für Paulus geschildert,[190] während in 5,19 die Versöhnung hinsichtlich des ganzen κόσμος bzw. aller Menschen bedacht wäre. Von daher ist die Schlusszeile καὶ θέμενος ἐν ἡμῖν τὸν λόγον τῆς καταλλαγῆς in 5,19c nicht

---

186 Vgl. z.B. WOLFF, 2Kor, 128, sowie die in der folgenden Anm. genannte Literatur.
187 Vgl. nur MARTIN, 2Cor, 138-150. KLAUCK, 2Kor, 54, sieht lediglich in 5,19 einen Traditionssatz verarbeitet. KIM, Concept, 367, erkennt in 5,19ab ebenfalls „an insertion", betrachtet diese aber nicht als „pre-Pauline", sondern als Paränthese.
188 BULTMANN, 2Kor, 162, FURNISH, 2Cor, 420, KIM, Concept, 367; vgl. auch VORLÄNDER, καταλ—λάσσω, 1309 („Dem ‚Wort von der Versöhnung' [2Kor 5,19] entspricht der ‚Dienst der Versöhnung' [2Kor 5,18.20 ...]").
189 Vgl. BERGER, Exegese, 14 („Jede Wiederholung ist partielle Übereinstimmung und damit auch partielle Nicht-Übereinstimmung ... Im Neuen Testament signalisiert gerade die Abweichung in der Wiederholung den Fortschritt in der Handlung."), BEAUGRANDE/ DRESSLER, Textlinguistik, 60f. (zur „partiellen Rekurrenz").
190 Ebenso KLAUCK, 2Kor, 56, WOLFF, 2Kor, 129. – Bei WOLFF, 2Kor, 129 Anm. 419, finden sich etliche Hinweise auf andere Auffassungen und deren Quellen.

als erneute Engführung auf des Paulus Beauftragung,[191] sondern als Aussage über die Versöhnung des κόσμος zu verstehen, so dass ἐν ἡμῖν auch nicht nur den Apostel betrifft, sondern die Menschen, oder eine spezielle Gruppe von Menschen: die „Kirche".[192] Die exakte Sinnrichtung wird deutlich, wenn man wiederum auf eine gewisse Parallelität der Verse achtet. In 5,18ab geht es zunächst um die „vertikale" Versöhnung, die Paulus zuteil wurde, worauf dann in 5,18c die sich daraus ergebende Konsequenz zur Sprache kommt: seine Beauftragung zum Dienst. Er wurde auf eine ganz eigene Weise an seine Mitmenschen verwiesen. Dieselbe Anordnung findet sich auch im folgenden Vers. Zunächst wird auf die durch Gott vollzogene καταλλαγή des κόσμος hingewiesen, die nach 5,19b auch die Nichtanrechnung der Schuld bedeutet, worauf dann in 5,19c auf die zwischenmenschliche Ebene gewechselt wird, denn mit ἐν ἡμῖν ist ein Ereignis unter den Menschen bezeichnet, ein Vorgang, der zwischen den Menschen in Gang kommt. Die Wendung καὶ θέμενος ἐν ἡμῖν τὸν λόγον τῆς καταλλαγῆς ist als das Wirksamwerden der Versöhnung auf der zwischenmenschlichen Ebene zu verstehen. Indem dieses Wort aufgerichtet, also als verbindlich anerkannt wird, setzt sich auch die Versöhnung untereinander bzw. Zuwendung zueinander in Gang. Dieser Auffassung korrespondiert die in der Literatur verschiedentlich anzutreffende Ansicht, es sei hier die Aufrichtung des Wortes in der Gemeinde[193] gemeint und damit implizit auch der sich daraus ergebenden Umgang miteinander[194]. – Demnach wird hier mit unterschiedlichsten Mitteln zum Ausdruck gebracht, dass die göttliche „Bewegung" der sich fortsetzenden Zuwendung letztlich auf eine Veränderung im Verhalten der Empfänger abzielt. Somit erscheint ein verändertes Handeln als wesentliches Element der καταλλαγή.

---

[191] So aber BREYTENBACH, Versöhnung, 114: „So gesehen gibt es guten Sinn, ἐν ἡμῖν auf die Apostel referieren zu lassen und ὁ λόγος τῆς καταλλαγῆς als Versöhnungsangebot, das dem Legatus bei der Friedensverhandlung anvertraut wurde aufzufassen".

[192] Vgl. WINDISCH, 2Kor, 193f., BULTMANN, 2Kor, 162.164, HOFIUS, Wort, Anm. 54.

[193] Vgl. dazu HOFIUS, Wort, 11ff.; nach ihm geht es hier um die Aufrichtung des Wortes in der Gemeinde. Dies sei in Anlehnung an LXX Ps 77,5 als bewusster Gegensatz zum Sinaiereignis gemeint. Dem widersprechen WOLFF, 2Kor, 130f., KLAUCK, 2Kor, 56.

[194] So etwa FURNISH, 2Cor, 337 „When Paul now writes of its establishment in the community of faith, he is writing once more of Christ's love by which that community is both constituted and governed (2Cor 5:14a)", womit Paulus (auch) die Verwirklichung der Versöhnung zwischen der Gemeinde und sich anvisiere. Vgl. MARTIN, 2Kor, 153.155, WITHERINGTON, Conflict, 396f., KLAUCK, 2Kor, 56f.

Grundstruktur in 2Kor 5,16-18a

τὰ δὲ πάντα ἐκ τοῦ θεοῦ (5,18a)

Zuwendung

ὥστε εἴ τις ἐν Χριστῷ (5,17a)

Veränderung

- καινὴ κτίσις (5,17a)
- τὰ ἀρχαῖα παρῆλθεν (5,17b)
- ἰδοὺ γέγονεν καινά (5,17c)

Umgang

ὥστε ἡμεῖς ἀπὸ τοῦ νῦν οὐδένα
οἴδαμεν κατὰ σάρκα (5,16a)

Grundstruktur in 2Kor 5,18a-19

τὰ δὲ πάντα ἐκ τοῦ θεοῦ (5,18a)

Zuwendung

- τοῦ καταλλάξαντος ἡμᾶς
  ἑαυτῷ διὰ Χριστοῦ (5,18)
- ὡς ὅτι θεὸς ἦν ἐν Χριστῷ κόσμον
  καταλλάσσων ἑαυτῷ (5,19)

Empfangen

den *Wir* und dem Kosmos wird
καταλλαγή zuteil (5,18f.)

Horizontale

- ἡ διακονία τῆς καταλλαγῆς (5,18b)
- καὶ θέμενος ἐν ἡμῖν τὸν λόγον
  τῆς καταλλαγῆς (5,19b)

Die Akzentsetzung auf ein verändertes Verhalten als Ausdruck der καταλ–λαγή ist freilich im Hinblick auf die Adressaten erfolgt. Das machen schon die beiden, explizit an die Adressaten gerichteten Appelle deuttlich.[195] Bezüglich des ersten Appells in 5,20 – evtl. gemeinsam mit 5,21 –[196] besteht zwar keine Einmütigkeit darüber, ob er sich unmittelbar an die Korinther richtet oder ob darin lediglich eine summarische Formulierung des paulinischen Missionskerygmas zu sehen ist, das er im Zuge seiner διακονία τῆς καταλλαγῆς an alle Menschen richtet.[197] Unverkennbar ist aber, dass der Appell spätestens in 6,1f. auf die Korinther zugespitzt wird. Mag er in 5,20 noch allgemein gemeint sein, also die Botschaft des Paulus an alle Menschen – inklusive der Korinther – bezeichnen,[198] so treten sie doch in 6,1f. als spezielle Zielgruppe aus jenem allgemeiner gehaltenen Appell heraus und werden auf ihr eigentliches Manko hin angesprochen. Zunächst wird ihnen der tatsächliche Empfang der Gnade zugestanden, denn die paulinische Wendung δέχεσθαι τὴν χάριν bezeichnet den erstmaligen Empfang der Gnade, also das Christwerden.[199] Damit hätte sich die vertikale Dimension der καταλλαγή bei ihnen tatsächlich ereignet. Und trotzdem ist von ihnen eine Entscheidung gefordert, denn die Rede vom Tag des Heils bzw. dem καιρὸς δεκτός drängt auf eine solche. Der Korinther Problem adressiert Paulus mit den Worten, sie mögen die Gnade Gottes nicht εἰς κενόν empfangen haben, eine Wendung, die so viel wie „umsonst, wirkungslos"[200] bedeutet. Ein Vergleich mit anderen Textstellen zeigt,[201] dass εἰς κενόν das Ausbleiben einer üblicherweise auftretenden Folge eines gewissen Vorgangs bezeichnet. Dabei sind initiierender Vorgang und auftretende Folge wesensmäßig verbunden, während εἰς κενόν eben das ungewöhnliche, nicht zu erwartende Ausbleiben bezeichnet. Demnach würde δέχεσθαι τὴν χάριν den Initialakt bezeichnen (und somit der vertikalen Dimension der καταλλαγή entsprechen), während εἰς κενόν auf das Ausbleiben der üblicherweise eintretenden Konsequenz verweisen würde (was einem Defizit im horizontalen Bereich der καταλλαγή entspräche). Nach R.Bultmann zielt die „Warnung: μὴ εἰς κενὸν

---

[195] Nicht alle Exegeten sehen beide Appelle an die Adressaten gerichtet. 5,20 wird auf die Korinther bezogen z.B. von Martin, 2Cor, 155f., Klauck, 2Kor, 56, Witherington, Conflict, 396, Furnish, 2Cor, 350. Differenziert werden die Appelle von Windisch, 2Kor, 199f., Gundry-Volf, Perseverance, 277, u.a.; sie sehen in 5,20 einen allgemeineren bzw. „offiziellen" Appell, als Teil des paulinischen Missionskerygmas, während erst 6,1 die Zuspitzung auf die Korinther sei.

[196] So jedenfalls Wolff, 2Kor, 132.

[197] Siehe unten S.124.

[198] Bultmann, 2Kor, 165f., betont hier wohl ganz zurecht, dass sich Missionskerygma und Anrede an Christen nicht wirklich unterscheiden „Denn der Vollzug der δέχεσθαι wird nie zur Vergangenheit, sondern muss als echter Entschluß stets neu vollzogen werden."

[199] Einige Exegeten sehen in der Aoristform δέξασθαι die bereits erfolgte Annahme der Gnade; so z.B. Wolff, 2Kor, 137; Martin, 2Cor, 166, (wobei Martin vermerkt, dass „an aorist infinitive does not always imply an event prior to the action of the main verb"). Dagegen versteht Bultmann, 2Kor, 168, den Aorist als ingressiven. „ ‚zu empfangen' (nicht ‚empfangen zu haben')"

[200] Wolff, 2Kor, 138.

[201] Die Wendung εἰς κενόν wird bei Pape nicht aufgeführt (nur διὰ κενῆς); daher hier ein Textbeispiel! In Lev. 26,20 z.B. wird den Israeliten angedroht, dass im Falle des Ungehorsams ihre Arbeit umsonst sein wird: καὶ εσται εις κενον η ισχυς υμων; ähnlich konstruiert ist auch Lev. 26,16: σπειρειν δια κενης τα σπερματα υμων. Martin, 2Cor, 166, nennt weitere LXX-Belege!

δέξασθαι" auf die Ermahnung zu einer „echten Annahme" der apostolischen Predigt, welche „die Konsequenzen der Heilstat für die *Lebensführung*, und d.h. zugleich für das Urteil, für die Wertungen übernimmt", wobei er diese Formulierung mit der in 5,16 erwähnten Problematik des Urteilens ebenso verbinden kann wie mit anderen Arten von Fehlverhalten, wie sie etwa in 12,21 zur Sprache kommen.[202] Die Korinther erscheinen so als Nutznießer der „göttlichen Bewegung", ohne ihrerseits den Prozess der Zuwendung im Sinne eines veränderten zwischenmenschlichen Verhaltens fortzusetzen. Das Ziel des Gnadenempfangs ist somit nicht verwirklicht und darum müssen sie ermahnt werden.

Neben diesem ausdrücklichen Appell finden sich in diesem Passus weitere, eher indirekt-appellative Strategien, welche die Adressaten dazu nötigen, das in diesem Text Gesagte auf sich selbst zu beziehen.

Dieser Wirkung kommt man durch die – bereits angesprochene – Funktion der Verse 5,16-6,10 innerhalb der Texteinheit B auf die Spur.[203] Sie bilden den Abschluss der sogenannten „Apologie" und bieten eine „rückwärts klärende Zuspitzung" auf die wesentliche Thematik der Texteinheit. Nun überrascht es aber, dass die Korinther in den Kapiteln 3 bis 5 kaum, dafür aber hier am Schluss umso deutlicher angesprochen werden. Da Schlussverse bündelnde Funktion haben, dürfte der hier so deutlich zu erkennende appellative Aspekt repräsentativ für die gesamte Texteinheit, also auch für die bislang als apologetisch eingeschätzte „Selbstdarstellung" des Apostels sein. Als indirekt-appellativ kann man die paulinische Selbstdarstellung insbesondere dann verstehen, wenn die darin zur Anwendung kommenden Aspekte gerade im Gegensatz zu dem stehen, was Paulus bei seinen Adressaten diagnostiziert. Somit würde Paulus mit jedem Punkt, den er für sich geltend macht, zugleich auf einen wunden Punkt der Korinther verweisen. Er würde sie also, ohne es explizit zu sagen, ständig zu einem Vergleich mit sich herausfordern, um ihnen damit ihre Defizite deutlich werden zu lassen. Und eben bezüglich dieser Defizite werden dann die abschließenden Appelle in 5,20 und 6,1 formuliert.

Diese Strategie findet sich etwa in den bereits zitierten Eingangsworten. Jemanden κατὰ σάρκα γινώσκειν[204] kann als Chiffre für eine Einstellung angesehen werden, die den Adressaten im gesamten Verlauf des Briefes mehrfach „angekreidet" wird. Verschiedentlich wird deutlich, wie die gesamte Briefsituation nicht nur von Vorbehalten und Verdächtigungen gesättigt ist, sondern auch von einer Abwertung des Apostels auf Grund äußerlicher Kriterien.[205] In 5,16

---

[202] BULTMANN, 2Kor, 168. Andere Exegeten, z.B. WOLFF, 2Kor, 138, MARTIN, 2Cor, 167, reduzieren diese Aussage auf die Überwindung der Vorbehalte seitens der Korinther.

[203] Siehe oben S.79.

[204] Die Frage, ob κατὰ σάρκα auf ἐγνώκαμεν zu beziehen ist (so z.B. WOLFF, 2Kor, 122, WITHERINGTON, Conflict, 394, BREYTENBACH, Versöhnung, 116) oder auf οὐδένα bzw. Χριστός (so etwa BULTMANN, 2Kor, 156), ist m.E. zweitrangig, denn im Endeffekt ist das Problem dasselbe: die Beurteilung einer Person nach äußeren Kriterien.

[205] Explizit sind solche Vorbehalte z.B. in 10,1.10 erwähnt: Des Apostels Briefe erscheinen den Korinthern als gewichtig, aber sein persönliches Auftreten als unterwürfig (ταπεινός), schwach (ἀσθενής) und seine Rede als kläglich (ἐξουθενημένος). Dazu kommen weitere Briefstellen, die ähnliche oder weitere Verdächtigungen durchscheinen lassen; vgl. dazu nur S.84.185.202.228.

macht Paulus darum zwar vordergründig eine Aussage über sich selbst, aber indem er eine Verhaltensweise negativ qualifiziert, die durchaus als Chiffre für die Vorbehalte der Leser zu erkennen ist, nötigt er diese dazu, sich selbst in das Gesagte hineinzulesen, ohne diese Aufforderung explizit aussprechen zu müssen. Somit hat dieser Satz letztlich eine polemische Note![206]

Tatsächlich „reaktivieren" diese Worte bestimmte Aussagen, die im rückwärtigen Kontext gemacht wurden.[207] Die Problematik von verschiedenen Sichtweisen erinnert beispielsweise an die Thematik des Verhüllens bzw. Verhülltseins und Nichterkennens (Kp.3; 4,3ff.),[208] an die Orientierung an τὰ μὴ βλεπόμενα statt an τὰ βλεπόμενα (4,18) oder an die Kritisierung derer, die sich ἐν προσώπῳ rühmen statt ἐν καρδίᾳ (5,12) – Gedanken, die im nachfolgenden Kontext z.B. auch in 6,8b-10, bei der Beurteilungen des Apostels „von rein menschlichem Standpunkt aus"[209], anklingen. Zu diesen unterschiedlichen Wahrnehmungen entsteht hier in 5,16 eine Verknüpfung, die zwar nicht explizit im Text wohl aber durch den Leser vollzogen wird.[210] Bei den genannten drei Stellen, lässt sich wieder beobachten, dass Paulus vordergründig allein seinen Dienst und sein Verhalten darstellt, während die Korinther jeweils implizit mit im Spiel sind: Das Nicht-Verstehen der Israeliten, das durch eine Orientierung an Äußerem bedingt war, korrespondiert demjenigen der Korinther.[211] Während Paulus sich an τὰ μὴ βλεπόμενα orientiert, können jene, die nur auf τὰ βλεπόμενα achten – und in dieser Gefahr stehen die Korinther – lediglich das Zerfallen seines ἔξω ἄνθρωπος erkennen. Und beim Zusammenhang mit 5,12, geht es nicht nur um die Auseinandersetzung mit den Gegnern,[212] sondern auch um die Leser selbst,[213] denn ihnen soll dort ja eine ἀφορμή gegeben werden, um sich auf die Seite des Paulus zu schlagen und nicht auf die seiner Gegner.

---

[206] Diese erkennen auch WOLFF, 2Kor, 127, WITHERINGTON, Conflict, 395, TANNEHILL, Dying, 68f., MARTIN, 2Cor, 152, FURNISH, 2Cor, 330, obwohl sie die Polemik meist gegen die Gegner des Paulus gerichtet sehen. PLUMMER, 2Cor, 178, spricht lediglich davon, dass Paulus „is alluding to some charge which had been made against him" und KLAUCK, 2Kor, 54, meint, Paulus beschreibe hier lediglich eine Phase seines Lebens.

[207] Mit BEAUGRANDE/DRESSLER, Textlinguistik, 55, könnte man sagen, dass hier die Informationen aus dem „Kellerspeicher für Teilergebnisse" reaktiviert werden und zwar mittels des Verfahrens, das sie, ebd., 57-64, unter dem Stichwort „Rekurrenz" verhandeln.

[208] Diesen Bezug sieht auch P.BACHMANN, 2Kor, 260f.

[209] WOLFF, 2Kor, 142; auch FURNISH, 2Cor, 357 sieht einen engeren Zusammenhang zwischen 5,16f. und 6,8b-10.

[210] Schön gesagt bei BULTMANN, 2Kor, 159: bei 5,17 müssten die Adressaten eine Verbindung zu V.11 herstellen, doch „(d)iese Folgerung überläßt Paulus seinen Lesern".

[211] Siehe unten S.206ff.

[212] Eine Polemik gegen die Antipauliner erkennt z.B. WOLFF, 2Kor, 127 („Einen polemischen Unterton ... wird man aber doch aus V.16b herauszuhören haben: Paulus bestreitet seinen Gegnern ... die wahre Christuserkenntnis").

[213] So z.B. WITHERINGTON, Conflict, 395 („Here again is evidence that the Corinthians were inadequately socialized converts. They still evaluated things by the criteria they had imbibed from the rhetoric-infatuated culture in Roman Corinth"). TANNEHILL, Dying, 68f., präzisiert nicht auf eine spezielle Zielgruppe, sondern er argumentiert, dass es hier nicht um individuelle Perspektiven gehe, sondern darum, dass der Perspektivenwechsel Teil „of the presence of a new aeon" ist; nur so könne Paulus verhindern, „that others may not longer judge him according to the flesh".

Diese indirekt-appellative Absicht wird ferner dadurch unterstützt, dass Paulus auf das ohnehin schon abgelehnte und gerade im Blick auf Christus, dem für den Glauben entscheidenden Inhalt des Erkennens, als unangemessen dargestellte κατὰ-σάρκα-Erkennen die Gegenüberstellung von καινὴ κτίσις und dem „Alten" folgen lässt und dabei ein Zusammenhang zwischen der abgelehnten Einstellung und dem „Alten" suggeriert.[214] Es ist klar, dass die Korinther, wenn sie sich schon in 5,16 hineinlasen, nun auch eine Verknüpfung zwischen diesen Worten und sich herstellen „müssen". Jene in 5,16 benannte Verhaltensweise, die sie auf sich zu beziehen hatten, wird nun als ἀρχαῖος bezeichnet. Damit würde Paulus die Korinther als nicht erneuert betrachten! „Spielt er tatsächlich darauf an? Er sagt es nicht explizit und doch klingt es so!" – derartige Fragen dürften bei den Adressaten erzeugt worden sein, und diese sind dazu angetan, ihre Aufmerksamkeit auf ein Maximum zu steigern.

Dieselben Mechanismen lassen sich auch an weiteren Versen dieser Sequenz aufzeigen, von denen nur noch zwei genannt werden sollen. Zum einen beziehen sich die Ausführungen zur καταλλαγή und zur Nichtanrechnung der παραπτώματα vordergründig selbstverständlich auf Gottes Handeln an den Menschen. Doch bereits in dem bis zu dieser Stelle „verlesenen" Briefteil ließ Paulus keinen Zweifel daran, dass er sich dazu konform verhält, zumal er schon in 2,5-11 deutlich machte, dass er zur Vergebung bereit ist.[215] Suggeriert wird dabei wohl, dass die Korinther dies eben nicht sind.[216] Ihr Verhalten Paulus gegenüber, ihre ständige Kritik an ihm und das Registrieren von Auffälligkeiten im Verhalten des Apostels, die sie sogleich als Fehlverhalten interpretieren, ist eben nicht gekennzeichnet von Vergebungs- und Versöhnungsbereitschaft. Und zum anderen steht es nicht anders mit der Bemerkung in 6,3f., dass Paulus sich in allem als Gottes Diener erweist, um niemandem einen Anstoß zu geben. Wenn sein Verhalten tatsächlich dem entspricht, was Gott von ihm will, und dennoch jemand Anstoß daran nimmt, dann nur auf Grund einer falschen Wahrnehmung bzw. inadäquaten Einschätzung, also jener Sichtweise, welche Paulus in 5,16 als κατὰ σάρκα deklassiert.

Somit zeigt sich, dass die ganze Sequenz von einer Fülle von Bezügen zur Situation gekennzeichnet ist, welche in den Adressaten nicht nur Aufmerksamkeit erzeugt, sondern zudem an sie appelliert, sich mit dem im Text Entfalteten zu vergleichen und das Dargestellte dann selbst zu verwirklichen. Dabei erscheint als wesentliches Manko der Korinther auch hier das Ausbleiben eines aus dem von Gott Empfangenen erneuerten Verhaltens, einer positiven Gemeinschaft

---

[214] Schön gesagt bei FURNISH, 2Cor, 333: „the worldly standards by which others have been assessed (v. 16a), and everything else which belongs to this world has come to an end for those who are in Christ"; vgl. dazu auch WOLFF, 2Kor, 128.

[215] MARTIN, 2Cor, 166, stellt hier ebenfalls einen Bezug zu 2,8-11 her: „Yet Paul had not left them with a theoretical statement only. He had provided an example for them ('a paradigm of reconciliation') when he forgave the offender whom he encountered on his painful visit. (See 2:8-11, especially v 10; cf. 7:12a)".

[216] FURNISH, 2Cor, 335, notiert und bejaht die Auffassung von COLLANGE, Paulus käme hier auf die καταλλαγή zu sprechen, da „his readers need to be reconciled not only with God but also with his own apostolate".

mit anderen. Dabei sind die Aussagen, die diesen Sachverhalt wesentlich arti-
kulieren, wie etwa die zum κατα-σάρκα-Erkennen, zum Aufgerichtet-Sein des
Wortes ἐν ἡμῖν oder dem Empfangen der Gnade εἰς κενόν, nicht allein auf die
Beziehung zwischen den Korinthern und Paulus zu reduzieren, sind sie doch so
formuliert, dass die angezeigte Problematik eher als generelles Problem der Korinther erscheint: Ihr Umgang mit anderen scheint prinzipiell fragwürdig und
nicht als Ausdruck des von Gott Empfangenen erkennbar zu sein.

Zu fragen ist nun wiederum, welche Bedeutung einem auf Grund des von Gott
Empfangenen erneuerten Verhalten bzw. dessen Ausbleiben zugemessen wird.
Um es vorwegzunehmen: eine erhebliche! Schon die drei Lexeme ἰδού, νῦν
und καιρός dienen nicht nur der Steigerung der Aufmerksamkeit,[217] sondern
auch zur Markierung eines entscheidenden Moments, einer Entscheidungssitua-
tion, zumal gerade ἰδού „nicht nur demonstrativ oder als Stilmittel, sondern
auch kerygmatisch verwendet"[218] wird.[219] Dies wird noch unterstrichen durch
das Wortfeld um καιρός. Schon im allgemeinen griechischen Sprachgebrauch
markieren καιρός, νῦν und σήμερον „dem Griechen jene Zeitpunkte, die im
Strom der unendlich dahinfließenden makrokosmischen Zeit ... von höchster
Bedeutung waren. ... Gerade auf dem Hintergrund der rasch vergehenden Zeit
... gewinnt der ... gegebene, Handeln erfordernde Zeitpunkt sein Gewicht. ...
Wer seinen *Kairos* verfehlt oder ihm ausweicht, der zerstört sich selbst: Wenn
jemand den Zeitpunkt zum Handeln verstreichen lässt, geht er zugrunde."[220]
Läge dieser Sprachgebrauch vor, dann gäben auch die Lexeme νῦν und καιρός
unserer Stelle eine äußerst dringliche Note.[221] Dagegen könnte geltend gemacht
werden, dass in LXX und NT νῦν und καιρός neben dem Zeitpunkt auch die
Zeitspanne, den Zeitraum bzw. -abschnitt bezeichnen können,[222] so dass das in
6,2 zweimal begegnende νῦν – gerade auf Grund der Kohärenz zwischen den
νῦν-Belegen in 5,16 einerseits sowie denen in 6,2 und den dortigen καιρός-Be-
legen andererseits –[223] nicht *per se* appellativen Charakter hätte, sondern auf
das durch Christus erbrachte eschatologische Jetzt, die Heilszeit, das Sein ἐν
Χριστῷ bzw. die καινὴ κτίσις verweisen könnte.[224] Dies ist aber eine falsche

---

[217] Siehe oben S.78f.

[218] Dahn, ὁράω, 1130f., P.Fiedler zitierend.

[219] Furnish, 2Cor, 315f., will dagegen die Verwendung in 2Kor 5,17 in eine Linie stellen mit
den Vorkommen in LXX und der apokalyptischen Tradition, in denen die Partikel im Vorfeld
von göttlichen Verheißungen, himmlischen Enthüllungen etc. erscheint, so dass hier „the expression not only calls attention to what follows but lends an almost triumphal note to the affirmation".

[220] Hahn, καιρός, 1463.

[221] So z.B. Martin, 2Cor, 169 („It is easy to see that the use of ‚now' suggests the urgency of ac-
cepting God's grace ... There is no time to lose"); Plummer, 2Cor, 191, erwähnt diese Interpretation ebenfalls („The common application of the ‚now,' viz. act at once, for delay is dangerous, ..."),
auch wenn er selbst sie nicht befürwortet.

[222] Vgl. dazu die Wörterbücher.

[223] So z.B. Martin, 2Cor, 151 („The adverb νῦν carries the same nuance in 6:2").

[224] So explizit z.B. Plummer, 2Cor, 191 („The point is rather that the wonderful time which the
Prophet foresaw is now going on; the Apostle and his readers are enjoying it"), Schmiedel,
Thess/Kor, 249 („Das νῦν reicht bis zur Parusie"), Martin, 2Cor, 151 („In specific terms Paul is
appealing to the ‚new time,' the eschatological hour of the world's destiny..."); Furnish, 2Cor,

Alternative, denn selbst wenn das *signifié* hier primär die Heilszeit wäre,[225] dann wohnte doch selbst dem ein appellativer Aspekt inne. Bᴜʟᴛᴍᴀɴɴ vermerkt hier ganz richtig, dass dieses Jetzt Gegenwart ist „in der apostolischen Predigt in dem Augenblick, da die Predigt die Hörer trifft – auch da, wo sie diese wieder trifft wie eben jetzt die korinthische Gemeinde. Diese ist also gemahnt, dass sie die Botschaft nicht εἰς κενόν empfange …"[226] – eine Feststellung, welche in der Literatur öfter gemacht wird.[227] Die vorläufige Folgerung aus diesen Indizien liegt auf der Hand: Es ist schon allein an der Präsenz von ἰδού, νῦν und καιρός deutlich, dass hier nicht nur die Aufmerksamkeit der Adressaten gesteigert werden soll, sondern ein Appell mit erheblicher Dringlichkeit vorgetragen wird.

Diese dringliche Note lässt sich auch sonst nachweisen! In 5,16f. werden zunächst die Vorbehalte der Leser aktiviert bzw. wachgerufen – und zwar nur, um sofort in Gegenüberstellungen platziert zu werden, welche die in 5,16a ohnehin schon abgelehnte Haltung noch nachhaltiger entwerten. Gerade in 5,17 wird suggeriert, dass ein (Er)Kennen κατὰ σάρκα ein Phänomen der nicht erneuerten Existenz ist und der auf diese Weise Wahrnehmende noch nicht καινὴ κτίσις, sondern immer noch ἀρχαῖος ist. Damit ist einerseits deutlich, dass es sich hier um ein zentrales Thema handelt, denn religiöse Sprache artikuliert mit Begriffen wie „alt" und „neu" den Übergang in die von ihr verkündete andere Existenzweise.[228] Wenn Menschen dem „Alten" zugeordnet werden, dann wird ihnen signalisiert, dass sie (noch) nicht zum „Neuen" gehören. Zum anderen lässt dies etwas von des Paulus Einschätzung der Lage in Korinth durchscheinen: Er lässt Zweifel an einer wirklich christlichen Existenz der Adressaten erkennen – eine Befürchtung, die er dann in 13,5 ausdrücklich formuliert: „Erforscht euch selbst, ob ihr (noch) im Glauben steht! Prüft euch selbst!"

Diese Intention wird überdies durch das in 5,16 verwendete „unscharfe" *Wir* unterstützt.[229] Die Uneinigkeit der Exegeten darüber, ob sich das ἡμεῖς nun auf Paulus, auf ihn und seine Kollegen oder auf alle Christen bezieht,[230] kann als

---

353, erwähnt auch Kᴜ́ᴍᴍᴇʟ als Vertreter dieser Ansicht.

[225] So z.B. Fᴜʀɴɪsʜ, 2Cor, 353 („This *now* is in the first instance the eschatological *now* of life in Christ and of the new creation [5:17], as in 5:16.")

[226] Bᴜʟᴛᴍᴀɴɴ, 2Kor, 169.

[227] Vgl. nur Fᴜʀɴɪsʜ, 2Cor, 353 (die Bedeutung der Heilszeit sei zweifellos vorhanden, „But it is not restricted to this … It is also the now of the present appeal to the Corinthians …"), Mᴀʀᴛɪɴ, 2Cor, 169.

[228] Vgl. dazu nur Jᴀᴍᴇs, Vielfalt, 185ff., Eʟɪᴀᴅᴇ, Wesen, 95-126, v.a. 101-113; Tʀɪʟʟʜᴀᴀs, Innere Welt, 99ff. Mᴇᴇᴋs, Urchristentum, bespricht wohl die „Sprache der Zugehörigkeit" (ebd., 181-199) sowie die „Sprache der Trennung" (ebd., 199-204), thematisiert – überraschenderweise – aber nicht die Unterscheidung alt/neu.

[229] Vgl. zu dieser „Strategie" etwa Kᴜsᴄʜɴᴇʀᴜs, Gemeinde, 310, der – in einem anderen Zusammenhang – von „einer schillernden Mehrdeutigkeit" spricht, „die die Leserinnen und Leser in den sprachlich evozierten Zusammenhang verwickelt und sie zu einer deutenden Stellungnahme herausfordert." Dabei verweist er ebd. auf U.Eco, der den Ausdruck „produktive Ambiguität" verwendet. Zur „intentionalen Ambiguität" Vgl. überdies Gɪᴠᴇɴ, Ambiguity, 24-28 (zur allgemeinen Praxis) und 118-126 (zu 2Kor 2,14-4,6).

[230] Zur inklusiven Option vgl. Wᴏʟꜰꜰ, 2Kor, 122, Fᴜʀɴɪsʜ, 2Cor, 312, Bᴜʟᴛᴍᴀɴɴ, 2Kor, 155 (allerdings einschränkend: „umfaßt alle Gläubigen, die die Möglichkeit von V.14 ergreifen"); zur

ein direktes Resultat der Strategie des Absenders aufgefasst werden. Paulus bezeichnet mit ἡμεῖς eine gewisse Gruppe, die nicht deutlich umrissen wird und somit im Leser die Frage erzeugt, wer denn nun eigentlich dazu gehört.[231] Diese Gruppe wird nicht primär über Personen, sondern über eine Einstellung definiert: Sie urteilt nicht mehr κατὰ σάρκα. Die Zugehörigkeit entscheidet sich also zwangsläufig daran, ob jemand dieses Merkmal aufweist. Die Verwendung des *Wir* ist demnach zugleich ein exkludierendes Verfahren, denn wer immer dieses Merkmal nicht aufweist, der kann sich nicht zu dieser Gruppe zählen, der gehört nicht – noch nicht oder nicht mehr – dazu. Dass in 5,17 durch das Hinüberwechseln von ἡμεῖς zu τις eine Vereinzelung vollzogen wird,[232] ist eine folgerichtige Fortsetzung der Frage, wer denn nun zur normativen Gruppe der *Wir* gehört.

Dass mit dem Defizit der Korinther – der Nicht-Verwirklichung jener göttlichen Bewegung der fortgesetzten Zuwendung – gar eine ernsthafte soteriologische Gefährdung verbunden sein könnte, wird in der Literatur v.a. im Blick auf den Appell in 6,1f. thematisiert.[233] Von der Gefahr der „Apostasie"[234] ist die Rede bzw. davon, dass mit der Ablehnung des Apostolats „Gottes Versöhnungshandeln nicht mehr ihr Erkenntnisprinzip (vgl. 5,16a) sei und „sie nicht nur den Apostel ..., sondern Gott selbst" zurückweisen würden.[235] Doch wird die Gefahr zwar erwogen, aber nicht selten wieder entschärft, etwa mit der Annahme, Paulus biete diesen Satz „for the sake of argument only"[236], da davon auszugehen sei, dass die entsprechende Aussicht die Korinther von einem solchen Schritt abhalten würde. Die (von Paulus offensichtlich angenommene) Gefahr kann allerdings nicht zu gering veranschlagt werden, was aus dem Zusammenhang der Struktur dieser Verse mit dem – nach 1,6 hier zum ersten Mal wieder verwendeten –[237] Lexem σωτηρία hervorgeht:

---

exklusiven Option vgl. P.BACHMANN, 2Kor, 255, PLUMMER, 2Cor, 177f., KLAUCK, 2Kor, 54.

[231] Entsprechende „Unschärfen" kommen auch unten S.163 (zu 6,16), S.205 (zu 4,1-6) und S.220 (zu 3,18) zur Sprache.

[232] So auch WITHERINGTON, Conflict, 395, AUNE, Human Nature, 304 („The change in ages thus has microcosmic ramifications for individual existence"). Verschiedentlich wird aber gegen die Annahme argumentiert, τίς spiele hier eine wesentliche Rolle: Es gehe hier nicht um individuelle Bekehrung, sondern um eine durch Christus erbrachte neue kosmische Situation. So formuliert z.B. MARTIN, 2Cor, 152: „Paul is talking of a 'new creation,' not an individual's renovation ..."

[233] Häufig anzutreffen ist die Perspektive, dass es hier wohl um ein Problem gehe, dieses aber nicht als so gravierend anzusehen sei - nur ein Problem des Wachstums. Diese „milde" Position wird z.B. vertreten von P.BACHMANN, 2Kor, 274; MARTIN, 2Cor, 166f.; so rekurriert z.B. FURNISH, 2Cor, 332, auf STUHLMACHER und sieht vor allem auf eine „ontic reality" abgehoben.

[234] Vgl. WITHERINGTON, Conflict, 396f. („In short, Paul fears that his converts are in danger of apostasy. ... Thus Paul believes that there is a real danger that the believers in Corinth have received the grace of God in vain.").

[235] WOLFF, 2Kor, 138.

[236] GUNDRY-VOLF, Perseverance, 280.

[237] Siehe dazu oben S.109.

6,1a   συνεργοῦντες δὲ καὶ παρακαλοῦμεν
  b   μὴ εἰς κενὸν τὴν χάριν τοῦ θεοῦ δέξασθαι ὑμᾶς·
6,2a α λέγει γάρ·
    β   *καιρῷ δεκτῷ ἐπήκουσά σου*
    γ   *καὶ ἐν ἡμέρᾳ σωτηρίας ἐβοήθησά σοι.*
  b α ἰδοὺ νῦν καιρὸς εὐπρόσδεκτος
    β   ἰδοὺ νῦν ἡμέρα σωτηρίας.

Eine Parallelität zwischen den beiden Versen ist nicht zu übersehen, da sich der Gedanke sowohl in 6,1b als auch in 6,2a.b von der Vergangenheit zur Gegenwart (bzw. Zukunft) bewegt. Eine Art „Rückblick" findet sich 6,1b im Hinweis auf den Empfang der Gnade und 6,2a im Zitat aus Jes 49,8, zumal mit beidem auf die „Bekehrungserfahrung", bzw. darauf, „what Christ has done in the past" verwiesen wird.[238] Angesichts des bereits Geschehenen kommt die Gegenwart jeweils in kritischem Sinne in den Blick, da Paulus das eine Mal befürchtet, das Empfangene könnte εἰς κενόν geblieben sein (6,1b) und das andere Mal das vormals Geschehene im Heute zur Geltung gebracht wissen will (6,2b). Dieser Duktus – der dem diagnostizierten „Problemmuster" der Korinther entspricht – erhält durch die Verwendung des Lexems σωτηρία besonderes Gewicht. Von der σωτηρία ist sowohl im Blick auf das bereits Empfangene (6,2aγ) als auch im Blick auf das gegenwärtig Notwendige (6,2bβ) die Rede. Doch während das erste Vorkommen – auf Grund der Parallelität der Verse – auf die empfangene χάρις zu beziehen ist, steht das zweite in Verbindung mit der gegenwärtig notwendigen Veränderung und erscheint somit als gefährdete!

Dieser bedrohliche Eindruck wird noch anderweitig „genährt". Zum einen bedient sich Paulus im unmittelbaren Kontext einiger semantischer Mittel, die er sonst bei seinen Ausführungen zur Rechtfertigung benutzt: Er verwendet die Lexeme σάρξ (5,16[2-mal]), παράπτωμα (5,19), ἁμαρτία (5,21[2-mal]), δικαιοσύνη (5,21), χάρις (6,1), σωτηρία (6,2[2-mal]); Er spricht vom Sein in Christus (5,17), davon, dass Christus für „uns" zur Sünde gemacht wurde und „uns" die παραπτώματα nicht angerechnet würden (5,21). Mit diesem semantischen Feld wird eine soteriologische Dimension in den Kontext eingetragen,[239] die in 6,1f. durch die Lexeme χάρις und σωτηρία aufgenommen wird. Indem diese Lexeme und die mit ihnen verbundene Dimension im Dienst von Ausführungen stehen, die weniger theoretisch reflektierend als vielmehr appellativ sind, wird das von Adressaten geforderte Verhalten in einen soteriologischen Horizont gestellt!

Zudem darf die Prägung des Kontextes durch eine starke Bipolarität nicht übersehen werden. Die in 5,17 vorliegende Gegenüberstellung der Begriffe ἀρχαῖα und καινά steht in einer Linie mit einer Serie weiterer Oppositionen, die weit zurück reicht. Im näheren Kontext sind nur zu erwähnen: ἀγαθός vs. φαῦλος (5,10) oder ἐν καρδίᾳ vs. ἐν προσώπῳ (5,12), im weiter zurücklie-

---

[238] Zitate von Wolff, 2Kor, 138, und Lambrecht, 2Cor, 112, die jeweils den Bezug auf die Bekehrung in beiden Versen erkennen. Vgl. auch Martin, 2Cor, 168 („Isa 49:8 reminds the Corinthians of their acceptance of grace").

[239] Zur partiellen Selbständigkeit semantischer Felder vgl. nur Berger, Exegese, 137ff.

genden Kontext beispielsweise die Gegenüberstellung von σωζόμενοι und ἀπολλύμενοι (2,15), von δικαιοσύνη und κατάκρισις (3,9) oder die Kontrastierung von φανέρωσις τῆς ἀληθείας mit αἰσχύνη, πανουργία etc. (4,2),[240] die zugleich die Menschen angesichts der apostolischen Botschaft scheidet. Da Oppositionen sichtbar machen, „um welche Veränderung es dem Text ... geht"[241], kann die hier angezeigte Trennung als Hauptanliegen angesehen werden. Die einen sind καινὴ κτίσις bzw. ἐν Χριστῷ, die anderen eben nicht. Es wird damit eine Situation herbeigeführt, welche die Adressaten zur Entscheidung herausfordert. Entsprechend werden die Gegner in 5,12 auf die „andere" Seite abgedrängt und die Adressaten in 5,10 in Gedanken schon vor Gericht gestellt.

Zwischenbilanz

Eine vorläufige Skizze des zentralen Briefanliegens ist nun am Platz, da in den Erwägungen zu den Rändern im Allgemeinen, sowie zu Prä-, Subskript und Proömium im Besonderen kohärente Elemente deutlich gemacht werden konnten, welche sowohl eine durchweg zugrunde liegende Gedankenfigur als auch deren Bezug zur Briefsituation erkennen lassen.

In allgemeiner Weise lässt sich *die zugrunde liegende Figur* mit Worten wie Zugute-Kommen-Lassen, Zuwendung bzw. Überfließen umschreiben. Im Kern geht es dabei um eine Zuwendung zu anderen. Diese Zuwendung wird in Gottes Verhalten den Menschen gegenüber begründet und dann anschließend christologisch und apostolisch exemplifiziert. Jene Zuwendung ist allerdings nur die konsequente Fortsetzung eines Empfangens, so dass die Figur korrekterweise als Weitergabe des selbst Empfangenen, als Überfließen dessen, was einem zuteil wurde, beschrieben werden muss. Somit ist das Dasein für andere, das man sonst als ethisch-moralische Kategorie auffassen könnte, als die Verwirklichung einer Bewegung zu verstehen, welche von Gott ausgeht und sich auch auf der zwischenmenschlichen Ebene als „göttliche Bewegung" fortsetzt. Damit sind zugleich soteriologische Konnotationen verbunden. In anschaulicher Weise bezeichnet Furnish diesen Zusammenhang als *spillover-effect*.[242] Die Nicht-Verwirklichung dieser Figur, ein Empfangen ohne Weitergabe, ein Überfluss ohne Überfließen, lässt besagte Bewegung nicht nur ins Stocken geraten, sondern ist als unvollständige Durchsetzung der göttlichen Zuwendung anzusehen.

Dieses Motiv lässt sich ohne weiteres auf die *Briefsituation* beziehen. Der Kern der Figur, die Zuwendung zu anderen, verweist in der aktuellen Lage auf die Schwierigkeit der Korinther, sich sowohl den anderen Gemeinden als auch Paulus gegenüber zu öffnen. Allerdings geht es nach dieser paulinischen Figur nicht allein um den Konflikt zwischen ihnen und Paulus – obwohl ein solcher ja *de facto* vorliegt –, sondern um die bei den Korinthern insgesamt ins Stocken geratene „göttliche Bewegung". Bei ihnen ist ein Empfang ohne Weitergabe, ein Überfluss ohne Überfließen zu konstatieren. Sie verwirklichen eben nicht

---

240 Den Zusammenhang mit 4,1-4 vermerken Furnish, 2Cor, 333; Klauck, 2Kor, 54.

241 Egger, Methodenlehre, 98.

242 Furnish, 2Cor, 118.

die Wechselseitigkeit in Beziehungen. Sie haben Mühe mit der Reziprozität. Und eben diese elementare Schwierigkeit zeigt sich in den verschiedensten sozialen Bezügen. Da es sich hierbei um ein konstitutives Element christlicher Existenz handelt, geht es auch um die Frage des Heils.

Diese Beobachtungen sind nun durchaus ein wesentlicher Beitrag zu der von BIERINGER formulierten Problemstellung: „Obwohl diese Gegenseitigkeit (in 2Kor [U.S.]) ... der exegetischen Literatur nicht entgangen ist, bleibt die Frage, ob sie in ihrer Bedeutung für das Verständnis von 2Kor genügend beachtet wird."[243] Die Gegenseitigkeit, die als Ausdruck eines in Gott gründenden Beziehungsgeschehens zu verstehen ist, die durch eine fortgesetzte Bewegung der Zuwendung zustande kommt, muss als grundlegendes Problem in der Briefsituation angesehen werden. Ist dem so, dann müsste sich zeigen lassen, wie die bisher „entwickelte" Gedankenfigur auch weitere Passagen des Briefes maßgeblich bestimmt.

---

[243] BIERINGER, Plädoyer, 177f.

3.2. Die Explikation des
zentralen Anliegens

Die zuletzt besprochene Texteinheit um die Appelle in 5,20 und 6,1f., die darauf drängt, die „göttliche Bewegung der fortgesetzten Zuwendung" zu verwirklichen,[244] wirkt für eine „zentrale Texteinheit", als die sie auf Grund der „Aufmerksamkeitssignale", der Stellung im Text und der Rückbezüge erkannt werden konnte,[245] allerdings noch etwas „unscharf". Beide Appelle klingen wohl eindringlich, bleiben aber doch allgemein. Wenn sie vom Leser eindeutig verstanden werden sollen, muss Paulus konkreter werden. Es besteht also Grund zu der Annahme, dass sie im folgenden Text genauer expliziert werden.

Markante Verbindungslinien

Dieser Sachverhalt wird in der Forschung zwar nicht als systematisch zu klärender erfasst und angegangen, dennoch trifft man in der Literatur auf die Annahme insbesondere von zwei Zusammenhängen, die Passagen des folgenden Textes als Explikationen jener Appelle erscheinen lassen.

Ein Zusammenhang wird gerne zwischen den paulinischen Bemühungen auf der Beziehungsebene und den Ausführungen zur καταλλαγή in 5,18ff. hergestellt. Martin beispielsweise vermerkt diesen Rückbezug öfter:[246] In 6,11-13 „Paul seeks ‚reconciliation' with the Corinthians" und darin liege „the raison d'être" für die Ausführungen zu „God's *Heilsplan* ... in 5:18-21"; für 6,14-7,1 nimmt er an, dass „Paul is ... extending and enforcing his plea begun at 5:20", indem er die Korinther vor einer Gemeinschaft „with the world of unbelievers that is still ... unreconciled" warne, zumal eine solche jenem Appell nicht entspräche; entsprechend schreibt er zum Vers 7,1: „It picks up the call of reconciliation in 5:20", und zu den Versen 7,2ff., sie würden „continuing the appeal launched in 5:20ff."; etwas vorsichtiger dann: „Possibly ... Paul sees in 7:10 the same idea that is found in 5:18-21"; Im Blick auf 7,12 kann er sagen, die Korinther hätten „their concern (σπουδή) to be reconciled to Paul ‚before God'" (wieder-)erlangt, wozu Paulus „by his being the example of reconciliation" sowohl durch sein Predigen der „reconciliation in 5:18-20" als auch durch beispielhaftes Handeln (wie z.B. sein Vergeben in 2,10) beigetragen habe; und schließlich notiert er zu 9,6-15: „In a remarkable way the instruction on the Jerusalem collection coheres with the teaching on reconciliation (in 5:18-21; 6: 1-13) as the Gospel of divine grace is shown to lead to union, not only with God but between churchly groups isolated by mutual suspicion and fear".

---

[244] Siehe oben S. 113ff.
[245] Zu den Aufmerksamkeitssignalen siehe oben S.78f., zur Stellung im Text S.79.122, und zu den Rückbezügen S.123.
[246] Martin, 2Cor, 188.194.202.208.214.232.288; vgl. auch seine Studie: Ders., Reconciliation, 90-110. Derartige Rückbezüge sehen auch Furnish, 2Cor, 349.367; Wolff, 2Kor, 146; u.a.

Bemerkenswert daran ist zunächst, dass MARTIN diese Rückbezüge gerade bei der Kommentierung der paulinischen Bemühungen um gute Beziehungen herstellt. Dass er damit der καταλλαγή neben der vertikalen Ausrichtung – die in der Literatur vorwiegend herausgestellt wird –[247] auch eine horizontale bzw. zwischenmenschliche Komponente zugesteht, konvergiert mit den obigen Beobachtungen, bei denen diese bereits in den Versen 5,18-20 festgestellt werden konnte[248]. Erscheinen somit jene paulinischen Bemühungen mit diesen Versen inhaltlich verbunden, so fällt überdies auf, dass MARTIN solche Rückbezug gerade in Abschnitten feststellt, die zwischen 6,11ff. und 9,6-15 liegen, und dadurch gewissermaßen die gesamte Texteinheit C mit jenen Appellen verbindet!

Ein weiterer Zusammenhang wird – von einer nicht unerheblichen Zahl von Exegeten – zwischen 6,1f. (z.T. einschließlich 5,20) und 6,14-7,1 gesehen.[249] Gerade der Gebrauch von παρακαλεῖν in 5,20 und 6,1 bereite die darauf folgende Paränese vor, so dass „the statements in 6:1f. foreshadow or signal the argument that comes in 6:14-7:1."[250] Andere halten es für „durchaus angemessen", „nach der Darstellung der apostolischen Botschaft in 5,14-21 und der Bitte um deren Annahme in 6,1-2" „eine allgemeine ethische Ermahnung" folgen zu lassen.[251] Und gelegentlich wird der Abschnitt 6,14ff. geradezu als Kontenpunkt zwischen Vorigem und Folgendem angesehen.[252]

Dass mit den beiden aufgezeigten Zusammenhängen ein Wink in die richtige Richtung gegeben ist, lässt sich anhand semantischer Rekurrenzen erhärten. Ein erster Hinweis ergibt sich, wenn man auf die Verteilung der in 6,1 zweifellos zentralen χάρις τοῦ θεοῦ achtet. Das Lexem χάρις kommt im gesamten Brief wohl fünfzehnmal vor, aber das Syntagmem χάρις τοῦ θεοῦ begegnet nur hier, in 8,1 und 9,14,[253] und zwar jeweils im Sinne eines *Gegeben-Seins* der Gnade Gottes.[254] Diese drei Belege sind nicht wahllos über den Text verstreut, sondern begegnen an strukturell wichtigen Stellen. Der Vers 6,1, inmitten der Schlusssequenz des ersten argumentativen Hauptteils, hat sowohl bündelnde als auch vorbereitende Funktion, denn indem hier einerseits den Korinthern das signalisiert wird, was während der Selbstdarstellung des Apostels ständig intendiert war – nämlich die Unzulänglichkeit der Adressaten –,[255] wird andererseits durch die Knappheit der Formulierung die Erwartung erzeugt, dass in dieser Sa-

---

[247]   Vgl. nur BULTMANN, Theologie, 285-287, BREYTENBACH, Versöhnung, 178-183.
[248]   Siehe oben S.117ff.
[249]   BIERINGER, Kontext, 561 Anm. 36, nennt Vertreter dieser Position. Seine Liste kann erweitert werden z.B. um WITHERINGTON, Conflict, 397.403, MURPHY-O'CONNOR, Relating, 272-275, BEALE, Reconciliation, 568ff.
[250]   WITHERINGTON, Conflict, 403.
[251]   Zitate von BIERINGER, Kontext, 562, der die Positionen anschließend diskutiert.
[252]   Vgl. AMADOR, Revisiting, 105: 6,14-7,1 sei nicht nur keine Interpolation, „but represents an important ‚call to action' which both culminates the previous argument and anticipates the additional calls to action which will follow in the collection appeals."
[253]   Verkürzt erscheint das Syntagmem noch in 1,12 als χάρις θεοῦ. Aber die dortige Verwendung entspricht nicht derjenigen, wie sie an den oben erwähnten drei Stellen aufgezeigt wird.
[254]   Siehe dazu unten S.138. Vgl. z.B. auch FITZMYER, Theology, 58: „But at times Paul speaks of *charis* as something that is given or manifested (... 2Cor 6:1; 8:1; 9:14 ...)".
[255]   Siehe dazu oben S.121ff.

che noch mehr gesagt werden wird. 6,1 samt Kontext ist somit als „Sprungbrett" zu verstehen. Wohin der „Sprung" führen soll, wird an den nächsten beiden Belegen deutlich: 8,1 und 9,14. Die beiden Verse stehen an den „Rändern" der Kollektenkapitel, bilden also eine Klammer bzw. *inclusio*,[256] und machen damit deutlich, dass die dazwischen verhandelte Thematik auf die χάρις τοῦ θεοῦ zu beziehen ist. Dieser textuelle Hinweis wird noch dadurch verstärkt, dass der „umklammerte" Text von weiteren χάρις-Belegen regelrecht „durchwoben" ist (8,4.6.7.9.16.19; 9,8.15)! So entsteht ein „Beziehungsgeflecht" zwischen den umklammernden χάρις-τοῦ-θεοῦ-Belegen samt den dazwischen liegenden χάρις-Vorkommen einerseits und dem Appell in 6,1f. andererseits.

Damit eine solche gedankliche Verknüpfung seitens des Lesers zustande kommt, wird sie noch durch weitere textuelle Verbindungen gefördert. So fällt z.B. auf, dass der in 6,2 gleich zweimal verwendete und jeweils mit νῦν verbundene Terminus καιρός im gesamten 2Kor nur noch in 8,14 begegnet – und auch dort in engster Verbindung mit νῦν: ἐν τῷ νῦν καιρῷ[257] geht es um die Weitergabe aus der momentanen Fülle der Korinther, wobei die jetzigen Kollektenempfänger irgendwann zurückgeben werden, auf dass eine ἰσότης entstehe. Während mit καιρός in 6,1 lediglich ein dringender Handlungsbedarf angezeigt wird, findet sich in 8,14 eine konkrete Bezugnahme auf die Kollekte.[258] Dieselbe Präzisierung ist auch am Gebrauch des Adjektivs εὐπρόσδεκτος zu beobachten. Das Lexem kommt neben 6,2 nur noch in 8,12 vor, und zwar hier wie dort im Sinne dessen, was „vor Gott" willkommen ist. Doch während dort etwas „unscharf" vom καιρός εὐπρόσδεκτος die Rede ist, geht es hier konkret um das „vor Gott" willkommene Geben. Dazu kommt der Nachhall, den die im Appell enthaltene Wendung εἰς κενόν (6,1) in 9,3 findet:[259] Paulus hat die Korinther vor den Mazedoniern in Sachen Kollekte gerühmt und fürchtet nun, dass sein diesbezügliches Rühmen durch der Korinther Weigerung zunichte gemacht werden könnte. Vorderhand scheinen sich die beiden Belege aus der Wortfamilie κενοῦν einmal auf die Korinther (6,1), das andere Mal auf Paulus und dessen Rühmen (9,3) zu beziehen, doch entsprechen sich die beiden Stellen dennoch: Auch in 9,3 ist klar, dass ein eventuelles Zunichte-Werden der paulinischen Lobrede auf die Korinther letztlich diese selbst betrifft. Eben dies wird

---

[256] Ohne einen Bezug zu 6,1 herzustellen wird die Rahmung der Kollektenkapitel durch χάρις τοῦ θεοῦ erwähnt von Wolff, 2Kor, 164 („die Rahmung des gesamten Abschnitts durch das Motiv der Verleihung der 'Gnade Gottes'") und 166 („umschließt bezeichnenderweise die Ausführungen von Kapitel 8f. [vgl. 9,14f.]"), Martin, 2Kor, 295 („at 9:14 we complete the circle started at 8:1 in an elaborate *inclusio*"), Furnish, 2Kor, 452, Plummer, 2Kor, 267, Joubert, Paul, 135.

[257] In der Literatur wird die Formulierung nur bzgl. der entsprechenden Verwendung in Röm 3,26; 11,5 besprochen, so etwa bei Furnish, 2Kor, 408, Plummer, 2Kor, 245.

[258] Martin, 2Kor, 267, benennt zu 8,14 noch zwei weitere Elemente, die eigentlich mit 6,1 kongruieren, was er selbst allerdings nicht bemerkt: zum einen sieht er im Ausdruck ἐν τῷ νῦν καιρῷ einen Hinweis auf die „existing period of eschatological reality" und zum anderen erkennt er hier, dass „grace imposes obligation" – zwei Feststellungen, die er auch zu 6,1 macht. Während Witherington, Conflict, 421, sich kritisch zu Martin äußert, erwägt Furnish, 2Kor, 408, ebenfalls „a pregnant theological sense" der Wendung ἐν τῷ νῦν καιρῷ.

[259] Furnish, 2Kor, 427, streift bei der Besprechung von κενοῦν (9,3) einen Zusammenhang mit 6,1, insofern als es jeweils darum gehe, „that he wants the faith of his congregations to bear fruit".

dann in 9,4 in Form der Epidiorthose, der „steigernden Korrektur des Gesagten",[260] deutlich ausgesprochen: „wir, um nicht zu sagen: ihr, zuschanden werden". Beide Male bezieht sich κενός bzw. κενοῦν auf die Korinther.

Weitere Verbindungslinien lassen deutlich werden, dass die intendierte Verknüpfung über die beiden „Referenzpunkte" – 6,1f. einerseits und Kollektenkapitel andererseits – hinausgeht! So lässt sich etwa das semantische Material des Appells in 6,1f. nicht nur mit den Kollektenkapiteln verbinden, sondern auch mit Kp.7. Das Lexem σωτηρία, das in 6,2 gleich zweimal – im Zitat und in der anschließenden paulinischen „Aktualisierung" – verwendet wird, begegnet danach nur noch in 7,10, und zwar jeweils bezogen auf die Korinther! „Begleitet" wird diese Rekurrenz durch diejenige der Aufmerksamkeitssignale ἰδού (7,9) und νῦν (7,11). Dabei zeigt sich in 6,1f. und 7,9ff. eine vergleichbare Situation: Beide Male wird durch ἰδού und νῦν ein besonderer Moment markiert, in der es um der Korinther σωτηρία geht, der jeweils eine notwendige Veränderung *vor*geschaltet wird, insofern einmal (6,1) die Verwirklichung des im Appell Geforderten und das andere Mal (7,10) die durch die göttliche λύπη bewirkte μετάνοια konditional mit der σωτηρία verknüpft wird – wobei sich die beiden Stellen nur darin unterscheiden, dass sich die eine auf eine bereits vollzogene und die andere auf eine noch ausstehende Veränderung bezieht. Entsprechend gebraucht Paulus nach der Verwendung des Lexems παρακαλεῖν in 6,1 die entsprechende Wortfamilie auch in Kp.7 recht zahlreich.[261]

Zudem zeigen sich in Texteinheit *C* semantische Zusammenhänge nicht allein mit 6,1f., sondern mit 5,16ff. insgesamt. So begegnet etwa die 6,1 mit *C* verbindende Wortfamilie παρακαλεῖν bereits 5,20. Dazu findet sich die Verbindung von γινώσκειν mit Χριστός neben 8,9 nur noch in 5,16: Während das eine Mal – durchaus etwas „unscharf" und eher indirekt appellativ –[262] gesagt wird, die *Wir* würden Christus nicht κατὰ σάρκα γινώσκειν, werden die Korinther 8,9 – inmitten der Argumentation für eine Beteiligung an der Kollekte – an ihr γινώσκειν der χάρις τοῦ κυρίου ἡμῶν Ἰησοῦ Χριστοῦ erinnert. Entsprechendes gilt für die Verwendung von γίνομαι in Aussagen über den „Christenstand": Während 5,17 über diejenigen in Christus in allgemein gültiger Weise gesagt wird ἰδοὺ γέγονεν καινά, und 5,21 über Christus, er sei zur Sünde gemacht worden, ἵνα ἡμεῖς γενώμεθα δικαιοσύνη θεοῦ ἐν αὐτῷ, werden die Korinther dann 6,14 ermahnt: μὴ γίνεσθε ἑτεροζυγοῦντες ἀπίστοις! Diese Kohärenz wird noch dadurch verstärkt, dass die beiden Lexeme δικαιοσύνη und Χριστός sowohl 5,21 als auch 6,14f. verwendet werden!

Vergleichbare Verbindungslinien lassen sich dann auch im Blick auf den so genannten „Peristasenkatalog" (6,3-10) zeigen. So findet sich etwa das Lexem δικαιοσύνη neben 5,21 und 6,14 auch in 6,7 und 9,9f. Mit dem Verb μωμᾶσθαι, das nur 6,3 und 8,20 verwendet wird, werden hier wie dort die Vorbehalte gegen den Apostel thematisiert. Dem hält Paulus beispielsweise mit

---

[260] Vgl. dazu Blass/Debrunner/Rehkopf, Grammatik, § 495.12, worauf sich auch Martin, 2Cor, 284, bezieht.
[261] Παρακαλεῖν in 7,6(2-mal).7.13; 8,6; 9,5 und παράκλησις in 7,4.7 .13; 8,4.17.
[262] Siehe oben S.122ff.

Hilfe der ausschließlich in 6,3 und 7,9 verwendeten Formulierung ἐν μηδενί entgegen, er würde niemandem in nichts schaden, das eine Mal als allgemein gültige Aussage, das andere Mal mit konkretem Bezug auf die Korinther. Die dabei zur Sprache kommende διακονία, die zuletzt 4,1 verwendet wurde, begegnet nach 5,18 wieder 6,3 und erneut 8,1; 9,1.12.13. Sodann findet sich die arm-/reich-Begrifflichkeit ausschließlich in 6,10 und 8,2.9; 9,11:[263] Während der Apostel zunächst von den *Wir* als denen spricht, die als πτωχοὶ πολλοὺς δὲ πλουτίζοντες (6,10), und darauf von den Mazedoniern (8,2) und von Christus (8,9) entsprechend sagen kann, ihr Armsein habe Reichtum hervorgebracht, muss er die Bedenken der Korinther zerstreuen, eine Beteiligung an der Kollekte könnte ihnen schaden (8,14) indem er ihnen in Aussicht stellt, dass sie in allen Dingen reich sein werden (9,6ff.). Und schließlich erinnert der Kontrast von Leid- und Trosterfahrung in 7,5f. an die Ausführungen im Peristasenkatalog.

Fazit: Die bislang aufgezeigten – und auf der gegenüber liegenden Seite tabellarisch zusammengestellten – semantischen Verbindungen lassen Texteinheit C als Explikation von 5,16-6,10 erkennen. Damit kommen die beiden Appelle in 5,20 und 6,1, vor allem aber die Befürchtung, die Korinther könnten die χάρις τοῦ θεοῦ εἰς κενόν empfangen haben, in einen Zusammenhang zu stehen mit beiden, in Korinth virulenten Problemen „Kollekte" (Kpp. 8/9) und „Beziehung zu Paulus" (Kpp. 6/7). Freilich steht dieser Perspektive die in der Forschung (fast) allgemein „diagnostizierte" Disparität der Kpp. 6-9 entgegen. Um wirklich überzeugen zu können, müssten sich darum für den eben skizzierten Zusammenhang neben den rein semantischen Verbindungen noch weitere, v.a. inhaltliche bzw. intentionale Entsprechungen zeigen lassen. Insbesondere die Stoßrichtung jener Appelle, die auf eine Verwirklichung der „göttlichen Bewegung einer fortgesetzten Zuwendung" bei den Korinthern ausgerichtet sind, müsste auch in Texteinheit C als bestimmendes Anliegen zu erkennen sein. Dazu nun die folgenden Beobachtungen.

---

[263] Die „Wortgruppe des ‚Reichtums'" bespricht auch THEOBALD, Gnade, 46-49, erwähnt dabei auch die genannten Stellen, kann aber den Zusammenhang nicht herstellen, weil er ebd., 289, die beiden Kapitel 2Kor 8 und 9 für zwei getrennte Briefe hält.

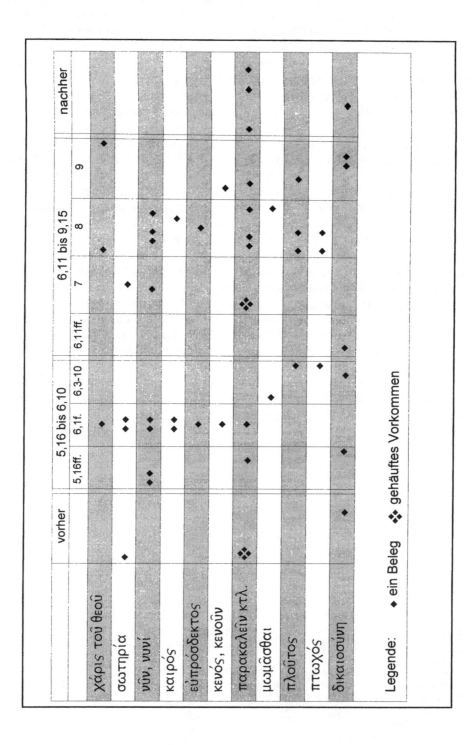

Das die Kollektenkapitel bestimmende Motiv

Angesichts der dargestellten Zusammenhänge und deutlich gewordenen Aufgabenstellung dürfte es sich lohnen, zunächst die durch χάρις bzw. χάρις τοῦ θεοῦ konstituierte Textlinie näher ins Auge zu fassen. Die Aufmerksamkeit soll also zunächst den „Kollektenkapiteln" gelten.

Die bereits erwähnten Vorkommen von χάρις in den Kpp. 8 und 9 weisen diese als thematisch entscheidende Größe aus. Ist schon allein die auffällige Häufung – zehn von insgesamt achtzehn χάρις-Belegen in 2Kor finden sich hier –[264] markant, so ist nicht allein die anfängliche Bezugnahme auf die χάρις τοῦ θεοῦ (8,1) als thematische Angabe zu verstehen,[265] sondern gerade auch die Rahmung[266] der beiden Kapitel durch entsprechende Belege. Das in den Kapiteln 8 und 9 Verhandelte hat es demnach ganz entscheidend mit der χάρις bzw. der χάρις τοῦ θεοῦ zu tun. Dabei fällt auf, dass hier mit dem Lexem χάρις neben der Gnade Gottes (8,1; 9,14) bzw. Christi (8,9) auch das Genug-Haben (9,8), die Kollekte (8,4.6.7.19) sowie der Dank an Gott (8,16; 9,15) bezeichnet wird. Dieser Sachverhalt führt zu den Annahmen, dass zum einen die Rahmung durch χάρις τοῦ θεοῦ die Kollekte als theologisches Thema ausweist,[267] und zum anderen die bewusste Wahl ein und desselben Lexems (χάρις) für verschiedene Dinge, die auch anders hätten bezeichnet werden können,[268] dazu dient, die mit dem betreffenden Wort bezeichneten Größen zu einer Gedankenfigur zusammenzufügen.[269] Diese „Figur" wird deutlich, wenn man dem „conscious play on the word χάρις"[270] nachspürt.

Am Anfang und am Ende der beiden Kapitel (8,1; 9,14) steht die explizite Verknüpfung der χάρις mit Gott. Dieser Konnex ist der Ausgangspunkt der Ausführungen und in gewisser Weise ihr Ziel. Dabei bezeichnet die Genitivkonstruktion χάρις τοῦ θεοῦ ein „Geschehen"[271]: die Zuwendung Gottes zu den Menschen im Allgemeinen, und hier speziell hinsichtlich der Mazedonier

---

[264] Das Lexem χάρις begegnet neben 2Kor 8,1.4.6.7.9.16.19; 9,8.14.15 noch 2Kor 1,2.12.15; 2,14; 4,15; 6,1 sowie 12,9; 13,13.

[265] Vgl. dazu P.Bachmann, 2Kor, 308 (Paulus bezeichne den Gegenstand, dem er sich hier zuwende „von vornherein durch τὴν χάριν ... als einen bestimmten einheitlichen"), Martin, 2Cor, 252 („ἡ χάρις τοῦ θεοῦ ... is a *key term which sets the stage* for Paul's appeal to the example of the Macedonian communities and their generosity in supporting the collection for the Jerusalem saints [v 4]").

[266] Siehe dazu oben S.133.

[267] So auch Furnish, 2Cor, 411f.

[268] So wird die Kollekte von Paulus etwa auch als λογεία (1Kor 16,1), εὐλογία (2Kor 9,5), λειτουργία (2Kor 9,12, das betreffende Verb auch in Röm 15,27), διακονία (Röm 15,31; 2Kor 8,4; 9,1.12.13) oder κοινωνία (Röm 15,26; 2Kor 8,4; 9,13) bezeichnet; vgl. dazu auch Furnish, 2Cor, 411, Gnilka, Kollekte, 310.

[269] In der Literatur werden öfter einige der χάρις-Belege dieser Kapitel miteinander verbunden; z.B. sehen Wolff, 2Kor, 168, und Furnish, 2Cor, 413, einen Zusammenhang zwischen der als χάρις bezeichneten Beteiligung an der Kollekte und der in 8,1 angesprochenen χάρις τοῦ θεοῦ. Georgi, Kollekte, 77, verbindet die in 9,14 erwähnte χάρις, die bei den Korinthern gegeben sein soll, mit dem in 9,15 folgenden Charisspruch. Siehe dazu auch Betz, 2Kor 8/9, 86.113.

[270] Martin, 2Cor, 295.

[271] Vgl. dazu nur Bultmann, Theologie, §32; er überschreibt den Paragraphen mit dem Titel „Die χάρις als Geschehen".

(8,1) und der Korinther (9,14). Die Gnade Gottes ist als eine Größe zu verstehen, die von Gott ausgeht und sich den Menschen zuwendet. Dieser Aspekt der „Zuwendung" lässt neben der naheliegenden Auffassung des Syntagmems als *genitivus subiectivus* durchaus – wie in 13,13 –[272] die Möglichkeit eines *genitivus auctoris* als erwägenswert erscheinen. Somit ginge die Gnade in gewisser Weise über auf die Adressaten der Zuwendung.[273] Diese Auffassung wird bestätigt durch die semantische Konkretion des Syntagmems in den beiden Versen. In 8,1 ist von einem *Gegeben-Sein* der Gnade bei den Mazedoniern die Rede. Dabei zeigt nicht nur die Perfektform (δεδομένην) die konstante Präsenz der Gnade an, sondern auch die Verbindung von διδόναι mit ἐν, denn die Präposition „ἐν implies that whatever is given remains where it is placed"[274]. Ein entsprechendes Vorhandensein wird dann auch hinsichtlich der Korinther artikuliert, da in 9,14 die Rede ist von der χάρις τοῦ θεοῦ ἐφ᾽ ὑμῖν, eine Wendung die mit „Gnade Gottes (, die) auf euch (ruht)"[275], „the grace God has given you"[276] o.ä. übersetzt wird. Nicht anders verhält es sich mit 9,8, insofern der Absender dort von einer χάρις spricht, die „überströmen" (περισσεύειν) soll und zwar εἰς ὑμᾶς![277] Und selbst der 8,9 einleitende Satz γινώσκετε γὰρ τὴν χάριν τοῦ κυρίου ἡμῶν Ἰησοῦ Χριστοῦ ist in diesem Sinne zu verstehen, da das Lexem γινώσκειν nicht ein rein theoretisches Wissen bezeichnet, sondern eines mit einer personalen Relation zum „Gekannten".[278] Rein lexikalisch gesehen tendiert die Bedeutung in Richtung „kennenlernen" bzw. „erfahren".[279] Von daher geht es nicht um eine rein informelle Kenntnisnahme der χάρις, sondern um ein Teilhaftigwerden an ihr. In eben dieser Annahme zeigt sich eine entscheidende Kongruenz mit 6,1, zumal dort gerade aus der Feststellung der gegebenen Gnade (δέχεσθαι τὴν χάριν τοῦ θεοῦ)[280] der anschließende eindringliche Appell hergeleitet wird.

Ist dieses Zuteil-Werden der Gnade Gottes bereits als Bewegung erkennbar, so wird diese durch einen weiteren Gebrauch des Lexems χάρις derart ergänzt, dass sie sich von den Empfängern aus fortsetzt, da die Kollekte – bzw. die Zu-

---

[272] Siehe dazu S.99f.

[273] Vgl. dazu auch FITZMYER, Theology, 58: „at times Paul speaks of *charis* as something that is given or manifested (Gal 2:9; 1Cor 1:4; 3:10; 2Cor 6:1; 8:1; 9:14 ...)", lehnt aber die daraus entstandene „medieval idea of 'sanctifying grace'" ab.

[274] So PLUMMER, 2Cor, 247, zur identischen Konstruktion in 8,16. Vgl. auch BLASS/DEBRUNNER/REHKOPF, Grammatik, §218 (insbes. die Bezugnahme auf 2Kor 8,16 ebd., Anm. 3), P.BACHMANN, 2Kor, 80 Anm. 1 (zur entsprechenden Konstruktion in 1,22) sowie ebd., 308 (zu 8,1: Das Gegeben-Sein ἐν bezeichne bereits das Wirksam-Werden der Gnade in den Mazedoniern in einer gewissen Hinsicht) und THEOBALD, Gnade, 280f.

[275] WOLFF, 2Kor, 183.

[276] MARTIN, 2Cor, 287.

[277] Zur resultativen Bedeutung von εἰς-Konstruktionen vgl. z.B. DUNN, Romans, 39, der zu εἰς σωτηρίαν in Röm 1,16 feststellt: „the preposition εἰς has the force not simply of movement toward but of movement right up to and into".

[278] BULTMANN, γινώσκω, 688ff., SCHMITZ, γινώσκω, 243ff. Zu vergleichen ist diesbezüglich auch die Diskussion um Christus als einen, „der die Sünde nicht kannte" (5,21), bei der ebenfalls ein rein theoretisches Kennen abgelehnt wird; vgl. nur WOLFF, 2Kor, 132.

[279] Siehe dazu BAUER, Wörterbuch, 321f.

[280] Siehe dazu oben S.121.128.132f.

wendung der Gnadenempfänger zu anderen Menschen – ebenfalls mit dem Lexem χάρις bezeichnet wird (8,4.6.7.19). Schon in 8,4 wird hinsichtlich der Mazedonier ausgesagt, dass sie, nachdem sie die Gnade Gottes empfangen hatten, sich nun ihrerseits an einer χάρις beteiligen wollten.[281] Und Titus soll den Korinthern beim Transfer der bei ihnen gegebenen Gnade in die als χάρις bezeichnete Kollekte assistieren (8,7). Auch die 9,12-14 thematisierte Reaktion der πολλοί auf die verwirklichte Kollektenaktion ist nicht einfach ein Dank für die Unterstützung, sondern vielmehr ein Dank für die den Gebern gegebene und sich im Geben verwirklichende χάρις! Somit ist die Kollekte als eine Konkretion der göttlichen χάρις zu verstehen.[282] Die empfangene Gnade drängt über die Empfänger hinaus in Richtung Dritter. Diese reagieren dann ihrerseits wieder mit einer positiven Zuwendung – wie gerade die in 9,12-14 beschriebene Reaktion der πολλοί deutlich macht –, so dass Mutualität bzw. Reziprozität entsteht. Die Gnade konkretisiert sich gerade auch im zwischenmenschlichen Bereich!

Ein letztes Mal begegnet das Lexem in diesem Zusammenhang als Charisspruch in der Klimax der Kollektenkapitel:[283]

9,15 a χάρις (δὲ) τῷ θεῷ
   b ἐπὶ τῇ ἀνεκδιηγήτῳ αὐτοῦ δωρεᾷ.

Insofern mit 9,15b auf alles bisher Gesagte und insbesondere auf das χάρις-Beziehungsgeflecht Bezug genommen wird,[284] bringt 9,15a zum Ausdruck, was letztlich Ziel des gesamten Geschehens ist: die Ehre Gottes. Die von Gott ausgehende und dann weitergegebene χάρις kehrt schlussendlich als Dank zu Gott zurück. Dieser sich aus der analytischen Verknüpfung der verschiedenen Verwendungen von χάρις ergebende Zusammenhang zeigt sich auf propositioneller Ebene gerade in den Versen 9,12-14: Paulus lässt zunächst die πολλοί (bzw. die Empfänger der Kollekte) danken für die bei den Korinthern gegebene χάρις (welche nach allem zuvor Gesagten von Gott stammt und sich in Form der Kollekte konkretisiert) und benennt abschließend Ursprung und Ziel des Geschehens. Gerade diese Gedankenabfolge macht allerdings deutlich, dass die gesamte Bewegung nur über die sich zwischen Menschen ereignende Mutualität zu ihrem Ziel findet. Der Dank an Gott resultiert erst aus der verwirklichten

---

[281] Die χάρις in der elliptischen Konstruktion von 8,4 verstehe ich mit GEORGI, Armen, 60, und WOLFF, 2Kor, 168, bereits als Ausdruck für die Kollekte selbst und nicht als eine von Paulus zu gewährende Gunst (so allerdings PLUMMER, 2Cor, 235, BETZ, 2Kor 8/9, 93, MARTIN, 2Cor, 254, FURNISH, 2Cor, 401). Nach LIETZMANN, 1/2Kor, 133, und FURNISH, 2Cor, 401, bildet χάρις mit κοινωνία ein Hendiadys.

[282] Ebenso eingeschätzt wird dies von WOLFF, 2Kor, 168 („Wenn Paulus dafür [d.h. die tätige Anteilnahme der Mazedonier (U.S.)] den Begriff χάρις wählt, dann impliziert das einen Zusammenhang mit der in V.1 genannten 'Gnade Gottes'; sie ist in dem 'Gnadenwerk' ... der Mazedonier die treibende Kraft"); vgl. FURNISH, 2Cor, 399.413.

[283] Zuvor schon in 8,16.

[284] In der Literatur wird dieser Zusammenhang zwar nicht explizit hergestellt, aber es ist doch auffällig, dass bei der Besprechung von (8,16 oder) 9,15 meist ein beiläufiger Hinweis auf die verschiedenen Bedeutungen von χάρις begegnet; vgl. etwa FURNISH, 2Cor, 452 (ἀνεκδιήγητος δωρεά bezeichne „God's grace, v.14, and in a sense that has been the principal emphasis since 8: 1"), auch ebd., 421.445, PLUMMER, 2Cor, 247, MARTIN, 2Cor, 295, WOLFF, 2Kor, 189.

zwischenmenschlichen Zuwendung! Der abschließende Charisspruch fasst also insofern prägnant zusammen als er die letzte „Etappe" der χάρις, den Dank an Gott, gerade als Dank für die verwirklichte Gegenseitigkeit zwischen den Christen formuliert.

So ergibt sich (auch) hinsichtlich der χάρις eine „kreisförmige" Figur:[285] Die von Gott ausgehende χάρις τοῦ θεοῦ wendet sich den Menschen zu, geht auf diese über, drängt auf deren Veränderung, worauf diese gewissermaßen das selbst Empfangene in der Zuwendung zu anderen weitergeben, was dann schließlich wieder in Form des Dankes zu Gott zurückkehrt. Ein letztes Mal sei die besagte Gedankenfigur grafisch dargestellt:

---

[285]   Entsprechendes formulieren zu 8,1-6 etwa JOUBERT, Paul, 136 („This active grace moves believers to commit themselves to this project and, in turn, to each other."), oder THEOBALD, Gnade, 281 (mit dem Begriff χάρις „samt seinen Ergänzungen" bringt Paulus „das Geschehen zur Sprache, das den eigentlichen Geber, Gott, die spendenden Gemeinden und zuletzt auch die Empfänger in einer großen Bewegung zusammenschließt.").

Grundstruktur der χάρις (τοῦ θεοῦ)

Zuwendung

- χάρις τοῦ θεοῦ (8,1; 9.14)
- χάρις τοῦ κυρίου I.X. (8,9)
- πᾶσα χάρις περισσεύει
  εἰς ὑμᾶς (9,8)

Empfangen

- Empfangen der χάρις τ.θ. (6,1)
- Gegebensein der χάρις τ.θ. (8,1)
- χάρις τοῦ θεοῦ ἐφ' ὑμῖν (9,14)

Weitergeben

(Beteiligung an der Kollekte:)

- ... ἵνα (Τίτος) ... ἐπιτελέσῃ εἰς
  ὑμᾶς καὶ τὴν χάριν ταύτην (8,6)
- ... ἵνα καὶ ἐν ταύτῃ τῇ
  χάριτι περισσεύητε (8,7b)

Diese Gedankenfigur, die ja nicht nur dem χάρις-Geflecht zu Grunde liegt, sondern bereits in den Formulierungen der „exponierten Textstellen" gezeigt werden konnte, erweist sich auch in weiteren Ausführungen des Apostels in diesen Kapiteln als bestimmende Größe.

So ist etwa der – gerade auch für die christliche Existenz als paradigmatisch anzusehende –[286] Vers 8,9 entsprechend sprachlich gestaltet:

8,9a   γινώσκετε γὰρ τὴν χάριν τοῦ κυρίου ἡμῶν Ἰησοῦ Χριστοῦ

   b   ὅτι δι' ὑμᾶς ἐπτώχευσεν πλούσιος ὤν

   c   ἵνα ὑμεῖς τῇ ἐκείνου πτωχείᾳ πλουτήσητε.

Von Christus wird gesagt, er sei einst „reich" gewesen, eine Bemerkung, die wohl analog zum Hymnus in Phil 2,6-10 die Präexistenz bezeichnen dürfte.[287] Dabei ist durchaus an ein „reich *gemacht*" zu denken, denn in streng theologischem Sinne nahm Christus die Dinge nicht selbst in die Hand, sondern empfing seinen früheren Status ebenso wie die bereits 1,5 angesprochene παράκλησις aus Gottes Hand: Christus ist selbst Empfangender.[288] Daraufhin aber gab er alles her zugunsten anderer. Er wurde arm, damit andere reich würden. Gleich zweimal wird das gesagt: einmal durch δι' ὑμᾶς (8,9b) und dann in Form eines ἵνα-Satzes (8,9c)! Dabei bezieht sich die eingangs angesprochene χάρις τοῦ κυρίου Ἰησοῦ Χριστοῦ nicht allein auf jenes anfängliche Reich-Sein Christi, sondern auf das Reich-Sein samt der Erniedrigung zugunsten anderer![289] Sein Arm-Werden bedeutet für andere ein Zuteil-Werden von Reichtum. Christus selbst also gab das Empfangene an andere weiter und lebte so das Zugute-Kommen-Lassen *par excellence*.

Die dargestellte „Bewegung" bringt Paulus auch mit der Wortfamilie περισ–σεύειν zum Ausdruck, die in 2Kor besonders häufig verwendet wird: Immerhin 29 von 58 Belegen im *corpus paulinum* finden sich hier![290] Doch nicht allein die Statistik ist bemerkenswert, sondern insbesondere die spezifische Verwendung: Während die Wortfamilie im Röm vorwiegend auf Gott bezogen wird, erscheint sie hier immer auch in Bezug auf die Menschen, insbesondere auf deren Handeln und Verhalten.[291] Dies ist gerade bei den zehn Belegen in den Kollek-

---

[286] Vgl. nur FURNISH, 2Cor, 418 („prototype for believers"), MARTIN, 2Cor, 263 („paradigm of divine action") und 264 („the criterion and norm"), BELLEVILLE, 2Cor, 216 („the supreme example of generosity").

[287] In der Literatur wird häufig auf das Verhältnis zu Phil 2,6-10 hingewiesen; vgl. dazu nur WOLFF, 2Kor, 171f., oder MARTIN, 2Cor, 263.

[288] Man bedenke dazu nur die folgenden Aspekte: In 1Kor 15, Phil 2 und anderen Stellen wird Christus von Gott über alles gesetzt; nach Röm 4,24f.; 6,4; 7,4; 8,11.34; 10,9; 1Kor 6,14; 15,15 wird Christus von Gott auferweckt.

[289] MARTIN, 2Cor, 263, sieht darin ebenfalls verschiedene Aspekte zusammen gefasst, auch wenn er nicht den Bezug zu den übrigen χάρις-Belegen erwähnt: χάρις „here ... carries the theological weight of a divine attribute, namely, love in action, expressed on sinner's behalf and reaching out to help the undeserving".

[290] Zum Wortbefund: Von insgesamt 40 paulinischen παρακαλεῖν-Belegen finden sich 18 in 2Kor, und von 18 παράκλησις-Belegen sogar 11! Zu den Belegen in 2Kor siehe oben S.38 Anm.2. Entsprechend kommentiert MARTIN, 2Cor, 290: „περισσεύειν is a favorite word in Paul's Corinthian vocabulary".

[291] Sowohl HAUCK, περισσεύω, 59-61, als auch BRANDT, περισσεύω, 405, stellen die Vorkom-

tenkapiteln unverkennbar der Fall. Hier ist die Rede von der περισσεία τῆς χαρᾶς (8,2), von einem περισσεύειν εἰς τὸ πλοῦτος τῆς ἁπλότητος (8,2), ἐν παντί (8,7), ἐν ταύτῃ τῇ χάριτι (8,7), εἰς πᾶν ἔργον ἀγαθόν (9,8), in Form der Danksagung (9,12), und der gegenseitigen Anteilgabe der jeweiligen περίσσευμα (8,14). Dass dabei häufiger das Verb als das Substantiv verwendet wird und überdies – in beiden Fällen – meist eine εἰς- oder ἵνα-Konstruktion angeschlossen wird, lässt das Bezeichnete schon allein auf der semantischen Ebene als „dynamisches Geschehen" erscheinen.[292] Diese Dynamik wird auch an der mehrfach vorkommenden Konstruktion deutlich, die zwei Vertreter der Wortfamilie so aufeinander folgen lässt,[293] dass der jeweils vorgeordnete Beleg ein Empfangen bezeichnet und der zweite ein Weitergeben!

So etwa in 8,1f.:

8,1 γνωρίζομεν δὲ ὑμῖν, ἀδελφοί,
τὴν χάριν τοῦ θεοῦ
τὴν δεδομένην ἐν ταῖς ἐκκλησίαις τῆς Μακεδονίας
8,2 ὅτι ἐν πολλῇ δοκιμῇ θλίψεως
ἡ περισσεία τῆς χαρᾶς αὐτῶν
καὶ ἡ κατὰ βάθους πτωχεία αὐτῶν
ἐπερίσσευσεν εἰς τὸ πλοῦτος τῆς ἁπλότητος αὐτῶν.

In 8,2 wird mittels eines ὅτι-Satzes expliziert, was das in 8,1 artikulierte Gegeben-Sein der χάρις τοῦ θεοῦ bedeutet, nämlich dies, dass trotz Leiden die περισσεία τῆς χαρᾶς und die tiefe Armut überfließen in τὸ πλοῦτος τῆς ἁπλότητος.[294] Die περισσεία τῆς χαρᾶς ist dabei weniger im Kontrast zu einer bestimmten θλίψις zu sehen, sondern als Ausdruck der empfangenen Gnade und des Neuen Seins generell aufzufassen.[295] Diese Freude bleibt nun nicht bei sich, denn es wird weiter ausgeführt, wie diese und die tiefe Armut der Mazedonier überfloss in τὸ πλοῦτος τῆς ἁπλότητος bzw. „in den Reichtum ihrer Freigebigkeit"[296].

Kaum anders ist es in 8,7:

8,7 ἀλλ᾽ ὥσπερ ἐν παντὶ *περισσεύετε,*
πίστει καὶ λόγῳ καὶ γνώσει καὶ πάσῃ σπουδῇ
καὶ τῇ ἐξ ἡμῶν ἐν ὑμῖν ἀγάπῃ,
ἵνα καὶ ἐν ταύτῃ τῇ χάριτι *περισσεύητε.*

---

men in 2Kor – v.a. diejenigen in den Kollektenkapiteln – separat dar. Entsprechend differenziert diskutiert auch THEOBALD, Gnade, 63-166 (zu Röm).277-304 (zu 2Kor) die betreffenden Belege.

[292] Vgl. THEOBALD, Gnade, 35 (u.ö.); die im Text erwähnten Konstruktionen erwähnt er ebd., 35.40-42.279 (samt Anm. 4) u.ö.

[293] In 2Kor 8.2.7.14 und in 9,8. Zur Verkettung zweier περισσεύειν-Belege vgl. auch THEOBALD, Gnade, 41.279, der sich aber auf die Doppelung des Verbs beschränkt.

[294] Auch P.BACHMANN, 2Kor, 308, WOLFF, 2Kor, 166, nehmen die Fülle der Freude gemeinsam mit der tiefen Armut als Subjekt für den πλοῦτος τῆς ἁπλότητος an.

[295] So z.B. auch WOLFF, 2Kor, 167 („große, unerschütterliche Freude ... über das ihnen zuteil gewordene Heil"), GEORGI, Kollekte, 52f. („Für Paulus ist ‚Freude' nicht nur freudige Stimmung, sondern Heilsgabe, die zur neuen Schöpfung gehört") – auf GEORGI bezieht sich WITHERINGTON, Conflict, 413 –, LIETZMANN, 1/2Kor, 133 („Freudigkeit ἐν Χριστῷ").

[296] BETZ, 2Kor 8/9, 90. Vgl. nur THEOBALD, Gnade, 279 („‚Reichtum einer einfältigen Güte', die reich für andere ist.").

Zunächst wird den Korinthern eine Fülle an πίστις, λόγος, γνῶσις und σπουδή attestiert (– während noch zu klären bleibt, ob die erwähnte ἀγάπη auch zu dieser Fülle gehört oder die ihnen von Paulus entgegengebrachte bezeichnet)[297]. Diese Fülle wird mittels des Lexems περισσεύειν bezeichnet und selbstverständlich verdankt sich der Reichtum in diesen Dingen Gott selbst. Diese Fülle ist nicht Selbstzweck, sondern – wie der angefügte ἵνα-Satz deutlich macht – dazu bestimmt, wieder „überzufließen", und zwar in Form einer reichlichen Teilnahme an der Kollekte.

In 8,14 geht es dann um zweierlei περισσεύματα, die wiederum nicht als selbst zu verbrauchender Überfluss gedacht sind, sondern als reziproke Größen präsentiert werden:

8,14 ἐν τῷ νῦν καιρῷ
τὸ ὑμῶν *περίσσευμα* εἰς τὸ ἐκείνων ὑστέρημα
ἵνα καὶ τὸ ἐκείνων *περίσσευμα* γένηται εἰς τὸ ὑμῶν ὑστέρημα
ὅπως γένηται ἰσότης.

Die eine Personengruppe, welche in den Genuss des einen περίσσευμα kam, hat dieses jetzt der anderen Gruppe zugute kommen zu lassen, während die andere künftig das ihre den jetzigen Gebern zuwenden wird. Darin zeigt sich nicht nur der Gedanke des Zugute-Kommen-Lassens für andere, sondern auch die daraus resultierende Gegenseitigkeit, die Reziprozität. Dabei geht es keinesfalls um eine rein sachliche Ausgeglichenheit oder eine formal korrekte Entschädigung,[298] was schon daran zu erkennen ist, dass hier Geben und Nehmen wohl auf verschiedenen Ebenen liegen.[299] Überdies bezeichnet das für den hier entfalteten paradigmatischen Grundgedanken der Reziprozität gewählte Stichwort ἰσότης[300] nicht nur ein formales Gleichheitsprinzip, sondern auch den „Gedanke(n) des Miteinander-Verbunden-Seins" bzw. den „Grundsatz der Brüderlichkeit"[301]. Nicht ein vertraglich anmutendes Verhältnis ist das Thema, sondern eine Mutualität, welche die persönliche Ebene mit einschließt. Und sollte schließlich gar GEORGI damit Recht haben, dass ἐξ ἰσότητος in 8,13 nahezu identisch mit ἐκ θεοῦ zu verstehen wäre und somit von „der im göttlichen Ursprung liegenden, alles gleichmäßig ergreifenden Bewegung ... gesprochen werden" soll,[302] so zeigte sich in der Wiederholung von ἰσότης in 8,14 erneut jene

---

[297] Siehe dazu unten S.145f.

[298] Entsprechend äußert sich auch MARTIN, 2Cor, 266 („and it is not simply a human sense of 'fair shares' all round, conceived as an altruistic feature"). In der Regel wird aber nur die Gleichheit hervorgehoben, so etwa von FURNISH, 2Cor, 407f.419f., WOLFF, 2Kor, 173, BETZ, 2Kor 8/9, 127-132. PLUMMER, 2Cor, 244, klingt einerseits ganz ähnlich, spricht aber andererseits von „mutuality" und von „the same kind of service to the other", wobei m.E. „service" nicht als Vertragserfüllung zu verstehen sein dürfte.

[299] Siehe dazu unten S.148f.

[300] Ausführlich besprochen wird das Lexem bzw. das damit bezeichnete Konzept bei STÄHLIN, ἴσος, 343-356, GEORGI, Kollekte, 62f., BETZ, 2Kor 8/9, 127-131, JOUBERT, Paul, 140-144.

[301] BULTMANN, 2Kor, 257.

[302] GEORGI, Kollekte, 65. Nicht abgeneigt äußert sich MARTIN, 2Cor, 266, obwohl er dann hinzufügt „But this may be to overinterpret the text". Kritisch urteilen jedoch FURNISH, 2Cor, 407, WOLFF, 2Kor, 173 Anm. 68, JOUBERT, Paul, 141.

Bewegung, die von Gott ausgeht, Menschen ergreift und diese aufeinander zubewegt.

Das Gesagte wird schließlich noch durch die zweifache Verwendung von περισσεύειν in 9,8 bestätigt:

9,8 δυνατεῖ δὲ ὁ θεὸς
πᾶσαν χάριν *περισσεῦσαι* εἰς ὑμᾶς
ἵνα – ἐν παντὶ πάντοτε πᾶσαν αὐτάρκειαν ἔχοντες –
περισσεύητε εἰς πᾶν ἔργον ἀγαθόν.

Der Gedanke nimmt seinen Ausgangspunkt bei Gott selbst: δυνατεῖ δὲ ὁ θεός (– demnach geht es hier nicht um einen einfachen moralischen Appell sondern um einen theologischen Zusammenhang!). Darauf folgen zwei περισσεύειν-Belege, die jeweils mit εἰς gebildet sind. Diese Konstruktion zeigt schon rein formal eine Bewegung an, da von einer Sache die Rede ist, die von einem Ort zu einem anderen überfließt, bzw. von einer Größe, die in etwas anderem resultiert. Der erste Beleg, δυνατεῖ δὲ ὁ θεὸς πᾶσαν χάριν περισσεῦσαι εἰς ὑμᾶς, bringt die Fülle, die Menschen von Gott her zukommt ebenso zum Ausdruck wie die folgende Paronomasie[303] ἐν παντὶ πάντοτε πᾶσαν αὐτάρκειαν ἔχοντες. Der in 9,8b vorliegende ἵνα-Satz, in den die Paronomasie eingebettet ist, artikuliert dann das Weitergeben der empfangenen Fülle an andere Menschen: ἵνα ... περισσεύητε εἰς πᾶν ἔργον ἀγαθόν! Aus der selbst empfangenen Fülle resultiert eine Lebenshaltung, die von einer konsequenten, uneingeschränkten Zuwendung zu anderen, gekennzeichnet ist, welche hier als πᾶν ἔργον ἀγαθόν bezeichnet wird. In diesem Kontext erhält auch das Lexem αὐτάρκεια eine besondere, vom üblichen Gebrauch abweichende Bedeutung: Verstand man darunter in der Antike die Unabhängigkeit von anderen Menschen,[304] so bezeichnet Paulus damit an dieser Stelle nicht primär „having enough resources to be independent", sondern, dem Zusammenhang nach, v.a. „having enough resources to be able to help other people"[305].

Dieselbe Gedankenfigur liegt dann auch den paulinischen Ausführungen zur ἀγάπη in diesen Kapiteln zu Grunde:[306]

In 8,7 geht es zunächst um die Liebe des Apostels zu den Adressaten. Die dabei verwendete Ausdrucksweise ἡ ἐξ ἡμῶν ἐν ὑμῖν ἀγάπη,[307] die nicht selten

---

[303] Mit diesem Ausdruck wird der folgende Satzteil bezeichnet von Wolff, 2Kor, 186, Furnish, 2Cor, 441f.; zur Paronomasie an sich vgl. Blass/Debrunner/Rehkopf, Grammatik, § 488,1 (in Anm. 2 ist 2Kor 9,8 erwähnt), Ueding/Steinbrink, Grundriß, 281, Göttert, Rhetorik, 54f.

[304] Betz, 2Kor 8/9, 198f., unterscheidet dabei zwischen der sokratischen und einer breiteren Tradition; in der ersten werde die Autarkie durch Reduktion der eigenen Bedürfnisse erreicht, während in der anderen ein gewisser Besitzstand Vorbedingung für diese sei. Vgl. dazu auch Furnish, 2Cor, 442.447f.

[305] Furnish, 2Cor, 447.

[306] Auf eine Entsprechung zwischen χάρις und ἀγάπη weisen z.B. hin Bultmann, Theologie, 291 („In gleichem Sinne wie von der χάρις kann Paulus auch von der ἀγάπη [Gottes oder Christi] reden, und die Erwägung der Aussage über die ἀγάπη bestätigt das über die χάρις Ausgeführte"), Martin, 2Cor, 263.

[307] Ist τῇ ἐξ ἡμῶν ἐν ὑμῖν ἀγάπη zu lesen oder τῇ ἐξ ὑμῶν ἐν ἡμῖν ἀγάπη? Die erste Variante wird in NA, GNT und von den meisten neuen Kommentatoren bevorzugt, während in der älteren Literatur, z.B. bei Schmiedel, Kor/Thess, 260, Plummer, 2Cor, 238, die zweite den Vorzug er-

als schwierig empfunden wird,[308] bezeichnet dabei nicht nur „the love that we have for you"[309], sondern vielmehr eine Bewegung der Liebe: Sie geht zunächst von Paulus aus (ἐξ ἡμῶν), d.h. sie äußert sich in der Zuwendung des Apostels zu den Korinthern, worauf dann die zugewandte Liebe auf die Empfänger der Zuwendung übergeht, so dass sie zur „ἀγάπη ἐν ὑμῖν" wird![310] Oder anders gesagt: „Paulus denkt hier die wirkende Liebe als etwas aus dem Gemüthe des Liebenden Ausgehendes und in dem Geliebten Haftendes."[311] Während der Aspekt der Erwiderung der Liebe, also der Mutualität, hier bereits mitschwingen dürfte,[312] wird jedenfalls ein anderen Menschen zugewandtes Handeln in Form der Beteiligung an der Kollekte durch den anschließenden ἵνα-Satz als Manifestation einer wirklich vorhandenen Liebe hervorgehoben.

Ein solches Handeln wird dann in 8,8 als Ausdruck von τὸ τῆς ὑμετέρας ἀγάπης γνήσιον verstanden. Die Bedeutung des substantivierten Adjektivs γνήσιος zielt auf eine Art Rechtmäßigkeit, welche entweder aus einer bestimmten Herkunft entspringt[313] oder aber aus dem Aufweis, dass etwas „so ist, wie es seinem Wesen nach sein muß"[314]. Am Konnex zwischen 8,7 und 8,8 wird dabei deutlich, dass die Liebe „rechter Art" auf die Formulierung ἐξ ἡμῶν ἐν ὑμῖν ἀγάπη bezogen ist, also aus der von Paulus realisierten Liebe erwächst, und ihre „Rechtmäßigkeit" gerade daran sichtbar wird, dass sie sich – wie Paulus es tut – anderen zuwendet. Allein eine engagierte Beteiligung an der Kollekte kann also dem Wesen einer solchen Liebe entsprechen.[315]

Und schließlich 8,24: Die hier angesprochene ἔνδειχις τῆς ἀγάπης ὑμῶν ist insofern etwas „unscharf" als die exakten Adressaten des Liebeserweises nicht ganz klar sind. Der Vers steht zwar am Ende der Ausführungen zur Gesandtschaft und dürfte von daher in diesem Zusammenhang zu verstehen sein, markiert zugleich aber den Abschluss von 8,1-24, steht also im Zusammenhang mit dem ganzen Kapitel und insbesondere mit den beiden vorigen ἀγάπη-Belegen.[316] Demnach geht es hier zugleich um die „Liebe zum Apostel, zu Christus und zu den bedürftigen Jerusalemern"[317]. Dabei zeigt das imperativisch zu ver-

---

hält.
[308] Vgl. PLUMMER, 2Cor, 238 („The reading is doubtful, and the meaning in either case is not quite certain"), P.BACHMANN, 2Kor, 313, MARTIN, 2Cor, 262.
[309] FURNISH, 2Cor, 399.
[310] Ebenso BETZ, 2Kor 8/9, 113 („die Liebe, die von uns [ausging] und [nun] in euch ist"), MARTIN, 2Cor, 262 („the love I have inspired in you"), P.BACHMANN, 2Kor, 313.
[311] HEINRICI, 2Kor, 241.
[312] So PLUMMER, 2Cor, 238 („The love which wins love in return may be meant").
[313] PAPE, Handwörterbuch, 497, BAUER, Wörterbuch, 325.
[314] PAPE, Handwörterbuch, 497.
[315] Vgl. KLAUCK, 2Kor, 68 (trotz der Freiwilligkeit der Spende ist zu sagen: „Doch drängt die Liebe als Kriterium für die Authentizität des Charismas ... von selbst auf ihre Realisierung durch die Tat. Das ist ihr Prüfstein").
[316] Vgl. dazu auch BETZ, 2Kor 8/9, 153-159, der 8,24 als *peroratio* eines eigenständigen Briefes auffasst und somit diesen Vers als „die Zusammenfassung des Briefes" und als „eine abschließende Aussage über seinen Zweck" (ebd. 153) versteht.
[317] WOLFF, 2Kor, 179. Diese Verflechtung wird auch von anderen erkannt. KLAUCK, 2Kor, 72, sieht den Zusammenhang zwischen den Boten und den Gemeinden.

stehende Partizip ἐνδεικνύμενοι[318] erneut an, dass eine solche Liebesäußerung notwendig zur empfangenen Liebe dazugehört.

Die Gedankenfigur einer von Gott „getragenen" Bewegung der Zuwendung bildet sich dann auch in den Bemerkungen zu den Hauptpersonen in diesem Kapitel ab.

Bei den oben im Zusammenhang mit der χάρις besprochenen Bemerkungen zu den Mazedoniern (8,1-5),[319] wurde bereits deutlich, dass die von Gott ausgehende χάρις auf sie übergeht und sie zur Weitergabe derselben, also zur Verwirklichung der χάρις in Form einer Beteiligung an der Kollekte bewegt. Zur Darstellung dieses Sachverhalts wird dabei nicht nur von dem Verb περισσεύειν Gebrauch gemacht, sondern überdies das Lexem ἁπλότης benutzt (8,2), welches „das antike Ideal des einfachen Lebens"[320] bezeichnet. „Nach diesem kulturellen Ideal erwartet man von Leuten, die das einfache Leben leben, dass sie sich freigebig und in ihrer Gastfreundschaft großzügig zeigen", wozu sie durch „das Geschenk der Gnade Gottes ... befähigt" sind, denn man war „in der Antike der Ansicht, daß die Großzügigkeit einfacher Leute immer eine Erwiderung göttlicher Gnade war".[321] Diesem Ideal entsprechen die Mazedonier zweifellos! Entsprechend ist die Wahl des Lexems αὐθαίρετος (8,3) zu verstehen. Es ist ein Kompositum aus αὐτός und αἱρεῖν und bedeutet „selbst-gewählt" bzw. „aus eigenem Antrieb"[322], d.h. nicht durch menschliche „Fremdeinwirkung" erzwungen. Nach dem bislang Gesagten ist allerdings klar, dass es dabei weniger um die Betonung einer autonomen Entscheidung geht, sondern darum, dass die Gnade Gottes, welche ἐν (!) ταῖς ἐκκλησίαις τῆς Μακεδονίας gegeben ist, so in den Mazedoniern aufging, dass sie zu ihrem eigenen Antrieb geworden ist.[323]

Auch die Bemerkungen zu Titus in 8,16f. sind von der entscheidenden Gedankenfigur bestimmt. Zunächst wird Gott als Ausgangspunkt für des Titus σπουδή kenntlich gemacht: „In typically Pauline fashion he ascribes this impulse to God's working in Titus' heart"[324]. Das durch Gott Gegebene geht dann auf Titus über und wird sozusagen ein Teil seiner selbst. Dies zeigt sich zunächst in der Präposition ἐν in der Wendung διδόναι ἐν τῇ καρδίᾳ Τίτου, welche, wie oben schon gesagt, „implies that whatever is given remains where

---

[318] So etwa WOLFF, 2Kor, 179 Anm. 113; vgl. auch FURNISH, 2Cor, 425, BETZ, 2Kor 8/9, 154, die beide darauf hinweisen, „dass das Partizip gemäß dem semitischen Idiom auch für einen Imperativ stehen kann" (Zit. BETZ).

[319] Siehe oben S.137ff.

[320] So BETZ, 2Kor 8/9, 91 Anm.36; er verweist dabei auf DANKER, Benefactor, 323-36; BACHT, Einfalt, RAC 4 [1959], 821-40.

[321] BETZ, 2Kor 8/9, 91f.; vgl. dazu auch FURNISH, 2Cor, 400 („The genitive, *tes haplotetos*, is epexegetical, describing the Macedonians' wealth as their generosity"), MARTIN, 2Cor, 253, WOLFF, 2Kor, 167.

[322] BETZ, 2Kor 8/9, 92; andere Übertragungen des Lexems entsprechen der gebotenen, auch wenn sie nicht wörtlich identisch sind, so etwa bei WOLFF, 2Kor, 167 („aus eigener Wahl"), KLAUCK, 2Kor, 67 („ganz von sich aus"), BAUER, Wörterbuch, 242 („freiwillig").

[323] Vgl. dazu nur GEORGI, Kollekte, 59: „Den Versen liegt alles an der inneren Beteiligung der Mazedonier und an deren Begründung in Gottes Willen."

[324] MARTIN, 2Cor, 273.

it is placed"[325]. Dasselbe zeigt sich auch in der partizipialen Wendung τῷ δόντι,[326] welche ein grundlegendes Faktum der Vergangenheit ausdrückt: Die σπουδή wurde bereits in des Titus Herz gelegt und ist nun vorhanden:[327] „d.h. sein ganzes inneres Wesen ist davon bestimmt"[328]. Das von Gott Empfangene, die σπουδή, gilt dann freilich anderen: Titus lebt ὑπὲρ ὑμῶν, er lässt das Empfangene anderen zugute kommen. Dabei entspricht er der Intention des Paulus, denn die Wendung ἡ αὐτὴ σπουδή meint zweifellos eine Kongruenz zu dessen σπουδή.[329] Die Gedankenfigur ist deutlich: „Titus wird demnach wie Paulus von Gott dazu getrieben, zum Wohl der Korinther zu leben"[330]. Dabei spielt wiederum, wie schon bei den Ausführungen zu den Mazedoniern, das Wörtchen αὐθαίρετος (8,17) eine Rolle, da es auch hier nicht primär um eine autonome Entscheidung geht, sondern darum, dass Gottes „Impetus" von des Titus Willen aufgenommen wurde.[331] Entsprechend sind dann auch die Bezeichnungen, die in 8,23 für Titus verwendet werden: Er erscheint als ὁ κοινωνὸς ἐμός, eine Ausdrucksweise, mit der die Reziprozität bezeichnet wird, welche den Apostel und Titus verbindet,[332] und zugleich als ὁ εἰς ὑμᾶς συνεργός (vgl. 1,24 und 6,1), was seine Partizipation am Zugute-Kommen-Lassen des Apostels bezeichnet.

Schließlich weist das vom Absender in 9,12-14 skizzierte voraussichtliche Verhalten der Kollektenempfänger – ob es dann so war oder nicht, ist hier nicht von Bedeutung – dieselben Züge auf. Sie nehmen das zu Empfangende zum Anlass, Gott für dieses ebenso wie für die Spender zu danken. Dank allein genügt allerdings nicht, sondern damit einher geht auch die Verwirklichung der zugehörigen Reziprozität. Dies zeigt sich zunächst darin, dass dem in 9,13 formulierten Dank der ἅγιοι dann im nächsten Vers auch die Fürbitte für die Spender hinzugefügt wird,[333] welche zweifellos den Gebern „zugute kommt" und somit als eine Antwort auf das Empfangene bzw. als eine Gegengabe aufzufassen ist,[334] so dass sich Mutualität ergibt. Bereits im „Vorfeld", in 8,13f., hat Paulus diese hier in Aussicht gestellte Mutualität unter dem Stichwort ἰσότης besprochen, denn indem er dort „keine zeitliche Unterscheidung vornimmt" dürfte er nicht „an eine spätere finanzielle Gegenleistung seitens der

---

[325] PLUMMER, 2Cor, 247; siehe auch oben S.138 samt Anm.274.

[326] Die aoristische Lesart favorisieren NESTLE-ALAND, NT[26], FURNISH, 2Cor, 421, KLAUCK, 2Kor, 70, LIETZMANN, 1/2Kor, 134/136. Für die präsentische Lesart votieren WOLFF, 2Kor, 246, PLUMMER, 2Cor, 246f., MARTIN, 2Cor, 271.

[327] Daran würde sich auch nichts ändern, wenn man die Präsens-Lesart bevorzugen würde, denn indem PLUMMER, 2Cor, 247, „perpetually" und WOLFF, 2Kor, 176, „beständig" in ihren Übertragungen zur gegebenen σπουδή einfügen, wird deutlich, wie diese letztlich „sein ganzes inneres Wesen ... bestimmt" (WOLFF, 2Kor, 176).

[328] WOLFF, 2Kor, 176.

[329] Ebenso PLUMMER, 2Cor, 247, MARTIN, 2Cor, 273, WOLFF, 2Kor, 176.

[330] WOLFF, 2Kor, 176.

[331] Vgl. BETZ, 2Kor 8/9, 133: Titus' Eifer gehe „auf eine göttliche Inspiration" zurück.

[332] Vgl. MARTIN, 2Cor, 277: „κοινωνός; the word describes personal relationship".

[333] Die Wendung δέησις ὑπὲρ ὑμῶν wird als Fürbitte aufgefasst von BETZ, 2Kor 8/9, 224, WOLFF, 2Kor, 189, KLAUCK, 2Kor, 76, FURNISH, 2Cor, 452,

[334] Von Antwort bzw. *response* sprechen auch KLAUCK, 2Kor, 76, FURNISH, 2Cor, 452.

Urgemeinde" gedacht haben, sondern an eine „sogleich erfolgende, geistliche Entgeltung",[335] und eben diese wird hier nun in 9,13f. artikuliert.[336] Darüber hinaus zeigt sich die Reziprozität auch am „Gemeinschaftswillen", dem die „Jerusalemer ... in der Sehnsucht nach der persönlichen Begegnung" mit den Gebern Ausdruck verleihen (9,14), sodass „ein Geben und Nehmen an geistlichen Gütern ..., ein ständiges Hin- und Herfließen der reichen Begnadungen" zustande kommen kann.[337] Dabei sind diese Aspekte gerahmt durch den Hinweis auf die von Gott zuströmende χάρις in 9,8 einerseits und das Syntagmem χάρις τοῦ θεοῦ in 9,14 sowie den χάρις-Spruch in 9,15 andererseits, so dass die davon „eingeschlossenen" Bemerkungen als Ausdruck der χάρις selbst erscheinen.[338]

Konnte bislang deutlich gemacht werden, dass die Ausführungen des Apostels in den Kollektenkapiteln von derselben Gedankenfigur bestimmt sind wie die „exponierten Textstellen",[339] so wird dies insbesondere durch den Abschnitt 9,6-15, der sowohl die Kollektenkapitel als auch Texteinheit C abschließt, nachdrücklich bestätigt. Der hier anhand der agrarischen Bilder und der Reaktion der Kollektenempfänger dargestellte Zusammenhang von Gottespräsenz, Empfangen, Geben und Dank ist gerade durch die Stellung als Text(einheits)-abschluss im Sinne einer Klimax zu verstehen, zumal sich Paulus hier gerade der semantischen Mittel bedient, anhand derer die bestimmende Gedankenfigur bislang expliziert werden konnte, wie etwa die χάρις (9,8.14f.), das Verb περισσεύειν (9,8[2-mal].12), das Lexem ἁπλότης (9,11.13) und der zu αὐθαίρετος synonyme Ausdruck μὴ ἐκ λύπης ἢ ἐξ ἀνάγκης (9,7).[340]

---

[335] Die eingeflochtenen Zitate stammen von Wolff, 2Kor, 173. Vgl. Joubert, Paul, 140-144: Bei der hier thematisierten Reziprozität kommt es v.a auf den Ausgleich an sich an, weniger darauf, ob materiell oder geistlich (– nur: erfolgen *muss* er [vgl. ebd., 149f.]), wobei gegenwärtig seitens der Jerusalemer v.a. letzteres zu erwarten ist.

[336] Ein Zusammenhang zwischen der ἰσότης (8,13f.) und dem Verhalten der Kollektenempfänger (9,13f.) wird auch gesehen von Theobald, Gnade, 286, Joubert, Paul, 142f.

[337] Die eingeflochtenen Zitate stammen von Klauck, 2Kor, 76. Vgl. auch Witherington, Conflict, 421 („The ideal state of affairs is an equality achieved by free giving and receiving, by a sharing in common"), Theobald, Gnade, 300f.

[338] Martin, 2Cor., 286f., destilliert in diesem Passus drei Motive: „generosity is a hall-mark of this appeal", die Kollekte als „Paul's exposition of the Christian life which falls into the pattern of 'grace/gratitude'" und schließlich die Kollekte als „vehicle to demonstrate how ... the collection will act as a sign of unity"; zusammen genommen ergäben sich daraus die bislang erarbeitete Gedankenfigur.

[339] Ist die Kollekte in der Tat eine spezifische Ausformung jener genuin theologischen Gedankenfigur, dann ist nicht allein Joubert, Paul, 17-72, insofern zu kritisieren als er der antiken Praxis des „social exchange" einen größeren Einfluss auf die Konzeption des Kollektenprojekts einräumt als der theologischen Reflexion (ebd. 150-153, benennt er „aspects of social reciprocity", die in der theologischen Reflexion wirksam sind), sondern auch die von ihm (ebd. 1-5) kritisierte Ansicht, die Kollekte sei v.a. ein theologisches Sonderprogramm zu besonderen Demonstrationszwecken (z.B. Demonstration der Einheit von Juden und Christen, der Legitimität der Heidenmission etc.).

[340] Entsprechend formuliert Theobald, Gnade, 292, zum Duktus von 9,6-15: „Die Paraklese V8-14, die in die Danksagung V15 einmündet, beschreibt demnach eine große *Bewegung, die in Gott ihren Ursprung hat und über die Menschen und ihre Aktionen sich wieder zu ihm zurückwendet.*"

Die Nicht-Verwirklichung als Problem der Korinther

Selbstverständlich lässt Paulus seine Argumentation gerade deshalb von jener Gedankenfigur bestimmt sein, weil er sie bei den Adressaten realisiert sehen möchte. So wurde bereits anhand von 5,16ff. und 6,1f. deutlich, dass die von ihr bestimmten Ausführungen des Apostels in direkter und indirekter Weise auf deren Verwirklichung bei den Adressaten drängten. Entsprechendes zeigt sich auch hier in den Kollektenkapiteln.

Das in 6,1 zu erkennende Grundmuster der korinthischen Problematik, ein Empfangen ohne Auswirkungen, wird von Paulus hier an verschiedenen Stellen offen adressiert: Paulus kann von der χάρις τοῦ θεοῦ ἐφ' ὑμῖν (9,14) sprechen und zugleich Titus senden, ἵνα ... καὶ ἐπιτελέσῃ εἰς ὑμᾶς καὶ τὴν χάριν ταύτην (8,6); er kann auf die ἐξ' ἡμῶν ἐν ὑμῖν ἀγάπη hinweisen (8,7) und zugleich die ἔνδειξις τῆς ἀγάπης ὑμῶν (8,24) einfordern; er kann die bei den Korinthern gegebene Fülle thematisieren – ἐν παντὶ περισσεύετε (8,7) und πᾶσαν χάριν περισσεῦσαι εἰς ὑμᾶς bzw. ἐν παντὶ πάντοτε πᾶσαν αὐτάρκειαν ἔχοντες (9,8) – und jeweils unmittelbar anschließend zu einem entsprechenden Weitergeben auffordern: ἵνα καὶ ἐν ταύτῃ τῇ χάριτι περισσεύητε (8,7b) bzw. ἵνα περισσεύητε εἰς πᾶν ἔργον ἀγαθόν (9,8b); und schließlich kann er die Korinther darauf hinweisen, dass sie durch Christus „reich" gemacht wurden (8,9), um sie dann dazu zu ermahnen, endlich ein entsprechendes Tun bzw. Verhalten zu realisieren (8,10f.).

Dabei ist zu erkennen, dass Paulus gerade die von jener Gedankenfigur bestimmte – und oben bereits besprochene –[341] Darstellung gewisser Personen-(gruppen) konsequent dazu nutzt, die Korinther auf das an dieser Stelle – und eben skizzierte – Defizit hin anzusprechen. So präsentiert er zunächst mit den Mazedoniern ein mustergültiges Modell für das wünschenswerte Verhalten,[342] woraus er eine direkte Aufforderung an die Korinther „ableitet":

8,6 εἰς τὸ παρακαλέσαι ἡμᾶς Τίτον,
       ἵνα καθὼς προενήρξατο
       οὕτως καὶ ἐπιτελέσῃ εἰς ὑμᾶς καὶ τὴν χάριν ταύτην.

Mittels εἰς τὸ mit Infinitiv[343] wird als unmittelbare Folge[344] des über die Mazedonier Gesagten die Sendung des Titus begründet, die der vollständigen Durchführung der χάρις – bzw. der Kollekte als „Konkretion" der χάρις – bei den Korinthern dienen soll. Damit entsteht ein direkter Zusammenhang zwischen den Ausführungen über die Mazedonier und der Sammlung in Korinth,

---

[341] Siehe dazu oben S.147ff.

[342] Siehe dazu oben S.(137f.)147, und vgl. überdies Betz, 2Kor 8/9, 87 („Modell"), Joubert, Paul, 139 („exemplary behaviour").

[343] Siehe dazu oben. S.108 samt Anm.144.

[344] Es ist etwas verwunderlich, dass Betz, 2Kor 8/9, 105, sagen kann: „Das *exordium* schloß in V.5; mit V.6 beginnt etwas Neues"; inhaltlich mag das so scheinen, aber syntaktisch gehören die Verse zusammen, denn nach Hoffmann/von Siebenthal, Grammatik, §226a hat der „AcI mit vorangestellter Präposition ... adverbiale Funktion ...: er erscheint in der deutschen Übersetzung meist als adverbialer Nebensatz"; vgl. auch Blass/ Debrunner/Rehkopf, Grammatik, §402.2. Tatsächlich wird 8,6 auch meist in Form eines Nebensatzes von 8,5 übersetzt, so etwa von Wolff, 2Kor, 166, P.Bachmann, 2Kor, 312, Martin, 2Cor, 248.

wobei die Zuspitzung der Ausführungen auf die Adressaten als eigentliches Ziel der vorausgegangenen fünf Verse zu verstehen ist. Eben dies wird noch einmal durch 8,8 unterstrichen: Paulus begründet hier mit dem Fleiß anderer – und damit sind zweifellos die zuvor genannten Mazedonier gemeint –[345] seinen Versuch, die Echtheit der Liebe der Korinther zu überprüfen. Damit ist alles über die Mazedonier Gesagte allein im Blick auf die Korinther gesagt![346]

In entsprechender Weise formuliert und „nutzt" Paulus auch die Darstellungen der übrigen Personen. So sagt er zunächst von Titus, er sei von sich aus (αὐθαίρετος) zu den Korinther gereist (8,17) – und die Adressaten wissen bereits, was sie zu ergänzen haben: um das Angefangene zu vollenden, um dem Defizit der Korinther abzuhelfen. Eben dieser Aufgabe dient auch die Gesandtschaft. Nachdem Paulus sowohl Titus als auch seine Begleiter vorgestellt und gerühmt hat, formuliert er offen und direkt: „Erbringt den Beweis eurer Liebe und zeigt, dass wir euch zu Recht vor ihnen gerühmt haben!" – Unschwer ist hinter der persuasiven Abfolge der Präsentationen „vorbildlicher" Personen und daraus resultierendem Appell an die Korinther, die eben gerühmte Haltung selbst einzunehmen, das „Problemmuster" von 6,1f. zu erkennen!

Abgesehen von dieser direkten argumentativen Nutzung hat freilich schon die Art und Weise, wie die „mustergültigen" Personen präsentiert werden, eine eigene, eher indirekte Wirkung. Die betreffenden Darstellungen entsprechen dem, was man in der Rhetorik als *exemplum*[347] zu bezeichnen pflegte. Nach der rhetorischen Theorie werden *exempla* dazu verwendet, um das in der Rede Intendierte zu unterstreichen, wobei das *exemplum* lediglich eine Veranschaulichung sein kann oder aber, wie im Falle eines *encomium*, ein lobendes Beispiel,[348] das die Hörer dazu herausfordern soll, sich das im *exemplum* zum Ausdruck kommende Verhalten zu eigen zu machen.[349] Dass eine solche exemplarische und damit auch appellative Funktion den Aussagen über die Mazedonier und Titus zukommt, wurde schon hinreichend deutlich, gilt aber auch für die Gesandtschaft. So ist etwa der Hinweis auf die πεποίθησις des zweiten Bruders „zugleich ein indirekter Appell an die Gemeinde, diese Erwartung (d.h. dass sie sich rege an der Sammlung beteilige / U.S.) nicht zu enttäuschen"[350]. Vor allem aber verkörpern sie die wünschenswerte Mutualität zwischen den

---

[345] Vgl. nur WOLFF, 2Kor, 171, BETZ, 2Kor 8/9, 115.

[346] Siehe dazu nur FURNISH, 2Cor, 416: „In any event, Paul assures the Corinthians that his remarks about the earnestness of the Macedonians (8:1-5) have been directed only at the verification of their own love."

[347] Aus den Quellen siehe z.B. Aristot., rhet. 1,2,8-10; 2,20,1-9 u.ö., Cic., inv. 1,12,16; 1,30,49; 1,33,55; 1,47,89 u.ö. im zweiten Buch, Quint., inst. 5,11,6 u.ö. Vgl. dazu als Zusammenfassung UEDING/STEINBRINK, Grundriß, 248-250; bei BETZ, 2Kor 8/9, 86 Anm. 5, finden sich etliche Literaturangaben.

[348] Vgl. BETZ, 2Kor 8/9, 86.

[349] JOUBERT, Paul, 173-176, meint, das Exempel der Mazedonier motiviere weniger eine (bloße) Nachahmung als vielmehr eine Art „contest" bzw. „implicit rivalry" (zumal die antike Gesellschaft „most forms of social interaction" in „agonistic contests" verwandelt habe), so dass die Korinther dazu herausgefordert würden, „not merely to match the behaviour of Macdeonia, but to actually surpass it."

[350] WOLFF, 2Kor, 179.

Menschen. Zumindest vordergründig[351] lässt Paulus hier das Bild einer einträchtigen weltweiten Kirche entstehen, indem die ἐκκλησίαι, repräsentiert durch zwei nicht namentlich genannte Brüder,[352] sowie Titus und Paulus in Einklang miteinander agieren. Dabei bildet sich nicht nur in dieser „großen Koalition" die von den Korinthern erwartete Reziprozität bzw. Mutualität ab, sondern auch in der Art und Weise, wie die beiden Brüder die übrigen Gemeinden mit Paulus verbinden[353]. Schon allein die schriftliche Darstellung dieser *exempla*, dann aber auch die persönliche Begegnung zwischen diesen und den Korinthern soll letztere zur Verwirklichung desselben Verhaltens bewegen.

Dabei ist mit dem Stichwort „Lob" (ἔπαινος), das einem der Brüder in „allen" Gemeinden zuteil wird (8,18), ein Hinweis gegeben auf eine weitere – bereits thematisierte – persuasive Strategie: die *rhetoric of honor and shame*.[354] Schon das Beispiel der Mazedonier hat etwas Beschämendes für die Korinther. Während sich bei jenen sogar in Bedrängnis und Armut ein πλοῦτος τῆς ἁπλότητος einstellte und sie sich reichlich an der Kollekte beteiligten, bringen es die Korinther nicht fertig, in ihrem Reichtum – der ja in diesen Kapiteln gleich mehrfach zur Sprache kommt –, zu Großzügigkeit zu gelangen. Wie kläglich mussten jedem Betrachter die Korinther neben den Mazedoniern erscheinen! Zum Glück für die Korinther gab es im Moment der Abfassung dieses Briefes noch keine Beobachter, welche diesen Sachverhalt hätten wahrnehmen können, außer Titus und Paulus. Würden die Korinther das Dargestellte für sich als Schande empfinden, könnten sie ihr Verhalten ändern, und nichts würde bekannt werden. Nun droht aber die Angelegenheit öffentlich zu werden, da sich die Gesandtschaft bereits im Anmarsch befindet und die Korinther sich der oben angesprochenen „großen Koalition" gegenüber sehen. Vor ihnen wird sich nichts verbergen lassen. Hat sich bislang bei den Korinthern nicht die persönliche Einsicht eingestellt, so soll nun die Aussicht auf eine öffentliche Blamage sie zur Änderung bewegen.

Diese Strategie, ein beschämendes Szenario anzudeuten, ist dann auch in 9,12f. zu finden. In präsentischen Formulierungen spricht Paulus vom sich bereits gegenwärtig ereignenden Dank anderer Gemeinden für die Korinther und ihre διακονία, ὑποταγή und ἁπλότης. Nach allem bisher über die Korinther Gesagten kann dies unmöglich im wörtlichen Sinn verstanden werden. Wenn Freigebigkeit ein Charakteristikum der ἁπλότης ist[355] – und man gar den Hinweis auf die Gefährdung derselben in 11,3 mit berücksichtigt –,[356] dann kann

---

[351] Vgl. die Erörterungen bei BETZ, 2Kor 8/9, 135-147, im Verlauf derer er in den Versen 8,16-22 etliche kritische Klänge ausmachen kann. Vgl. auch MARTIN, 2Cor, 272f.

[352] Obwohl man von dem einen den Eindruck hat, er stamme aus dem Umfeld des Paulus (8,22), so werden in 8,23 doch beide als ἀπόστολοι ἐκκλησιῶν bezeichnet.

[353] HAINZ, Ekklesia, 152, sieht darin ein relationales Konzept, in dem die beiden nicht nur mit den entsendenden Kirchen verbunden sind, sondern gar im Auftrag des Hauptes der Kirche handeln; MARTIN, 2Cor, 273, schließt sich ihm an.

[354] Siehe dazu oben S.90.

[355] Siehe dazu oben S.147.

[356] Siehe dazu unten S.191ff.

man den Korinthern diese Eigenschaft unmöglich zugestehen.[357] Gerade auch im unmittelbaren Kontext wird deutlich, wie das Geben als Resultat aus dem Empfangen noch aussteht. In 9,8 wird gefordert, ἵνα περισσεύητε εἰς πᾶν ἔργον ἀγαθόν, und in 9,11 folgt auf die Situationsbeschreibung ἐν παντὶ πλουτιζόμενοι die Formulierung der noch ausstehenden Folge: εἰς πᾶσαν ἁπλότητα. Damit ist klar, dass die in 9,13 genannten Gegenstände des Danks der πολλοί noch *ausstehende* Größen sind. Das in 9,12-15 Gesagte entspricht also nicht der gegenwärtigen Realität und ist somit als „positive Verzeichnung" zu verstehen.[358] Diese ist gezielt eingesetzt. Zum einen wird so – wie bereits in 1,6f. –[359] ein erhofftes Zukunftsbild skizziert,[360] das die Korinther antreiben mag (*honor*).[361] Zum anderen ist dies, dass andere Gemeinden Gott hinsichtlich der Korinther für etwas danken, das bei diesen z.Zt. noch gar nicht gegeben ist, ein erneuter Hinweis auf eine mögliche Blamage (*shame*). Wenn die Korinther dieser entgehen wollen, muss dringend etwas geschehen.

Dass nun die Diagnose, die Korinther seien Nutznießer der göttlichen Bewegung ohne selbst Bewegte zu werden, neben den Ausführungen in den exponierten Textstellen auch diejenigen zur Kollekte bestimmt, weist darauf hin, dass Paulus die korinthische Verweigerungshaltung im Blick auf die Sammlung als ein weiteres Symptom desselben Grundproblems auffasst. Dementsprechend lässt Paulus durch die Verwendung bestimmter Lexeme, die andere Textsegmente „abrufen", seine Ausführungen immer wieder transparent werden auf anderswo im Brief verhandelte Themen, sodass die hier besprochene Problematik tatsächlich in einen Zusammenhang mit anderen Problemen der Korinther zu stehen kommt.

So gesteht etwa der Apostel neben sich selbst nur den Mazedoniern ein Handeln διὰ θελήματος θεοῦ zu (8,5; 1,1), das zugleich hier wie dort durch die Begriffe ἁπλότης und χάρις τοῦ θεοῦ gekennzeichnet wird (1,21; 8,1f.). Beide erleben θλῖψις,[362] wobei dieses Erleben nicht nur von χαρά begleitet ist (2,3f.; 7,4; 8,2), sondern auch von einer Armut, die andere reich macht: So sagt Paulus von sich bzw. den *Wir*, sie seien πτωχοὶ πολλοὺς δὲ πλουτίζοντες (6,10), und von den Mazedoniern, ihre πτωχεία sei übergeströmt in den πλοῦτος τῆς ἁπλότητος αὐτῶν (8,2). Darin sind sie gemeinsam sogar Christus gleich, denn in 8,9 wird von dessen Armwerden gesprochen, das andere reich macht. Auf Grund dieser Rückbezüge tritt noch markanter hervor, was

---

[357] So auch LIETZMANN, 1/2Kor, 139: „wie ja alles in diesen zwei Kapiteln der ἁπλότης entbehrt".

[358] Vgl. LIETZMANN, 1/2Kor, 139 (spricht von einem „nicht wegzuwischende[n] Eindruck, daß Paulus hier die Korinther übertrieben lobt"), WOLFF, 2Kor, 184 („In V.10b-15 formuliert Paulus mit einer Begeisterung, als hätten sich die Korinther bereits an der Kollekte in einer verschwenderischen Fülle beteiligt und als wäre ihre Gabe schon im Besitz der Jerusalemer Gemeinde").

[359] Siehe dazu oben S.(106.).110f.

[360] So sprechen die meisten Exegeten davon, dass die präsentischen Formulierungen und die Liste der Eigenschaften, für welche die Jerusalemer danken werden, Ausdruck des Apostels Zuversicht seien; vgl. nur FURNISH, 2Cor, 451 („Paul's strong confidence that God will direct and enable the Corinthians to contribute generously to the collection is still evident in v.13").

[361] JOUBERT, Paul, 147, spricht stattdessen von „implicit pressure".

[362] Paulus: 1,4.8; 2,4; 4,17; 6,4; 7,4; Mazedonier: 8,2.

den Korinthern abgeht: Sie müssen zur Zuwendung zu anderen ermahnt werden. Nach 9,13f. ist ihre ἁπλότης lediglich Gegenstand der Erwartung und nach 11,3 gar gefährdet![363] Während die Mazedonier regelrecht darum baten, an der κοινωνία τῆς διακονίας teilnehmen zu dürfen (8,4), steht nicht nur der Korinther κοινωνία mit den anderen Gemeinden noch aus (9,13f.), sondern sie müssen sich auch eine Warnung vor einer falschen κοινωνία gefallen lassen (6,14b). Selbst die korinthischen Vorbehalte gegen Paulus werden durch die in diesen textuellen Verknüpfungen verwendeten Termini wieder ins Blickfeld gerückt, erinnern sie doch daran, dass nicht nur die Beauftragung des Apostels διὰ θελήματος θεοῦ und seine ἁπλότης bei den Korinthern erheblichem Verdacht unterliegt, sondern auch – und daran erinnern die Bemerkungen zum Arm- und Reich-Sein – sein Verhältnis zum Geld (2,17; 8,21; 11,7-9), wobei gerade diese Begrifflichkeit auch einen Rückbezug auf 6,10 evoziert und somit die 6,8b-10 thematisierten Verdächtigungen gegenüber Paulus in Erinnerung bringt.

Auf ähnliche Weise wird das Thema der Kollekte mit den Defiziten der Korinther und mit dem größeren Kontext des Briefganzen bei den *exempla* Titus und Gesandtschaft verbunden. Hinsichtlich des Titus zeigt sich dies v.a. an den ihm zugestandenen Bezeichnungen: Τίτου, κοινωνὸς ἐμὸς καὶ εἰς ὑμᾶς συνεργός (8,23). Über den Ausdruck κοινωνός entsteht ein Zusammenhang mit 1,7; 6,14; 8,4; 9,13, in denen es um die Gemeinschaft der Korinther mit Paulus bzw. anderen Gemeinden geht – und zwar jeweils in problematischer Weise. Während des Titus κοινωνία mit Paulus unbestritten ist, steht es um die Gemeinschaft zwischen den Korinthern und dem Apostel äußerst schwierig, denn in 1,7 ist sie lediglich Gegenstand der ἐλπίς,[364] und in 6,14 erscheint sie als gefährdet[365]. Dabei sind an die κοινωνία jeweils bedeutende Konsequenzen geknüpft: Das eine Mal hängen davon παράκλησις und σωτηρία ab (1,6f.),[366] das andere Mal sogar die Gegenwart Gottes (6,14-18)[367]! Auch die Wendung ὁ εἰς ὑμᾶς συνεργός (8,23) „re-aktiviert" zurückliegende Stellen: In 1,24 bezeichnet Paulus die *Wir* als συνεργοί der Freude der Korinther, und in 6,1 als συνεργοῦντες des Versöhnungswerkes Gottes. Beides sind „modellhafte" Darstellungen des Paulus (da er jeweils den Korinthern zugute handelt), welche die Korinther kritisch daran erinnern, dass sie nicht solipsistisch bzw. autark existieren,[368] sondern sehr wohl von (dem momentan missliebigen) Paulus empfangen haben. Indem Titus dasselbe Attribut erhält, werden die Korinther erneut an diesen Sachverhalt erinnert, und dies umso mehr als Titus bereitwillig ein

---

[363] Zu 9,13f. siehe oben S.152 und zu 11,3 unten S.192.

[364] Siehe dazu oben S.112f.

[365] Siehe dazu unten S.159.

[366] Siehe dazu oben S.109f.

[367] Siehe dazu unten S.(164f.)173f.

[368] Angesichts der bereits 1,1b zu erkennenden Neigung der Korinther, sich gegenüber der Gesamtkirche abzusetzen (siehe oben S.89f.), dürfte Paulus mit dem 9,8 verwendeten Lexem αὐτάρκεια auf diese Neigung Bezug nehmen und zugleich, indem er das Lexem gegen die gängige Bedeutung benutzt (siehe oben S.145 samt Anm.304), kritisieren.

παρακαλεῖν entgegen nimmt (8,6.17), während die Korinther dazu aufgefordert werden müssen, sich ein solches gefallen zu lassen (13,11).[369]

Entsprechendes zeigt sich in der Darstellung der Gesandtschaft. Natürlich soll sie die Sammlung bei den Korinthern zu Ende führen; zugleich aber wird mehr angezeigt. Hat das Lexem ἐκκλησία im achten Kapitel allein schon aufgrund der Häufung einen besonderen Stellenwert,[370] so erst recht auf der praktischen Ebene. Die zwei nicht namentlich genannten Brüder stehen in einem engen und erfreulichen Zusammenhang mit den ἐκκλησίαι: Des einen Lob geht durch alle ἐκκλησίαι (8,18), er wurde von den ἐκκλησίαι zum Begleiter des Paulus eingesetzt (8,19), und beide sind sie ἀπόστολοι ἐκκλησιῶν (8,23). Diese Brüder sollen nun durch ihr Kommen auch eine Begegnung zwischen jenen Gemeinden und den Korinthern herbeiführen. Indem die Korinther diesen Abgesandten Liebe erweisen (8,23f.), bringen sie diese letztlich den sendenden Kirchen selbst entgegen.[371] Diese Thematik erinnert an 1,1b![372] Bereits dort klang das Verhältnis der Korinther zur Gesamtkirche an! Frappant ist dabei v.a. die strukturelle Entsprechung zwischen dem in 8,23f. geforderten „zweigliedrigen" Liebeserweis und 1,1, denn an beiden Stellen geht es um dieselben zwei Verhältnisbestimmungen: Wie in 1,1a Paulus und ein Bruder (Timotheus) die Gemeinde in Erwartung einer positiven Reaktion adressieren,[373] so sollen die Korinther nach 8,23f. durch ihre Reaktion auf Titus, den Gesandten des Paulus, und somit auch auf den Apostel freundlich reagieren; und wie es in 1,1b um das Verhältnis zwischen den Korinthern und der Gesamtkirche geht,[374] so sollen sie gemäß 8,23f. durch den Liebeserweis an den beiden Brüdern ihre Zuwendung zu den übrigen ἐκκλησίαι zum Ausdruck bringen. Offensichtlich wird an beiden Stellen die Reziprozität sowohl zu Paulus als auch zu den übrigen Gemeinden thematisiert. Und dass dies gerade in den Erwägungen zur Kollekte geschieht, lässt deutlich werden, dass selbst die Verweigerung in Sachen Kollekte letztlich als ein Symptom der korinthischen Problematik auf der relationalen Ebene zu verstehen ist.

Selbst die Bemerkungen zur ἀγάπη lassen sich derart kontextualisieren.[375] Zweimal in diesen Kapiteln, in 8,8 und 24, werden die Korinther explizit dazu aufgefordert, ihre Liebe zu erweisen. Das eine Mal will Paulus τὸν γνήσιον τῆς ὑμετέρας ἀγάπης „prüfen", und das andere Mal fordert er sie zum Beweis, zur ἔνδειξις ihrer Liebe auf. Dazu können sie aufgefordert werden, weil sie Nutznießer der paulinischen Liebe sind, was nicht nur durch die Wendung ἡ ἐξ ἡμῶν ἐν ὑμῖν ἀγάπη in 8,7 zum Ausdruck kommt,[376] sondern schon früher:

---

[369] Siehe dazu oben S.95.

[370] Insgesamt begegnet ἐκκλησία in 2Kor in 1,1; 8,1.18.19.23.24; 11,8.28; 12,13.

[371] Wolff, 2Kor, 179f.: „die drei vom Apostel Geschickten ... vertreten ... die Gemeinden. Was ihnen widerfährt, gilt deshalb allen Gemeinden".

[372] Siehe oben S.89f.

[373] Siehe dazu oben S.88f.

[374] Siehe dazu oben S.89f.

[375] Eine erste intratextuelle Kontextualisierung der ἀγάπη erfolgte bereits bei der Besprechung von 13,13; Siehe dazu oben S.95.

[376] Zum Verständnis der Wendung ἡ ἐξ ἡμῶν ἐν ὑμῖν ἀγάπη siehe oben S.145.

In 2,4 spricht der Apostel von seiner Liebe, die er besonders (περισσοτέρως) zu den Korinthern hat, und in 5,14 von seinem Angetriebensein durch die Liebe Christi, welche zugleich nach 6,6 eine „ungefärbte Liebe" (ἀγάπη ἀνυπόκρι- τος) ist. Während also des Paulus Handeln von Liebe bestimmt ist, müssen die Adressaten zu entsprechendem Verhalten aufgefordert werden! Während Paulus später noch auf die zu erwartende Gegenliebe zu seiner eigenen Person zu sprechen kommt (12,15), fordert er hier vorerst eine Beteiligung an der Kollekte als Ausdruck der Liebe! 8,24 nimmt Bezug auf 8,7f.[377] bzw. auf die von Paulus realisierte Liebe des Paulus, und fordert die Korinther dazu heraus, ebenfalls Liebe zu erweisen und zwar in mehrerlei Hinsicht. Die zu erwartende Liebe soll ja auch in diesen Kapiteln nicht nur in Form einer Beteiligung an der Kollekte (8,8) zum Ausdruck kommen, sondern sich überdies in der Zuwendung zu Titus bzw. der Gesandtschaft und somit zu anderen Menschen überhaupt zeigen (8,24). Der in den bislang erwähnten ἀγάπη-Belegen zu erkennende Zusammenhang lässt sich überhaupt zur vollständigen Gedankenfigur der göttlichen Bewegung des fortgesetzten Zugute-Kommen-Lassens vervollständigen und auf die Korinther zuspitzen: Der eigentliche Ursprung der Liebe wird etwa in 13,11.13 angegeben, wo Gott als ὁ θεὸς τῆς ἀγάπης erscheint und die ἀγάπη τοῦ θεοῦ wesentlicher Bestand des abschließenden Grußes ist. Eben diese göttliche Liebe bzw. die ἀγάπη τοῦ Χριστοῦ (5,14), wie es in 5,14 heißt, ist des Paulus wesentlicher Antrieb. Die göttliche Liebe bringt ihn dazu, anderen Menschen gegenüber ἐν ἀγάπῃ ἀνυποκρίτῳ (6,6) zu wandeln, und dann im Speziellen auch den Korinthern seine Liebe zuzuwenden (2,4; 8,7; 12,15b). Deren Reaktion darauf ist dann gefragt: Sie sollen Paulus und den Gemeinden über die von ihnen Gesandten ebenso Liebe entgegen bringen (8,23f.) wie einer bestimmten, nicht namentlich genannten Person (2,8).

Nach allem bisher Gesagten sieht Paulus die korinthische Verweigerung im Blick auf die Kollekte nicht als isolierte Thematik, sondern vielmehr als Ausdruck des grundlegenden Problems – der Nicht-Verwirklichung der göttlichen Bewegung der fortgesetzten Zuwendung –, das vom Apostel auch in anderen Zusammenhängen erkannt und thematisiert wird. Damit bestätigt sich die textlinguistische Annahme, dass verschiedenen Textgegenständen dieselbe *quaestio* zu Grunde liegen kann.[378]

---

[377] Auch FURNISH, 2Cor, 438, versteht 8,24 als *reinforcement* von 8,8: „It is a renewal of the appeal of 8:7-15 to make their promised contribution to the fund for Jerusalem".
[378] Siehe dazu oben S.28.

Die Einheit 6,11-9,15 insgesamt

Gerade in dieser „Kontextualisierung", welche die Kollektenthematik mit der grundlegenden *quaestio* – der generellen korinthischen Problematik auf der relationalen bzw. zwischenmenschlichen Ebene – verbindet, findet sich der entscheidende Hinweis, worin die Gemeinsamkeit auch der verschiedenen Teile von Texteinheit *C* zu finden ist und inwiefern diese gemeinsam die appellative Einheit um 6,1f. explizieren.[379]

In einer grundsätzlichen Weise wird die zu erörternde Problematik bereits in den Eingangsversen „intoniert". Zunächst sichert sich Paulus mittels einer direkten Anrede die Aufmerksamkeit der Adressaten: τὸ στόμα ἡμῶν ἀνέῳγεν πρὸς ὑμᾶς, Κορίνθιοι, ἡ καρδία ἡμῶν πεπλάτυνται (6,11) – Worte, die nicht einfach nur seine Offenheit den Korinthern gegenüber zum Ausdruck bringen, sondern viel mehr alles das bezeichnen, was ihnen durch Paulus zuteil wurde und insbesondere seine Liebe zu ihnen.[380] Unschwer ist in diesen Worten eine „gekürzte" Form der in 2Kor so bedeutenden Gedankenfigur zu erkennen, hier zunächst „reduziert" auf die Aktanten Paulus und Korinther. Im unmittelbaren Anschluss daran adressiert Paulus der Korinther Problem ganz unverblümt: στενοχωρεῖσθε δὲ ἐν τοῖς σπλάγχνοις ὑμῶν (6,12b) bzw. πλατύνθητε καὶ ὑμεῖς (6,13b) – sie zeigen sich verschlossen und sollen sich „öffnen"! Die Abfolge der Sätze macht nicht allein deutlich, dass sie auf das durch Paulus Empfangene nicht in der angemessenen Weise reagieren – eine ἀντιμισθία (6,13), eine „Gegenleistung"[381] in Form von Reziprozität bzw. Mutualität wäre zu erwarten –, sondern „re-zitiert" damit auch das in 6,1f. artikulierte Problemmuster, insofern auch hier die natürlicherweise zu erwartende Reaktion auf ein Empfangen ausbleibt!

Gängige Meinung ist nun, Paulus fokussiere hier allein das Verhältnis zwischen sich und den Empfängern.[382] Bei den Übersetzungen werden darum gerne entsprechende Spezifizierungen vorgenommen; so wird etwa πλατύνθητε καὶ ὑμεῖς mit „do you be wide open *to me*"[383] übersetzt und die Wendung ὡς τέκνοις λέγω mit den Worten „ich rede wie zu *meinen* Kindern"[384]. Diese Engführungen entsprechen aber nicht dem Text. Das von den Korinthern Geforderte wird nicht allein auf Paulus bezogen! Richtiger wäre darum „As a response in kind – I am speaking to children – widen your hearts too"[385]! Diese „offene" Formulierung ist in ihrer Gestalt ernst zu nehmen. Offensichtlich will

---

[379] Angedeutet wurde dies bereits oben S.73f.

[380] So weist Bieringer, Liebe, 202-208, nach, dass „(d)er Gedanke des Raum-Habens bzw. Raum-Gebens (der Weite des Herzens / des Ichs) ... ein Bild der Liebe, der Mangel an Raum (die Enge) ein Bild fehlender Liebe" ist (208).

[381] Bauer, Wörterbuch, 149.

[382] In der gesamten, eingesehenen Literatur werden die Verse 6,11-13 ausschließlich auf das Verhältnis zwischen Paulus und den Korinthern bezogen.

[383] So Barrett, 2Cor, 182, Plummer, 2Cor, 202; vgl. auch Martin, 2Cor, 187, der zunächst mit „you too open" übersetzt und dann mit „you do the same to us" wiedergibt.

[384] EÜ und Klauck, 2Kor; vgl. auch LÜ, Barrett, 2Cor, 182, Plummer, 2Cor, 202. Wolff, 2Kor, 144, dagegen ist vorsichtiger, indem er die betreffenden Hinzufügungen in Klammer setzt: „wie zu (meinen) Kindern sage ich (es)".

[385] Furnish, 2Cor, 360; ebenso korrekt P.Bachmann, 2Kor, 285.

Paulus bei den Adressaten nicht nur eine Öffnung seiner Person gegenüber herbeiführen sondern vielmehr eine allgemeine bzw. grundsätzliche! Als ange-
brachte ἀντιμισθία für seine Zuwendung zu den Korinthern erwartet er von
diesen eine prinzipielle Zuwendung zu anderen Menschen: πλατύνθητε καὶ
ὑμεῖς!

Da Einleitungen wesentliche Bedeutung zukommt, können die Verse 6,11-13
als eine Art „Überschrift" angesehen werden,[386] die das Gesamtthema der Texteinheit C anzeigt: die Korinther geben nicht weiter, obwohl sie empfingen; sie
sind verschlossen und bedürfen der Öffnung. Dieses Thema verbindet die verschiedenen Teile der gesamten Einheit untereinander und mit den Appellen im
Briefzentrum. Es geht um die Öffnung der Korinther, egal ob Paulus um eine
angemessene Reaktion seiner Person gegenüber ringt (6,11-13; 7,2-4), ob er
von dem Bangen um eine positive Zuwendung der Korinther spricht (7,5-7), ob
er die nur das Beste wollende Intention seines letzten Schreibens herauskehrt
(7,8-13a), ob er auf die herzliche Zuwendung des Titus zu den Korinthern hinweist (7,13b-16), ob er die selbstlose Hingabe der Mazedonier ausführt (8,1-5),
ob er die Fertigstellung der Kollekte dringlich macht (8,6-15) oder auf eine offene Haltung der Gesandtschaft gegenüber drängt (8,16-24).

Im Blick auf die gesamte Texteinheit wird das Drängen auf eine grundsätzliche Öffnung anderen Menschen gegenüber durch eine entsprechende und mehrfach verwendete metaphorische Sprache unterstützt. Paulus spricht zu Beginn
von ἀνοίγειν und πλατύνειν, von „öffnen" und „weit machen", stellt χωρεῖν
und στενοχωρεῖσθαι, „Platz machen" und „beengt sein" einander ebenso gegenüber wie die „gequetschten" σπλάγχνα (6,12) der κοινωνία (6,14): Die
σπλάγχνα, als Sitz der Empfindungen, sind eingeengt, so dass sich kein Raum
für Anteilnahme findet, was aber gerade der Sinn von κοινωνία wäre, ein Lexem, das Öffnung, Anteilnahme[387] bzw. „die Anteilgabe, die aus innerer Verbundenheit kommt, die Gemeinschaftsbekundung"[388] bezeichnet. Bei der Darstellung der Mazedonier verwendet Paulus eine vergleichbare Sprache: ἡ κατὰ
βάθους πτωχεία, ihre „abgrundtiefe Armut"[389] ist in der Lage „über zu fließen" (περισσεύειν) εἰς τὸ πλοῦτος τῆς ἁπλότητος! Und in der zweiten
Hälfte von Kp. 9 illustriert Paulus „Verschlossenheit" und „Offenheit" mittels
agrarischer Motive: Eine kärgliche Saat mit entsprechender Ernte steht einem
Säen und Ernten ἐπ᾽ εὐλογίαις gegenüber. Dabei ist es Gott, der reichlich zur
Verfügung stellt, von dem gesagt werden kann, er wolle χορηγεῖν und

---

[386]   Wie passend diese Eröffnung wirklich ist, zeigt sich auch am Gebrauch von πλεονεξία, denn
nach Betz, 2Kor 8/9, 128f., steht dieses Lexem in der Bedeutung „Habgier" im klassischen Griechisch in Opposition zu ἰσότης, ein Lexem, das dann in Kp.8 wieder vorkommt. – Zu der in der
Sekundärliteratur geführten Diskussion, ob diese Verse anaphorisch oder kataphorisch zu verstehen sind vgl. den Überblick bei Bieringer, Liebe, 195-197.
[387]   Ausführlicher Erwägungen zur Bedeutung von κοινωνία für das paulinische Denken finden
sich bei Hainz, koinonia, Ders., κοινωνία.
[388]   Wolff, 2Kor, 168, mit Rekurs auf Hauck, κοινός, 808,37ff.
[389]   So übersetzt Wolff, 2Kor, 167, im Anschluss an K.Prümm.

πληθύνειν, „die Kosten tragen" und sogar noch „weitere Mittel zur Verfügung stellen",[390] was ein Sämann – bzw. die Korinther – zu säen bereit sind.

Mit der in der Einleitung angezeigten Intention konvergiert auch die Verwendung von zwei wesentlichen, ausschließlich in Texteinheit *C* verwendeten Lexemen: κοινωνία (6,14; 8,4; 9,13) und ἐπιτελεῖν (7,1; 8,6.11[2-mal]). Thematisiert Paulus hier tatsächlich die zwischenmenschlichen Beziehungen der Korinther, und zwar als defizitäre bzw. der Entwicklung bedürftige, so sind beide Lexeme außerordentlich treffend „eingesetzt" – zumal allein schon der semantische Gehalt von ἐπιτελεῖν auch an das „Problemmuster" von 6,1 erinnert! Ein Blick auf die konkrete Verwendung dieser Lexeme bestätigt die angenommene Kohärenz. Während in 8,4 die Korinther durch das Beispiel der Mazedonier zur κοινωνία τῆς διακονίας τῆς εἰς τοὺς ἁγίους motiviert und in 9,13 durch das Dankgebet der ἅγιοι zur prinzipiellen κοινωνία mit diesen bewegt werden sollen,[391] müssen sie in 6,14 eindringlich vor einer falschen κοινωνία gewarnt werden. Dabei kann man in der Bezeichnung des Titus als ὁ κοινωνὸς ἐμός (8,23) auch einen Anklang an 1,7 vernehmen, wo Paulus sich die Korinther als κοινωνοί seiner παθήματα und παράκλησις erhofft.[392] Dazu fügt sich die Verwendung von ἐπιτελεῖν. In 7,1 liegt zunächst eine kollektiv formulierte Aufforderung vor, die ἁγιωσύνη doch zu ἐπιτελεῖν – und zwar ἐν φόβῳ θεοῦ, eine Wendung, welche nicht nur an die Motivation des Apostels in 5,11 (εἰδότες τὸν φόβον τοῦ κυρίου) erinnert, sondern überdies der Dringlichkeit von 6,2 deutlich entspricht! Die folgenden Vorkommen des Lexems in 8,6.11 sind dann explizit auf die Korinther bezogen: Sie werden dazu aufgefordert, das angefangene Werk, das ihre Anteilnahme, ihre Mutualität mit den anderen Christen zum Ausdruck bringen soll, doch nun endlich zu „vollenden" (ἐπιτελεῖν) und somit – das mag man gedanklich ergänzen – die Gnade nicht εἰς κενόν empfangen haben.

Auf die einleitenden Worte in 6,11-13 folgt dann der Passus 6,14-7,1, dessen Integrität in der Forschung ein notorischer Gegenstand der Diskussion darstellt, die sich zwischen den beiden Extremen „nichtpaulinischer Text von nichtpaulinischer Hand eingefügt" einerseits und „paulinischer Text von Paulus selbst eingetragen" andererseits bewegt.[393] Selbst jene, welche die Integrität des Passus vertreten, sehen darin häufig eine gewisse Unterbrechung des Zusammenhangs und verstehen ihn als eine Art *digressio*,[394] wobei die innere Geschlossenheit des Stücks 6,14-7,1 ebenso ein Argument ist[395] wie der Übergang von

---

[390] Die Wiedergabe der beiden griech. Verben sind entsprechend WOLFF, 2Kor, 187, und BAUER, Wörterbuch, 1345.1762, gebildet, aber nicht wörtlich übernommen.

[391] Siehe dazu oben S.(139f.148)152f.

[392] Siehe oben S.(106.)111f.

[393] Übersichten zur Diskussionslage finden sich z.B. bei BIERINGER, Kontext, 551-560, THRALL, 2Cor, 25-36, FURNISH, 2Cor, 371-383, WOLFF, 2Kor, 146-149. Singulär ist wohl die Annahme von SCHWARZ, Abgrenzung, dass 6,14-7,1 die „Ursprungssituation einer christlichen (Haus)Gemeinde" wiedergebe, „die ihre Selbständigkeit durch Herauslösung aus dem Synagogenverband durch Paulus gewinnt" (ebd., 371); Paulus fordere hier geradezu die Aufhebung der Gemeinschaft mit der Synagoge.

[394] Siehe dazu BIERINGER, Kontext, 556f., samt Anmerkungen.

[395] Vgl. etwa LAMBRECHT, Fragment, 533.535, P.BACHMANN, 2Kor, 285 („6,14-7,1 bildet augen-

den werbenden Bemühungen des Apostels zu eher allgemein wirkenden paränetischen Ausführungen[396]. Und selbst wenn der Passus neuerdings wieder „im
Gedankengang der Kap. 6-7 für durchaus sinnvoll"[397] gehalten wird, bleibt
doch zu klären, warum Paulus nach dem Appell zur *Öffnung für andere* sofort
auf eine *Distanzierung von anderen* drängt.

Dass beide Anliegen inhaltlich eng zusammen gehören, geht zunächst aus der
unmittelbaren Abfolge der beiden imperativischen Sätze am Ende von 6,13 und
am Beginn von 6,14 hervor:[398] πλατύνθητε καὶ ὑμεῖς. μὴ γίνεσθε ἑτεροζυγοῦντες ἀπίστοις. Offensichtlich gehören die durch die beiden Imperative
bezeichneten Inhalte für Paulus zu ein- und derselben Problematik. Um dies zu
begründen kann zum einen auf die allgemeine Praxis religiöser Rhetorik verwiesen werden: Wo eine Öffnung für andere gepredigt wird, besteht die „Gefahr", dass „störende Einflüsse", „fremdes Gedankengut" etc. die zu Leitenden
„in die Irre führen".[399] Um dem vorzubeugen „bedarf" es entsprechender War-
nungen: Die *unbedingte* Öffnung gilt nur den „Dazu-Gehörenden", während
den „Draußen-Stehenden" nur *bedingte* Zuwendung entgegen gebracht werden
kann.

Vor allem aber dürfte sich die Notwendigkeit für diese Mahnungen im Blick
auf denkbare „Rückfragen" seitens der Korinther ergeben! Das Drängen des
Paulus auf eine Öffnung für andere in 6,11-13 musste die Adressaten insofern
befremden, da sie sehr wohl in der Lage waren, andere Menschen gastlich aufzunehmen, was ihnen selbst Paulus attestieren muss: Nach 11,4.19 zeigen sich
die Korinther keineswegs in jeglicher Hinsicht verschlossen, sondern sie können sich durchaus offen auf andere Leute einlassen. Dabei wird beide Male
ἀνέχεσθαι verwendet, ein Lexem, das nicht nur „aushalten", „ertragen", sondern vielmehr „gastlich aufnehmen" bedeuten kann.[400] Dass letzteres, also eine
positive Aufnahme gemeint ist, das wird aus den jeweils beigefügten Adverbien
ersichtlich: καλῶς ἀνέχεσθε (11,4) bzw. ἡδέως ἀνέχεσθε (11,19).[401] Und
selbst der von Paulus gesandte Titus hat bei den Korinthern eine gastliche Aufnahme gefunden (7,7)! Demnach musste sich Paulus bei der Niederschrift von

---

scheinlich ein zusammengehöriges Ganzes von durchsichtigem Aufbau").

[396] Vgl. z.B. LAMBRECHT, Fragment, 536 („In vi 13 Paul asks for a reciprocal affection on the part
of the Corinthians; in vi 14a ... the imperative is purely parenetical") und ebd., 548 („The passage
is rather a piece of ‚common‘ parenisis").

[397] BIERINGER, Kontext, 557.

[398] Vgl. LAMBRECHT, Fragment, 540: beide Verse „have verbs in the second person plural imperative ...: the transition between them is not so abrupt after all." (Im Gegensatz dazu hält DERS.,
2Cor, 117, den Übergang aber wieder für „very abrupt"!?);

[399] Vgl. dazu nur den Hinweis von WOLFF, 2Kor, 145, dass im AT das „Weitwerden des Herzens" sowohl „ein Sich-Verführen-Lassen" als auch „das Erfülltwerden mit Einsicht und Weisheit" bedeutet.

[400] Angegebene Wortbedeutungen nach PAPE, Handwörterbuch, 228.

[401] Diese beiden Bemerkungen dürften von Paulus zwar ironisch bzw. sogar sarkastisch „ge-
münzt" sein (vgl. dazu nur FURNISH, 2Cor, 489.496.511, MARTIN, 2Cor, 335f., PLUMMER, 2Cor,
297f., ZMIJEWSKI, Stil, 100f. [er verbucht ἀνέχεσθαι (mit δέχεσθαι in 11,16) unter dem Stichwort
„Toleranzvokabeln"]), was aber nichts an der Tatsache ändert, dass die Korinther durchaus „offen" sein konnten!

6,11-13 den zu erwartenden Einwand „Wenn du, Paulus, und wir, Korinther, miteinander Mühe haben, dann heißt das noch lange nicht, dass wir uns überhaupt nicht für andere öffnen könnten – und das weißt du sehr wohl!" vergegenwärtigen und unmittelbar darauf reagieren, um nicht als einer dazustehen, der die Lage nicht durchschaut. Er musste deutlich machen, dass falsche Koalitionen die aus der empfangenen χάρις heraus entstehende Zuwendung verhindern.

Aufschlussreich für den Beitrag dieses Passus' zur „intentionalen Kohärenz" der Texteinheit sind dann zunächst die Subjekte der fünf Oppositionen bildenden rhetorischen Fragen in 6,14b-16a:[402] μετοχή, die Gemeinschaft, das Mithaben, die Teilnahme; κοινωνία, die Gemeinschaft, enge Verbindung, innige Beziehung; συμφώνησις, die Übereinstimmung, das Zusammenstimmen; μερίς, der Teil (von einem Ganzen), Anteil; συγκατάθεσις, die Übereinstimmung, Zustimmung! Ungeachtet der konkreten Verwendung dieser Lexeme in den betreffenden Versen ist offensichtlich, dass es sich dabei um „relationale Begrifflichkeit" handelt: Bei den fünf schroffen Gegenüberstellungen geht es wesentlich um die Beziehungsthematik![403] Entsprechend bestimmt die Relationalität auch das in den folgenden Versen Gesagte: Die (negative) Rede von „ihrer Mitte" (6,17a), sowie die sprachliche Form der Aufforderungen, welche die Angesprochenen ebenso als Gruppe zusammenfasst (durchweg 2. *pers.plur.*) wie die Bilder vom „Volk" (6,16d) und den „Söhnen und Töchtern" (6,18) heben eindeutig die zwischenmenschliche Gemeinschaft als Gegenstand der Aufmerksamkeit hervor. Und wenn Gott als der erscheint, der unter den Menschen wohnen, unter ihnen umher gehen (6,16b), ein Gott für sie (6,17a) bzw. gar ein Vater für sie sein will (6,18a), während sie ein Volk für ihn sein sollen (6,17a), so wird dieses Anliegen noch unterstrichen und „begründet". – Allein die „Textoberfläche" lässt also die „Beziehungsthematik" als entscheidendes Anliegen dieser Verse erkennen und damit zugleich die Verbindung zu den beiden „angrenzenden" Einheiten, 6,11-13 und 7,2-4 deutlich werden,[404] in denen sich Paulus nachdrücklich um eine Verbesserung der Beziehung der Korinther zu seiner Person bemüht.

Darüber hinaus lassen sich auch die Begriffe, die in den Oppositionen einander gegenüber gestellt werden, ohne weiteres auf den Kontext beziehen.[405] Bei den jeweils zuerst genannten, positiv konnotierten Begriffen – Gerechtigkeit, Licht, Christus, Glaubende – fällt auf, dass sie im rückwärtigen Kontext von Paulus bereits bei den Darstellungen seiner Tätigkeit bzw. Existenz benutzt

---

[402] Die im Folgenden gebotenen Übersetzungen sind Bauer, Wörterbuch, und Pape, Handwörterbuch, zu den entsprechenden Worten entnommen.

[403] Ebenso Witherington, Conflict, 405: „Paul uses several terms and images fpr partnership in this passage: the image of the yoke; *koinōnia* ...; *metochē* ...; *symphōnēsis* ... This furthers the theme of partnership found already in 1:24 and 6:1."

[404] Im Blick auf die Kohärenz darf zudem nicht übersehen werden, dass sich Paulus sowohl 6,13 als auch 6,18 des Motivs von Vater und Kind bedient.

[405] Amador, Revisiting, 103-105, sieht das Argumentieren mit „insider-outsider group boundaries" in 6,14-7,1 bereits im zurückliegenden Text vorbereitet, da dieser geprägt sei durch „a series of dissociation".

worden sind![406] So erinnert etwa die Erwähnung der δικαιοσύνη (6,14b) daran,
dass er die διακονία τῆς δικαιοσύνης (3,9) bzw. τῆς καταλλαγῆς (5,18)
versieht, indem er die Botschaft von der Versöhnung Gottes verkündet, welche
den Hörern zur δικαιοσύνη θεοῦ gereicht (5,20f.);[407] Auf das φῶς (6,14c) kam
er bereits in 4,6 mit dem Hinweis zu sprechen, dass der Gott, der das Licht
(φῶς) aus der Finsternis hervorrief, einen hellen Schein (φωτισμός) in die
Herzen der *Wir* gegeben habe; Χριστός (6,15a) erscheint fortwährend als Herr
des Apostels, indem dieser von sich sagen kann, er rede ἐν Χριστῷ (2,17) bzw.
sei Botschafter an Christi Statt bzw. bitte ὑπὲρ Χριστοῦ (5,20); Und schließlich hat Paulus in 4,13 und 5,17 seine eigene πίστις thematisiert, in 1,24 seinen Dienst an der πίστις der Korinther herausgestellt und in 4,4 die Unverständigen als ἄπιστοι charakterisiert. – Die positiv konnotierten Begriffe stellen also Referenzen zu den „gewinnenden" Selbstdarstellungen des Apostels
her und „re-aktivieren" die damit verbundenen Bedeutungen, so dass Paulus –
die entscheidende Figur in jener göttlichen Bewegung – in seiner Zuwendung
ersichtlich und dabei zugleich zur Herausforderung für die Korinther wird, sich
ebenso zu verhalten!

Entsprechend verhält es sich mit den in 6,14b-16a verwendeten negativ konnotierten Begriffen, nur dass diese ihr Entsprechungen v.a. in Texteinheit D
finden. So lässt sich etwa das Gegeneinander von Gerechtigkeit und „Ungesetz-
lichkeit"[408] (6,14b), von Licht und Finsternis (6,14c) sowie von Christus und
Beliar (6,15a) durchaus mit 11,13-15 verbinden.[409] Dort charakterisiert Paulus
seine Gegner als „falsche Apostel", die sich nur verstellen als wären sie „Apostel Christi" oder „Diener der Gerechtigkeit", in Wahrheit aber Diener des „Satans" sind, der sich seinerseits als „Engel des Lichts" gibt,[410] aber tatsächlich –
und das ist impliziert – Finsternis bringt. Und nicht von ungefähr dürfte Paulus
mit Βελιάρ (6,15a) und σατανᾶς (11,14) zwei Termini für den Gegenspieler
Gottes wählen, die eindeutig aus der jüdischen Tradition stammen,[411] da er in
11,22 den Anspruch seiner Gegner, Hebräer und damit Abrahams Kinder zu
sein, in kritischer Weise thematisiert. Ob die Bezeichnung ἄπιστοι den Geg-

---

[406]   In der Regel wird nur nach dem Vorkommen der Oppositionen im übrigen *corpus paulinum*
bzw. im gesamten NT gefragt (vgl. nur FURNISH, 2Cor, 373, MARTIN, 2Cor, 198ff., PLUMMER, 2Cor,
207ff.), statt primär auf den Kontext zu achten!

[407]   WOLFF, 2Kor, 150, verweist bei der Besprechung von δικαιοσύνη in 6,14 ebenfalls auf 5,21,
allerdings nur nebenbei als Bestätigung für den Sachverhalt, dass Christen ihre Gerechtigkeit von
Gott haben. Eine Verbindung mit Paulus erwähnt er nicht.

[408]   So WOLFF, 2Kor, 144, P.BACHMANN, 2Kor, 286. BAUER, Wörterbuch, 142, übersetzt mit „Ge-
setzlosigkeit", KLAUCK, 2Kor, 61, und EÜ mit „Gesetzwidrigkeit".

[409]   Vgl. dazu nur COLLANGE, Énigmes, 305-308; diese Verknüpfung wird kritisch beurteilt von
THRALL, Problem, 143f., BIERINGER, Kontext, 564, aber z.B. bei WOLFF, 2Kor, 150, immerhin in
Klammer erwähnt (ohne explizite Bezugnahme auf COLLANGE).

[410]   Siehe dazu unten S.193f.

[411]   Zur Herkunft von Βελιάρ vgl. nur BIERINGER, Kontext, 567, der sich auf G.FEE, 2Cor, 146,
und BAUER, Wörterbuch, 278, beruft; FURNISH, 2Cor, 362, erwähnt TLevi 19,1, wo das „law of the
Lord" den „works of Beliar" entgegensteht; MARTIN, 2Cor, 200, erwähnt ein rabbinisches Wort-
spiel mit Belial = ohne Joch = Gottes Joch weggeworfen!

nern wirklich gerecht wird, ist zwar umstritten;[412] doch es darf dabei nicht vergessen werden, dass in einer polemisch und leidenschaftlich geführten Auseinandersetzung Formulierungen nicht immer adäquat ausfallen und dies auch nicht *sollen*!

Doch während die einander gegenübergestellten Begriffe starke Kontraste bilden und Paulus auch direkt an die Korinther appelliert, formuliert er eine eher „behutsame" Hinführung: μὴ γίνεσθε ἑτεροζυγοῦντες ἀπίστοις! Hier erscheinen die Angesprochenen nicht so, als hätten sie sich bereits auf die andere Seite geschlagen, denn „γίνεσθε drückt in Verbindung mit einem Präsenspartizip den Anfang eines Seins aus"[413] – d.h. noch kann davor gewarnt werden, überhaupt einen Anfang zu machen, mit der durch die negativ konnotierten Begriffen bezeichneten Option! Die Korinther erscheinen damit – zumindest vordergründig – *noch* auf der „positiven Seite"! Die durch diese Wortgestalt suggerierte Einschätzung entspricht freilich nicht dem wirklichen Stand der Adressaten, wie eine Einordnung der hier verwendeten Lexeme πιστός (6,15b) und dem kontrastierenden ἄπιστος (6,14a.15b) in das Gefälle zwischen anderen Vorkommen dieser Wortfamilie an den Rändern deutlich wird:[414] Wird den Korinthern in 1,24 die πίστις zugestanden, so wird ihnen hier bereits die Alternative vor Augen gemalt, während sie dann in 13,5 dazu aufgefordert werden, sich selbst zu prüfen, ob sie (überhaupt) noch in der πίστις sind. Stehen die Korinther also wirklich auf der „Kippe", so müht sich Paulus hier darum, die Problematik anzusprechen und eine Entscheidung dringlich zu machen, aber doch so zu formulieren, dass er ihre Bereitschaft, zuzuhören, nicht verspielt.

Auf eine ähnlich vorsichtige und zugleich persuasive Weise drängt auch der Satz ἡμεῖς γὰρ ναὸς θεοῦ ἐσμεν ζῶντος (6,16) zur Entscheidung! Die in diesem Satz gemachte Aussage ist den Korinthern wohl aus 1Kor 3,17 bekannt, muss die Adressaten an dieser Stelle aber gerade nicht notwendigerweise mit einschließen, da in diesem Kapitel *Wir* und *Ihr* konsequent voneinander unterschieden werden. In 6,11-13 wird diese Trennung eingeleitet, indem dort die *Wir* um die *Ihr* werben, so dass die Gemeinschaft – und damit auch die Ermöglichung einer Rede im inklusiven *Wir* – erst Ziel der schriftlichen Bemühungen ist! Darauf folgen dann die beiden Imperative πλατύνθητε καὶ ὑμεῖς und μὴ γίνεσθε ἑτεροζυγοῦντες, deren Verwirklichung die *Ihr* dem eingangs genannten Ziel näher bringen sollen. Von daher erzeugt die „offene" Formulierung ἡμεῖς γὰρ ναὸς θεοῦ ἐσμεν ζῶντος – zumal im Vergleich zum „eindeutigen" Satz ὁ γὰρ ναὸς τοῦ θεοῦ ἅγιός ἐστιν, οἵτινές ἐστε ὑμεῖς in 1Kor 3,17 – bei den Adressaten die Frage, ob sie nun dazu gehören oder nicht. Erinnert die-

---

[412] Zur Diskussion dieser Frage vgl. z.B. BIERINGER, Kontext, 562f.565-570, der ebd., 562 Anm. 46 und 47, die Befürworter einer solchen Identifikation nennt. – Unwahrscheinlich scheint mir der Vorschlag von SCHWARZ, Abgrenzung, 362, die ἄπιστοι bezeichneten „Teile der Synagogengemeinde"; doch auch THRALL, 2Cor, 248.297 u.ö., erwägt, ob die korinthischen Vorbehalte gegen Paulus aus der dortigen Synagoge über die jüdisch-christlichen Gemeindeglieder auf die Gemeinde übergriffen.
[413] WOLFF, 2Kor, 149; ebenso FURNISH, 2Cor, 361 („The presumption is not that those addressed have already gotten misyoked; they are simply waned against that").
[414] Siehe dazu oben S.83f.111.

se „produktive Ambiguität"[415] an die Vorgehensweise bei der Verwendung des *Wir* in 5,16,[416] so entspricht überdies die Kontrastierung der Korinther mit einer „normativen" Gruppe dem Vorgehen des Paulus in 1,1b und am Ende von Kp. 9![417] Dabei werden hier im Vorfeld die nötigen Kriterien genannt, anhand deren sich die Korinther selbst überprüfen können bzw. müssen: Zum ναὸς θεοῦ gehören sie, wenn sie jenen Imperativen nachkommen, sich von den Gegnern des Paulus distanzieren und sich stattdessen dem Apostel und den anderen Christen gegenüber öffnen. Mit ihnen sollen sie „zusammenspannen" und nicht ἑτερο—ζυγοῦντες ἀπίστοις werden. Es geht darum, ihre μετοχή, ihre κοινωνία, ihre συμφώνησις, ihre συγκατάθεσις den Mitchristen zuzuwenden und nicht jenen anderen. Die in den rhetorischen Fragen von 6,14-16 implizierten Antworten lauten demnach nicht einfach „Nichts!" bzw. „Keine!", sondern es ist jeweils die „Umkehrung" mitzudenken, etwa im Sinne von „Nichts! Unsere μετοχή gehört denen, die ebenfalls in der δικαιοσύνη sind!" oder „Keine! Unsere κοινωνία gilt den Mitchristen!" usw. Die in der letzten rhetorischen Frage erwähnten εἴδωλα (6,16a) dürften dabei im gegenwärtigen Kontext kaum eine Warnung vor heidnischen Einflüssen der Umwelt bezeichnen, sondern sind – entsprechend dem bildhaften bzw. konzeptionellen Gebrauch von ναὸς θεοῦ –[418] im übertragenen Sinn zu verstehen, so dass Paulus hier „an die falschen, nicht Christus gemäßen Ansichten seiner Gegner" denken dürfte.[419] Wenn die Angesprochenen sich nun diesen εἴδωλα zuwenden sollten, würden sie den Tempel Gottes verlassen!

In den folgenden Versen wird der Satz ἡμεῖς γὰρ ναὸς θεοῦ ἐσμεν ζῶντος dann näher expliziert. Es wird deutlich, wie es dazu kommt, was dazu nötig ist, und was dabei in Aussicht steht! Mit eindrücklichen Worten und „Bildern" aus der Tradition wird in 6,16b.18 die Präsenz Gottes beschrieben: Gott wird unter ihnen wohnen, er wird ihnen Gott und Vater sein, während sie sein Volk bzw. seine Söhne und Töchter sein werden. Dementsprechend sind die in 7,1 genannten ἐπαγγελίαι nicht in generellem Sinne, sondern als Bezeichnung für die eben genannten Verheißungen zu verstehen.[420] Zugleich werden zur Realisierung dieser Aussichten wiederum Bedingungen genannt, wie dies schon in den vorigen Versen der Fall war. Während anfangs noch präventiv formuliert wurde – μὴ ἑτεροζυγοῦντες – muss dann in 6,17 zu dringend nötigem Handeln aufgefordert werden: Die Angesprochenen sollen sich von Dritten zurückziehen, sich absondern und nichts Unreines berühren.[421] Dabei erscheinen die

---

[415] Zu diesem Ausdruck siehe oben S.126 Anm.229.

[416] Siehe dazu oben S.126; zu dieser Strategie siehe auch S.205.220.

[417] Zu 1,1b siehe oben S.89f., zu 9,12ff. siehe oben S.152.

[418] Dass Paulus bei seinen Bezugnahmen auf den Tempel (1Kor 3.16f.; 6,19; 2Kor 6,16) weniger das Bauwerk als vielmehr das damit verbundene „Tempelkonzept" vor Augen hat – und dies durchaus positiv sieht –. macht z.B. Böttrich, Tempel, deutlich; zur Verwendung der Tempelterminologie bei Paulus vgl. auch Strack, Terminologie, 221-272.

[419] So Wolff, 2Kor, 151. Bieringer, Kontext, 567, sieht aber einen Bezug zu Götzen.

[420] Ebenso Lambrecht, Fragment, 538, Ders., 2Cor, 119 („The phrase 'these promises' refers to the first and third quotation" d.h. auf die Zitate in 6.16b und 6,17d-18 [6,18 versteht er als „angepasstes" Zitat aus 2Sam 7,14]).

[421] Heil, Absonderung, versucht, die von verschiedenen Exegeten gesehene Spannung zwischen

Korinther auf Grund der verwendeten „Tempora" als bereits der Versuchung Erlegene; die beiden ersten, im Aorist formulierten Imperative, sind ingressiv zu verstehen und bezeichnen so den *Anfang* der Trennung, während der dritte Imperativ „das Aufhören von schon Bestehendem ausdrückt"[422]. Alle drei Formulierungen setzen eine bereits bestehende „Beziehung" zu jenen Dritten voraus und fordern zugleich, das zu vollziehen, was in den rhetorischen Fragen als noch nicht vollzogen dargestellt wurde. In 7,1 wird dann gebündelt: Die darin vorkommende ἁγιωσύνη steht sicherlich im Zusammenhang mit der Tradition von der Absonderung des Gottesvolkes.[423] Zugleich aber ist die Forderung nach der „Vervollständigung" der ἁγιωσύνη nicht nur durch die Schriftzitate bedingt, sondern sie korrespondiert auch in auffälliger Weise mit dem Sachverhalt, dass den Korinthern im gesamten Brief das Prädikat ἅγιος vorenthalten wird!

Die bislang erarbeiteten Hinweise auf eine von Paulus gesehene grundsätzliche Problematik bei den Korinthern scheinen nun aber in Spannung zu stehen zu den in Kp. 7 enthaltenen positiven Äußerungen über die Adressaten. Immerhin wird die von Titus ausgesagte Qualität der σπουδή (8,16) auch ihnen zugestanden (7,11f.; 8,7) und überdies noch die Eigenschaften ζῆλος (7,7.11; 9,2), ἐπιπόθησις und ὀδυρμός (7,7) sowie φόβος und ἐκδίκησις (7,11). Ebenso ist die bei Paulus durch Titus bewirkte παράκλησις und χαρά durch die Korinther – zumindest teilweise – *mit*bedingt, denn es ist die Kunde aus Korinth, welche Titus überbringt und welche Paulus aufrichtet! Von Titus kann gar gesagt werden, er sei durch sie erquickt worden (7,13b), denn sie hätten Gehorsam gezeigt und ihn mit Furcht und Zittern aufgenommen (7,15), und sie hätten sogar Reinheit in einer gewissen Sache bewiesen (7,11b). So stehen diese Aussagen den Appellen in 5,20 bzw. 6,1, den einleitenden Worten 6,11-13 und den kritischen Aspekten in den Kollektenkapiteln gegenüber. Um diese Spannung aufzulösen werden in der Literatur nicht selten die kritischen Momente abgeschwächt.[424] So wird etwa im Blick auf 7,7 angenommen, der Korinther ἐπιπόθησις richte sich auf Paulus, so dass Titus Kunde von „ein(em) reuevolle(n) Wehklagen über das, was man dem Apostel angetan hatte"[425] oder gar von einem „drastic change"[426] überbringen würde.

---

der Forderung nach Absonderung in 2Kor 6,17 und den pln. Aussagen in 1Kor 5,10; 7,12-16; 10,27; 14,23-25 oder Gal 2,11-21 dadurch zu untermauern, dass er einen unterschiedlichen Gebrauch des Lexems ἀφορίζειν an dieser Stelle und in Gal 2,12 ausmacht: Hier werde ein ἀφορίζειν *gefordert*, während Paulus ein solches *ablehne*. Freilich erwähnt er selbst ebd., 722f., den in Gal 1,15 und Röm 1,1 anzutreffenden positiven Gebrauch des Lexems.

[422] Zitat und Verständnis der Imperative nach Wolff, 2Kor, 151.

[423] Ausführlicher Erwägungen dazu z.B. bei Martin, 2Cor, 3f.

[424] So z.B. ganz deutlich Belleville, Reflections, 158: Nachdem sie zu 6,1 einige Positionen referiert hat, die in diesem Appell eine ernsthafte Gefahr durchschimmern sehen, sagt sie: „Yet, although the immediate context makes mention of the ‚day of salvation', Paul's expressions of confidence and pride in the Corinthians in 7.3-16 indicate that he is not thinking of them as either once again in need of salvation or in danger of losing it."

[425] Wolff, 2Kor, 158.

[426] Martin, 2Cor, 226.

Diese Einschätzung ist allerdings zweifelhaft. Merkwürdig ist schon, dass Paulus es sich hier in diesem so positiv klingenden Umfeld ebenso versagt, die Korinther als ἀδελφοί anzusprechen, wie auch sonst in diesem Brief.[427] Sodann ist der in 5,20-6,2 formulierte, auf eine gegenwärtige Notwendigkeit bezogene Zusammenhang von καταλλαγή und σωτηρία von der in 7,9f. gegebenen Verbindung von μετάνοια und σωτηρία als eines vergangenen Ereignisses deutlich zu unterscheiden! Wenn mit der in 7,9f. erwähnten μετάνοια eine entscheidende Veränderung ausgesagt wäre, dann machten die auf gegenwärtige Notwendigkeit gerichteten, eindringlichen Worte in 5,20-6,2 ebenso wenig einen Sinn wie die appellativen Worte in 6,11ff.! Zu Recht wird also in der Literatur bei der Besprechung von Kp. 7 gelegentlich eine gewisse Überschwänglichkeit notiert, die nicht kongruent sein könne zur tatsächlichen Situation.[428] Und entsprechend dazu hatten sich auch die so positiv klingenden Versen 9,13f. als eine dringende Mahnung an die Korinther „entpuppt", die Zuwendung zu anderen zu realisieren. – Konsequenterweise sollten alle Ausführungen der Texteinheit C im Licht der „Überschrift" 6,11-13 verstanden werden.

Tatsächlich sind bei genauer Betrachtung einige Löcher in der Decke lobend wirkender Bemerkungen zu erkennen. So etwa in 7,11. Der Vers beginnt mit beeindruckenden Worten über die Korinther:

7,11 ἰδοὺ γὰρ αὐτὸ τοῦτο τὸ κατὰ θεὸν λυπηθῆναι
πόσην κατειργάσατο ὑμῖν σπουδήν,
ἀλλὰ ἀπολογίαν, ἀλλὰ ἀγανάκτησιν, ἀλλὰ φόβον,
ἀλλὰ ἐπιπόθησιν, ἀλλὰ ζῆλον, ἀλλὰ ἐκδίκησιν.
ἐν παντὶ συνεστήσατε ἑαυτοὺς ἁγνοὺς εἶναι

– eine Fülle an Charakterisierungen, die nach einem enormen Engagement der Korinther klingt. Darauf wird dann mit ἐν παντί zurückgeblickt und durch die Formulierung ἐν παντὶ συνεστήσατε ἑαυτοὺς ἁγνοὺς positive Assoziationen geweckt. Diese werden aber durch zwei „nachklappende" Worte sofort zunichte gemacht:

- τῷ πράγματι.

Von ἐν παντί kann gar keine Rede sein![429] Das so eindrücklich klingende Engagement der Korinther bezieht sich lediglich auf eine einzige Sache, auf eine bestimmte Streitsache.[430] Alle ihnen zugesprochenen Eigenschaften sind nicht

---

[427] Siehe dazu oben S.41 samt Anm.22.

[428] Vgl. etwa Wolff, 2Kor, 156 („die überschwengliche Art" sei verständlich aus der „überleitenden Funktion" dieses Kapitels, mit dem Paulus „das Fundament für seine Bitte um engagierte Beteiligung der Gemeinde am Kollektenwerk" lege), Bieringer, Plädoyer, 163 (Paulus neige „aufgrund seines Temperaments sowie in emotional überladenen Situationen durchaus zu stilistischen Übertreibungen"), Furnish, 2Cor, 397f. („Paul himself betrays a certain lingering self-consciousness about the letter, even as he writes here in vv. 8-12 – perhaps too emphatically – about his motives for sending it and its beneficial results"), Witherington, Conflict, 409 (We must ask, in view what follows in chs. 10-13, whether Titus was too optimistic in his assessment").

[429] Nebenbei äußert auch Wolff, 2Kor, 159, eine gewisse Vorsicht bei diesen Worten: „Aus 2,5 geht hervor, daß die Aussage von 7,11 nicht uneingeschränkt gilt."

[430] Das Lexem πράγμα bezeichnet häufig den Gegenstand der Verhandlung bzw. die Streitsache; siehe Aristot., rhet. 2,22,9; 3,13,1; vgl. auch Bauer, Wörterbuch, 1397.

in umfassender Weise zu verstehen. Die Korinther kommen allmählich in einer Sache dem nach, was der Apostel von ihnen möchte. Dennoch stellt der Apostel die positiven Aspekte voraus, wohl in der Hoffnung, diesen damit zur weiteren Entfaltung verhelfen zu können.

Ganz ähnlich ist auch 7,7 zu verstehen.

7,7   οὐ μόνον δὲ ἐν τῇ παρουσίᾳ αὐτοῦ
ἀλλὰ καὶ ἐν τῇ παρακλήσει ᾗ παρεκλήθη ἐφ᾽ ὑμῖν,
ἀναγγέλλων ἡμῖν τὴν ὑμῶν ἐπιπόθησιν,
τὸν ὑμῶν ὀδυρμόν, τὸν ὑμῶν ζῆλον ὑπὲρ ἐμοῦ
ὥστε με μᾶλλον χαρῆναι.

Die drei Lexeme ἐπιπόθησις, ὀδυρμός und ζῆλος werden in der Regel als Hinweis auf eine veränderte Einstellung der Korinther aufgefasst. Dabei bezieht man die bei ζῆλος angefügte Konkretisierung ὑπὲρ ἐμοῦ auf alle drei Begriffe, so dass hier von einem „Verlangen nach einer erneuten, direkten Begegnung mit dem Apostel", von einem „Wehklagen über das, was man dem Apostel angetan hat" und von einem „eifrigen Einsatz" für die „Wiederherstellung eines ungetrübten Verhältnisses zwischen Paulus und der Gemeinde" die Rede wäre.[431] Sicherlich, das Verlangen nach einer erneuten Begegnung mit dem Apostel ist hier offensichtlich gemeint, nicht aber unbedingt mit dieser positiven Intention. Widersprechen schon die als Vorzeichen der gesamten Einheit anzusehenden Verse 6,11-13 einer solchen positiven Auffassung, so auch die Tatsache, dass Paulus eine genaue Spezifizierung sowohl von ἐπιπόθησις als auch von ὀδυρμός unterlässt[432] und sich die ζῆλος näher spezifizierende Wendung ὑπὲρ ἐμοῦ nicht notwendigerweise auf alle drei Begriffe beziehen muss.[433] Ist also hier von einem Begehren der Korinther nach einer erneuten Begegnung mit dem Apostel die Rede, so ist dieses eher auf der Linie von 10,2.6.10-11; 12,14.20-21 zu verstehen: Es ist das heftige Begehren, dass Paulus sich endlich in Korinth sehen lässt und sich den gegen ihn erhobenen Vorwürfen stellt. Dabei gilt es auch die Tatsache zu bedenken, dass Titus nach 7,6f. παράκλησις sowohl von Paulus zu den Korinthern bringt als auch umgekehrt – tatsächlich wird jeweils παράκλησις und παρακαλεῖν verwendet! Die von Titus zu Paulus gebrachte παράκλησις wird meist als „Trost" übersetzt, kann aber ohne weiteres im Sinne von „Ermahnung" bzw. von „Ersuchen, Bitte"[434] aufgefasst werden, nämlich in dem Sinne, dass die Korinther, dem Titus die dringende Aufforderung mitgaben, Paulus möge sich bald stellen – was noch nichts über eine eventuelle positive Einstellung aussagt.[435] Paulus wäre es

---

[431]   Zitate von Wolff, 2Kor, 158.

[432]   Martin, 2Cor, 227, spricht das zwar ebenfalls deutlich an („Paul is not specific in identifying that for which the Corinthians mourn") vermutet dann aber doch dieselbe Sinnrichtung wie Wolff, 2Kor, 158 („Possibly it is for the grief they have caused for Paul").

[433]   Dies ist allerdings die gängige Meinung; Vgl. nur wie bereits ἐπιπόθησις von Martin, 2Cor, 212, mit „desire [for me]" übersetzt und von Wolff, 2Kor, 158, im Sinne von „Sehnsucht nach dem Apostel" verstanden wird.

[434]   Diese Bedeutungen werden von Bauer, Wörterbuch, 1249, geboten.

[435]   Das Flackern der Bedeutung von παρακαλεῖν etc. zwischen „trösten", „ermahnen" u.ä., das bei dieser Interpretation vorauszusetzen wäre, ist wenig problematisch, denn dasselbe begegnete

also schon eine Freude, dass die Korinther sich nicht sang- und klanglos seinen Konkurrenten ergeben würden, sondern sich immerhin noch danach sehnten, dass eine Gegenüberstellung stattfände. Allein dies wäre schon ein Fünkchen Hoffnung und Anlass zur Freude für ihn.

Das auf den ersten Blick so positiv wirkende Sprachgewand nun derart zu verstehen, ist angesichts der antiken Briefpraxis keineswegs problematisch. Im ersten Brief Ciceros an Curio[436] etwa ist die Rede von „Ihrer Freundschaft", der „Freude Ihres Umgangs" ja sogar von einer „Liebe für Sie". Tatsächlich aber kann man für die Situation des Briefes[437] allenfalls von einem nüchternen Verhältnis sprechen. Gegenseitige Vorbehalte sind deutlich zu spüren, und verschiedene Vorwürfe sind sogar deutlich ausgesprochen. Dabei fällt ebenfalls das Stichwort „Sehnsucht": Cicero spricht von der Sehnsucht, mit der Curio seine Briefe erwartet. Diese ist aber bei der gegebenen Situation nicht eine freundschaftliche Erwartung, sondern vielmehr der Anspruch Curios auf ein „gebührliches" Verhalten Ciceros.

In vergleichbarer Weise zu verstehen sind dann nicht nur die Äußerungen in 9,12ff., welche die Korinther bereits für etwas loben, was noch gar nicht der Fall ist,[438] sondern auch die im achten Kapitel anzutreffenden, vorsichtig klingenden Formulierungen οὐ κατ᾽ ἐπιταγὴν λέγω (8,8) und καὶ γνώμην ἐν τούτῳ δίδωμι (8,10). Obwohl Paulus es vordergründig bestreitet, Befehle auszugeben, formuliert er doch immerhin eine fordernde Erwartung. Es ist die Rede von der Liebe, welche durch den Apostel in ihnen geweckt wurde (8,7) und von der Echtheit ihrer Liebe, die sie nach 8,24 sogar unter Beweis stellen sollen. Diese Erwartung des Apostels wird dann zwischen den beiden so freundlich beginnenden Versen 8,8 und 8,10 in 8,9 mit dem Hinweis auf die Erniedrigung Christi begründet. Daraus geht hervor, dass eine Beteiligung an der Kollekte als Ausdruck der Liebe zu Christus ein Liebeserweis sowohl dem Apostel als auch anderen Christen gegenüber ist.[439] Allein schon dieser Verweis fordert von den Korinthern zwingend, ebenfalls ihre Liebe zu erweisen. Demnach sind die beiden moderat klingenden Formulierungen reine Höflichkeit, bzw. aus Vorsicht gewählt, um die Hörbereitschaft der Hörer nicht zu verlieren.

Auch in den politischen Reden des DEMOSTHENES finden sich oft ähnlich moderate Wendungen, wenn er zu zentralen Aussagen oder Forderungen kommt. Er formuliert nicht etwa „ich bin überzeugt" oder „ich appelliere an euch", sondern wählt die etwas blass wirkenden Formulierungen οἴομαι, φημί oder δοκεῖ δέ μοι.[440] So sagt er z.B. in der Ersten Rede gegen Philipp: „οἶμαι τοίνυν ἐγὼ ταῦτα λέγειν ἔχειν ...", „Dafür

---

bereits im Proömium; siehe dazu oben S.102 samt Anm.124.

[436] Ich beziehe mich auf die Übersetzung von GLEICHEN-RUSSWURM, Leben, 1f.

[437] Zu den Umständen des Briefes siehe GLEICHEN-RUSSWURM, Leben, 317.323f.

[438] Siehe oben S.(148f.)152f.

[439] So sieht WOLFF, 2Kor, 171, die in 8,8 angesprochene ἀγάπη in Bezug auf den Apostel, auf die Christen in Jerusalem und auf Christus.

[440] Siehe zu οἴομαι bzw. οἶμαι: DEMOSTH., Or. 1,5.16.20.27; Or. 2,10.14.20.23; Or. 3,19.32; Or. 4,10.13.15.17.45.49; Or. 5,3.8.14.16.24; zu φημί: Or. 1,17; Or. 2,11.27; Or. 4,21; Or. 5,13; zu δοκεῖ δέ μοι o.ä.: Or. 1.2.10.11; Or. 2,1; Or. 4,31.

glaube ich einen Vorschlag machen zu können ..."[441], obwohl er – wie der Kontext zeigt – davon überzeugt ist, dass er mit seinem „Vorschlag" das Wesentliche sagt. Der konziliant klingende Ausdruck οἴομαι darf also nicht darüber hinwegtäuschen, dass der Sprecher seinem „Rat" ganz entscheidende Bedeutung zumisst. Überdies zeigt der Vergleich mit DEMOSTHENES auch, dass die Appelle bei Demosthenes öfter auf die Klage über früheres Nicht-Hören-Wollen und über vergangene Fehlentscheidungen folgen, so dass er die jetzige Situation als καιρός für die richtige Entscheidung stilisieren kann – genau wie Paulus dies hier tut!

Mit dem bisher Gesagten ist deutlich, dass Texteinheit *C* die grundlegende *quaestio* – die generelle korinthische Problematik auf der relationalen bzw. zwischenmenschlichen Ebene als Ausdruck der Nicht-Verwirklichung der göttlichen Bewegung der fortgesetzten Zuwendung – in einer bestimmten Weise zum Gegenstand hat: Während Paulus in anderen Texteinheiten auszuräumen versucht, was jener Verwirklichung durch eine verzerrte Wahrnehmung seines Apostolates einerseits (*B*) sowie durch verführerische Kräfte andererseits (*D*) im Wege stehen könnte, bemüht er sich in *C* darum, die Relationalität der Korinther zu den entscheidenden Größen – Apostel und übrige Gemeinden – in positiver Weise zu motivieren.

Zur theologischen Einschätzung des Problems

Dass Paulus nachdrücklich auf die Verwirklichung der „göttlichen Bewegung der fortgesetzten Zuwendung" bei den Korinthern drängt, ist deutlich. Doch bevor er bei den Korinthern in dieser Hinsicht ein Defizit feststellen und sich dann an die Korrektur desselben machen kann, muss er Gründe dafür haben, ein solches Verhalten prinzipiell für notwendig, wichtig oder selbstverständlich zu halten. Dies könnten wohl im kulturellen Paradigma verankerte Regeln des Anstands sein[442] – und sicherlich spielt diese Dimension auch eine gewisse Rolle –, doch zeigen die verschiedenen, bereits besprochenen „Ausprägungen" jener Gedankenfigur der fortgesetzten Zuwendung, dass es sich für Paulus dabei um einen eigentlich theologischen Zusammenhang und darum um eine – theologisch gesehen – notwendige bzw. zwangsläufige Veränderung derjenigen ἐν Χριστῷ handelt. Darum kann er – wie an den „exponierten Textstellen" deutlich wurde – diesen Zusammenhang entsprechend appellativ vortragen und zugleich Anspielungen auf einen „bedrohlichen Horizont" für den Fall der Nicht-Verwirklichung einfließen lassen. Beide Zugänge, die positive Darstellung der Selbstverständlichkeit jenes Zusammenhangs sowie der eher negative, weil aufschreckend wirkende Hinweis auf Gefahr, werden im Kontext von 6,1f. noch nachdrücklicher vorgetragen, indem die in Christus bzw. in der καταλλαγή und χάρις begründete, aber bei den Korinthern noch anstehende Veränderung sogar mit der σωτηρία verknüpft wird: ἰδοὺ νῦν ἡμέρα σωτηρίας![443]

---

[441] DEMOSTH., Or. 4,15; Übersetzung: UNTHE, Demosthenes, 11.

[442] Wohl zu Recht verweisen etwa JOUBERT, Paul, 17-72 u.ö., auf die antike Praxis des „social exchange" oder BETZ, 2Kor 8/9, 91 Anm. 36, auf das „antike Ideal des einfachen Lebens".

[443] Siehe dazu oben S.127f.

Die Selbstverständlichkeit bzw. Zwangsläufigkeit, von der Paulus bei der Verwirklichung der fortgesetzten Zuwendung bei seinen Gemeinden ausgeht, ist auch im Textfeld *C* deutlich. Bei allen besprochenen Darstellungsmitteln für diese Gedankenfigur erscheint die Zuwendung zu anderen als *unbedingte* bzw. *notwendige* Folge des Empfangenen.

Schon ein Blick auf die Ränder bestätigt dies! Die zu Beginn, in 6,11-12a, formulierte Zuwendung des Apostels zu den Korinthern darf – unter normalen Umständen – selbstverständlich mit der in 6,12b.13 angesprochenen Erwiderung rechnen. Das dabei in 6,13 verwendete Bild eines Erwachsenen, der Kinder „belehrt", zielt selbstverständlich darauf ab, dass letztere das Empfangene bzw. Mitgeteilte wirklich „für das Leben lernen" bzw. beherzigen und umsetzen. Entsprechend selbstverständlich klingen auch die ab 9,6 verwendeten agrarischen Bilder und deren „Übertragung": Wer reichlich sät wird auch reichlich ernten; reichlich säen kann, wem Gott viel gibt; die Korinther haben reichlich empfangen, sind also selbstverständlich in der Lage reichlich zu geben und dafür wieder reichlich zu „ernten". Während die bei diesen drei Illustrationen denkbaren „Störfälle" (nicht erwiderte Zuwendung, unbelehrbare Kinder, geizige Sämänner [ebenso wie Frost und Hitze]) so offensichtlich negativ besetzt sind, dass sie nur die Selbstverständlichkeit des normalerweise zu Erwartenden bestätigen, geht Paulus bei den in 6,14b-16a formulierten Oppositionen den umgekehrten Weg: Er konstruiert so offensichtlich absurde Beziehungen, um den Korinthern den selbstverständlichen „Normalfall" vor Augen zu halten. Sie gehören zu Christus und damit in den „Tempel Gottes", der sich in den *Wir*, in der Gemeinschaft zwischen Paulus und anderen Christen konkretisiert, so dass gar nichts anderes in Frage kommt, als eine Hinwendung zu diesen und eine Öffnung für sie!

Entscheidender noch als diese Darstellungsmittel, deren Wirkung von einer generellen Selbstverständlichkeit „zehren", ist die in den Ausführungen des Apostels verschiedentlich zu erkennende Teleologie, welche die Zuwendung als „innere Notwendigkeit" des Empfangenen erscheinen lässt. So konnte bei den Erörterungen zur Verwendung des Lexems χάρις in den Kollektenkapiteln als Fazit festgehalten werden, dass die aus der empfangenen Gnade heraus entstehende Gegenseitigkeit – bzw. *mutuality* oder *reciprocity* – der Zielpunkt aller Ausführungen zur χάρις ist![444] Versteht man den Begriff „Zielpunkt" tatsächlich teleologisch, dann ist die empfangene Gnade „zielgerichtet", nämlich auf die Öffnung der Empfänger für andere Menschen. Diese Ausrichtung ist auch für die im Zusammenhang mit der Wortfamilie περισσεύειν verwendeten ἵνα-Sätze (8,7.14; 9,8) bestimmend. Sie haben im NT vorwiegend finalen Sinn,[445] und Antworten auf die Frage „Wozu oder mit welcher Absicht wird der Prädikatsinhalt der übergeordneten Konstruktion verwirklicht?"[446] Von daher

---

[444]   Siehe oben S.138f., v.a. S.139.

[445]   Entsprechend nennen die Grammatiken bei der Besprechung der Partikel ἵνα zuerst den finalen Sinn (Hoffmann/von Siebenthal, Grammatik, § 252,28; vgl. Bauer, Wörterbuch, 764f.) und bei den Finalsätzen als einleitende Partikel zuerst ἵνα (Hoffmann/von Siebenthal, Grammatik, 278a; Blass/Debrunner/Rehkopf, Grammatik, § 369).

[446]   Hoffmann/von Siebenthal, Grammatik, § 278a.

ist die empfangene Fülle dazu bestimmt, wiederum anderen zugute zu kommen. Dazu nur zwei Beispiele:

Die in 8,7b vorliegende Formulierung ἵνα καὶ ἐν ταύτῃ τῇ χάριτι περισσεύητε, welche auf die Darstellung der bei den Korinthern vorhandenen Fülle folgt, wird gerne imperativisch verstanden.[447] Zum Imperativ kann aber das in 8,7b Gesagte nur dann werden, wenn die zuvor dargelegte Fülle zu der im Nachsatz geforderten Weitergabe *verpflichtet* bzw. zwischen Empfangen und Geben ein *notwendiger* Zusammenhang besteht.[448] Dieser ist auf Grund der final zu verstehenden ἵνα-Konstruktion gegeben. Konsequenterweise wäre die in 8,8 direkt angeschlossene Aussage οὐ κατ' ἐπιταγὴν λέγω dann weniger als eine Korrektur eines imperativischen Klanges der vorausgegangenen ἵνα-Konstruktion aufzufassen;[449] vielmehr würde Paulus damit darauf verweisen, dass nicht er einen Befehl ausgebe, sondern dass die geforderte Sache in der gegebenen Fülle selbst begründet ist.

Dasselbe gilt für die Worte ἵνα ... περισσεύητε εἰς πᾶν ἔργον ἀγαθόν in 9,8b. Die zuvor dargelegte Überfülle, die Gott den Korinthern zuteil werden lässt (bzw. lassen kann),[450] ist nicht nur die Ermöglichung einer Zuwendung zu anderen,[451] sondern sie verpflichtet geradezu zu einem solchen Handeln![452] Dies ergibt sich nicht nur aus der finalen ἵνα-Konstruktion,[453] sondern auch aus einer in der Antike verbreiteten Vorstellung, die BETZ mit den folgenden Worten umschreibt: „Schon allein die Tatsache des Empfangens göttlicher Wohltaten *musste* daher, recht verstanden, dazu führen, die Güter mit den Notleidenden zu teilen, Gutes zu tun durch reichliches Geben"[454]! Dabei bezeichnet πᾶν ἔργον ἀγαθόν eine konsequente, uneingeschränkte Zuwendung zu anderen.[455] Nicht etwa ein wünschenswertes Resultat ist Gegenstand der Erörterungen, vielmehr die notwendige Folge des Empfangens.

---

[447] Ein imperativisches Verständnis vertreten BETZ, 2Kor 8/9, 113 (mit Verweis auf BLASS/DEBRUNNER/REHKOPF, Grammatik, §387,3a mit Anm.4; §388 [3] mit Anm. 3), SCHMIEDEL, Thess/Kor, 260, P.BACHMANN, 2Kor, 313, PLUMMER, 2Cor, 238, BARRETT, 2Cor, 222, FURNISH, 2Cor, 403, MARTIN, 2Cor, 262, BAUER, Wörterbuch, 1794.

[448] Entsprechend formuliert KLAUCK, 2Kor, 68, zu 8,7: „Die charismatische Begnadung und das Geschenk vollzogener Versöhnung *verlangen gebieterisch danach*, in tätige Liebeserweise umgesetzt zu werden" (Kursivsetzung U.S.).

[449] So aber BETZ, 2Kor 8/9, 114, LIETZMANN, 1/2Kor, 134, BARRETT, 2Kor, 222.

[450] Zur Darstellung der grundlegenden Gedankenfigur mittels περισσεύειν siehe oben S.142-145 und zur kritischen Note (in 9,8a) siehe unten S.175.

[451] So aber WOLFF, 2Kor, 186 (nach ihm „*ermöglicht*" die durch Gott gegebene Fülle „den Korinthern die bereitwillige Beteiligung ... an jeglichem guten Tun"), MARTIN, 2Cor, 290 („since the Corinthians have all their needs provided for ... they will *be able* to 'excel' ... in all good works"). - Kursivsetzungen U.S.

[452] So auch KLAUCK, 2Kor, 74 („Dieses große Geschenk Gottes ist Ermöglichungsgrund für die gute Tat, *nimmt dazu aber auch in Pflicht*"), BARRETT, 2Cor, 238 („*the strictest requirement* that man shall, in obedience to God, do works that are good in God's sight"). - Kursivsetzungen U.S.

[453] So scheint auch P.BACHMANN, 2Kor, 329, diesen Satz aufzufassen.

[454] BETZ, 2Kor 8/9, 200; Kursivsetzung U.S.

[455] Paulus denkt hier wohl vorwiegend an eine Beteiligung an der Kollekte, doch die Formulierung weist doch eher auf eine prinzipielle Großzügigkeit; vorwiegend auf die Kollekte bezogen versteht z.B. FURNISH, 2Cor, 447.

Auf ganz eigene Weise wird diese *Notwendigkeit* auch an den Mazedoniern deutlich.[456] Auffällig ist an ihrem Beispiel, dass sie die Zuwendung zu anderen nicht im Wohlstand verwirklichen, sondern im Gegenteil: in einer bedrängten Lage! Der Empfang der χάρις τοῦ θεοῦ resultiert bei ihnen in einer unerwarteten, unmöglich scheinenden Veränderung: Die πολλὴ δοκιμὴ θλίψεως geht in die περισσεία τῆς χαρᾶς αὐτῶν (8,2a) über und die κατὰ βάθους πτωχεία αὐτῶν in den πλοῦτος τῆς ἁπλότητος αὐτῶν (8,2b). Dieser paradox klingende Sachverhalt,[457] dass aus tiefster Armut ἁπλότης, also Freigebigkeit bzw. Großzügigkeit[458] wird, soll nun aber gerade nicht ein spezielles „Wunder"[459] bezeichnen, das sich bei den Mazedoniern zutrug, sondern hat vielmehr „als paradigmatisch für die christliche Erfahrung"[460] zu gelten, zumal über das von den Mazedoniern Berichtete dann in 8,5 gesagt wird, es sei διὰ θελήματος θεοῦ geschehen![461] Als Ausdruck des Willens Gottes ist der Mazedonier Zuwendung also nicht ein Ausnahme- sondern der zu erwartende Normalfall.

Teleologisch ausgerichtet ist dann auch der Rekurs auf die χάρις τοῦ κυρίου ἡμῶν Ἰησοῦ Χριστοῦ (8,9) im Kontext der Kollekte. Das gesamte Geschehen, d.h. die Erniedrigung Christi ebenso wie sein Erdenweg, ist darauf ausgerichtet, anderen von Nutzen zu sein,[462] deutlich gemacht durch die den „Nutzen" für die Korinther bezeichnenden Wendung δι' ὑμᾶς und den anschließenden ἵνα-Satz. Dieser „Nutzen" wird als ein Reich-gemacht-Sein bezeichnet, das darauf angelegt ist, wiederum anderen zugute zukommen und darum sich in der gegenwärtigen Situation an der Kollekte zu beteiligen. Die erste Zuwendung „initiiert" gewissermaßen die zweite, bzw. sollte es. Entsprechend formuliert MARTIN: „Paul wants to drive home the single point that the Lord of glory took the form of a human being 'for your sake' ... And thereby he has created the possibility – Paul's argument proceeds according to a 'teleological pattern' ... – that the Corinthian readers ... will be stirred to 'act out' their faith – here called 'being rich'".[463] Freilich handelt es sich nicht nur um eine „possibility", sondern darum, dass Christi Zuwendung diejenige der Korinther „erzeugt" bzw. „erzeugen" soll! Das „teleological pattern", von dem MARTIN spricht, ist somit auf den gesamten Zusammenhang vom göttlichen Ausgangspunkt bis hin zur zwischenmenschlichen Ebene zu beziehen.

---

[456]   Vgl. THEOBALD, Gnade, 280, der zu 8,1-5 kommentiert, Paulus formuliere ein „Satzgefüge ..., das den Eindruck erweckt, ein Glied wachse *notwendig* aus dem anderen hervor." - Kursivsetzung U.S.

[457]   Die Paradoxität gerade von 8,2b wird auch mit anderen Begriffen bezeichnet; BETZ, 2Kor 8/9, 90, spricht von einem „Oxymoron" und P.BACHMANN, 2Kor, 309, von einer „markige(n) Antithese".

[458]   Siehe oben S.147.

[459]   Von einem „Wunder" hinsichtlich der Freigebigkeit der Mazedonier sprechen KLAUCK, 2Kor, 66, BETZ, 2Kor 8/9, 95.

[460]   BETZ, 2Kor 8/9, 88.

[461]   So ähnlich auch PLUMMER, 2Cor, 234.236 („διὰ θελήματος θεοῦ ... belongs to the whole clause [gemeint ist 8,3-5 (U.S.)]").

[462]   Vgl. auch DAHL, Observations, 35f.

[463]   MARTIN, 2Cor, 263f.

Allerdings ist die bei den Korinthern noch ausstehende Zuwendung zu anderen mehr als einfach „nur" die Fortsetzung der Zuwendung Christi! So macht der Rekurs auf den Weg bzw. die χάρις Christi – also auf das Urdatum des christlichen Glaubens – im Rahmen der Kollektenthematik deutlich, dass diesem Zusammenhang eine erhebliche Bedeutung zukommt![464] Zweifellos erscheinen die Korinther hier als die Nutznießer der χάρις τοῦ κυρίου ἡμῶν Ἰησοῦ Χριστοῦ[465] – und, oberflächlich betrachtet, könnte es so scheinen, als würde Paulus hier mittels πλουτίζειν (8,9b) allein einen Zusammenhang zum „Reichtum" der Korinther herstellen. Tatsächlich aber geht es hier um den fundamentalen Sachverhalt der σωτηρία. Die Selbsterniedrigung Christi steht *primär* für das Heil, und die Zuspitzung δι᾽ ὑμᾶς ist genauso „eine soteriologische Aussage", wie das Reich-gemacht-Sein zunächst als „Reichtum des Heils" und erst danach als „Reichtum an geistlichen Gütern" zu verstehen ist.[466] Die Erwartung, dass die Korinther bei der Kollekte reichlich geben, wird also in ihrem Empfang des Heils begründet! Die im Kontext dargelegte, „wünschenswerte" Haltung wird nicht nur aus der σωτηρία „abgeleitet", sondern erscheint gar als Ausdruck derselben, als etwas, das wesensmäßig zu ihr gehört. Es handelt sich bei dem mit πλουτίζειν Bezeichneten nicht allein um den Heilsempfang, sondern um ein Reich-gemacht-Sein zum Weitergeben, bzw. um die Weitergabe als integralen Bestandteil des Gnadenempfangs. Damit bilden σωτηρία, das Reich-gemacht-Sein (8,9a.b) und die daraus resultierende Beteiligung an der Kollekte einen einheitlichen Komplex.

Heil und Handeln werden auch in der Zusammenstellung von Zitaten ab 6,16b miteinander verbunden. Manche sehen hier – v.a. in der Abfolge der Verse 6,16b und 6,17 – eine Entsprechung zur „paulinischen Verbindung von Heilsindikativ und ethischem Imperativ"[467]. Doch sind die Ausführungen wohl eher dreigliedrig zu verstehen: grundlegende göttliche Zusagen (6,16b.c)[468], daraus resultierendes Verhalten (6,17) sowie die Bestätigung der künftigen bzw. bleibenden „Zuwendung" Gottes (6,18).[469] Dabei erscheint das eingeforderte veränderte Verhalten nicht nur als notwendiges Resultat der Zuwendung Gottes, sondern überdies als *Bedingung* für deren *Bleiben*! Die futurisch formulierten Zusagen in 6,18 sind „contingent upon the community's obedience to the preced-

---

[464] Auch wenn Paulus hier auf ein liturgische Tradition zurückgreifen sollte (siehe dazu nur MARTIN, 2Cor, 263, WOLFF, 2Kor, 171, FURNISH, 2Cor, 417 u.a.), dann fungiert das evtl. Zitat hier dennoch als Argument, von dem Paulus annimmt, dass es bei den Adressaten eine gewisse Wirkung zeitigen wird, weil es ihnen vertraut ist.

[465] Vgl. FURNISH, 2Cor, 417 („beneficiaries of *the grace of ... Christ*").

[466] Zitate von Wolff, 2Kor, 171f.; vgl. auch FURNISH, 2Cor, 417 („... Christ gave up his riches ... in order that believers might become rich. This is the good news of salvation, the basis of existence as ‚a new creation' [cf. 5:14-19]"), BETZ, 2Kor 8/9, 120 (erkennt „die Soteriologie von V9c").

[467] WOLFF, 2Kor, 151; Vgl. MARTIN, 2Cor, 205, FURNISH, 2Cor, 373.

[468] Dass dabei gerade auf die atl. „Bundesformel" (so KLAUCK, 2Kor, 63, LAMBRECHT, 2Cor, 119, bzw. als „the ancient language of covenant" umschrieben von BRUCE, zit. bei MARTIN, 2Cor, 204, THRALL, 2Cor, 477) unterstreicht die „grundlegende Bedeutung" noch in besonderer Weise.

[469] Vgl. LAMBRECHT, Plea, 538.

ing ordinances."[470] Die Bedeutung des Verhaltens (im zwischenmenschlichen) Bereich wird schließlich noch durch die indirekte Bezugnahme auf das Gericht in Form des Ausdrucks ἐν φοβῷ θεοῦ unterstützt,[471] zumal er an τὸν φόβον τοῦ κυρίου in 5,11 erinnert, wo explizit im Kontext des Gerichts das Verhalten thematisiert wird.[472] Dementsprechend ist eine Öffnung für Paulus und andere Christen einerseits sowie die Distanzierung von denen, welche diese Zuwendung verhindern andererseits notwendige Bedingung dafür, Volk Gottes sein (bzw. bleiben) zu können!

Dieser gedankliche Komplex erinnert einerseits an 13,11, wo die (bleibende) Präsenz Gottes ebenso – futurisch formuliert – an die notwendige Veränderung gebunden wird.[473] Andererseits drängt sich auf Grund der gedanklichen Struktur ein Zusammenhang mit 6,1f. auf.[474] Der empfangenen χάρις dort entsprechen die grundlegenden Zusagen Gottes (6,16) hier; der Mahnung, die Gnade nicht εἰς κενόν empfangen zu haben einerseits entsprechen die Hinweise auf dringend notwendige Veränderungen (6,17) andererseits. Und der Verknüpfung des im Appell Geforderten mit der σωτηρία am Anfang des sechsten Kapitels korrespondiert die Konditionalität der (bleibenden) Präsenz Gottes an dessen Ende. Der mit der Formulierung ἰδοὺ νῦν ἡμέρα σωτηρίας „aufgespannte" soteriologische Horizont ist demnach an beiden Orten präsent.

Fragt sich nur, mit welchen Konsequenzen Paulus für den negativen – eigentlich nicht vorgesehenen – Fall der Nicht-Verwirklichung rechnet. Nach gängiger „religiöser Logik", in der zum damaligen Zeitpunkt sowohl biblische Traditionen als auch gängige Vorstellungen der Umwelt wirksam gewesen sein dürften, wäre mit „göttlicher Strafe und Vergeltung"[475] zu rechnen. Dies wird schon durch die negativen Begriffe der Oppositionen signalisiert, denn die Lexeme ἀνομία, Βελιάρ, ἄπιστος und εἴδωλα haben in der biblischen Tradition und dem daraus erwachsenen Schrifttum eindeutig soteriologische Konnotationen, da die mit diesen Lexemen in Verbindung gebrachten Menschen mit einer Strafe Gottes, z.T. gar mit der Vernichtung zu rechnen haben.[476] Indem nun Paulus diese Begriffe zur Bezeichnung einer sich den Korinthern anbietende Möglichkeit benutzt, rückt er diese in einen äußerst düsteren Horizont, in dem – gemäß der Tradition – neben einer göttlicher Strafe, auch die Vernichtung bzw. der Verlust des Heils denkbar waren. Ohne ausdrücklich warnen oder drohen zu müssen, lässt er so eine ernsthafte Gefährdung sichtbar werden.

---

[470] FURNISH, 2Cor, 374: ebenso LAMBRECHT, Plea, 538 („God's future gift, a gift that depends upon the believer's moral attitude"), DERS., 2Cor, 119. Ein konditionales Verständnis wird aber abgelehnt von THRALL, 2Cor, 479.

[471] Vgl. LAMBRECHT, Plea, 538.

[472] Siehe dazu S.(115f.)187ff., v.a. S.190f.

[473] Siehe dazu oben S.97.

[474] Vgl. dazu WOLFF, 2Kor, 152, THRALL, 2Cor, 472 (sieht in 6,14ff. insgesamt eine Explikation des Appells in 6,1), BIERINGER, Kontext, 561 (weist auf diesen Zusammenhang hin und führt ebd., Anm. 36, entsprechende Literatur an).

[475] BETZ, 2Kor 8/9, 200.

[476] So werden die ἀνομίαι der Bewohner Sodoms und Gomorras (Gen 19,15) ebenso bestraft, wie die Hinwendung der Israeliten zu den εἴδωλα (z.B. Jes 10,10f., Ez 6,6f. [jeweils LXX]).

Allerdings bleibt es bei solchen Hinweisen. Was sich findet, sind „lediglich" Formulierungen, die dazu angetan sind, bei den Lesern ein gewisses Unbehagen bzw. Erschrecken zu erzeugen, indem Paulus mit seinen Aussagen gewisse Konnotationen evoziert. So zum Beispiel beim (bereits besprochenen) *exemplum* der Mazedonier: Ist die aus dem Empfang der Gnade resultierende Zuwendung zu anderen dem Willen Gottes entsprechend, dann entsprechen die Korinther diesem nicht, weil sie die Zuwendung verweigern; was aber haben Menschen zu erwarten, die nicht nach dem Willen Gottes handeln? Die Frage bleibt freilich unbeantwortet.

In entsprechender Weise formuliert Paulus noch öfter. So stoßen die Adressaten bei der Lektüre etwa auf die Aussage in 9,7b ἱλαρὸν γὰρ δότην ἀγαπᾷ ὁ θεός! „Einen fröhlichen Geber hat Gott lieb!", wobei der Kontext suggeriert: Gottes Liebe hat es mit der Segensgabe zu tun! Die Korinther sind aber keine fröhlichen Geber. Aus der empfangenen Gnade resultiert bei ihnen nicht die Zuwendung zu anderen, kein großzügiges Geben, und das wirft Fragen auf:[477] Wenn Gott gerade daran Freude hat, haben sie dann die Zuwendung Gottes verscherzt? Und was wären die Folgen davon? Auch diese Fragen bleiben ohne Antwort. Das von Paulus gebotene Zitat aus Spr 22,8 schreckt in der gegebenen Situation nur auf, wird aber weder erklärt noch entschärft.

In diesem Zusammenhang kann selbst der unmittelbar folgende Satz δυνατεῖ δὲ ὁ θεὸς πᾶσαν χάριν περισσεῦσαι εἰς ὑμᾶς (9,8a) „unbehagliche" Konnotationen erzeugen. Die Worte δυνατεῖ δὲ ὁ θεὸς werden meist als Hinweis auf Gottes Macht verstanden, die der Korinther Befürchtungen ausräumen sollen, die von Paulus eingeforderte Freigebigkeit könnte sie selbst in Schwierigkeiten bringen (vgl. 8,13f.). Man übersetzt dann gerne im Sinne von „Gott ist mächtig"[478]. Einen anderen Akzent erhält die Aussage allerdings, wenn man mit „Gott aber kann machen ..." bzw. „In seiner Macht kann Gott ..." übersetzt.[479] Hier wird δυνατεῖν weniger in Analogie zu δυνατός (stark, mächtig) verstanden, sondern in eher übertragenem Sinne von „im Stande sein"[480]. Mit Blick auf den rückwärtigen Kontext, die Relation zwischen spärlichem Säen und spärlichem Ernten (9,6) und die Aussage, dass Gott einen fröhlichen Geber lieb hat (9,8b), dürften diese Worte zwar auf die unbegrenzten Möglichkeiten Gottes hinweisen, diese aber als „relationale" charakterisieren: Gott kann wohl in Fülle geben, tut dies aber nur bei großzügig Gebenden! Welche Konsequenzen dies konkret für diejenigen hat, die nicht einmal „kärglich" säen, sondern sich verschließen, wie dies bei den Korinthern der Fall ist, bleibt im Ungewissen. Dass es aber zu so etwas wie einer Zurückhaltung bzw. Verweigerung Gottes kommen könnte, ist angesichts des zu 6,18 und 13,11 Besprochenen eine keineswegs abwegige Assoziation.

---

[477] Vgl. Joubert, Paul, 145: „Refusal to share one's possessions with those in need, places a question mark over the presence of God's grace in one's life."
[478] Vgl. dazu die Übersetzungsvorschläge bei Betz, 2Kor 8/9, 161, Klauck, 2Kor, 74, Furnish, 2Cor, 440.
[479] So in der LÜ 84 und der EÜ.
[480] Vgl. Bauer, Wörterbuch, 419.

Ähnliche „Wirkungen" können auch an dem in 9,9 gebotenen Zitat gezeigt werden:

9,9   καθὼς γέγραπται·
         ἐσκόρπισεν, ἔδωκεν τοῖς πένησιν,
         ἡ δικαιοσύνη αὐτοῦ μένει εἰς τὸν αἰῶνα.

Zunächst ist nicht sofort klar, wer das Subjekt des Satzes sein soll.[481] Versteht man die Aussage analog zum Original in Psalm 111,9 LXX, dann ist hier von dem „Gerechten" die Rede und nicht von Gott als dem großzügig Gebenden, wie dies im vorausgegangenen Vers der Fall war. Dann läge hier eine Ergänzung zu der in 9,8b formulierten Aufforderung an die Korinther vor, überzuströmen εἰς πᾶν ἔργον ἀγαθόν, worauf dann zur Unterstützung jener Aufforderung dieses Zitat folgt. Es ist zwar nicht deutlich, ob mit δικαιοσύνη die im Geben zum Ausdruck kommende Gerechtigkeit gemeint ist oder ob dieses Lexem das Handeln selbst als Gerechtigkeit bezeichnet. Aber die Sinnrichtung ist dennoch klar: Das in diesem Handeln sich Verwirklichende hat ewigen Bestand! Auch hier werden die Korinther einen Moment die Luft angehalten haben. Dem von ihnen geforderten Verhalten wird eine ewige Relevanz zugeschrieben. Sie verwirklichen das Geforderte aber gar nicht! Hat auch das ewige Folgen? Gar die entgegengesetzte Folge?

Eine kritische Note ergibt sich aber auch bei der Annahme, Paulus habe, wohlwissend, dass im Original von dem „Gerechten" die Rede ist, das Subjekt nicht deutlich benannt, um das Zitat entsprechend den umliegenden Versen auf Gott beziehen zu können.[482] Dann wäre erneut im Blick, dass Gott so reichlich gibt, *damit* die Empfänger dies weitergeben können. Eben dieser Zusammenhang wird dann in 9,9b als ewige Ordnung deklariert! „In summary ..., those who give generously to the needy should know that their charitable act is a part of that larger righteousness of God by which they themselves live and in which they shall remain forever". Dabei entstünde auch bei dieser Auffassung ein kritischer Moment für die Korinther, denn auch so hat eine Partizipation an der Gerechtigkeit Gottes, die sich in der Zuwendung manifestiert, in Form eigener Zuwendung eine ewige Bedeutung![483] Und was, wenn sie diese Zuwendung nicht an den Tag legen? – In beiden Fällen wird der Eindruck einer erheblichen Gefahr erweckt, der von Paulus nicht durch klärende Worte zerstreut wird.

Dass die angedeutete Gefahr von eschatologischer Relevanz sein dürfte, ist bereits hier zu erahnen – und später noch eingehender zu thematisieren –[484]; doch scheint Paulus bereits jetzt gewisse Strafmaßnahmen vor Augen zu haben, die endgültigen Konsequenz vorbeugen könnten. Achtet man auf die konstante Gegenüberstellung von *Ihr* und *Wir* ab 6,11, dann fällt auf, dass die ab 6,16c

---

[481]   Zu den verschiedenen Optionen vgl. nur FURNISH, 2Cor, 448f.

[482]   Vgl. GEORGI, Kollekte, 71f., FURNISH, 2Cor, 448f.

[483]   Im Übrigen wäre dieser Gedanke, dass Gott den Armen so reichlich gibt, dass sie an andere weitergeben können, eine Bestätigung für das über die Mazedonier Gesagte, denn bei ihnen erwächst aus der Armut noch Fülle für andere. Sie entsprechen dieser ewigen Ordnung, welche in 8,5 auch als θέλημα θεοῦ bezeichnet werden konnte. Die Korinther entsprechen dieser ewigen Ordnung aber keineswegs.

[484]   Siehe dazu unten S.179ff.

angeführten atl. Zitate zur Gottespräsenz und der dazu nötigen Scheidung, nicht explizit auf die Korinther bezogen, sondern in Form von allgemein gültigen Sachverhalten vorgetragen werden, die für das – mit ναὸς θεοῦ angezeigte – „Tempelkonzept"[485] prinzipiell gültig sind. Das Ausgesagte gilt demnach allen Christen, den Korinthern ebenso wie Paulus und der weltweiten Kirche. Sollten die Korinther insbesondere den Aufforderungen in 6,17 und 7,1 nicht nachkommen, sich nicht von jenen Dritten distanzieren und somit selbst zu „Befleckten" werden, dann wären die genannten Aufforderungen von Paulus und der Gesamtkirche zu vollziehen: ἐξέλθατε ἐκ μέσου αὐτῶν καὶ ἀφορίσθητε (6,17a)! Im Fall einer andauernden korinthischen Verweigerung wäre es dann an ihnen, sich von den Korinthern zu distanzieren, sich von der „Befleckung" zu reinigen, d.h. die Korinther ab- bzw. auszustoßen. Das, was nach 1Kor 5 die Korinther mit einem Einzelnen tun sollten, müsste die Gesamtkirche hinsichtlich der Korinther verwirklichen.

Auswertung

Neben den semantischen Kohärenzen – insbes. der Verwendung von χάρις – sind es v.a. die gedanklichen Entsprechungen, welche Texteinheit C als Explikation des Appells in 6,1f. ausweisen: Auf Grund derselben theologischen Gedankenfigur werden die Korinther jeweils auf dasselbe „Problemmuster" angesprochen, dass sie wohl Empfangende sind, aber nicht weitergeben, obwohl dies – entsprechend der zu Grunde liegenden Gedankenfigur – als selbstverständliche bzw. notwendige Folge des Empfangens zu gelten hat. Dadurch wird der wohl eindringliche, aber doch undeutliche und in seinem unmittelbaren Kontext nur konnotativ zu erschließende Appell konkret inhaltlich gefüllt, indem die nicht realisierte Weitergabe als eine Verweigerung der Zuwendung zu Paulus und den übrigen Gemeinden expliziert wird.

Dass die in diesen Zusammenhängen entwickelte Thematik die „inhaltliche Mitte" des Briefes darstellt, legt nicht allein die in textueller Hinsicht zentrale Stellung sowie der bedeutende Umfang der Explikation nahe sondern vielmehr noch die gedankliche Übereinstimmung mit den expo, konnte doch bereits dort die Prägung der Ausführung durch denselben Grundgedanken sowie entsprechende Hinweise auf das korinthische Problem der Verweigerung auf zwischenmenschlicher Ebene festgestellt werden. Was die Ränder bereits zu erkennen geben, wird also in 6,1f. appellativ zugespitzt und dann in Texteinheit C positiv motivierend entfaltet, während Paulus in anderen Texteinheiten auszuräumen versucht, was jener Verwirklichung durch eine verzerrte Wahrnehmung seines Apostolates einerseits (B) sowie durch verführerische Kräfte andererseits (D) im Wege stehen könnte.

---

[485] Siehe dazu oben S.164 Anm.418.

3.3. Bedrohlicher Horizont

Nun ließe sich ohne weiters deutlich machen, wie die eben skizzierte inhaltliche Mitte die Gedankenführung des Paulus auch in den übrigen Briefteilen bestimmt. Wenn sich der Apostel beispielsweise in 4,1-6 am Anfang und am Ende als einen von Gott Empfangenden skizziert (den *Wir* wurde Gottes Erbarmen zuteil [4,1][486] bzw. Gott ließ in den Herzen der *Wir* einen „hellen Schein" aufgehen [4,6]), der das Empfangene weitergibt (vgl. die Rede von der Offenbarung der Wahrheit [4,2], der διακονία des Apostels [4,1] und seinem δοῦλος-Sein [4,5]), mit dem Ziel,[487] dass bei anderen Menschen ebenfalls ein „Leuchten der Herrlichkeit Gottes im Angesicht Jesu Christi"[488] entsteht, was – auf Grund der Kongruenz der sowohl für Paulus als auch für das Zielpublikum verwandten Licht-Metaphorik – impliziert,[489] dass diese sich wiederum anderen zuwenden, wie es Paulus tut, dann sind auch diese Ausführungen – wie noch zu zeigen sein wird – auf die Korinther bezogen.

Doch wichtiger noch als vertiefende Studien zu weiteren derartigen Ausprägungen ist die Klärung der bereits notierten Anklänge einer Gefahr für den Fall, dass die Korinther bei ihrer Verweigerungshaltung bleiben sollten. Insofern verschiedentlich der Eindruck entstand, dass es sich dabei um ein soteriologisches Problem handelt,[490] wäre gerade dies als Hinweis darauf zu werten, dass Paulus dem Verhalten – verstanden als Zuwendung zu anderen – eine ganz erhebliche Bedeutung zumisst. Freilich war diese Gefahr bislang mehr in Form von Konnotationen zu greifen als in expliziten Formulierungen. Fragt sich also, ob Paulus diesbezüglich an anderer Stelle, etwa im Zusammenhang mit eschatologischen Erwägungen, zu größerer Deutlichkeit findet.

---

[486] Man sieht hier nicht selten historische Bezugnahmen auf Bekehrung und Berufung des Apostels sowohl in ἠλεήθημεν in 4,1 (so THRALL, 2Cor, 298, Wolff, 2Kor, 83, u.a.) als auch im Aufstrahlen des Lichts von 4,6 (so WOLFF, 2Kor, 86, PLUMMER, 2Cor, 122, WINDISCH, 2Kor, 140, KIM, Concept, 369; kritisch äußert sich KLAUCK, Erleuchtung, 293f., und ablehnend FURNISH, 2Cor, 250f.).

[487] Zur Funktion von πρός-Konstruktionen als „Zielangabe" vgl. HOFFMANN/VON SIEBENTHAL, Grammatik, §184p/c/bb, PAPE, Handwörterbuch, 744 („bezeichnet ... den Gegenstand, nach dessen Seite hin, auf den zu Etwas gerichtet ist, nach, auf-zu, hin, gen").

[488] Übersetzung nach WOLFF, 2Kor, 83.

[489] Vgl. KLAUCK, 2Kor, 44 (er bezeichnet das Erleben des Paulus als „modellhaft"), LAMBRECHT, 2Cor, 69 (er zitiert MacRae, der von „generalization" spricht); BULTMANN, 2Kor, 111, beschränkt jedoch auf Paulus und seine Mitarbeiter.

[490] Zur σωτηρία siehe oben S.109ff. (zu 1,6), S.127ff. (zu 6,1f.) und S.166f. (zum Zusammenhang von 6,1 und 7,10); zu den „bedrohlichen Klängen" in den Kollektenkapiteln siehe S.172f. (zu 8,9) und S.174-176 (über die Irritationen in 9,7ff.).

Die Mutualität in eschatologischen Zusammenhängen

Eschatologische Perspektiven eröffnet Paulus insbesondere in 1,14; 4,14; 5,10 und 11,2. Egal ob er dabei von der ἡμέρα τοῦ κυρίου ἡμῶν Ἰησοῦ (1,14) spricht oder von einem Hingestellt-Werden (παριστάναι) mit Jesus vor „den, der die Toten auferweckt" (4,14), ob er das Erscheinen vor dem βῆμα τοῦ Χριστοῦ thematisiert (5,10) oder das Geschehen bei der Parusie mit einer Hochzeit vergleicht (11,2 [dabei erneut παριστάναι verwendend]), es handelt sich immer um dasselbe Ereignis:[491] die Begegnung von Apostel und Gemeinde mit dem κύριος am Ende der Zeit bzw. am sogenannten „Jüngsten Tag". Dass Mutualität dabei eine Rolle spielt, geht schon allein aus der Tatsache hervor, dass alle vier Stellen „relational" formuliert sind: durchweg wird bei jenem „Erscheinen" der Einzelne in Bezug zu anderen gedacht!

Zunächst einige diachrone Notizen.[492] Die Rede vom „Tag des Herrn" ist vor Paulus längst traditionell,[493] kann sowohl ein dramatisches Ereignis in der Geschichte als auch deren Ende bezeichnen. In beiden Fällen ist damit ein forensisches Szenario verbunden, bei dem die Feinde Israels (z.B. Jes 34,8) ebenso wie Israel selbst (z.B. Am 5,18) zur Verantwortung gezogen werden können – eine Erwartung, die zur Bezeichnung „Tag des Zorns" (z.B. Zeph 1,15.18; 2,2f.) führte. Verantwortlich gemacht werden Menschen für ein Gott nicht wohlgefälliges Verhalten, das oft als ein anderen Menschen schadendes erscheint (siehe nur den Kontext von Am 5,18)! Das vorgestellte Gericht ist dabei immer ein öffentliches Ereignis: Sowohl beim „innergeschichtlichen" wie beim endzeitlichen „Tag des Herrn" sind ganze Völker involviert und Gott wird – auf Grund gewisser Traditionen – in Begleitung der himmlischen Heerscharen gedacht. Darum dürften Daniels Worte „Tausendmal Tausende dienten ihm, und zehntausendmal Zehntausende standen vor ihm" (Dan 7,10) die gängige Vorstellung vom Szenario am Ende der Zeit widerspiegeln.

Paulus steht in dieser Tradition.[494] Er nimmt die Rede vom „Tag des Zorns" (Röm 2,5) ebenso auf, wie die Formulierung „Tag des Herrn" (1Kor 5,5; 1Thess 5,2) bzw. die Kurzform „der Tag" (Röm 2,16; 1Kor 3,13; 1Thess 5,4), wobei er diese gerne zu „Tag Christi" (Phil 1,6; 2,16) bzw. „Tag *unseres* Herrn *Jesus (Christus)*" (1Kor 1,8; 2Kor 1,14; Phil 1,10) umformuliert. Er bezeichnet damit meist die Parusie Christi und die damit verbundenen Ereignisse. Der mit jenem Tag verbundene Gerichtsgedanke bleibt ebenso ein fester Bestandteil der paulinischen Vorstellung (z.B. Röm 2,5ff.; 1Kor 3,12-15; 2Kor 5,10) wie dessen Öffentlichkeitscharakter (vgl. nur die groß angelegte Schilderung der Vorgänge bei der Parusie 1Thess 4,13-18 [sowie die vergleichbaren „universalen" – „den Tag" allerdings nicht erwähnenden – Szenarien 1Kor 15,20-28 und Phil 2,10]).

---

[491] Dass es sich dabei um dasselbe Ereignis handelt wird in der Literatur zwar so nicht diskutiert, aber doch vorausgesetzt, was mitunter daran deutlich wird, dass bei der Diskussion einzelner Stellen immer auch auf die anderen verwiesen wird.

[492] Zu den folgenden traditionsgeschichtlichen Notizen vgl. nur KÖHLER, Theologie, 209-218, RAD/DELLING, ἡμέρα, 954-956, BRAUMANN, ἡμέρα, 467-469.

[493] Siehe Jes 13,6.9; Ez 13,5; Am 5,18; Joel 2,1.11; Obad 1,15; Zeph 1,7[-9].14[-16].

[494] Zur paulinischen Aufnahme jenes traditionellen Konzepts vgl. nur die Kommentare zu den genannten Stellen (z.B. BRUCE, 1/2Thess, 109, HAWTHORNE, Phil, 21f., oder DUNN, Romans, 84).

In 1,14b thematisiert Paulus die ἡμέρα τοῦ κυρίου ἡμῶν Ἰησοῦ und weist im Blick auf diesen Tag darauf hin: καύχημα ὑμῶν ἐσμεν καθάπερ καὶ ὑμεῖς ἡμῶν. Dabei hat Paulus das – bereits traditionell – mit dem Ende verbundene forensische Szenario besonders im Auge, da er darauf reflektiert, was in jener Situation „vorzeigbar" sein dürfte bzw. was Aussichten darauf hat, vor dem κύριος Anerkennung zu finden. Dieser, als καύχημα bezeichnete „akzeptable Sachverhalt" stellt eine relationale Größe dar: καύχημα ὑμῶν ἐσμεν καθάπερ καὶ ὑμεῖς ἡμῶν. Korinther und Paulus erscheinen nicht als solche, die jeweils ein eigenes καύχημα vorzuweisen hätten, sondern als solche, die sich *gegenseitig* καύχημα sind – eine Gegenseitigkeit, die FURNISH als „ultimate interdependence"[495] bezeichnet.

Angesichts der Bedeutung, die der Mutualität im Blick auf das Eschaton hier zukommt, reicht es nicht aus, wenn etwa BULTMANN καθάπερ καὶ ὑμεῖς ἡμῶν im Sinn von „so gewiß ich mich eurer zu rühmen gedenke" verstanden wissen will und der Ansicht ist, es gehe letztlich darum, zu „erkennen, daß Gott je im anderen gewirkt hat".[496] Zum einen ist „dermaleinst" nicht relevant, was man „zu tun gedenkt",[497] sondern allein das bis dahin Fakt Gewordene. Zum anderen ist dergestalt zu präzisieren, dass die Wahrnehmung dessen, was Gott gewirkt hat, sich nicht auf *irgendwelche* Menschen bezieht sondern auf solche, die *miteinander in Beziehung* standen. Das bei den einen zu Rühmende ist in Bezug auf die anderen gedacht – und umgekehrt. Gemeint ist, was Gott in der Beziehung hat werden lassen und somit, was man füreinander war.[498]

Diese Interdependenz wird meist als „asymmetrisch" verstanden,[499] insofern für Paulus die „Vorführung" der Gemeinden einem „Rechenschaftsbericht" für seinen Dienst gleich komme und für jene wiederum ihr „Gewirkt-Sein" durch den Apostel entscheidend sei.[500] Gewiss ist diese Dimension hier präsent, doch darf dabei eine eher „symmetrische" Komponente nicht völlig übersehen werden:[501] Zum einen sind sich hier beide *gegenseitig* καύχημα, und zwar unabhängig von der jeweiligen „Stellung". Und zum anderen wurde im rückwärtigen Kontext bereits deutlich, dass nicht allein die Gemeinde dem Apostel etwas zu verdanken hat, sondern auch er den Adressaten, dann nämlich, wenn sie an seinen Leiden „partizipieren" (1,6f.) bzw. – und dies ist gleich noch zu besprechen

---

[495] FURNISH, 2Cor, 131; in vergleichbarer Weise spricht MARTIN, 2Cor, 20f., von „mutual trust" bzw. „mutual confidence", BEST, 2Cor, 16, von „mutual pride", und YOUNG/FORD, Meaning, 27, von „mutual recognition and pride in one another on judgment day".

[496] BULTMANN, 2Kor, 40.

[497] Die Frage, ob selbst nach dem Tod noch „Aktion" gefragt ist, wird gelegentlich im Blick auf 5,9 diskutiert, weil dort – syntaktisch gesehen – nicht ganz klar ist, ob das Bemühen, „dem Herrn gefällig zu sein" sich auch noch im Stand des „Daheim-Seins" fortsetzt; doch wird diese Option meist abgelehnt, so z.B. von THRALL, 2Cor, 393, LAMBRECHT, 2Cor, 85f., KLAUCK, 2Kor, 52, MARTIN, 2Cor, 113f.

[498] Vgl. WITHERINGTON, Conflict, 362 („how good each has been for the other").

[499] Zur Verwendung des Ausdrucks „asymmetrisch" vgl. JOUBERT, Paul, 163.

[500] Vgl. dazu nur FURNISH, 2Cor, 131f., KLAUCK, 2Kor, 23, MATTERN, Verständnis, 186 insbes. Anm. 606.

[501] Dies wird von MATTERN, Verständnis, 167 Anm. 521, 187 Anm. 606 bestritten.

– im Gebet für ihn einstehen (1,11).[502] Wenn also das καύχημα der Korinther in Paulus zu finden ist, dann betrifft es mitunter das, was dem Apostel durch sie zuteil wurde.

Die einst so bedeutende Gegenseitigkeit erscheint freilich auch hier (nicht als „Leistung", sondern) als Ausdruck jener „göttlichen Bewegung der fortgesetzten Zuwendung". Im Kontext beschreibt Paulus sich insofern als Empfangenden, als Gott ihn aus Todesgefahr errettet hat (1,8f. [entsprechend 4,8ff.])[503]. Dass er sich auf Grund dieser Erfahrung sofort wieder anderen zuwendet, wird anhand der 1,11b erwähnten πολλοί deutlich, welche für die durch weitere Missionstätigkeit Hinzukommenden stehen dürften.[504] Die „Zuwendung" wird dann auch 1,12 durch die Beschreibung des selbstlosen Wandels ἐν τῷ κόσμῳ – wie bei den Korinthern – und dabei nicht zuletzt durch den Terminus ἁπλότης –[505] zum Ausdruck gebracht. Die durch Paulus Empfangenden antworten mit Reziprozität, indem sie für den Apostel beten (1,11) und dadurch zugleich mit den bestehenden Gemeinden und weiter Hinzukommenden verbunden werden.[506] Dementsprechend ist der anschließende Passus 1,15-22 geprägt von einer ausgeprägten relationalen Semantik.[507] Dem gesamten Zusammenhang nach wird eben diese sich (auf Grund jener Bewegung) in der Gegenwart realisierende Mutualität dermaleinst sichtbar werden und den Beteiligten zum καύχημα gereichen.

Formuliert also der Satz καύχημα ὑμῶν ἐσμεν καθάπερ καὶ ὑμεῖς ἡμῶν den (zu erwartenden) „Normalfall", dann ist dies für die Korinther freilich eine unerfreuliche Perspektive, lässt doch auch hier der unmittelbare Kontext die „Entfremdung" der Korinther von ihrem Apostel und von anderen erkennen. Beim 1,11 thematisierten Gebet für den Apostel erscheinen die Korinther (1,11a) wohl neben den πολλοί (1,11b), doch nicht unbedingt mit diesen kongruent. Die Bemerkung zur Mitwirkung der Korinther ist sprachlich recht blass im Vergleich zu der „Häufung der Näherbestimmungen"[508] des Gebets der πολλοί, was – wie bereits in 1,1b – auf eine unterschiedlich starke Verbundenheit mit dem Apostel hinweisen dürfte.[509] Zudem wirkt die der Korinther Haltung bezeichnende und als Parenthese eingeschobene *genitivus-absolutus*-Konstruktion συνυπουργούντων καὶ ὑμῶν ὑπὲρ ἡμῶν τῇ δεήσει wie eine „indirekte Auf-

---

502 Zu 1,6f. siehe oben S.106, zu 1,11 siehe unten S.181.
503 Bezüge zwischen 1,8f. und 4,8ff. werden gesehen z.B. von Wolff, 2Kor, 27.92, Klauck, 2Kor, 45, Furnish, 2Cor, 254.279, u.a.
504 Siehe dazu oben S.53 samt Anm.83.
505 Zur Bedeutung des Lexems siehe oben S.147.
506 Zur hier anklingenden Verbundenheit mit anderen Christen vgl. Furnish, 2Cor, 125 (Die Gebete der Korinther „will signify *the partnership* of the congregation in the gospel and *in the body of Christ*" [Kursivsetzung U.S.]), Wolff, 2Kor, 27.
507 In 1,15 findet sich πρὸς ὑμᾶς, in 1,16 δι᾽ ὑμῶν, πρὸς ὑμᾶς, und ὑφ᾽ ὑμῶν, in 1,18 ὑμᾶς, in 1,19 ἐν ὑμῖν, δι᾽ ἡμῶν und δι᾽ ἐμοῦ, in 1,20 δι᾽ αὐτοῦ sowie δι᾽ ἡμῶν, und in 1,21 σὺν ὑμῖν.
508 P.Bachmann, 2Kor, 42.
509 Siehe oben S.89f.

forderung zur Fürbitte"[510], die darauf abzielt, „die Verbundenheit der Gemeinde mit dem Apostel zu aktualisieren".[511]

Recht unverblümt wird die Problematik in 1,13 angesprochen: Die Korinther verstehen nur teilweise (ἀπὸ μέρους). Doch das mangelhafte Verständnis der Korinther bestimmt auch schon den vorigen Vers. Was Paulus dort als sein tadelloses Verhalten beschreibt, ist – wie die Bemerkung τὸ μαρτύριον τῆς συνειδήσεως ἡμῶν suggeriert – nicht jedermann verständlich und insbesondere nicht den Korinthern, so dass Paulus mit den Worten περισσοτέρως δὲ πρὸς ὑμᾶς gerade seine Zuwendung zu den Adressaten nachdrücklich herausstreichen muss. Diese Erwiderung auf korinthische Vorbehalte zielt freilich darauf ab, „to alert the Corinthians to their own responsibility *to reciprocate*"[512]. Und indem bei diesen Ausführungen neben den πολλοί auch auf den κόσμος Bezug genommen wird, lässt Paulus deutlich werden, dass der Korinther Reziprozität nicht nur im Blick auf den Apostel „gestört" ist, sondern (wohl) auch bezüglich anderer Christen.[513]

Paulus äußert wohl die Hoffnung, dass sich die Dinge positiv wenden mögen (ἐλπίζω δέ [1,13b]), doch ist der eschatologische Ausblick von den gegenwärtigen Unsicherheiten bestimmt. Zwar werden die beiden Vergleichshälften um καθάπερ oft als äquivalent aufgefasst, doch würde dies nicht nur dem bisher über die Korinther Gesagten widersprechen, sondern auch der elliptischen Konstruktion in 1,14bα.β![514] Im zweiten Teil der Aussage fehlt sowohl das Verb als auch die Wiederholung von καύχημα, so dass der Satz gleich doppelt elliptisch ist. Während die implizite Wiederholung von καύχημα aus 1,14bα in 1,14bβ auf Grund des Genitivs ἡμῶν außer Frage steht, ist das zu ergänzende Verb fraglich. Das präsentische und somit zeitlose, Konstanz signalisierende ἐσμέν in 1,14bα ist die logische Fortsetzung der 1,12f. dargestellten konstanten Zuwendung des Apostels.[515] Doch ist von den Korinthern – wie die Formulierungen in 1,11a.12.13b.14a zeigen – nichts Vergleichbares zu sagen, so dass schwerlich ein präsentisches ἐστέ ergänzt werden kann. Noch ist es Gegenstand der Hoff-

---

[510] BULTMANN, 2Kor, 34. Als *Aufforderung* verstehen diesen Satz auch FURNISH, 2Cor, 125 („Paul is urging the Corinthians to join their prayers with his"), RSV („you also must help us by prayer") oder P.BACHMANN, 2Kor, 41 („Nicht mit direkter Bitte, aber mit zarter Andeutung ... nimmt Pl die Fürbitte der Kr für sich in Anspruch").

[511] BULTMANN, 2Kor, 34. Vgl. auch WOLFF, 2Kor, 27, FURNISH, 2Cor, 125.

[512] FURNISH, 2Cor, 130. Vgl. BULTMANN, 2Kor, 39: „Der Verteidigungssituation, in der Paulus redet, entspricht auch das hinzugefügte περισσοτέρως δὲ πρὸς ὑμᾶς, denn es schließt den Gedanken ein: 'ihr müsstet es doch wissen!', ist also gleichsam Appell an das Gewissen der Korinther".

[513] Die Verbundenheit mit anderen Christen wird auch erwähnt von FURNISH, 2Cor, 125 (Die Gebete der Korinther „will signify *the partnership* of the congregation in the gospel and *in the body of Christ*" - Kursivsetzung U.S.), WOLFF, 2Kor, 27.

[514] Zur Ellipse vgl. GÖTTERT, Einführung, 56; BEAUGRANDE/ DRESSLER, Einführung, 71-74; UEDING/ STEINBRINK, Grundriß, 282; BRINKER, Textanalyse, 24f.

[515] Vgl. nur WOLFF, 2Kor, 31 („ἐσμέν ist ein zeitloses Präsens, das ein bleibendes Verhältnis ausdrückt"), PLUMMER, 2Cor, 29.

nung, dass die Korinther realisieren mögen, was „dermaleinst" von Bedeutung sein wird.[516]

Sollte dem nicht so sein, sollten sie also an der diagnostizierten Verweigerungshaltung festhalten, dann stünden sie am „Jüngsten Tag" ohne καύχημα vor dem κύριος und der an jenem Tag präsenten Öffentlichkeit. Gewisse Assoziationen sind bei dieser Vorstellung unausweichlich: Zumindest das Thema der Beschämung ist damit wieder auf dem Plan und insofern ein weiteres Mal eine *rhetoric of honor and shame* wirksam.[517] Neben der einfachen, als „kleinster anzunehmender Unfall" anzusehenden Beschämung drängt sich auch die Frage nach dem „GAU" auf bzw. danach, ob mit dem Ausbleiben der Mutualität auch eine Gefährdung des Heils verbunden sein könnte. Doch hält sich Paulus diesbezüglich bedeckt. In der Literatur wird die Problematik zwar gelegentlich gestreift, etwa wenn im Blick auf die nötige Veränderung von einer „*heilsbedeutsamen* Rückwendung der Gemeinde" gesprochen wird,[518] womit auch eine anhaltende Verweigerung heilsbedeutsam wäre – eben im umgekehrten Sinne. Doch ist diesbezüglich von diesem Vers aus keine Klarheit zu gewinnen.

In 4,14 findet sich ein weiterer eschatologischer Ausblick:[519] εἰδότες ὅτι ὁ ἐγείρας τὸν κύριον Ἰησοῦν καὶ ἡμᾶς σὺν Ἰησοῦ ἐγερεῖ καὶ παραστήσει σὺν ὑμῖν. Relationale Aspekte sind hier offensichtlich. Zunächst geschieht die Auferweckung der *Wir* σὺν Ἰησοῦ, was freilich nicht im Sinne der Gleichzeitigkeit zu verstehen ist, sondern – das lässt schon das Futur erspüren – vielmehr dergestalt, dass Jesu Auferweckung auch die derer verbürgt, die ihm „verbunden" sind.[520] Damit einher geht eine „Präsentation" der *Wir*, die sich nicht individuell bzw. isoliert von anderen, sondern vielmehr σὺν ὑμῖν, d.h. gemeinsam mit den Korinthern vollzieht. Die *Wir* und die *Ihr* treten – wie schon in 1,14 – nicht als von einander unabhängige Größen *nebeneinander* auf, sondern sie sind an jenem Tag *miteinander* „verbunden". Dabei impliziert der Gedanke einer „Vorführung" (παριστάναι) von *Wir* und *Ihr* ein Forum, bei dem wohl nicht allein an Gott, sondern auch an die mit jenem Tag – bereits traditionell – verbundene Öffentlichkeit zu denken ist.[521]

---

516 So z.B. auch LIETZMANN, 1/2Kor, 102 („ὑμεῖς ἡμῶν ist doch nur Zukunftshoffnung"), THRALL, 2Cor, 135, BULTMANN, 2Kor, 40.

517 Siehe dazu oben S.90f.152f.

518 HAINZ, Ekklesia, 289 (Kursivsetzung U.S.); „[I]m Blick auf die eschatologische Abhängigkeit der Gemeinde von ihrem Apostel" spricht er von der eben erwähnten „*heilsbedeutsame(n)* Rückwendung der Gemeinde"; doch ist zum einen die hier gedachte Asymmetrie – wie oben gezeigt – nicht zutreffend und zum anderen die Rückwendung der Korinther noch nicht vollzogen!

519 Eschatologisch verstehen z.B. WOLFF, 2Kor, 95, FURNISH, 2Cor, 286f., LAMBRECHT, Outlook, 340-349, DERS., nekrōsis, 315f.323f.330f. – Dagegen vertreten BAUMERT, Täglich, 88-94, MURPHY-O'CONNOR, Theology, 48f., DERS., Faith, 543-550, ein innergeschichtliches Verständnis.

520 Vgl. z.B. LIETZMANN, 1/2Kor, 116, BULTMANN, 2Kor, 124, THRALL, 2Cor, 343.

521 THRALL, 2Cor, 344, meint, Gott veranstalte „the presentation to himself". Bleibt hier das genannte Forum unbeachtet, lässt z.B. die Übersetzung „into his presence" (so z.B. LAMBRECHT, Outlook, 347, BELLEVILLE, 2Cor, 124) Raum für dieses.

Insgesamt fällt – auf Grund der Satzstellung – „der ganze Ton auf das schlie-ßende σύν ὑμῖν"[522]. Offensichtlich will Paulus den gemeinschaftlichen Charak-ter jener Ereignisse besonders hervorheben. Wohl zu Recht kommentiert also BULTMANN: „[F]ür Paulus ist das Wesentliche das σύν ὑμῖν ... Nicht als Einzel-ner steht man im Heil, sondern in der Gemeinde"[523]. Doch wird diese Relation – wie bei 1,14 – meist asymmetrisch (re-)konstruiert. Wie die *Wir* im Blick auf die Auferstehung nicht als äquivalent mit Ἰησοῦς zu denken sind, so sind auch die *Ihr* nicht kongruent zu den *Wir*. Vielmehr betrachtet man die Adressaten als solche, die in das Geschehen an den *Wir* mit eingeschlossen sind: Findet der seit 4,12 präsente Gedanke, „daß apostolische Existenz gemeindebezogen ist, dem Leben der Glaubenden dient, ... hier seinen eigentlichen Höhepunkt", dann ist „die Heilsvollendung als ein Geschehen am Apostel verstanden ..., in das die Gemeinde voll und ganz hinein genommen wird."[524] Somit erscheinen die Adressaten als Empfangende, als von den *Wir* „profitierend", als nahezu passiv.

Übersehen werden darf allerdings nicht, dass der „gemeinschaftlich gestalte-te" eschatologische Ausblick aus der Prägung des Kontextes durch die den 2Kor bestimmende Gedankenfigur resultiert. Paulus als Empfangendem – denn so ist das Bildwort vom „Schatz in irdenen Gefäßen" (4,7) ebenso zu verstehen wie die „wundersame" Überwindung aller Bedrängnisse (4,8f. [vgl. 1,8f.]) oder das Offenbar-Werden des „Leben Jesu" an seiner Person (4,10f.) – widerfährt, was anderen zugute kommt: „So ist nun der Tod mächtig in uns, aber das Leben in euch" (4,12 [LÜ]) – oder anders gesagt: „Was *am* Apostel geschieht, ge-schieht *für* andere."[525] Die sich so ergebende und im Eschaton relevante Bezie-hung kann – entsprechend jener Gedankenfigur – aber unmöglich als bloßes „Profitieren" seitens der *Ihr* missverstanden werden. Vielmehr werden die mit den Worten τὰ γὰρ πάντα δι᾽ ὑμᾶς Adressierten (4,15) – und somit als „Nutznießer" Erscheinenden – darauf hingewiesen, dass das durch Paulus Emp-fangene dazu diene, ἵνα ἡ χάρις πλεονάσασα διὰ τῶν πλειόνων τὴν εὐχαριστίαν περισσεύσῃ εἰς τὴν δόξαν τοῦ θεοῦ. Diese (wohl etwas überla-dene,[526] aber) geradezu paradigmatische Formulierung der „göttlichen Bewe-gung der fortgesetzten Zuwendung"[527] bindet die Korinther ein in den größeren Zusammenhang mit vielen anderen.[528] So wird deutlich, dass die χάρις zu Par-

---

[522] P.BACHMANN, 2Kor, 205; zur Ansicht, σύν ὑμῖν trage den Akzent, vgl. auch BULTMANN, 2Kor, 124, KLAUCK, 2Kor, 47, FURNISH, 2Cor, 286.
[523] BULTMANN, 2Kor, 124; vgl. P.BACHMANN, 2Kor, 205 („daß die einen nicht ohne die anderen , dargestellt˙ werden").
[524] Beide folgenden Zitate WOLFF, 2Kor, 96.
[525] WOLFF, 2Kor, 94.
[526] BELLEVILLE, 2Cor, 125, spricht von „a nightmare in terms of grammar", für das THEOBALD, Gnade, 222f., immerhin fünf verschiedene Entschlüsselungen anbietet.
[527] Entsprechend formuliert auch KLAUCK, 2Kor, 47, zur Stelle: „In einer großartigen Bewegung wird gezeigt, wie die Gnade von Gott ausgeht, durch die Predigt des Evangeliums immer mehr Menschen in ihren Bann zieht und in der Form des danksagenden Gebets ... wieder zu Gott zu-rückkehrt."; vgl. auch THEOBALD, Gnade, 222f.
[528] Die πλείονες sind – analog zu den πολλοί in 1,14 (siehe oben S.53 Anm.83) – als die durch des Paulus Aktivitäten Dazukommenden zu verstehen, so z.B. FURNISH, 2Cor, 260.287, WOLFF, 2Kor, 96, MARTIN, 2Cor, 90f. (der wohl diskutiert, ob hier die Mehrheit unter den Korinthern an-

tizipation bzw. Anteilnahme und Gemeinschaft führt, welche dann – gemäß 4,14 – eschatologisch relevant sein wird. Jenes durch den Apostel ermöglichte σὺν ὑμῖν bedarf einer entsprechenden Reaktion und ist als gegenseitige Größe zu verstehen!

Freilich verweisen die Wendungen σὺν ὑμῖν und τὰ γὰρ πάντα δι' ὑμᾶς wieder auf den neuralgischen Punkt. Letztere erinnert daran, wie Paulus bereits 1,12 mit den Worten περισσοτέρως δὲ πρὸς ὑμᾶς seine Zuwendung zu den Korinthern zu betonen und damit deren Verweigerungshaltung zu überwinden versuchte.[529] Und dass das nachdrückliche σὺν ὑμῖν – wie bereits die relationale Formulierung in 1,14 – kritische Töne trägt, geht an dieser Stelle insbesondere aus der Bezugnahme auf eine traditionelle Auferweckungsformel[530] hervor, die Paulus – wohl gezielt – um zwei Segmente erweitert:[531]

4,14a	ὁ ἐγείρας τὸν κύριον Ἰησοῦν (ἐκ νεκρῶν)	Grundform (ursprünglich)
b	καὶ ἡμᾶς σὺν Ἰησοῦ ἐγερεῖ	1. Erweiterung
c	καὶ παραστήσει σὺν ὑμῖν	2. Erweiterung

Dass er die Erweiterungen auf Grund der „Briefsituation" vorgenommen hat, ist schon prinzipiell plausibel,[532] ergibt sich aber auch aus Entsprechungen der „Zusätze" mit gewissen „Textlinien". So ist etwa die Auferweckung der *Wir* σὺν Ἰησοῦ im gegenwärtigen Kontext nicht allein Ausdruck allgemeiner Glaubensgewissheit, sondern mit allem seit 4,7 Gesagten eng verbunden:[533] Bereits gegenwärtig ist des Apostels Existenz vom σὺν Ἰησοῦ bestimmt, zumal er das Sterben Jesu am eigenen Leib erfährt bzw. um Jesu willen in den Tod gegeben wird, damit dadurch das Leben Jesu offenbar werde (4,10f.). Dieses sich bereits gegenwärtig vollziehende σὺν Ἰησοῦ wird im Eschaton offensichtlich.

Anders steht es bzgl. des σὺν ὑμῖν in der zweiten Erweiterung. Während Paulus sich um ein solches bemüht, was er – andernorts mit entsprechenden σύν-Komposita (1,24; 6,1; 7,3) und – im gegenwärtigen Kontext mit den beiden Hinweisen, dass sein Leiden der Korinther Leben diene (4,12) und letztlich alles um ihretwillen geschehe (4,15b), deutlich macht, wird dieses Bemühen von jenen nicht unbedingt erwidert: So wird man im Hinweis auf die in Paulus wirksame δύναμις τοῦ θεοῦ (4,7) eine Reaktion auf korinthische Vorbehalte ebenso sehen dürfen wie im Ausdruck „irdene Gefäße" einen Hinweis darauf,

---

gesprochen sei [so BARRETT, 2Cor, 144f., WITHERINGTON, Conflict, 389], was er aber – anders als bei 1,11 – verneint).

[529] Siehe oben S.182.

[530] Diese rekonstruiert LAMBRECHT, Outlook, 341, mit anderen (die er ebd. Anm. 35 nennt) folgendermaßen: ὁ θεὸς ἤγειρεν τὸν Ἰησοῦν ἐκ νεκρῶν.

[531] Die folgende Rekonstruktion folgt LAMBRECHT, Outlook, 341f. BULTMANN, 2Kor, 124, bleibt unentschlossen, ob bereits 4,14b eine paulinische „Erweiterung" darstellt, sieht eine solche aber in 4,14c. Nur letztere nehmen etwa FURNISH, 2Cor, 286, DAUTZENBERG, Motive, 111, an.

[532] Vgl. MARTIN, 2Cor, 90 (Paulus nutze öfter „paraenetic matter from tradition and then add a comment to apply it to his readers' situation").

[533] Vgl. zum Folgenden z.B. P.BACHMANN, 2Kor, 205, WOLFF, 2Kor, 95. Dass BULTMANN, 2Kor, 125, in der 4,7-12 thematisierten ζωή „das in der Gegenwart sich erweisende Zukunftsleben" artikuliert sieht – und somit den oben dargestellten Zusammenhang gewissermaßen „umdreht" – steht dazu nicht im Widerspruch, da es v.a. darum geht, dass Gegenwart und Zukunft aufeinander zu beziehen sind.

was die Korinther gegenwärtig an Paulus wahrnehmen.[534] Dazu dürfte die Aussage ἐν παντὶ θλιβόμενοι ἀλλ᾽ οὐ στενοχωρούμενοι (4,8) bereits auf die Gegenüberstellung von 6,12 verweisen, wo Paulus für sich verneinen kann, στε–νοχωρεῖσθαι zu sein, während er den Korinthern explizit vorhalten muss: στενοχωρεῖσθε δὲ ἐν τοῖς σπλάγχνοις ὑμῶν! Die Verwirklichung des σύν ὑμῖν wird gegenwärtig von den Korinthern verhindert.

Angesichts dieser textuellen Zusammenhänge entsteht der Eindruck, die Aussage der ersten Erweiterung werde gezielt als Kontrapunkt zu den korinthischen Vorbehalten gesetzt. Im bewussten Kontrast zur anscheinenden Todverfallenheit betont und begründet Paulus die Gewissheit seiner Auferweckung. Dem werden die Ungewissheit signalisierenden Faktoren bezüglich der Korinther gegenübergestellt. Während das gegenwärtige σὺν Ἰησοῦ des Apostels sich im eschatologischen „fortsetzt", wird das gegenwärtige σὺν ὑμῖν seitens der Korinther verhindert und muss darum auch im Blick auf das Eschaton als fraglich erscheinen. Diese Ungewissheit wirkt umso schwerer, als die mit σὺν ὑμῖν angezeigte Mutualität – wie bereits gesagt – durch die Schlussposition deutlich betont und als wesentliches Anliegen hervor gehoben wird. Ist also das „being together ... the crowning evidence not only of the authenticity of their faith but also of the authenticity of those by whom they have come to faith"[535], dann stellt sich die Frage, was es für die Korinther bedeuten würde, wenn sie das „being together" verweigern und ihnen somit „the crowning evidence ... of the authenticity of their faith" fehlen würde.

Die derart evozierte Frage wird durch die Verwendung des Lexems παριστάναι noch verstärkt. Da dieses ein großes Bedeutungsspektrum hat[536] und die jeweilige Bedeutung nur durch eine Hinzufügung präzisiert werden kann, Paulus hier aber eine solche, die leicht möglich gewesen wäre,[537] unterlässt und das Verb gerade nicht im Sinne der von den Exegeten gerne vertretenen Interpretationen einer „Vorführung der Gerechtfertigten" oder einer Hinführung zum Gericht spezifiziert,[538] dürfte die so entstehende „Unschärfe" beabsichtigt sein.[539] Wird nur von einer eschatologischen „Hinführung" der Korinther gesprochen, die zugleich an die *Wir* gebunden ist, dann sind verschiedene Assoziationen möglich. Sollten die Korinther ihre Vorbehalte ablegen, sich in das σὺν ὑμῖν der *Wir* hinein nehmen lassen und Reziprozität verwirklichen,

---

[534] Vgl. dazu nur Furnish, 2Cor, 277.279.

[535] Furnish, 2Cor, 286.

[536] Nach Furnish, 2Cor, 259, hat es „a fairly broad range of meaning", steht für „to present a cultic offering, to appear before a king as his subject, to stand before a judge, to put something at someone's disposal" stehen, und nach Plummer, 2Cor, 134, auch für den Moment, wenn „a bride is presented to the bridegroom".

[537] Ebenso argumentiert Plummer, 2Cor, 134.

[538] Im Sinne der zuerst genannten Bedeutung verstehen z.B. Bultmann, 2Kor, 124, Lietzmann, 1/2Kor, 116, Wolff, 2Kor, 96. Während Lietzmann 4,14 von dem in 5,10 angesprochenen Gericht unterschieden wissen will, verknüpft Martin, 2Cor, 90, die beiden. Andere Exegeten neigen dazu, die beiden Bedeutungen zu verbinden, so z.B. Barrett, 2Cor, 143 („It does not seem necessary to choose ... between appearing before God's judgment seat and sharing in his triumph; both are elements in the last events"), P.Bachmann, 2Kor, 205, Plummer, 2Cor, 134.

[539] Zur „Strategie" der „Unschärfe" siehe oben S.126f.(163).

dann wird bei jener Hinführung die zu ihrem Ziel gekommenen Gnade offensichtlich. Sollten sie aber bei ihrer Ablehnung bleiben, dann würde bei jenem „Auftritt" eine der Gnade widersprechende Verweigerungshaltung sichtbar, der wohl Gericht widerfahren dürfte. Damit wird, wie andernorts, den Korinthern zumindest ein Szenario der Beschämung vor Augen gemalt,[540] falls nicht noch Schlimmeres zu erwarten sein sollte.

Die „schlussendliche" Bedeutung der Mutualität ist dann auch in 5,10 thematisch: τοὺς γὰρ πάντας ἡμᾶς φανερωθῆναι δεῖ ἔμπροσθεν τοῦ βήματος τοῦ Χριστοῦ, ἵνα κομίσηται ἕκαστος τὰ διὰ τοῦ σώματος πρὸς ἃ ἔπραξεν, εἴτε ἀγαθὸν εἴτε φαῦλον. Dieser Satz ist auffällig: Nicht allein die vertrackte Syntax, sondern auch die Tatsache, dass hier der Leib im Zusammenhang mit dem „Jüngsten Gericht" Erwähnung findet – was einmalig ist bei Paulus – dürfte darauf abzielen, Aufmerksamkeit zu erzeugen: „Paul intrudes it (d.h. den Satz [U.S.]) in order to make a point of some importance to him".[541] Was aber will Paulus hier hervorheben?

Der Vers lässt interessante Details der paulinischen Vorstellung vom „Jüngsten Tag" erkennen. Dass dieser – entsprechend der Tradition – als öffentliches Ereignis gedacht wird, tritt hier – nachdem dieser Sachverhalt in 1,14 und 4,14 allenfalls „gestreift" wurde – deutlich hervor. Allein schon der Begriff βῆμα indiziert den „Öffentlichkeitscharakter" des Geschehens und lässt dieses als „public assembly" bzw. als „final public hearing" erscheinen.[542] Dies geht auch aus der Verbindung von πάντες ἡμεῖς und ἕκαστος hervor. Die Annahme, dass πάντες ἡμεῖς auftreten werden, ist nicht einfach nur die (logische) Voraussetzung dafür, dass ἕκαστος empfangen kann. Vielmehr handelt es sich um ein *gemeinsames* Auftreten aller Christen,[543] aus dem jeder einzelne, im Beisein aller anderen, gewissermaßen „hervortritt", um beurteilt und entschädigt zu werden. Was am Einzelnen geschieht vollzieht sich in der Gegenwart aller anderen.

Dieses Szenario wird kaum voyeuristischen Bedürfnissen Rechnung tragen sollen. Verständlich ist es v.a. dann, wenn das am Einzelnen zu Beurteilende im Zusammenhang mit den anderen steht. Diese Annahme findet sich im ἵνα-Satz bestätigt: ἵνα κομίσηται ἕκαστος τὰ διὰ τοῦ σώματος πρὸς ἃ ἔπραξεν, εἴτε ἀγαθὸν εἴτε φαῦλον. Dass hier das konkrete Handeln eines Menschen – und nicht etwa bloß dessen Einstellung – im Blick ist, zeigt sich an der „nachgeschobenen" Wendung πρὸς ἃ ἔπραξεν ebenso wie an der Formulierung τὰ διὰ τοῦ σώματος. Gerade das Lexem σῶμα hat – insbesondere in der korinthischen Korrespondenz – relationale Konnotationen: So thematisiert Paulus in

---

[540] Zur *rhetoric of honor and shame* siehe auch S.90f.152f.183.

[541] FURNISH, 2Cor, 305, der sich dabei auf SYNOFZIK, Untersuchung, 75f., bezieht. In der Erwähnung des Leibs sieht SYNOFZIK eine Reaktion auf enthusiastische Tendenzen in Korinth, während FURNISH lediglich davon ausgeht, die „negativen" Aussagen über den Leib in 5,6.8 könnten missverstanden werden und hätten von Paulus „korrigiert werden müssen.

[542] Zitate: WOLFF, 2Kor, 115, und WITHERINGTON, Conflict, 391 (dabei Bezug nehmende auf F.W. Dankers Kommentar zu 2Kor); vgl. PLUMMER, 2Cor, 156.

[543] Dass sich die Aussagen dieses Verses allein auf das „Erscheinen" aller Christen bezieht, darin ist man sich weitgehend einig, vgl. nur P.BACHMANN, 2Kor, 242, THRALL, 2Cor, 394, FURNISH, 2Cor, 275.305.

2Kor 4,10 das an seinem σῶμα sich vollziehende Sterben und Leben Jesu als eines, das anderen zugute kommt (ἡ ζωὴ ἐν ὑμῖν [4,12]); in 1Kor 11,24 ist es das σῶμα Christi, das für andere gegeben wird (τοῦτό μού ἐστιν τὸ σῶμα τὸ ὑπὲρ ὑμῖν) und in 1Kor 12 wird die Gemeinde als σῶμα Christi und hinsichtlich der damit gesetzten Relationalität untereinander bedacht.[544] Folglich bezeichnet „σῶμα ... das Ich ..., sofern es sich selbst und anderen faßbar ist, als das mögliche Objekt der Behandlung durch andere und durch sich selbst. ... σῶμα ist ... das Ich als handelndes Subjekt und als behandeltes Objekt"[545]; σῶμα meint „den Menschen in seinem Gegenüber zu Gott ... und zu seinen Mitmenschen"[546]. Hat schon der Begriff σῶμα an sich eine relationale Dimension, so geschieht das, was sich διὰ τοῦ σώματος vollzieht, zwar durch den Leib, aber zugleich – und das ist (nicht zuletzt auf Grund des Szenarios) mitzudenken – an einem Gegenüber. Nicht um ein Handeln im allgemeinen Sinne geht es also an dieser Stelle,[547] sondern speziell um das anderen zugewandte Verhalten.

Dass dieses Verhalten als Beweislage beim „Verfahren" am Jüngsten Gericht zu denken, ist nicht ungewöhnlich, wohl aber ist es die von Paulus dabei benutzte Formulierung ἵνα κομίσηται ἕκαστος τὰ διὰ τοῦ σώματος: Was Menschen an jenem Tag „erhalten", ist nicht etwas, was sich einfach an dem διὰ τοῦ σώματος Geschehenen bemisst – wie dies andernorts bei der paulinischen Rede vom ἔπαινος (1Kor 4,5) bzw. μισθός (1Kor 3,14) nahe liegt.[548] Vielmehr sind es hier τὰ διὰ τοῦ σώματος selbst![549] Der einzelne wird dereinst erhalten, was er andern getan hat! Entsprechend ist das Verb κομίζειν, im Medium, gewählt: Es bedeutet wohl allgemein „empfangen" / „receive",[550] nimmt aber im NT auch die Bedeutung „wiederempfangen, zurückerhalten" (Bauer) / „receive back" bzw. „recover"[551] an (vgl. Eph 6,8; Kol 3,25; Heb 11,19).[552] – Bei jener eschatologischen „Verhandlung" wird also „zurückgegeben", was an andern getan wurde, sei es ἀγαθόν oder φαῦλον. Es vollzieht sich nicht nur eine Konfrontation mit dem an anderen vollzogenen Handeln, sondern eben dieses ist es, was dem einzelnen dann als „Lohn" (übrig)bleibt.

---

[544] Entsprechende relationale Konnotationen eignen auch der Diskussion des σῶμα im Zusammenhang mit der Hurerei (1Kor 6,12ff.), der ehelichen Gemeinschaft (1Kor 7,4) und mit der Auferstehung (1Kor 15,35ff.).

[545] CONZELMANN, Theologie, 198.

[546] SCHWEITZER, σῶμα, 1063.

[547] Wobei zu fragen ist, ob es ein körperliches Handeln ohne ein Gegenüber, an dem es sich vollzieht, überhaupt geben kann.

[548] Allerdings werden jene, aus andern paulinischen Gerichtstexten stammenden Formulierungen meist in die Exegese dieser Stelle „eingetragen" (vgl. nur WOLFF, 2Kor, 115, THRALL, 2Cor, 394, die sich beide auf die oben genannten 1Kor-Stellen beziehen), wodurch der Blick für die hier vorliegenden Feinheiten getrübt wird.

[549] Vgl. PLUMMER, 2Cor, 157 (zit. F.W.ROBERTSON: „St Paul does not say merely that he shall receive according to what he has done in the body, but that he shall receive the things done – the very selfsame things he did"), BULTMANN, 2Kor, 145.

[550] Z.B.: LÜ, EÜ, NIV, NRSV, KLAUCK, 2Kor, 52,

[551] FURNISH, 2Cor, 275.

[552] Diese spezifische Bedeutung wird genannt z.B. von P.BACHMANN, 2Kor, 243 (obwohl er dann doch von „Äquivalenz" spricht), FURNISH, 2Cor, 275, PLUMMER, 2Cor, 157, zit. F.J.A.HORT.

Ist diese Auffassung sachgerecht, dann ist verständlich, warum Paulus in der einleitenden Bemerkung zur Szenerie jenes eschatologischen Ereignisses sowohl die Gesamtheit (πάντες ἡμεῖς) als auch den Einzelnen (ἕκαστος) erwähnt: Die „anderen" sind gegenwärtig, damit der Einzelne zurückerhalten kann, was er in jene „investiert" hat.[553] Ein solches Verständnis von 5,10 kann freilich so überraschend nicht sein, da sich darin eine Kohärenz zu 1,14 zeigt: Auch dort wird von einer vor dem κύριος stattfindenden Interaktion zwischen Gesamtheit und Einzelnem gesprochen; und dort geben die anderen ebenfalls das καύχημα des Einzelnen her. Überdies fällt auf, dass die Szenerie zwar vor dem βῆμα des Christus platziert wird, dieser in der Schilderung des Vorgangs aber merkwürdig inaktiv bleibt. Selbstverständlich ist er der Richter, doch in welcher Form das Gerichts*verfahren* selbst abläuft bzw. wer dabei wie agiert, ist damit nicht schon präjudiziert. Ziel des einstigen Offenbar-Werdens dürfte es jedenfalls sein, dass jeder (zurück-)erhält, was er an anderen getan hat; und an dieser „Rückgabe" sind κύριος und πάντες beteiligt.[554]

Gegen diese Interpretation könnte man einwenden wollen, dass die derart gewichtete Mutualität nicht recht passe zu den individuell orientiert wirkenden Überlegungen zum Vergehen des äußeren bzw. dem Erneuert-Werden des inneren Menschen (4,16-18) einerseits sowie dem „Durchgang" durch den Tod in 5,1-8 andererseits.[555] Doch fragt sich schon im Blick auf 5,1, ob nicht auch hier relationale Aspekte mit zu denken sind. Die verwendete Bau- und Haus-Begrifflichkeit dient wohl in der hellenistischen Welt, aber weder in AT und rabbinischem Judentum noch im NT zu anthropologischen Beschreibungen.[556] Insbesondere für Paulus wäre ein solcher Gebrauch völlig singulär,[557] da er die entsprechende Begrifflichkeit im Zusammenhang mit der Gemeinde benutzt.[558] Intratextuell ist vor allem zu bedenken, dass die hier, 5,1, wie in 10,8; 12,19;

---

[553]   Vgl. YOUNG/FORD, Meaning, 176, die von „people prepared for the *ultimate exchange* before Christ" (Kursivsetzung US) sprechen.

[554]   ROETZEL, Judgement, 112-136, bespricht wohl „ the church as an instrument of judgment" bleibt mit seinen Erwägungen aber bei der Rolle der Kirche im sich gegenwärtig vollziehenden Gericht.

[555]   Die Diskussion, ob sich in 5,1-8 ein Veränderung der pln. Eschatologie – und insbes. die Befürchtung, die Parusie nicht mehr zu Lebzeiten zu erleben – erkennen lässt, wird oft thematisiert; vgl. nur die Diskussionen bei MARTIN, 2Kor, 97-101, LAMBRECHT, 2Cor, 89. Dem Gedanken einer „Entwicklung" steht die Ansicht gegenüber, des Paulus Vorstellungen von der Zukunft seien schlicht nicht einheitlich, so z.B. CONZELMANN, Theologie, 208; AUNE, Nature, 291f.

[556]   Zu diesem Befund vgl. AUNE, Nature, 301 („the use of the image of the house [οἰκία] or tent [σκῆνος] as a metaphor for the physical aspect of human existence ... occurs frequently in Hellenistic tradition from Plato on, but rarely in early Judaism."), VIELHAUER, Oikodome, 108, KUSCHNERUS, Gemeinde, 283-286.

[557]   Dies gestehen auch KUSCHNERUS, Gemeinde, 286, KITZBERGER, Bau, 283, zu.

[558]   Zum Befund: οἰκία steht – neben 2Kor 5,1(2-mal) – für Haus im eigentlichen Sinne (1Kor 11,22) bzw. für den „Haushalt" (1Kor 16,15; Phil 4,22); οἰκοδομή wird immer in Bezug auf die Erbauung in der Gemeinde gebraucht (Röm 14,19; 15,2; 1Kor 3,9; 14,3.5.12.26; 2Kor 5,1; 10,8; 12,19; 13,10); σκῆνος ist singulär im NT. Vom erweiterten Wortfeld wird auch οἰκοδομεῖν (Röm 15,20; 1Kor 8,1.10; 10,23; 14,4[2-mal].17; Gal 2,18; 1Thess 5,11) bzgl. der Gemeinde verwendet, während οἶκος (Röm 16,5; 1Kor 1,16; 11,34; 14,35; 16,19; Phm 2) eigentliche Häuser, Haushalte oder das Zuhause bezeichnet, die allerdings in Bezug zur Gemeinde stehen.

13,10 angesprochene οἰκοδομή sich insofern entsprechen als sie hier auf Gott (ἐκ θεοῦ) und dort auf den κύριος zurückgeführt wird, und letztere sich eindeutig auf die Gemeinde beziehen. Bei der Interpretation von 5,1 darf zudem nicht unbeachtet bleiben, dass 6,16b das Lexem ἐν-οικεῖν im Blick auf Gottes Präsenz unter seinem Volk verwendet wird – und zwar in Verbindung mit dem bei Paulus ebenfalls auf die Gemeinde bezogenen ναὸς θεοῦ (6,16a) –[559], zumal in einer der traditionsgeschichtlichen „Vorlagen" von 6,16, in Ez 37,27 LXX, im Blick auf diese Gottespräsenz ein Kompositum aus dem Wortfeld σκηνοῦν, und zwar κατασκήνωσις, verwendet wird. Es ist also „naheliegend" anzunehmen, dass hier zunächst „umgreifend die Gemeinde ..., und dann erst, inklusiv, das Dasein des einzelnen Christen in seinem jetzigen physischen Sein, in seinem σῶμα" angesprochen ist.[560] Der in 5,10 thematische Zusammenhang von πάντες ἡμεῖς und ἕκαστος wäre demnach bereits hier präsent.

Vor allem aber schiebt Paulus, nachdem er der Hoffnung „überkleidet" zu werden und „daheim" sein zu dürfen viel Raum gegeben hat, die diesbezüglichen Vermutungen mit der εἴτε-εἴτε-Formulierung energisch zur Seite[561] und lässt „die ethische Konsequenz für das Leben der Christen in der Gegenwart" markant hervortreten[562]: διὸ καὶ φιλοτιμούμεθα ... εὐάρεστοι αὐτῷ (d.h. Christus [U.S.]) εἶναι, zumal das Christus-wohlgefällig-Sein gerade durch die Wendung τὰ διὰ τοῦ σώματος in 5,10 als ein anderen positiv zugewandtes Verhalten präzisiert wird.[563]

Das Gewicht der Mutualität in 5,10 fügt sich dann insbesondere zu den folgenden Versen, die wieder von der Grundfigur des 2Kor geprägt sind. Die „Zuwendung" des Apostels ist deutlich, denn er ist bemüht, Menschen zu „überzeugen" (5,11), gibt sich schonungslos ehrlich (5,11) und hält an sich zu Gunsten der Korinther (5,13). Dabei gründet er sich auf Christus, denn es ist die „Liebe Christi" – eine Größe, die andernorts als Ausdruck des von Gott her Zukommenden deutlich gemacht werden konnte –[564], die Paulus „antreibt". Und diese fand ihren ursprünglichen Ausdruck darin, dass „einer für alle gestorben ist" (5,14), sich also selbstlos für andere gegeben hat. Paulus folgert daraus, dass „die da leben, hinfort nicht mehr sich selbst leben" sollen (5,15), was – gemäß dem Handeln Christi – freilich nur ein Dasein für andere bedeuten kann.[565] Die sich dabei (normalerweise) ergebende Mutualität führt – ganz analog zu 1,14 – dazu, dass man sich gegenseitig καύχημα ist bzw. wird (5,12). Entsprechend der entscheidenden Bedeutung der Mutualität kann Paulus darum in 5,11 auch

---

[559] 1Kor 3,16.f.; 2Kor 6,16; nach BÜHNER, σκῆνος, 603, wird im NT – wie bereits in Qumran – „die Baulehre vom Tempel auf die Gemeinde übertragen"; nach BÖTTRICH, Tempel, geht es v.a. um das „Tempelkonzept" (siehe dazu oben S.164 Anm.418).

[560] BARTH, Versöhnung, 711.

[561] Vgl. SYNOFZIK, Untersuchung, 74, KUSCHNERUS, Gemeinde, 300-304.

[562] SYNOFZIK, Untersuchung, 74.

[563] Auch andernorts spricht Paulus vom Christus- bzw. Gott-wohlgefällig-Sein im Zusammenhang mit einem Verhalten, das anderen positiv zugewandt ist: so z.B. Röm 12,1f.; 14,(15-)18; Phil 4,18. Dementsprechend stellt etwa KUSCHNERUS, Gemeinde, 303, einen Bezug zwischen 5,9 und 5,14 her.

[564] Siehe dazu oben S.145-147.

[565] Siehe dazu oben S.115f.

vom φόβος τοῦ κυρίου sprechen, wobei der Begriff „Furcht" bewusst gewählt sein dürfte, um eben diese bei den Korinthern zu wecken. Schließlich wird auch hier deutlich, das sie das gewünschte Verhalten nicht realisieren: Noch muss sie Paulus dazu auffordern, ihr καύχημα in ihm zu suchen (5,12) und sich von der „Liebe Christi" zu derselben „Zuwendung" bewegen zu lassen, wir dies bei ihm der Fall ist.

Somit stellt sich (ein weiteres Mal) die Frage nach den Konsequenzen für die Verweigerungshaltung der Korinther. Ob sie vor Christus wohl *nicht* εὐάρεστοι oder vielleicht nur *weniger* εὐάρεστοι sein werden?[566] Was bedeutet die Tatsache, dass der Richter „aufdecken (wird), wie sich der Christ in seinem Tun vom Heil prägen ließ"[567] gerade für die Korinther, die doch in der Gefahr stehen, die χάρις tatsächlich εἰς κενόν empfangen zu haben (6,1) und somit ihr Tun gerade nicht vom Heil her bestimmen zu lassen? Wäre damit ihr Heil gefährdet und wären sie „liable to condemnation in light of 5:10"[568]? Eine sichere Aussage ist hier wohl nicht zu gewinnen,[569] doch lässt das Setting des Gerichts sowie das als „Furcht" gekennzeichnete Wissen um die einst zu richtende Mutualität[570] – nicht allein eine „Beschämung" vor den anwesenden πάντες sondern vielmehr – Schlimmeres befürchten.

Ein letztes Mal kommt Paulus in 11,2-4 auf die Bedeutung der Gegenwart für den „Jüngsten Tag" zu sprechen. Er bedient sich dabei des Motivfeldes der Verlobungszeit, lässt sich als Brautvater erscheinen,[571] der die Korinther als Braut Christus als Bräutigam am „Jüngsten Tag", der Hochzeit, „zuführen" (παριστάναι [vgl. 4,14]) möchte. In der gegenwärtig laufenden „Zwischenzeit" erweisen sich die Korinther allerdings als zwielichtige Braut, deren „Sinne" vom Bräutigam abgelenkt zu werden scheinen (11,3[-4]), und die sich zudem – dies ist auf Grund der korinthischen Kritik an Paulus in diesem Bild wohl impliziert – dem eigenen Vater gegenüber als „aufsässig" erweist.

Nun wird in der Literatur gerne hervorgehoben, dass es „in diesem ganzen Zusammenhang nicht um sittliche, sondern um religiöse, ja theologische Schädigung der Gemeinde" gehe.[572] Von einem „Verführtwerden des Denkens" ist die

---

[566] Diese Unterscheidung nimmt MATTERN, Verständnis, 156f., vor und plädiert für die zweite Option, da aus der in 5,1-8 entwickelten Gewissheit der Auferstehung in 5,9 das Bemühen der Christen erwachse, dem Herrn εὐάρεστος zu sein und es somit nur um die Frage gehen könne, *wie* jemand Christ war. Vgl. WOLFF, 2Kor, 115.

[567] WOLFF, 2Kor, 115.

[568] MARTIN, 2Cor, 123.

[569] WOLFF, 2Kor, 115 („Wie sich diese Beurteilung für den Betreffenden auswirkt, sagt Paulus nicht".).

[570] Zum Konnex von 5,10 und 5,11 vgl. nur BREYTENBACH, Versöhnung, 109 („Die Wendung εἰδότες οὖν τὸν φόβον τοῦ κυρίου nimmt den Gedanken des βῆμα τοῦ Χριστοῦ auf [V.10]."), WOLFF, 2Kor, 119 („Das Wissen des Apostels um das endgültige Offenbarwerden vor dem Richterstuhl Christi [V.10] hat den φόβος τοῦ κυρίου zur Konsequenz"), MARTIN, 2Cor, 123.

[571] Im Sinne von „Brautvater" verstehen PLUMMER, 2Cor, 293f., FURNISH, 2Cor, 499, BELLEVILLE, 2Cor, 270, THRALL, 2Cor, 661, MURPHY-O'CONNOR, Theology, 108, SUNDERMANN, Apostel, 84f.; als „Brautführer" jedoch WOLFF, 2Kor, 211, KLAUCK, 2Kor, 83, LIETZMANN, 1/2Kor, 144; WITHERINGTON, Conflict, MARTIN, 2Cor, 332.

[572] LIETZMANN, 1/2Kor 145; vgl. nur FURNISH, 2Cor, 500 (des Paulus „concern is not specifically with the Corinthians' moral behavior").

Rede bzw. – positiv gewendet – von einer „Bewahrung der reinen Lehre".[573] Und bei der ἁπλότης, die man gerne durch εἰς τὸν Χριστόν näher charakterisiert sieht, erkennt man die „ungeteilte Hingabe der Gemeinde an Christus"[574] angesprochen. Insbesondere durch die 11,4 angedeutete Problematik wird diese Auffassung gestützt: Paulus fürchtet tatsächlich, die Korinther könnten sich einem „anderen Christus", einem „anderen Geist" und einem „anderen Evangelium" öffnen. Offensichtlich ist Paulus um Glaubens*inhalte* besorgt, doch lässt er die Konturen dieser Problematik merkwürdig unscharf. Die Bemerkungen in 11,4 sind nicht mehr als „Andeutungen", die für die Ermittlung der inhaltlichen Differenz nichts Handfestes hergeben.[575] Auch unterlässt es Paulus, zu einem inhaltlichen Diskurs anzusetzen und gegen die Ansichten seiner Gegner zu argumentieren.[576]

Im Unterschied zu dieser „Unschärfe" ist sowohl in den eschatologisch ausgerichteten Versen 11,2-4 als auch im nachfolgenden Kontext die relationale Problematik deutlich zu erkennen. Schon das oben skizzierte „Verlobungsdrama"[577] führt vor Augen, wie „brüchig" die verschiedenen *Beziehungen* der Korinther geworden sind: Nicht allein dasjenige zum „Brautvater" gestaltet sich schwierig, sondern auch jenes zum „Bräutigam"! Dabei werden hier beide Relationen dergestalt verknüpft, dass Handeln bzw. Verhalten – zumindest implizit – ständig als problematische Größe präsent sind.[578] Bezieht man etwa die Näherbestimmung τῆς εἰς τὸν Χριστόν allein auf ἁγνότης, dann wäre mit ἁπλότης – wie bereits in 1,12; 8,2; 9,11.13 – die selbstlose *Hingabe an andere* bezeichnet und mit der *Hingabe an Christus* verknüpft. Selbst wenn sich jene Näherbestimmung auf beide, ihr voraus stehenden Substantive beziehen sollte, würde eine ἁπλότης εἰς τὸν Χριστόν doch dem Bemühen, Christus gefällig zu sein (5,9) bzw. für Christus zu leben (5,15), deutlich entsprechen und somit – wie jene Aussagen – das anderen positiv zugewandte Verhalten mit-bezeichnen.[579] Ähnliches lässt sich an der bei Paulus einmaligen Trias in 11,4 beobachten. Gelegentlich sieht man mit πνεῦμα ἕτερον weniger eine „Entfremdung" vom Heiligen Geist angesprochen als vielmehr

---

[573]   Zitate von WOLFF, 2Kor, 213, und KLAUCK, 2Kor, 82; vgl. ZMIJEWSKI, Stil, 91 („Lauterkeit des Glaubenslebens"), WITHERINGTON, Conflict, 445 („corruption of the minds"), LIETZMANN, 1/2Kor, 145.

[574]   WOLFF, 2Kor, 212; vgl. nur MARTIN, 2Cor, 333 („,sincere devotion' or wholehearted commitment to Christ") bzw. ebd., 354 („singlehearted devotion to Christ"), THRALL, 2Cor, 661 („singleminded attachment to Christ").

[575]   Vgl. nur KLAUCK, 2Kor, 83 („Man kann dem mit Gewißheit eigentlich nur entnehmen, daß Paulus eine fundamentale Verschiebung entdeckt, die Kernpunkte der christlichen Verkündigung berührt"), LAMBRECHT, 2Cor, 174 („It remains difficult to guess exactly what Paul means"). Auch ZMIJESWKI, Stil, 99, erwähnt „die Allgemeinheit der Formulierungen" in 11,4, hält sie aber ebd., 100, einer „überschriftartigen Themenangabe" für angemessen.

[576]   Vgl. P.BACHMANN, 2Kor, 363, THRALL, 2Cor, 667, FEE, Another Gospel, 119.

[577]   Vgl. KLAUCK, 2Kor, 82, der ebenfalls von einem „kleinen Drama" spricht.

[578]   Vgl. MARTIN, 2Cor, 334 („ethical questions are involved, and Paul does fear that the Corinthian morals may have been corrupted"), LAMBRECHT, 2Cor, 173 (kritisch gegenüber der Annahme, es gehe nur um „a purely intellectual notion"; Er erwägt auch „a moral connotation"), BELLEVILLE, 2Cor, 271f.

[579]   Zur Bedeutung von 5,9 und 5,14f. siehe oben S.115.190.

eine Veränderung des Verhaltens, bzw. „the effects of Christian living seen in outward deportment"[580]. Man wird die beiden Aspekte wohl aufeinander zu beziehen haben, denn nach 3,18 „verwandelt" (μεταμορφοῦν) das πνεῦμα – das hier wie dort mit Christus verknüpft wird –, wobei die μορφή gerade „das, was nach außen zur Erscheinung kommt"[581] und somit (auch) das anderen zugewandte Verhalten bezeichnet.[582] Dass die Verwandlung „in das Bild Christi" erfolgt, der insbesondere sich selbst für andere gegeben hat (vgl. 5,14; 8,9 [passiv formuliert auch 5,19-21]) zeigt an, dass die „Zuwendung zu anderen" Auswirkung des Geistes ist, und ein „anderer Geist" eben diese verhindert. Und falls die Korinther bereit sein sollten, sich einem „anderen Jesus" zuzuwenden, dann wäre damit – unabhängig von der Frage, ob Paulus hier speziell auf den Irdischen und Gekreuzigten abheben will –[583] eine Distanzierung von dem verbunden, der in der paulinischen Argumentation dieses Briefes immer wieder die „göttliche Bewegung der fortgesetzten Zuwendung" begründet und ermöglicht.[584]

Im nachfolgenden Kontext fällt überdies auf, dass Paulus zwischen den beiden polemischen Spitzen gegen seine Opponenten in 11,5 und 11,13-15 im Blick auf seine eigene Person v.a. sein *Verhalten* bzgl. anderen herausstreicht. Auf den Hinweis auf die Verkündigung eines „anderen Jesus" (11,4) und den spöttischen Seitenhieb über die ὑπερλίαν ἀπόστολοι lässt er – nach dem Hinweis auf die ihm zuteil gewordene γνῶσις sowie deren Kundgabe in Korinth – insbesondere eine Beschreibung seines Tuns folgen: Er hat sich erniedrigt, um die Korinther zu erhöhen, hat das Evangelium ohne Entgelt verkündet, hat ihnen gedient und fiel niemandem zur Last (11,7-9). Daran wird nicht nur seine Liebe ersichtlich (11,11), sondern dies ist auch der Punkt, an dem sich seine Kontrahenten sichtbar von ihm unterscheiden! Denn nachdem sich Paulus als hingebungsvoll Lebenden dargestellt hat, modelliert er seine Gegner geradezu als Gegenbild: Sie knechten, nützen aus, nehmen gefangen und schlagen ins Gesicht (11,20)! An dieser deutlich profilierten Differenz wird für den Apostel greifbar,[585] dass jene sich nur verstellen und in Wahrheit Diener Satans sind

---

[580] Martin, 2Cor, 336 (der allerdings keinen Bezug auf den Heiligen Geist sieht); vgl. Plummer, 2Cor, 297. Fee, Another Gospel, 121, kritisiert dagegen die Ansicht, πνεῦμα hätte zu tun mit „something attitudinal" bzw. „some aspect of Christian life".

[581] Bultmann, 2Kor, 97.

[582] Vgl. Wolff, 2Kor, 79: „Das Evangelium formt, prägt seine Hörer, macht sie Christus gleichgestaltet, wandelt auch ihre äußerlich wahrnehmbare Wesengestalt (μορφή)." – womit doch auch das Verhalten bezeichnet sein dürfte); Bultmann, 2Kor, 99, korreliert die „Verwandlung" in 3,18 mit dem 5,9 thematisierten Bemühen, dem Herrn εὐάρεστός zu sein, was auch im Blick auf das Handelns zu verstehen ist (siehe oben S.190).

[583] Dies nimmt Murphy-O'Connor, Another Jesus, 238, an, den Lambrecht, 2Cor, 174, offensichtlich zustimmend zitiert.

[584] Siehe dazu z.B. die Besprechungen von 1,3 (S.102); 5,18ff. (S.114); 8,9 (S.142).

[585] Ebenso vermerkt Wolff, 2Kor, 214, dass Paulus zwar schwerlich Kenntnisse von Einzelheiten der gegnerischen Verkündigung gehabt haben dürfte, wohl aber an deren gesamtem *Auftreten* die wesentliche Differenz zu erkennen vermochte.

(11,13-15). Gerade ihr Verhalten macht ihre Perspektive bzw. Botschaft als falsche ersichtlich![586]

Während das Motiv der Verlobung samt Kontext die wesentliche Problematik der Korinther als eine relationale kenntlich macht, wird die damit gegebene Gefährdung zunächst durch das verwendete semantische Inventar signalisiert. Paulus benutzt z.B. „Signalwörter" wie die „gefühlsbetonte(n) und den Ernst der Situation aufs eindringlichste umschreibende(n) Vokabeln" φοβεῖσθαι, φθείρεσθαι und ἐξαπατᾶν,[587] den Terminus ζῆλος θεοῦ (11,2), der in der Tradition mitunter eine „verzehrende" Größe bezeichnet,[588] den Ausdruck ψευδαπόστολοι (11,13), der per se schon die „Verführung" anzeigt (ebenso wie die Rede von ἄλλος Ἰησοῦς, πνεῦμα ἕτερον, εὐαγγέλιον ἕτερον [11,4] und φθείρειν τὰ νοήματα [11,3]), sowie die Bezeichnung σατανᾶς (11,14) für den Widersacher Gottes. Zudem zeigt sich eine semantische Nähe zu 4,1-6: Hier wie dort werden die Lexeme πανουργία (4,2; 11,3), νοήματα (4,4; 11,3), κηρύσσειν (4,5; 11,4), εὐαγγέλιον (4,4; 11,4) und Ἰησοῦς (4,5[.10f.]; 11,4) verwendet; dem später explizit genannten, aber bereits in der Schlange als wirksam zu denkenden Satan (11,3.14) hier entspricht der θεὸς τοῦ αἰῶνος τούτου (4,4) dort;[589] dem Bezug zur Urgeschichte durch die Erwähnung Evas und der Schlange (11,3) entspricht der auf die Erschaffung des Lichts (4,6); und schließlich stehen die, welche ein anderes Evangelium verkünden (11,3), denen gegenüber, die μηδὲ δολοῦντες τὸν λόγον τοῦ θεοῦ (4,2). Diese semantisch signalisierte Gefährdung wird noch verstärkt, wenn man sich daran erinnert, dass dort – im Blick auf die negative Option – von den ἀπολλύμενοι die Rede war![590] Kaum zufällig dürfte es darum sein, dass Paulus hier – wie dort nur wenig später (4,14) – das juridisch konnotierte Lexem παριστάναι benutzt.[591]

In aller Schärfe tritt die Gefahr allerdings durch die Parallelisierung der Verlobungszeit mit der Paradiesszene sowie der Charakterisierung der Gegner als „Handlanger Satans" hervor. Schon die bloße Tatsache, dass Paulus auf Gen 3 Bezug nimmt, gibt der hier verhandelten Sache enormes Gewicht, galt jener Text doch in manchen jüdischen Kreisen – vor, neben und mit Paulus – geradezu als paradigmatische Darstellung für einen grundsätzlichen Zusammenhang von Sünde und Tod.[592] Geht man davon aus, dass Paulus die Schlange in Gen 3

---

586 Auch Martin, 2Cor, 350-352, betont fortwährend, dass im Blick auf die Gegner beide Aspekte von Bedeutung seien.

587 So Zmijewski, Stil, 90; Vgl. z.B. Wolff, 2Kor, 212.

588 Vgl. dazu nur von Rad, Theologie, 216-225, Stumpff, ζῆλος, 880-882.

589 Vgl. Collange, Énigmes, 133.

590 Siehe dazu unten S.202ff.

591 Siehe dazu oben S.186; vgl. auch Zmijewski, Stil, 84: „Die juristische Bedeutung schwingt auch in diesem Zusammenhang mit: Nach der Vorstellung des Apostels findet die feierliche Vorführung der Braut am Tag des Gerichts, der Parusie, statt."

592 Die Folgen von Evas Begegnung mit der Schlange für die Nachwelt wird z.B. erwähnt in Sir 25,24; syrBar 48,42; dieselben Konsequenzen werden allerdings meist Adam zugeschrieben insbes. in 4Esra (hier z.B. 3,1-7; 3,21f.26; 7,11f.118) und syrBar (hier z.B. 23,4; 48,42; 54,15.19; 56.6-7). Eine gedankliche Nähe des Paulus zu „diesen Kreisen" verraten z.B. die Entsprechungen zwischen Röm 5,12ff. und den genannten Stellen in syrBar; Dunn, Romans, 272, bezeichnet Paulus gar als „participant" in diesem „very vigorous strand of contemporary Jewish thinking about

– entsprechend frühjüdischer Auffassung – nicht mit Satan selbst identifiziert, sondern diesen „hinter" jener am Werke sieht,[593] dann kämen die Gegner des Apostels in Analogie zur Schlange zu stehen, da sie in 11,13.15 ebenfalls als von Satan Motivierte charakterisiert werden: Wie die Schlange ihr verhängnisvolles Unwesen im Paradies trieb, so tun es die Gegner in Korinth. Dass ihnen ein τέλος κατὰ τὰ ἔργα αὐτῶν in Aussicht gestellt wird, liegt durchaus im Bild, da auch die Schlange die Strafe für ihr Tun zu tragen hatte. Gerade damit ist allerdings zugleich angedeutet, dass die Rede vom τέλος κατὰ τὰ ἔργα selbst den Korinther gilt, denn auch Eva bekam die Konsequenzen für ihr Tun zu spüren. Wenn sich die korinthische Gemeinde also auf die Gegner einlässt, wie es Eva bei der Schlange tat, dann haben die Korinther, wie Eva, die entsprechenden Folgen zu tragen.

Hinsichtlich der Aussicht auf ein τέλος κατὰ τὰ ἔργα ist man in der Literatur wenig zimperlich, solange man hier nur die Gegner angesprochen sieht: „in the end the reward they will receive is the penalty of the misdeeds they have enacted. They have done Satan's work; to Satan's fate they will go".[594] Im Gegensatz dazu, beeilt man sich aber sofort klarzustellen, dass „[t]he apostle's reference to the judgment ... stands not as a general remark about the accountability of all believers (as in 5:10)"[595]. Doch angesichts des oben Gesagten ist diese Einschränkung so nicht zu halten, stehen die Korinther doch in der Gefahr, sich von den Gegnern vereinnahmen zu lassen und somit denselben Konsequenzen ausgesetzt zu werden. Auch wenn also allein die Gegner die Unruhen in Korinth und die Vorbehalte der Korinther verursacht haben sollten, so geht es doch zum gegenwärtigen Zeitpunkt auch um „die Mitschuld der Gemeinde an der Verführung, weil sie diese geduldet hat"[596].

Freilich: Obwohl in der ersten Hälfte des elften Kapitels eine enorme Fülle an textuellen Indizien auf eine ernsthafte Gefährdung der Korinther hinweist, die insbesondere aus deren relationaler Problematik herrührt, formuliert Paulus doch auch an dieser Stelle keine explizite Drohung. Auch hier gestaltet der Apostel den Text dergestalt, dass die Gefahr zwar mit Händen zu greifen ist, aber nicht ausdrücklich beim Namen genannt wird. Die Gründe für diese Vorgehensweise sind im gebrochen Verhältnis zwischen Paulus und Korinth wie in der Sorge des Apostels um seine Gemeinde gleichermaßen zu suchen. Würde er offen aussprechen, was er befürchtet, hätte er die Gemüter erneut gegen sich aufgebracht und damit das Gegenteil dessen erreicht, was er eigentlich will:[597] der Korinther Heil.

Adam and the origin of evil and death in the world." – Die häufig diskutierte Auslegungstradition, Eva sei gar sexuell verführt wurden, trägt m.E. zum Verständnis dieser Stelle nichts aus.

[593] Zur (Entwicklung der) Verhältnisbestimmung zwischen Paradiesschlange und Teufel vgl. z.B. FOERSTER, ὄφις, 577f., auf den auch WOLFF, 2Kor, 212, rekurriert.

[594] Zitate von MARTIN, 2Cor, 353. Ähnlich deutlich hinsichtlich des Endes äußern sich aber WOLFF, 2Kor, 224, FURNISH, 2Cor, 510,

[595] FURNISH, 2Cor, 510.

[596] WOLFF, 2Kor, 213; vgl. ZMIJEWSKI, Stil, 127.

[597] Vgl. dazu unten S.232 die Begründung, die CICERO für die Gestaltung des *exordium* in Form einer *insinuatio* statt eines *principium* angibt.

Erwägungen zu den ἀπολλύμενοι

Im Blick auf den eben – und bereits früher – thematisierten „bedrohlichen Horizont" fragt sich natürlich, inwiefern die 2,15 und 4,3 angesprochenen ἀπολλύμενοι damit in Beziehung zu setzen sind.

Von besonderer Bedeutung dürften gerade die letzten Verse von Kp. 2 sein, da diesen – ungeachtet der Differenzen im Blick auf die Integrität des Briefes – allgemein eine strukturell wichtige bzw. exponierte Stellung zugestanden wird. Die Verfechter eines eigenständigen Brieffragmentes ab 2,14[598] sehen in 2,14-17 die Einleitung und darin enthalten die den Briefkonventionen entsprechenden Teile einer „brieftypischen Danksagung" in 2,14-16a und eines „Themasatzes" in 2,16b-17.[599] Ausgehend von der Annahme, dass 2,14ff. zum Vorigen gehört, konnte man in diesen Versen auch eine zweite Einleitung sehen, die durch das thematische Gewicht des Folgenden bedingt ist.[600] Und schließlich finden jene, welche sich bei der Textanalyse rhetorischer Kategorien bedienen, in einem oder mehreren Versen von 2,14-17 die so genannte *propositio*.[601] – Kurzum: Trotz Differenzen hinsichtlich des Ganzen gesteht man diesen Versen eine prädisponierende Funktion zu und sucht darin nach wesentlichen thematischen Hinweise für das Folgende, und zwar selbst dann, wenn man man strukturellen Erwägungen weniger Aufmerksamkeit schenkt.[602] Aufgrund dieser besonderen „Funktion" verdienen die Verse 2,14-17 besondere Aufmerksamkeit!

Zunächst zu dem durch das Lexem θριαμβεύειν evozierten Bild! Geht man, auf Grund der Tatsache, dass die exakte Bedeutung dieses Lexems im gegenwärtigen Kontext durchaus unklar ist,[603] von der zumeist als „üblich" angesehenen aus,[604] so wäre von Paulus als einem die Rede, der wie ein Besiegter im Triumphzug des Imperators mitgeführt wird.[605] Ein derart Vorgeführter ist keineswegs bedeutungslos, sondern „fungiert" als leibhaftiger Hinweis auf den Sieg bzw. die Größe des Herrschenden. Eben dies kann nun auch von Paulus gesagt werden: Der Akzent liegt hier auf der Tatsache, dass Paulus auf Jesus Christus „verweist". Ja mehr noch! Durch ihn findet die Offenbarung des Triumphzugs Christi vor den Zuschauern überhaupt erst statt![606] Allein durch die

---

[598] BIERINGER, Teilungshypothesen, 85-98, klassifiziert diese in die zwei Hauptgruppen der WEISS-BULTMANN- und der SCHMITHALS-BORNKAMM-Hypothese.

[599] So THEOBALD, Gnade, 173-177, auf den sich KLAUCK, 2Kor, 31 beruft, der seinerseits wieder von ZEILINGER, Echtheit, 71 Anm.5, angeführt wird.

[600] KLAUCK, 2Kor, 32.

[601] Siehe dazu unten S.241ff.

[602] Siehe z.B. BULTMANN, 2Kor, 66.

[603] Vgl. nur FURNISH, 2Cor, 187 („one cannot entirely be certain"), BARRETT, 2Cor, 97 („The meaning is not perfectly clear"), KLAUCK, 2Kor, 32 (spricht von „nicht leicht zu durchschauenden Bilder[n]").

[604] So z.B. P.BACHMANN, 2Kor, 129 Anm.1, THRALL, 2Cor, 195, PLUMMER, 2Cor, 68, KUSCHNERUS, Gemeinde, 108.

[605] BARRETT, 2Cor, 98, BREYTENBACH, Versöhnung, 120, inkl. Anm.106, u.a. gehen davon aus, dass Paulus als Legatus bzw. Mitarbeiter Gottes mit-triumphiert; dagegen meinen P.BACHMANN, 2Kor, 129, KLAUCK, 2Kor, 32, u.a., Paulus werde als Gefangener im Triumphzug aufgeführt.

[606] Vgl. die traditionsgeschichtlichen Erwägungen von SCOTT, Triumph: Er erkennt in 2,14 u.ö. eine Bezugnahme auf die Merkabah-Tradition, auf Grund welcher der Apostel als ein „revelatory

Wir wird die γνῶσις αὐτοῦ, d.h. diejenige Christi oder Gottes,[607] ἐν παντὶ τόπω offenbar, so dass der Eindruck erweckt wird, jener Triumphzug wäre ohne den Apostel gar nicht zu erkennen. Und dies erinnert an „Epiphanieprozessionen", bei denen die Anhänger einer gewissen Gottheit deren Wirklichkeit durch Prozessionen den „Zuschauern" allererst vor Augen zu führen suchten.[608] Damit stünde nicht das Gefangensein oder eine damit verbundene Beschämung[609] des Apostels im Vordergrund, sondern vielmehr das Offenbar-Werden der Botschaft an seiner Person vor aller Welt![610]

Mit dieser „Funktion" ist freilich eine enge Verknüpfung von Botschaft und Botschafter gegeben. Dies ergibt sich gerade aus der hier verwendeten Duftmetaphorik[611]: Während in 2,14 die ὀσμὴ τῆς γνώσεως αὐτοῦ durch die *Wir* (δι᾽ ἡμῶν) verbreitet wird, sind sie in 2,15 dieser Duft selbst: Χριστοῦ εὐωδία ἐσμέν. „Paulus identifiziert sich mit seiner Botschaft, weil seine gesamte Existenz Verkündigung des Gekreuzigten und Auferweckten ist"[612]. Diese Tatsache, „daß es das Evangelium nicht ohne Apostel gibt"[613], verleiht der Botschaft von Anfang an eine soziale Dimension: Sie ist nicht als isolierter geistiger bzw. geistlicher Inhalt zu haben, sondern begegnet immer in Verbindung mit einer Person. Von daher geht es hier auch nicht allein um eine Wahrnehmung des Apostels, sondern um eine solche, die in Beziehung setzt, nicht nur um ein Hören und Verinnerlichen, sondern um ein „Reagieren"[614] bzw. ein „Sich-verhalten-zu".

Diese Reaktion – samt der damit verbundenen sozialen Dimension – ist von enormer Tragweite: Das „weltweite, christologisch vermittelte Verkündigungsgeschehen, das Gott selbst durch den Apostel ins Werk setzt", führt „unter den Hörern zu einer eschatologischen Scheidung".[615] Eine „Indifferenz gegenüber der Verkündigung", die sich durch die Person des Apostels ereignet, „gibt es also nicht".[616] In Form eines strikten Entweder-Oder werden die Ablehnenden als ἀπολλύμενοι bezeichnet und dem Tod anheim gegeben, während diejeni-

---

mediator" erscheine.

[607] Auf Gott bezieht z.B. Wolff, 2Kor, 55, auf Christus aber Plummer, 2Cor, 70. Dass diese Frage sekundär ist, da die Erkenntnis Gottes erst durch Christus ermöglicht wird, darauf weisen etwa Furnish, 2Cor, 176, P.Bachmann, 2Kor, 131, hin.

[608] So Duff, Metaphor. Erwähnt wird diese Möglichkeit auch bei Martin, 2Cor, 46, der sich dabei an Bultmann, 2Kor, 66 anlehnt. Die Überschneidung von politischen und religiösen Aspekten erkennen Murphy-O'Connor, Theology, 29, Witherington, Conflict, 367f., Kuschnerus, Gemeinde, 105 Anm.44.

[609] Aber eben dies will Marshall, Metaphor, 302ff., als wesentliches Element der Aussage des Paulus über sich selbst verstehen: die öffentliche Demütigung, die er in seinem Dienst erfährt.

[610] Vgl. Scott, Triumph, 270 u.ö.

[611] Diese wird ausführlich diskutiert bei Kuschnerus, Gemeinde, 112-132.

[612] Wolff, 2Kor, 56. Vgl. auch Martin, 2Cor, 49 („„the two terms" „apostle and Gospel" „are correlative, and neither is understood apart from the other"), Furnish, 2Cor, 188, („the light of the knowledge of God's glory *infuses* the 'hearts' of the apostles ..., so that they become in themselves living witnesses to the gospel".

[613] Bultmann, 2Kor, 110.

[614] Ganz richtig formuliert Martin, 2Cor, 49, „those who *respond*"!

[615] Klauck, 2Kor, 32, betrachtet dies als „die Sachaussage" dieser Verse.

[616] Wolff, 2Kor, 56.

gen, die sich in Beziehung setzen lassen – zur Botschaft und damit auch zu Menschen – σῳζόμενοι genannt werden und ζωή verheißen bekommen (2,15b. 16a). Wie die Reaktion auf Botschaft und Verkündiger zur Entscheidung über die σωτηρία bzw. das ewige Heil wird, zeichnet sich auch in den beiden ἐκ-εἰς-Konstruktionen ab.[617] Es geht hier vorwiegend um die der positiven oder negativen Reaktion zugrunde liegende Wahrnehmung dessen, der die Botschaft vermittelt:[618] In beiden Fällen bedeutet der mit ἐκ konstruierte Teil eine Art „Ausgangspunkt"[619], und zwar in unserem Kontext das, was die Beobachter am Zeugen des Evangeliums wahrnehmen, und der mit εἰς formulierte Teil die sich daraus ergebende Konsequenz.[620] Damit ließe sich die Aussage folgendermaßen paraphrasieren: „Die einen sehen an uns (ἐκ) nur den Tod wirksam ... und verfallen (εἰς) deshalb dem Tode, d.h. dem Verderben; die anderen aber erkennen, daß sich auch das Auferstehungsleben Christi an uns auswirkt ..., und werden dadurch selbst des Lebens teilhaftig"[621]. Diese, wohl in Zusammenhang mit 4,10ff., 5,16f., 6,3-10 u.a. Stellen zu lesende Konstruktion,[622] die auf den Zusammenhang zwischen einer durch „fleischliche" Wahrnehmung verursachten Geringschätzung bzw. Verachtung und der Verweigerung von Beziehung anspielt, lässt deutlich werden, wie sehr die soziale Dimension für Paulus zum Heilsgeschehen dazu gehört.

Ist die obige Annahme richtig, dass in diesen Versen Wesentliches zum Thema des Briefes zu finden ist,[623] dann drängt natürlich die Frage, warum Paulus gerade hier, an dieser exponierten Textstelle auf die Reaktion gegenüber der Botschaft und seiner Person sowie die damit verknüpfte eschatologische Scheidung zu sprechen kommt. Inwiefern sollen diese eher allgemein und ohne expliziten Adressatenbezug formulierten Gedanken wesentlicher Teil des Briefthemas sein?

In der exegetischen Literatur finden sich verschiedene Erwägungen zum Situationsbezug einzelner Textelemente. Man erkennt hinter der Wahl des Lexems θριαμβεύειν und des dadurch evozierten Bildes eine Bezugnahme auf die gegnerische Ansicht, Paulus sei äußerlich eher erbärmlich, und auf ihre im Ge-

---

[617] Möglich Erklärungen dieser Konstruktion werden für 2Kor 1,15 ausführlich diskutiert bei THRALL, 2Cor, 203-207, und für Röm 1,17 bei DUNN, Romans 1-8, 43f. Allerdings kann seine Ansicht, es handle sich bei ἐκ πίστεως um die Treue Gottes, nicht auf diese Stelle übertragen werden, denn sonst wäre hier auch ἐκ θανάτου auf Gott zu beziehen und das ist wohl kaum möglich.

[618] Auch FURNISH, 2Cor, 189, spricht von „two different ways of perceiving", die er zwar auf „Christ's death" bezieht, die aber doch aufgrund der oben entwickelten Identifikation von Bote und Botschaft ineinander fallen.

[619] So auch DUNN, Romans 1-8, für Röm 1,17.

[620] Vgl. dazu WOLFF, 2Kor, 56, U.SCHMIDT, Perspectives, 60, KUSCHNERUS, Gemeinde, 129.132f.; zumindest als mögliche Option ist dieses Verständnis auch erwähnt bei MARTIN, 2Cor, 49, THRALL, 2Cor, 204.

[621] WOLFF, 2Kor, 56.

[622] Den Zusammenhang zwischen 2,16 und 4,10f. erwähnt nur WOLFF, 2Kor, 56, während derjenige zwischen 6,8b-10 und 2,14f. sich öfter bestätigt findet, so etwa bei WOLFF, 2Kor, 141f., FURNISH, 2Cor, 358f.

[623] Siehe dazu oben S.196 und vertiefend zur *propositio* unten S.241ff.

gensatz dazu hervor gekehrte triumphalistische Haltung.[624] Ebenso sieht man mit den πολλοί von 2,17 und deren Disqualifizierung auf die in Korinth aktiven Opponenten Bezug genommen.[625] Aber warum Paulus gerade hier so nachdrücklich auf die über Leben und Tod entscheidende Trennung zu sprechen kommt, bleibt meist unbeantwortet[626]. Nur vereinzelt wird die Ansicht geäußert, mit der Unterscheidung von σωζόμενοι und ἀπολλύμενοι gehe Paulus „äusserst scharf gegen seine 11,13-15 charakterisirten (sic!) Gegner vor", so dass es hier also wesentlich um die „vernichtenden Wirkungen an seinen Widersachern" gehe.[627] Trifft dies zu, dann ist damit zugleich auch eine Warnung an die Korinther formuliert, denn sie stehen in der Gefahr, sich durch des Paulus Gegner vom Apostel abbringen zu zu lassen. Droht also Paulus seinen Gegnern, so droht er damit zugleich auch der Gemeinde. Folgerichtig ergibt sich daraus, dass Paulus „is indicating to the Corinthians that in their decision for or against him and his apostolate ... is a question of their eternal salvation or perdition"[628].

Für eine Interpretation des Passus in diesem Sinne spricht auch die Verknüpfung mit dem Kontext. Die Verse 2,12-17 fungieren nicht nur als thematische Vorwegnahme für das Folgende sondern zugleich auch als Abschluss der Texteinheit A.[629] Schlusssequenzen haben – wie bereits mehrfach erwähnt – bündelnde, präzisierende bzw. konkretisierende Wirkung, indem sie das zuvor Gesagte deutlich auf den Punkt bringen. Wie die Einheit 5,16ff. erkennen lässt, dass während der gesamten Texteinheit B die Korinther mit-gemeint sind, obwohl sie vor 5,20 kaum direkt angesprochen werden,[630] so wird hier deutlich, dass die Ausführungen in den ersten beiden Kapiteln unter diesem, abschließend dargelegten Sachverhalt zu sehen sind. Ein Unterschied besteht lediglich darin, dass in Texteinheit B allgemein gültige Aussagen über den Apostel am Schluss auf die Situation zugespitzt werden, während hier situativ bedingte Erwägungen am Ende einem allgemein gültigen Sachverhalt subsumiert werden! Was bisher immer nur anklang, dass die verweigerte Mutualität eine Bedeutung am Jüngsten Tag hat (1,8-14), dass „der von den Korinthern erhobene Vorwurf der Unzuverlässigkeit ... letztlich Gott selbst treffen würde"[631] (1,15-22) und dass eine nicht verwirklichte Versöhnung vom Satan ausgenutzt werden könnte

---

[624] Vgl. nur MARTIN, 2Cor, 46f., der aber daselbst eine Minimierung des gegnerischen Einflusses auf den Gedankengang durch HICKLING erwähnt. Nach DUFF, Metaphor, 82ff., wähle Paulus dieses Lexem, „to characterize his opponents claims about him", aber nur, um dies dann durch die Vorstellung der Epiphanieprozession ins Gegenteil zu verkehren.

[625] Vgl. nur WOLFF, 2Kor, 54, KLAUCK, 2Kor, 33f., MARTIN, 2Cor, 49f., u.v.a.

[626] Stattdessen erkennt man gerade in 2,14-16a gerne ein hymnisches Stück, so etwa WOLFF, 2Kor, 53, FURNISH, 2Cor, 186 („a hymnic affirmation").

[627] Zitate von SCHMIEDEL, Thess/Kor, 224; THRALL, 2Cor, 202, erwähnt als Vertreter einer entsprechenden Perspektive KLÖPPER und COLLANGE. Vgl. auch MARTIN, 2Cor, 75 („The section 2: 14-17 described the opponents of his Gospel and characterized their sad condition as οἱ ἀπολλύμενοι").

[628] THRALL, 2Cor, 202, formuliert diese Konsequenz, obwohl sie diese Interpretation nicht teilt. Sie scheint damit COLLANGE wiedergeben zu wollen.

[629] Siehe oben S.54f.

[630] Siehe oben S.122ff. zur indirekt-appellativen Wirkung des Abschnitts 5,16ff.

[631] Zitate von WOLFF, 2Kor, 35.

(2,5-11), das wird hier nun unter die Ausführungen zum Verkündigungsgeschehen und zur damit verbundenen eschatologischen Scheidung gestellt. Damit fallen alle bisher deutlich gewordenen Vorbehalte der Korinther unter die Rubrik der Ablehnung von Botschafter und Botschaft und somit unter das Verdikt θάνατος.

Vergleichbares ergibt sich auch aus dieser Schlusssequenz selbst. Versteht man die Verse 2,14f. als Teil der Einheit 2,12-17, was oben anhand von Ringstrukturen, inneren Bezügen etc. plausibel gemacht werden konnte,[632] dann findet sich gerade in dem oft als schroff empfundenen Übergang zwischen 2,13 und 2,14[633] die eigentliche Intention des Abschnitts. Die vorigen Teilsequenzen waren jeweils nach ein und demselben Muster konstruiert: auf ein Stück aus der Briefvorgeschichte folgt ein entsprechender Kommentar, welcher sich zwar an die Leser richtet, aber doch auch verallgemeinernde Formulierungen enthält. Dies wiederholt sich hier. Zunächst, in 2,12f., werden die letzten Ereignisse der Briefvorgeschichte[634] geschildert: Der Brief an die Korinther war bereits abgeschickt, Paulus reist Titus bis Troas entgegen, stößt dort zwar auf eine offene Tür – was wohl für eine Gemeindegründung steht –[635], wartet aber ungeduldig auf die von Titus zu überbringenden Nachrichten aus Korinth,[636] und bricht trotz des „Erfolges" aus Unruhe aus Troas auf, um Titus bis nach Mazedonien entgegen zu reisen. Selbstverständlich signalisieren diese Ausführungen den Korinthern erneut, wie viel dem Apostel gerade an ihnen liegt.[637] Doch entscheidend ist der plötzliche Abbruch: Die Darstellung bricht inmitten der Spannung zwischen den positiven Ereignissen in Troas und der noch ungewissen Reaktion der Korinther abrupt ab. Damit bleibt die Frage nach der Reaktion der Korinther unbeantwortet im Raume stehen. Und um den Kontrast noch zu steigern wird der Landstrich Mazedonien erwähnt, der nicht nur des Paulus nächstes Reiseziel angibt, sondern auch für die Gemeinden steht, welche der Apostel an späterer Stelle (8,1ff.) geradezu als ideale Rezipienten präsentiert.[638] Damit stehen auf der einen Seite zwei Orte, in denen Paulus eine erfreuliche Aufnahme fand, und auf der anderen Seite die korinthische Gemeinde, von der man noch nicht sagen kann, in welche Richtung ihre Entscheidung fallen wird.

Darauf lassen sich dann die folgenden Textelemente bestens beziehen. Die pleophor klingende Wendung ἐν παντὶ τόπῳ in 2,14 dürfte vor allem im Zusammenhang mit diesen drei Orten zu lesen sein,[639] da sie im Kontext unmittel-

---

[632]   Siehe oben S.54f.

[633]   Um ein Verständnis für diesen Übergang bemüht man sich nur selten. Immerhin einen Zusammenhang erkennt THRALL, Thanksgiving, 119, durch das Thema der Evangelisation, und MURPHY-O'CONNOR, Connection, 100, im Stichwort Mazedonien, welches der Auslöser für die folgenden Verse sei, da Paulus dort missionarisch sehr erfolgreich war.

[634]   KLAUCK, 2Kor, 31, nennt dies einen „kleinen Reisebericht"; WOLFF, 2Kor, 46, erkennt in 2,12f. die Fortsetzung des „durch V.5-11 unterbrochenen Rückblick(s)".

[635]   Siehe dazu oben S.55 Anm.92.

[636]   WITHERINGTON, Conflict, 365, sagt richtig: „While Paul's concern was in part for Titus, the whole context suggests that his larger concern was for the Corinthians".

[637]   Dies sehen auch KLAUCK, 2Kor, 31, WOLFF, 2Kor, 46, THRALL, 2Cor, 181ff.

[638]   Siehe dazu oben S.147f.150. Vgl. auch MURPHY-O'CONNOR, Connection, 101f.

[639]   THRALL, 2Cor, 202, sieht in „ἐν παντὶ τόπῳ" gerade ein Gegenargument gegen die bedroh-

bar gegeben sind. Das durch θριαμβεύειν evozierte Bild beschreibt dann in ambivalenter Weise die Vorgänge in diesen drei Ortschaften. Während Paulus in Korinth offensichtlich verkannt,[640] vielleicht sogar als Todgeweihter betrachtet wurde,[641] konnte sein Wirken in Troas und Mazedonien zur Offenbarung des Triumphzuges Gottes werden. Entsprechend sind dann auch die folgenden Oppositionen zu verstehen: Die Vorgänge in den ersten beiden Ortschaften wären zu korrelieren mit σῳζόμενοι und ζωή, während die Korinther, sollten sie bei ihrer kritischen Haltung bleiben, unter die ἀπολλύμενοι fallen würden, denen der Tod zuteil wird. Diese Ungewissheit hinsichtlich der Entscheidung der Korinther bildet sich auch in den präsentischen Partizipien σῳζόμενοι und ἀπολλύμενοι ab, denn diese zeigen, dass Paulus gegenwärtig „is not talking about salvation and perdition as accomplished facts"[642]. So werden die Korinther hier – wie auch andernorts – vor zwei Möglichkeiten gestellt,[643] die eine Entscheidung fordern.[644]

Auch der weitere Kontext des Briefganzen bestätigt diese Auffassung. Alle Textelemente der Verse 2,14-17 lassen sich auf die Wahrnehmung und Reaktion der Korinther beziehen! Schon der im Übergang von 2,13 zu 2,14 enthaltene Kontrast zwischen dem Verhalten einzelner Gemeinden, findet sich auch anderswo in diesem Brief. Während der Apostel von einer offenen Tür in Troas sprechen kann (2,12), muss er die Korinther zur Öffnung auffordern (6,11-13; 7,2f.); während die Tür in Troas aufgetan wurde, müssen in Korinth noch Bollwerke eingerissen werden (10,4); während die Mazedonier bereitwillig gaben, ja sogar „überflossen" in die Sammlung (8,1ff.), müssen die Korinther zur Beteiligung ermahnt werden (Kp. 8 und 9); und schließlich konnte schon verschiedentlich festgestellt werden, dass die Korinther hinsichtlich der σωτηρία in eine eher ungewisse Position gebracht werden (1,6; 6,1f.; 7,10)[645].

Allerdings mag der eingefügte Lobpreis in 2,14 merkwürdig unverbunden wirken. Es ist nicht ausreichend, den Grund für dessen Verwendung an dieser Stelle allein in der Erwähnung Mazedoniens zu suchen,[646] und nicht adäquat, den Lobpreis durch einen nicht erwähnten Erhalt positiver Nachrichten aus Ko-

---

liche Interpretation, da die Wendung eine generelle Bedeutung impliziere.

[640] Siehe dazu nur oben S.122ff.; so kommentiert auch FURNISH, 2Cor, 357, zu 6,8b-10: „false estimates, formed by those, like many in Corinth, judge others 'according to worldly standards' (5:16)".

[641] Was v.a. den häufigen Bezugnahmen auf die Todesthematik in 2Kor hervorgeht; so etwa in 1,8ff.; 2,14f.; 4,10-12; 6,9 u.a.

[642] THRALL, 2Cor, 202; sie verweist dabei auf HÉRING und COLLANGE. Anders jedoch DUNN, Romans 1-8, 39.258, und DERS., Romans 10-16, 653: das Präsens zeige an, dass das Gerettet-Sein schon jetzt Wirklichkeit ist! Ähnlich argumentiert WILCKENS, Weisheit, 21f., im Blick auf 1Kor 1,17.

[643] Siehe dazu oben S.126.163.

[644] Eine entsprechende „Textstrategie" erkennt KUSCHNERUS, Gemeinde, 110, in der „eigentümliche(n) Unklarheit" der mit θριαμβεύειν evozierten Bilder, welche „die Angeschriebenen dazu herauszufordern sucht, deutend zum Adressanten Stellung zu nehmen."

[645] Vgl. oben S.109f.127f.166.

[646] MURPHY-O'CONNOR, Connection, 100.

rinth hervorgerufen zu sehen[647]. Wie in den Textanalysen deutlich wurde, leitet ein solcher „Lobspruch" bei Paulus verschiedentlich über von einer prekären Situation hin zu dem, was Erleichterung oder Freiheit verschafft.[648] Die in 2,12f. genannte bedrängende Lage des Apostels wäre demnach die Ungewissheit über die Reaktion der Korinther; der nach dem Lobpreis dargestellte, Erleichterung verschaffende Gedanke liegt darin begründet, dass Paulus sich im Triumphzug Christi geführt weiß und sich dabei im Klaren darüber ist, dass dieser unterschiedliche Reaktionen hervor ruft.

Durch diesen verallgemeinernden Abschluss der Texteinheit A geraten also die korinthischen Vorbehalte gegenüber dem Apostel in den größeren Zusammenhang der eschatologischen Scheidung. In einer indirekten, aber doch deutlichen Weise platziert Paulus die Korinther schon hier, bei der Themenangabe des Briefes in einen bedrohlich wirkenden Horizont. Damit wird den Korinthern angedeutet, was auf sie zukommen könnte, falls sie bei ihrer ablehnenden Haltung blieben.

Ist diese Interpretation sachgerecht, dann müsste der eben dargelegte Sachverhalt auch im Passus 4,1-6 seine Bestätigung finden, da die hier anzutreffenden Erörterungen doch gewisse Entsprechungen zu 2,12-17 zeigen,[649] zumal Paulus in beiden Passagen die mögliche negative Reaktion auf die Zuwendung des Apostels thematisiert. Wer sein Evangelium nicht versteht, meint Paulus am Anfang von Kp.4, wer nicht auf seine Zuwendung antwortet, dem habe der Gott dieser Welt die Sinne verblendet, so dass er zu den ἀπολλύμενοι gehöre.

Nun wird man in den ersten Versen von Kp. 4 kaum eine rein informative, mit Bezügen zu vergangenen Ereignissen angereicherte,[650] Präsentation des Apostelamtes bzw. des Verkündigungsgeschehens sehen dürfen. Vielmehr hat man auch hier längst einen unmittelbaren Zusammenhang mit der Briefsituation vermutet und versucht, gewisse Textelemente direkt auf die Problemlage in Korinth zu beziehen. So erkennt man etwa in den Worten οὐκ ἐγκακοῦμεν (4,1), egal ob mit „wir werden nicht nachlässig" oder „wir schrecken nicht zurück" übersetzt wird,[651] eine direkte Reaktion auf Vorbehalte der Korinther.[652] Sodann sieht man Paulus in den Negationen ἀπειπάμεθα τὰ κρυπτὰ τῆς αἰσχύνης, μὴ περιπατοῦντες ἐν πανουργίᾳ μηδὲ δολοῦντες τὸν λόγον τοῦ θεοῦ in 4,2a entweder gewisse gegen ihn erhobene Vorwürfe abwehren

---

[647] So etwa PLUMMER, 2Cor, 64.67.

[648] Siehe oben S.55f.; vgl. auch S.139f.

[649] LAMBRECHT, Structure, 260-263, hat diese übersichtlich zusammengestellt, wobei die oben S.61ff. angestellten Erwägungen verdeutlicht haben, dass die aufgezeigten Zusammenhänge im Blick auf die Textstruktur anders zu gewichten sind als er es tut.

[650] Siehe oben S.178 Anm.486.

[651] Eine Diskussion der Übersetzungsmöglichkeiten bietet THRALL, 2Cor, 299f.

[652] Vgl. nur THRALL, 2Cor, 299 („Perhaps also Paul had been charged with laxity because he had postponed an intended visit to Corinth, so failing in what his own supporters might have seen as his pastoral duty"), FURNISH, 2Cor, 245f. (sieht in οὐκ ἐγκακοῦμεν eine Parallele zu πολλῇ παρρησίᾳ χρώμεθα in 3,12, so dass Paulus hier sein energisches Auftreten begründen und damit auf der Korinther Vorwürfe reagieren würde, er empfehle sich selbst, „he boldly exercises his authority" und er sei „presumptuous and brazen in dealing with them").

oder aber seinerseits eine Attacke gegen seine Gegner vorbringen.[653] Oder man vermutet in der verwendeten „Lichtterminologie" eine Anknüpfung „an die visionäre Sprache seiner Kontrahenten"[654].

So ließen sich noch zahlreiche weitere Vermutungen zu situativen Bezügen in der Literatur sammeln. Diese stimmten alle wesentlich darin überein, dass man mit den ermittelten Bezugnahmen v.a. die eigentlichen Gegner des Paulus in Korinth avisiert sieht. Dies korrespondiert der üblichen Auffassung von der vorliegenden Konfliktsituation, nach der die Vorbehalte der Korinther ja allererst durch die Kontrahenten hervorgerufen worden seien, während die Gemeinde nur als durch diese Anfragen verunsichert zu denken sei. Somit verteilt man Polemik und Apologetik säuberlich getrennt auf die Gegner einerseits und die Adressaten andererseits.[655] Nur die Kontrahenten wären also die Verblendeten, denen der Gott dieser Welt die Sinne verblendet habe, also die ἀπολλύμενοι, während die Adressaten nur aufgeklärt werden sollen, um deren Verunsicherung zu beseitigen. Dieser Verteilung von Apologetik und Polemik kann allerdings so kaum zugestimmt werden. Es mag richtig sein, dass die Kontrahenten des Apostels maßgeblich verantwortlich sind für das Aufkommen von Verunsicherungen, aber zum einen sind Details nicht sicher rekonstruierbar, und zum anderen ist das insofern zweitrangig, als die Korinther dabei sind, sich davon bestimmen zu lassen und die Vorbehalte gegen Paulus so zu ihren eigenen zu machen. Damit würde sich die Polemik auch gegen die Korinther selbst richten, denn sollten sie sich nicht von der Apologetik überzeugen lassen, gerieten auch sie unter jene, denen der Gott dieser Welt - oder dessen Handlanger – die Sinne verblendeten.[656] Die zweifellos deutliche Apologetik kommt also einem Damoklesschwert gleich: sollte sie ihr Ziel verfehlen, sollten also die Adressaten unverständig bleiben, fielen auch sie – und nicht nur die Gegner – unter die Unverständigen, denen der Apostel unverständlich bleibt und würden so zu ἀπολλύμενοι!

Dass die Korinther hier tatsächlich mit im Blick sind, ergibt sich auch aus verschiedenen Querverbindungen. Neben dem bereits besprochen Zusammenhang von 11,1-4 mit 4,1-6[657] zeigt ein kleineres semantisches *cluster* auch eine Verbindung mit 2,10f. an. Der in 4,4 erwähnte Gott dieser Welt ist selbstverständlich als Satan zu verstehen, der auch in 2,11 erwähnt wird.[658] Hier wie dort geht es um die νοήματα (2,11; 4,4), auch wenn es das eine Mal diejenigen Satans und das andere Mal diejenigen der ἄπιστοι sind. Beide Male findet sich eine

---

[653] Eine offensive Auffassung findet sich bei WOLFF, 2Kor, 84, eine defensive bei KLAUCK, 2Kor, 42. FURNISH, 2Cor, 246, erwähnt nur beide Möglichkeiten.

[654] So WOLFF, 2Kor, 83, im Anschluss an LÜHRMANN u.a.

[655] THRALL, 2Cor, 306, insistiert darauf, dass mit den ἄπιστοι nicht „Paul's Christian opponents" gemeint sein können.

[656] THRALL, 2Cor, 301f., wendet dagegen ein, die Ausführungen in diesem Passus bezögen sich auf die anfängliche Verkündigung und könnten somit nicht eine jetzige Gefährdung bezeichnen.

[657] Siehe oben S.194.

[658] In der Literatur wird bei der Besprechung von 4,4 meist nur auf 11,13-15 verwiesen. FURNISH, 2Cor, 158, erwähnt immerhin die verschiedenen Umschreibungen des Widersachers in 2,11; 4,4 und 6,15 und 11,3.

Bezugnahme auf das πρόσωπον Χριστοῦ (2,10; 4,6) und – wenn man den Kontext etwas weiter fassen darf – auf das εὐαγγέλιον (2,12; 4,3f.). Jener „Vor-Text" hat die Korinther im Blick: Die von Paulus vor Christus bereits vollzogene und nun von den Korinthern zu vollziehende Vergebung – eine weitere Ausprägung übrigens der den 2Kor bestimmenden Gedankenfigur – soll zu einer intakten Mutualität führen, da der Satan die Situation sonst zu seinen Gunsten ausnutzen könnte, was nichts weniger als eine Gefährdung der Korinther bedeuten kann.[659]

Ein weiteres *cluster* verweist auf 5,11ff. An beiden Stellen kommen die Lexeme ἄνθρωποι (4,2; 5,11), φανέρωσις bzw. φανεροῦν (4,2; 5,11), συνείδησις (4,2; 5,11), συνιστάνειν (4,2; 5,12), καρδία (4,6; 5,12) und πρόσωπον (4,6; 5,12) vor.[660] Hinsichtlich des Apostels finden sich deutliche Entsprechungen. In beiden Passagen spricht er die Gewissen anderer an, und jeweils vollzieht sich durch ihn die Offenbarung. Und beide Male erscheint die καρδία als wesentlicher „Ort", denn das eine Mal scheint im Herzen der *Wir* das Licht Gottes auf, und das andere Mal stehen sich diejenigen, die sich vordergründiger Dinge rühmen, jenen gegenüber, die sich des Herzens rühmen. Was nun die Personen angeht, denen Paulus sich zuwendet, so wird das in 4,1-6 allgemein Gesagte in 5,11ff. explizit auf die Korinther hin zugespitzt:[661] Versucht Paulus nach 4,2 sich den Menschen zu „empfehlen" (συνιστάνειν), so in 5,12 den Korinthern. Richtet sich dort die Offenbarung auf alle Menschen, so will Paulus hier v.a. den Korinthern offenbar werden. Geht es dort um die Gewissen aller Menschen, so hier allein um diejenigen der Korinther. Dabei ist in 5,11ff. die Reaktion der Korinther noch keineswegs klar, denn Paulus sagt: ἐλπίζω δὲ καὶ ἐν ταῖς συνειδήσεσιν ὑμῶν πεφανερῶσθαι. Paulus kann nur *hoffen*,[662] wobei der kurzfristige Wechsel von der *1.pers.plur.* zur *1.pers.sing.* dieser Hoffnung eine emphatische Note verleiht.[663] Auch 5,12 weist also darauf hin, dass die Korinther noch zwischen den Fronten stehen, denn Paulus versucht sie auf seine Seite zu ziehen. – Damit wird deutlich, dass das, was Paulus hinsichtlich aller Menschen zu erreichen sucht, auch in Bezug auf die Korinther noch keineswegs gewiss ist. Und das ruft unweigerlich die Frage wach, ob dann nicht auch das in 4,3f. über die negativen Folgen Gesagte den Korinthern zu gelten hat.

Einer impliziten Bezugnahme auf die Korinther in 4,1-6 kann nicht mit dem Hinweis widersprochen werden, dass hier von ἄπιστοι die Rede sei, womit

---

[659]   Vgl. Martin, 2Cor, 39, Furnish, 2Cor, 163, U.Schmidt, Perspectives, 59.

[660]   Auf diese Entsprechungen wird in der Literatur oft in Form von Querverweisen hingewiesen, vgl. nur Furnish, 2Cor, 322f., oder Wolff, 2Cor, 119f.

[661]   Doch während in der Literatur die sich entsprechende Semantik öfters vermerkt wird, findet sich zu der hier vertretenen „Zuspitzung" kein Vermerk. Doch Furnish, 2Cor, 323, und Martin, 2Cor,77f.123, erkennen in 5,11b die Wiederholung des „Appels" aus 4,2.

[662]   Während Wolff, 2Kor, 120, hier ebenfalls eine wirkliche Hoffnung ausgedrückt sieht, verweist Furnish, 2Cor, 307, darauf, dass man das Lexem hier auch im Sinne von „to think" bzw. „to believe" auffassen könnte, so dass „it suggests that Paul entertains a certain optimism"; Martin, 2Cor, 123, erwähnt diese Möglichkeit ebenfalls, scheint sie aber eher abzulehnen.

[663]   Vgl. Martin, 2Cor, 123 („In short, the switch to 'I' spells out the pathos of Paul's request"), Wolff, 2Kor. 119 Anm.2, Furnish, 2Cor, 307. Aber nach Thrall, 2Cor, 403 Anm.1471, „it may be simply a matter of style".

kaum die Gegner des Paulus, geschweige denn die Korinther selbst gemeint sein könnten.[664] Denn es wurde bereits deutlich, dass in leidenschaftlich geführten Auseinandersetzungen Formulierungen nicht immer adäquat ausfallen *sollen*,[665] und zudem die Adressaten in 13,5 tatsächlich dazu aufgefordert werden müssen, sich selbst zu prüfen, ob sie noch im Glauben stehen – was für Paulus also keineswegs mehr sicher zu sein scheint. Zudem ist die in diesen Versen verfolgte Strategie derjenigen vergleichbar, welche oben bereits hinsichtlich der Verwendung des *Wir* in 5,16ff. und 6,16 zu erkennen war.[666] Hier wie dort wird durch die Verwendung eines bestimmten Begriffs bei den Lesern die Frage hervorgerufen, ob sie nun „dazu" gehören oder nicht.

Der situative Bezug wird dann durch die explizite „Zuspitzung" in 4,5 vollends deutlich: οὐ γὰρ ἑαυτοὺς κηρύσσομεν ἀλλὰ Ἰησοῦν Χριστὸν κύριον, ἑαυτοὺς δὲ δούλους ὑμῶν διὰ Ἰησοῦν. Für sich genommen scheint die Bemerkung wenig bedrohlich, sehr wohl aber im gegebenen Zusammenhang. In diesem Vers, wie im Kontext, wird des Paulus „Mittlerstellung" hervorgekehrt. Wenn er sich hier als der Korinther δοῦλος bezeichnet, klingt das zwar sehr freundlich, tatsächlich aber ist damit die Folgerung verbunden, dass sie im Falle der Ablehnung – wie das in der gegenwärtigen Briefsituation aussieht – auch Christus ablehnen würden, denn Paulus ist διὰ Ἰησοῦν ihr δοῦλος. Dazu kommt die Einbettung dieser „Zuspitzung" in die antithetisch aufeinander zu beziehenden Verse 4,4 und 4,6.[667] Das eine Mal geht es um den Gott dieser Welt, das andere Mal um den Gott, der das Licht aus der Finsternis hervorleuchten ließ. Während der eine den Menschen die Sinne verblendet, damit sie das Licht des Evangeliums von der Herrlichkeit Christi nicht erkennen können, lässt der andere in den Herzen der Apostel einen hellen Schein entstehen, damit anderen eine Erleuchtung zur Erkenntnis der Herrlichkeit Gottes im Angesicht Christi entstünde. Zwischen diesen beiden Polen ist nun die Aussage eingebettet, Paulus sei der Korinther δοῦλος διὰ Ἰησοῦν. Die Korinther werden somit ein weiteres Mal zwischen zwei Optionen, hier zwischen Verblendung und Erleuchtung platziert, um sie zu einer Entscheidung herauszufordern.[668]

Es dürfte deutlich geworden sein, dass man die Passagen 2,(12)14-17 und 4,1-6 *auch* auf die Korinther zu beziehen hat. Gerade in ihrer Allgemeingültigkeit sind diese Ausführungen des Apostels *auch* für die Adressaten von Bedeutung. Sie können für sich keine besonderen Umstände in Anspruch nehmen, sondern die in diesen Passagen zum Ausdruck gebrachten bedrohlichen Aspekte gelten *auch* ihnen. Eine positive Reaktion auf den Apostel bzw. die dem Gnadenempfang üblicherweise folgende Mutualität wird *auch* von ihnen gefordert. Sollten sie bei ihrer Wahrnehmung des Apostels und der daraus resultie-

---

[664] Dass ἄπιστοι nur Ungläubige bezeichnen könne vertreten z.B. Thrall, 2Cor, 306, Furnish, 2Cor, 221. Auf die Gegner in Korinth aber beziehen Schlatter, Paulus, 526, Schmiedel, Thess/Kor, 231 und Collange, Énigmes, 134.

[665] Siehe oben S.162.

[666] Siehe S.126.163 sowie zudem S.220.

[667] Die Parallelität wird z.B. vermerkt von Furnish, 2Cor, 251, und die Antithetik von Klauck, 2Kor, 44.

[668] Siehe dazu oben S.126.163.201.

renden Verweigerung von „Zuwendung" bleiben, so fallen *auch* sie unter die Feststellung, dass der Gott dieser Welt ihnen die Sinne verblendet hat (4,4), so dass Paulus ihnen zum ὀσμὴ ἐκ θανάτου εἰς θάνατον (2,16) wird. Dass Paulus auch in diesen Zusammenhängen die Gefährdung auf indirekte Weise berührt, ist mit der bereits thematisierten Behutsamkeit[669] zu begründen.

2Kor 3, kontextuell interpretiert

Aufmerksamkeit verdient nun gerade auch das dritte Kapitel des zweiten Korintherbriefes, nicht nur weil es zwischen den beiden die ἀπολλύμενοι thematisierenden Abschnitten steht und sich somit die Frage aufdrängt, inwiefern dieses Kapitel mit jener Thematik zu tun hat, sondern auch darum, weil es keineswegs auf der Hand liegt, was dieses Kapitel mit dem bisher ermittelten Grundanliegen von 2Kor zu tun haben soll.

Die Diskussion um dieses Kapitel ist freilich komplex, da sich in der Auseinandersetzung Fragen unterschiedlichster Art miteinander verschränken.[670]

Vielen Exegeten erscheint der Passus 3,7-18 als kaum verbunden mit dem Kontext. Zur Erklärung dieses Eindrucks spricht man gerne von einer „literarischen Einlage"[671] und lässt Paulus auf einen bereits vorliegenden Text zurückgreifen. Die einen sehen in diesen Versen einen von ihm selbst bei früherer Gelegenheit formulierten Text.[672] Andere vermuten darin einen hellenistisch-judenchristlichen Midrasch, den Paulus aufnehme, weil die Gegner darauf rekurriert haben könnten, und dann derart glossiere, dass er sich gegen die Opponenten richte[673]. Wieder andere sehen schlicht einen midraschartigen Exkurs,[674] der vom Apostel *ad hoc* gebildet wurde.[675]

Damit verbunden ist ein weiterer Themenkreis, nämlich die Frage, ob und wie die Ausführungen in 3,7-18 auf die Briefsituation zu beziehen sind. Manche Exegeten sehen Paulus hier – wie schon gesagt – auf die Inanspruchnahme von Ex 34 durch die Gegner reagieren,[676] andere hören den Apostel in diesem Abschnitt der Empfehlungsbriefpraxis der Gegner Paroli bieten,[677] dritte erkennen

---

[669]   Siehe dazu oben S.195.

[670]   Übersichten zur Diskussionslage finden sich z.B. bei MARTIN, 2Cor, 58-60, FURNISH, 2Cor, 242-245, WOLFF, 2Kor, 63-66, THRALL, 2Cor, 238f., GROHMANN, Aneignung, 172.

[671]   WINDISCH, 2Cor, 112.

[672]   So z.B. LIETZMANN, 1/2Kor, 111 (sieht in Anlehnung an Windisch einen Midrasch. „den er [d.h. Paulus (U.S.)] wohl schon früher und in anderem Zusammenhang gebildet hat"), SCHNELLE, Einleitung, 46 (sieht hier einen Text, der aus der theologischen Arbeit innerhalb der Paulusschule entstand).

[673]   So z.B. SCHULZ, Decke, GEORGI, Gegner, 274-282, THEOBALD, Gnade, 204-208.

[674]   Zur Frage, inwiefern bei Paulus überhaupt von „Midrasch" die Rede sein kann, vgl. GROHMANN, Aneignung, 167-230.

[675]   So etwa LUZ, Bund, 319, oder HOFIUS, Gesetz, 87, der zwar die Bildung *ad hoc* unterstützt, allerdings ohne den Text mit einem Midrasch zu vergleichen.

[676]   Vgl. nur WOLFF, 2Kor, 65f. Dieser Ansicht hält THEISSEN, Aspekte, 136, entgegen: falls die Gegner sich auf Mose berufen haben sollten, hätte eine gewaltsame Uminterpretation von Ex 34, wie sie Paulus hier – nach Theißens Ansicht – vornimmt, den Apostel „erst recht dem Vorwurf ausgesetzt, er verfälsche das Wort Gottes."

[677]   So etwa ULONSKA, Doxa, 385, LUZ, Bund, 325.

in seinen Ausführungen eine energische, aber von der Situation unabhängige Legitimierung des Apostolats,[678] andere nehmen an, Paulus thematisiere hier die Korrektur seiner eigenen, früheren Verehrung des Mose,[679] und wieder andere sehen Paulus auf das Problem der Korinther Bezug nehmen, „sich die Neuheit Christi durch Zwischengrößen (Mose, Alter Bund 3,6ff.) verdecken zu lassen"[680]?

Ein besonderer Themenkomplex ergibt sich aus der Frage nach dem Umgang des Paulus mit seinen jüdischen „Wurzeln". Traditionell ist die Auffassung geworden, dass Paulus hier die alte und die neue „Setzung" bzw. „Verfügung" und somit Gesetz und Evangelium einander gegenüberstelle.[681] Dabei tritt einem nicht selten die Ansicht entgegen, der Apostel würde den Dienst des Mose, eine Orientierung an der Tora oder gar die Tora selbst diskreditieren, so dass in seinem Denken eine „Überlegenheit" des Christentums über das Judentum auszumachen wäre.[682] Glücklicherweise sind Bemühungen zu erkennen, dieser Textinterpretation zu entkommen,[683] auch wenn die betreffenden Exegeten sich unterschiedlich stark von der „Macht der Tradition" lösen können.[684]

Insgesamt lässt sich als *mainstream*-Auffassung etwa Folgendes skizzieren: Die Ausführungen dieses Passus seien auf die Briefsituation zu beziehen bzw. durch diese hervorgerufen worden, denn man erkennt mittlerweile „die auf das apostolische Selbstverständnis des Paulus bezogene Polemik auch dieses Abschnittes"[685]. Paulus reagiere also in irgendeiner Weise auf seine Gegner. Dabei präsentiere er sich selbst und das Apostelamt im Kontrast zum Alten Bund bzw. auf Kosten desselben, und da er von der neuen Heilssetzung durch Christus aus die „Überwindung" der alten begreife, könne er nun dieses Gefälle auch zur Überwindung der Problematik in Korinth nutzen, denn in der Agitation der Gegner mache er Aspekte aus, die unter das Alte zu verbuchen wären.

---

[678] Dies scheint bei BULTMANN, 2Kor, 81ff., LUZ, Bund, 324, der Fall zu sein. Auch bei HOFIUS, Gesetz, finden sich keine Erwägungen zum Kontextbezug.

[679] THEISSEN, Aspekte, 136-142, insbes. 129.137.142.

[680] P.BACHMANN, 2Kor, 260f.

[681] So ist es etwa für HOFIUS, Gesetz, 78, „klar", dass Paulus hier „(d)as *Gesetz* vom Sinai und das *Evangelium* Jesu Christi" einander gegenüber stelle.

[682] So kann etwa CONZELMANN, Theologie, 191, ungeniert sagen: „Das charakteristische paulinische νῦν bezeichnet die geschichtliche Neuheit des Heilsgeschehens. Dieses ist 2Kor 3 ausgelegt als der Neue Bund, der den Alten *ersetzt*" (Kursivsetzung U.S.). Zur Überheblichkeit christlicher Theologie und Exegese vgl. die Ausführungen bei STEGEMANN, Neu, 509-511, und die dort in Anmerkungen vermerkte Literatur.

[683] Vgl. nur CRANFIELD, Law, ULONSKA, Doxa, LUZ, Bund, STEGEMANN, Bund.

[684] Bei LUZ, Bund, 326, bleibt es z.B. dabei, dass „die δόξα des alten Bundes verschlungen" wird, und bei ULONSKA, Doxa, 386, bleibt Mose ein Betrüger! Vom traditionellen Verständnis deutlich verschieden sind etwa STEGEMANN, Bund, oder OSTEN-SACKEN, Geist. DAUTZENBERG, Bund, bleibt zwar bei der traditionellen Textauffassung, kritisiert aber Paulus in seinen Ausführungen: des Apostels exegetisches Vorgehen sei „mehr als gewaltsam und willkürlich" (231), Paulus gerate „an die Grenzen des theologisch Erlaubten" (233) und die „Abwertung des Sinaibundes" hält Dautzenberg für „anstößig und kritisierbar" (247).

[685] WOLFF, 2Kor, 63, vgl. auch FURNISH, 2Cor, 225; anders jedoch LUZ, Bund, 324 (es könne nicht „wirklich der so oft behauptete polemische Charakter von 3,4-18 nachgewiesen werden").

Die Ansicht, hier würden Gesetz und Evangelium, Judentum und Christentum oder mosaischer und apostolischer Dienst einander *gegenüber*gestellt, begründet man mit den im Text befindlichen Referenzen auf Mose und die Söhne Israels (3,7.13-15): mit den erwähnten Steintafeln (3,3c.7), den Bemerkungen zu den unterschiedlichen Auswirkungen der von Mose und Paulus ausgeübten διακονία (3,7-11) und mit den antithetisch aufgefassten Wendungen καινὴ διαθήκη (3,6) bzw. παλαιὰ διαθήκη (3,14). Im Zuge dieser Interpretation versteht man dann auch die Kontraste in 3,3c und 3,6b, steinerne Tafeln *vs.* Tafeln fleischerner Herzen bzw. γράμμα *vs.* πνεῦμα, als Ausdruck der angenommenen Gegenüberstellung.

Diese Perspektive ist nun aber keineswegs über alle Zweifel erhaben. Fraglich ist schon, ob die Gesetzesthematik hier überhaupt eine Rolle spielt. Immerhin fehlen an dieser Stelle aus jenem semantischen Feld, das Paulus andernorts zur Erörterung des Verhältnisses von Gesetz und Evangelium verwendet, einige der entscheidenden Lexeme, wie etwa νόμος, ἔργα νόμου, πίστις bzw. ἐκ πιστέως, ἁμαρτία, χάρις, δικαιοσύνη. Schon die Absenz dieser Lexeme rät davon ab, der Gesetzesthematik hier ein erhebliches Gewicht zu geben.[686]

Überhaupt ist jeder Versuch, das hier von Paulus Dargelegte vor allem auf ein an diachronen Fragen gerichtetes Interesse hin plausibel zu machen mehr als zweifelhaft. Es ist wohl richtig, dass die in 3,7 vorliegende Aussage über den Dienst, der in Stein gehauen war, sich auf ein Ereignis der Vergangenheit bezieht, doch ist diese Aussage eingebettet in eine die Verse 3,4-11 prägende Dominanz des Präsens:[687] Dies zeigt sich zunächst an den tatsächlich präsentischen Formulierungen wie πεποίθησιν ἔχομεν (3,4), ἱκανοί ἐσμεν (3,5), τὸ γὰρ γράμμα ἀποκτέννει, τὸ δὲ πνεῦμα ζῳοποιεῖ (3,6) oder περισσεύει ἡ διακονία (3,9). Dazu gesellen sich die futurische Aussage ἔσται ἐν δόξῃ (3,8) und verschiedene Formulierungen im Perfekt wie etwa der Hinweis auf den Dienst, der ἐν γράμμασιν ἐντετυπωμένη λίθοις (3,7) oder die Aussage οὐ δεδόξασται τὸ δεδοξασμένον (3,10). Da das Perfekt anerkanntermaßen eine resultative Bedeutung hat,[688] geht es auch hier um eine Relevanz des Verhandelten für die Gegenwart. Und schließlich wird im „Schlusssatz" 3,11 jede zeitliche Differenzierung aufgehoben, indem die zeitlos zu verstehenden Partizipien τὸ καταργούμενον und τὸ μένον verwendet werden.[689] Eine gewisse Ge-

---

[686] Vgl. SCHRÖTER, Schriftauslegung, 236f., nach dem die von der Behandlung der Gesetzesfrage „im Römer- und Galaterbrief deutlich unterschiedene Terminologie in 2Kor 3" davor warnt, „diese Thematik hier zu stark in den Vordergrund zu stellen".

[687] Vgl. dazu nur OSTEN-SACKEN, Geist, 150f. (der ebd. – in Auseinandersetzung mit BULTMANN, 2Kor, 86.88.f. – insbes. die Ansicht bestreitet, die παλαιὰ διθήκη und deren δόξα seien bereits vergangene Größen), M.BACHMANN, Frau, 151 Anm.68, DERS., Kirche, 174 Anm.70. In entsprechender Weise argumentiert DERS., Ermittlungen, 107, bzgl. Gal 3,20 auf Grund der präsentischen Formulierungen für eine „Gegenwartsrelevanz jener διαθήκη", d.h. jener vom Sinai; vgl. auch die entsprechenden Argumentationen bei DERS., Frau, 151, bzgl. Gal 4,24-31, sowie DERS., Kirche, 174 Anm.70, bzgl. 1Kor 10,18b.

[688] Vgl. HOFFMANN/VON SIEBENTHAL, Grammatik, § 194k, BLASS/DEBRUNNER/REHKOPF, Grammatik, § 340f.

[689] Für das Partizip τὸ καταργούμενον vertreten STEGEMANN, Bund, 111-113, und OSTEN-SACKEN, Geist, 150-155, die Auffassung, es bezeichne nicht etwas bereits Vergangenes, sondern

genwartsorientierung zeigt sich dann – nicht zuletzt in der zweimaligen Verwendung von σήμερον – auch im Abschnitt 3,12-18. Diese Beobachtungen lassen vermuten, dass hier ein vergangenes Ereignis für die Gegenwart „ausgewertet" bzw. fruchtbar gemacht werden soll.

In die Waagschale wirft man in der Regel auch die beiden, als Gesetz und Evangelium verstandenen Termini παλαιά διαθήκη (3,14) und καινή διαθήκη (3,6), die man gerne im Gegensatz zueinander sieht. Dagegen ist erstens einzuwenden, dass die beiden Ausdrücke einander gar nicht direkt gegenübergestellt werden,[690] sondern nur in einem großen textuellen Abstand voneinander begegnen (3,6 und 3,14). Zweitens ist schon in den traditionsgeschichtlichen „Vor-Texten" des Motivs „Neuer Bund", Jer 31,31; 32,40; Ez 37,26, nicht davon die Rede, dass das „Neue" das „Alte" ablösen oder ersetzen werde;[691] vielmehr wird dort einerseits die zum Zeitpunkt der Rede festzustellende Verhärtung der Hörer adressiert und dieser andererseits eine tiefgreifende Veränderung in Aussicht gestellt, insofern das „Neue" diese Verhärtung aufbricht, und das „Alte", bzw. längst Gegebene endlich zur Geltung kommen lässt, indem es nicht äußerlich bleibt, sondern auf Herzen geschrieben wird. Die Rede vom „Neuen Bund" dient also dort der Erhellung einer gegenwärtigen Situation, wobei zugleich die zu erwartende, bzw. die notwendige, aber noch ausstehende Veränderung artikuliert wird. Dabei findet sich an jenen atl. Stellen selbstverständlich keinerlei Diskreditierung von Mose oder des Gesetzes.

Sodann meint man, in der 3,6 vorliegenden Gegenüberstellung von γράμμα und πνεῦμα eine Kontrastierung von Gesetz und Evangelium erkennen zu können, indem man γράμμα als Chiffre für das Gesetz versteht. Das ist nun aber keineswegs zwingend, denn zum einen ist dieser Kontrast auch im antiken Judentum und zwar in einer ganz anderen Bedeutung zu finden,[692] und zum anderen ist das Lexem γράμμα bei Paulus „weder mit νόμος noch gar mit dem Alten Testament identisch"[693], wie schon ein Seitenblick auf Röm 2,27.29 und 7,6 deutlich macht. Dort ist γράμμα kein Synonym für den νόμος an sich, sondern erscheint vielmehr als Ausdruck für eine bestimmte Umgangsweise mit demselben.[694] Und so versucht man denn auch in der Literatur andere Auffassungen

---

etwas erst künftig Vergehendes, was Hofius, Gesetz, 96-99, in Auseinandersetzung mit diesen beiden Exegeten, heftig bestreitet. Zur Problematik der zeitlichen Dimension dieser Sätze vgl. nur Luz, Bund, 325f., Ulonska, Doxa, 382.

[690] Dies sieht z.B. auch Grohmann, Aneignung, 175.

[691] Vgl. Cranfield, Law, 57 („There is no suggestion in Jer. 31.31ff of a new law to replace that given through Moses: the suggestion is rather that the same law of God - ‚my law' [Jer 31.31] – will be given in a new way."). Das Gegenteil davon behauptet Hofius, Gesetz, 79f.: Nach Jer 31 sei die neue von der alten διαθήκη „nicht nur scharf unterschieden", sondern werde „dieselbe auch ablösen und ersetzen".

[692] Siehe dazu Osten-Sacken, Decke, 108-112.

[693] Luz, Bund, 326; vgl. auch Schröter, Schriftauslegung, 254 („Entgegen einer langen Auslegungstradition darf γράμμα hier ... nicht mit ‚Gesetz' übersetzt werden").

[694] So sagt etwa Dunn, Romans 1-8, 127, zu Röm 2,27: „In contrast to ‚fulfilling the law' ,the letter' must mean something like the literal meaning, an understanding of the law which stays at the level of the ritual act and outward deed"; vgl. Ders., ebd., 122-124.373, Stimpfle, Buchstabe, 194ff.

vorzutragen. Beispielsweise hat man angenommen „Paulus gehe es … nicht um den Gegensatz zwischen Gesetz und Evangelium, sondern um zwei unterschiedliche Weisen, das Gesetz zu verstehen – nämlich mit und ohne Geist"[695]. Man hat auch die These vorgetragen, Paulus bezeichne „mit γράμμα … nicht einfach das Gesetz (darum geht es in bezug auf die Gegner gerade nicht!)", sondern bezeichne damit „vielmehr die Qualität einer διακονία, die sich nicht an einer ‚lebenschaffenden' Beziehung des διάκονος zu der ihm von Gott zugewiesenen Gemeinde, sondern an dem unwirksam bleibenden Verweis auf etwas Geschriebenes orientiert"[696] Es ist demnach keinesfalls abwegig, γράμμα und πνεῦμα als Bezeichnungen für zwei unterschiedliche Haltungen, Perspektiven bzw. Einstellungen aufzufassen.[697]

Dass es sich schließlich nicht um eine isolierte, lehrhafte Abhandlung über das Gesetz handeln kann, lassen allein schon die semantischen Verflechtung mit dem Kontext erkennen.[698] So zeigt sich zunächst ein Zusammenhang zwischen den – deutlich situationsbezogenen – Versen 3,1-3 einerseits und 3,4-18 andererseits: Das 3,3 angesprochene πνεῦμα kehrt 3,8 in der Wendung διακονία τοῦ πνεύματος und gehäuft in 3,17f. wieder; Dabei korrespondiert die Formulierung πνεῦμα θεοῦ ζῶντος (3,3) der Aussage τὸ δὲ πνεῦμα ζωοποιεῖ (3,6); Die 3,2f. angesprochenen καρδίαι finden 3,15 eine Entsprechung in der καρδία des Mose; Die πλάκες λίθιναι (3,3) entsprechen den λίθοι (3,7), ἐγγεγραμμένη (3,3) klingt lautlich nach in γράμμα (3,6f.), und auf φανεροῦν (3,3) wird dann in Form des κάλυμμα (3,13ff.) antithetisch Bezug genommen. Bringen die Verse 3,1-3 Aspekte der Briefsituation zur Sprache, dann sind aufgrund dieser semantischen Verflechtungen auch die folgenden Ausführungen mit diesem situativen Moment zu verbinden.

Dieser Eindruck wird noch verstärkt durch den semantischen Zusammenhang von 2Kor 3 mit den Abschnitten 2,14-17 und 4,1-6,[699] deren Situationsbezug ebenfalls deutlich gemacht werden konnte.[700] Zum einen besteht eine semantische Kohärenz, etwa durch κάλυμμα / κεκαλυμμένον (3,13-16; 4,3), ἐκ θεοῦ (2,17; 3,5), θάνατος (2,16; 3,7 [dann auch 4,11f.]), νοήματα (2,11; 3,14; 4,4), φανεροῦν (2,14; 3,3 [dann auch 4,10f.]), διακονία (3,7-9; 4,1), sowie der Ver-

---

[695]   Diese Zusammenfassung von Hafemann, Paul, bietet Schröter, Schriftauslegung, 236. Hafemann selbst bietet eine etwas ausführlichere Zusammenfassung der Ergebnisse seines Buches hinsichtlich 3,7-18 in Ders., Argument, 288-299.

[696]   Schröter, Schriftauslegung, 255.

[697]   Vgl. Cranfield, Law, 57, Stegemann, Bund, 108f., Luz, Bund, 325, Stimpfle, Buchstaben, 198f.

[698]   Nach Schröter, Schriftauslegung, 241, ist diese Perspektive sogar die Tendenz „in der neueren Diskussion"; man sehe eine „deutlich erkennbare Abwendung von einer isolierten Interpretation des Stückes 3:7-18" und eine „damit einhergehende Bevorzugung der Untersuchung des Textes in seiner vorliegenden sprachlichen Gestalt und kontextuellen Einbindung." Dazu nennt er, ebd., Anm.32, entsprechende Literatur.

[699]   Stimpfle, Buchstabe, 191, erkennt und benennt die „terminologischen und semantischen Entsprechungen" bzw. „Verflechtungen"; Belleville, Reflections, 144f., erkennt nicht nur „a thematic coherence in 2.14-4.15 that links vv. 7-18 inseparably to their surrounding context", sondern gar „a broad chiasm of thought". Vgl. auch Klauck, Erleuchtung, 268-271.

[700]   Siehe oben S.198f.202f.

bindung der δόξα des Herrn bzw. Christi mit dessen εἰκών-Sein (3,18; 4,4). Dazu kommt die semantische Kontiguität[701]. So sind ἀτενίζειν (3,7.13), αὐγά-ζειν (4,4) und σκοπεῖν (4,18) miteinander zu verbinden, dann auch die beiden ἐκ-θεοῦ-Belege (2,17; 3,4) mit entsprechenden Bemerkungen zu gewissen, von Gott ausgehenden Sachverhalten (4,6.7), und schließlich einige „konnotativ zusammenhängende Ausdrücke"[702], die insbesondere das apostolische Engagement beschreiben: „Offenbarung des Wohlgeruchs seiner (d.h. Gottes / U.S.) Erkenntnis" (2,14), „Wohlgeruch Christi" (2,15), apostolisches (Selbst-)„Vertrauen" (3,4), „solche Hoffnung" (3,12), „voll großer Zuversicht" (3,12), „Freiheit" (3,17), „Offenbarung der Wahrheit" (4,2), „Leuchten der Erkenntnis" (4,6).

Zur Erhellung der kontextuellen Bedeutung der paulinischen Ausführungen zu Mose und den Söhnen Israels lohnt es sich, zunächst der Überleitung zu eben diesen Ausführungen Beachtung zu schenken. Nach zwei kritischen Rückfragen an die Praxis der Empfehlungsbriefe (3,1), und der Charakterisierung der Korinther als ein von „allen Menschen" gelesener Brief Christi (3,2) formuliert Paulus:

3,3a φανερούμενοι ὅτι ἐστὲ ἐπιστολὴ Χριστοῦ
b διακονηθεῖσα ὑφ' ἡμῶν
cα ἐγγεγραμμένη οὐ μέλανι ἀλλὰ πνεύματι θεοῦ ζῶντος,
β οὐκ ἐν πλάξιν λιθίναις ἀλλ' ἐν πλάξιν καρδίαις σαρκίναις

Die πλάκες λίθιναι in 3,3c werden gerne im Sinne einer „Motivvorwegnahme" verstanden und damit bereits an dieser Stelle mit den folgenden Erwägungen zu Mose in Verbindung gebracht.[703] Doch beachtet man das Prinzip der linearen Textrezeption, dann ist die Bedeutung jeder – im Sinne der Textprogression – neu dazu kommenden Aussage *zunächst* in Bezug auf das bereits Gesagte zu bestimmen.[704] Darum entsteht bei der erstmaligen Erwähnung der πλάκες λίθιναι in 3,3cβ *zunächst* ein Zusammenhang mit dem Thema „Schreiben und Lesen", das nicht erst seit 3,1f. präsent ist, sondern sich bereits seit 1,13 in Form von zahlreichen „formulaic reference(s) to writing"[705] wie ein roter Faden durchzieht. Eben diesen Zusammenhang dürften auch die damaligen Hörer bei der ersten Verlesung von 3,3 hergestellt haben, zumal man schwerlich davon ausgehen kann, dass der Ausdruck πλάκες λίθιναι für die Korinther derart „besetzt" gewesen wäre, dass seine bloße Erwähnung entgegen der bis zu dieser Textstelle prominenten Thematik Assoziationen an die Tafeln des Mose gera-

---

[701] Zum Begriff „Kontiguität" siehe S.29.

[702] Stimpfle, Buchstabe, 192, der auch die folgenden Entsprechungen benennt.

[703] Dies wird aber vertreten z.B. von Lambrecht, 2Cor, 42 („There is *a definite shift* in the imagery. ‚Stone tablets' *clearly* contains a reference to the Law" [Kursivsetzung U.S.]); vgl. auch Wolff, 2Kor, 59; Etwas vorsichtiger ist Martin, 2Cor, 52, der immerhin einschränkend hinzufügt „at least by inference".

[704] Dem entspricht (gerade) auch das Thema-Rhema-Konzept; vgl. dazu Kalverkämper, Orientierung, ...

[705] Belleville, Reflections, 136; sie nennt 1,13a.13b.14; 2,3.4.9; 3,1.2a.2b.3a.3b; vgl. dazu oben S.63.

dezu „erzwungen" hätte.[706] Folglich dürfte es ratsam sein, die πλάκες λίθιναι an dieser Stelle der Gedankenführung *primär* im Kontext der Antwort des Apostels auf die Praxis der Empfehlungsbriefe seiner Gegner zu verstehen.[707]

Angesichts der Variationen des Themas „Schreiben und Lesen" seit 1,13 könnte man vielleicht meinen, es gehe an dieser Stelle schlicht und einfach um ein bestimmtes Trägermedium für Geschriebenes. Allerdings darf hier die Näherbestimmung der 3,3a thematisierten ἐπιστολή durch ἀναγινωσκομένη ὑπὸ πάντων ἀνθρώπων nicht aus den Augen gelassen werden: Es handelt sich um ein öffentlich wahrgenommenes Schreiben. Insofern die in 3,3 skizzierten Schreibvorgänge einander verglichen werden, dürfte das Charakteristikum des Öffentlich-Werdens auch bei den πλάκες λίθιναι mitzudenken sein, so dass eine Analogie zu jener antiken Praxis entsteht, Briefe – v.a. Königsbriefe – in Stein hauen und öffentlich anbringen zu lassen,[708] damit sie von allen gelesen werden können. Gemäß der Perspektive, welche der Praxis der Gegner zu Grunde liegt, wären gerade solche eine herausragende Legitimation. Der Apostel dagegen wollte nicht einmal solche ihren Empfehlungsbriefen entgegensetzen, da darin nur ein gradueller Unterschied zu ihrer Praxis bestünde, sondern nur das in fleischerne Herzen Geschriebene, was einen qualitativen Unterschied bedeuten würde.[709]

Dass angesichts dieser Zusammenhänge im Folgenden gerade Mose in den Blick kommt, ist fast naheliegend, und zwar aus mehreren Gründen.[710] Nicht nur dass er eine – dem eben Dargestellten entsprechende – imposante Legitimation in Form von Steintafeln vorweisen konnte, sondern auch weil die damaligen Vorgänge der Annahme der Gegner (und wohl auch der Korinther) widersprechen, dass eine solche dazu beitragen würde, einen nachhaltig positiven

---

[706] Dies wohl auch deshalb nicht, weil bei den Korinthern nicht selbstverständlich eine gründliche Kenntnis des AT vorausgesetzt werden kann. So vermerkt FURNISH, 2Cor, 510, bei der Besprechung der „Schlange" in 11,3, dass „not many of the Gentile Christians in Corinth may have been familiar with these stories". Ebenso kann CONZELMANN, Theologie, 188, im Blick auf 1Kor 10 sagen: „Paulus belehrt die Korinther über das Alte Testament, als ob sie noch nichts davon gehört hätten; und dabei lehrte Paulus mindestens anderthalb Jahre in Korinth. Worüber belehrte er sie denn?" – Anders jedoch z.B. HAFEMAN, Suffering, 223, der die korinthische Problematik der galatischen für vergleichbar hält. – GROHMANN, Aneignung, die ebd., 177-180, die Thematik im Rahmen von Intertextualitätskonzepten bespricht, hält es ebd., 178, für schwierig zu entscheiden, was die jeweiligen Rezipienten wiedererkennen.

[707] Dagegen aber WOLFF, 2Kor, 59: „Die abweisende Bemerkung ,nicht auf steinernen Tafeln' paßt nicht zum Bild des Empfehlungsbriefes".

[708] Vgl. dazu v.a. KLAUCK, Briefliteratur, 80f. Auch BAUER, Wörterbuch, 1339, spricht von einer „Gewohnheit, auf steinerne πλάκες Insch(riften) zu setzen" und verweist dabei auf L.MITTEIS/U.WILCKEN, Grundzüge und Chrestomathie der Papyruskunde, 1912, I 2.54.1ff.

[709] Dem korrespondiert etwa auch die von BREYTENBACH, Versöhnung, 124, zu 5,12f. gemachte Feststellung: ein ekstatisches Auftreten kann die Gemeinde nicht aufbauen, denn „(e)s wäre etwas Äußerliches. Würde Paulus angesichts seiner offenbar ekstatisch auftretenden Gegner in der gleichen Weise vorgehen, gäbe er selbst der Gemeinde Anlaß zum καυχᾶσθαι ἐν προσώπῳ. Nein, er will ihr einen anderen Anlaß geben, sich seiner zu rühmen, einen Grund der ein καυχᾶσθαι ἐν καρδίᾳ fördern wird."

[710] Auch ULONSKA, Doxa, 383(-386), sieht einen Zusammenhang zwischen Empfehlungsbrief und Mose, was allerdings von WOLFF, 2Kor, 64, kritisiert wird.

Eindruck auf die Gemeinde auszuüben. Dies wird gerade in den Versen 3,13-15 anhand des Nicht-Verstehens der Söhne Israels deutlich widerlegt. Dabei ist unschwer zu erkennen, dass die Ausführungen zu deren Unverständnis in einem engen Zusammenhang mit den Variationen des Themas „Schreiben und Lesen" seit 1,13 zu sehen sind. Allein schon mittels der Wortfamilie ἀναγινώσκειν entsteht eine Verbindung zwischen 3,14f., 3,1-3 und 1,13. Den Schwierigkeiten der Söhne Israels mit den von Mose verfassten Texten entspricht das Unvermögen der Korinther, die paulinischen Briefe richtig zu verstehen! Während die Korinther nur ἀπὸ μέρους (1,14a) verstehen und die große Besorgnis des Apostels, die zum „Tränenbrief" geführt hat, nicht erkannt haben, so dass Paulus dies 2,3f. klar stellen muss,[711] ist das Verständnis der Söhne Israels durch das κάλυμμα (3,13-15) eingeschränkt.[712]

Dabei wird im Blick auf die damalige wie auf die gegenwärtige Situation deutlich gemacht, dass der Grund für die Problematik nicht auf Seiten der „Schreiber" und deren Schreiben zu suchen ist. Während Paulus 2,5 konkret die Liebe zu den Adressaten und das Bedürfnis, künftige Betrübnis zu vermeiden, als Grund seines Schreibens benennt, erscheinen die 1,12f. vom Apostel für seine Person in Anspruch genommenen Tugenden der ἁπλότης und der εἰλικρίνεια auch als prägend für die Art seines Schreibens: „Wir schreiben euch nichts anderes, als was ihr lest und auch versteht" (1,13). Entsprechend liegt das κάλυμμα 3,14f. nicht etwa auf den Schriften selbst, sondern vielmehr auf der Lektüre derselben bzw. auf den Herzen der Leser (3,15). Nicht die Schriften sind zu kritisieren, sondern die Leser!

Dass Paulus nicht von ungefähr auf Mose zu sprechen kommt, ergibt sich dann auch aus der kontextuellen Verflechtung der mittels des Lexems διακονία konstruierten Oppositionen in 3,7-11. Da das Lexem in 2Kor 3 jeweils mit Artikel verwendet und durch angehängte Genitive näher qualifiziert wird, zweimal negativ (τοῦ θανάτου, τῆς κατακρίσεως) und zweimal positiv (τοῦ πνεύματος, τῆς δικαιοσύνης), kann der Eindruck entstehen, es handle sich hier um zweierlei διακονίαι, wovon der Apostel nur den positiv qualifizierten Dienst für sich beanspruchen wolle. Doch bereits in 2,14ff. begegnen die Konstituenten jenes Kontrasts nicht verteilt auf zweierlei διακονίαι, sondern als Wirkung eines und desselben Dienstes: desjenigen des Paulus! Hier findet sich das Paradox, dass Paulus bei gleichbleibendem Verhalten unterschiedlich wahrgenommen wird. Paulus meint, sich offen und transparent zu geben, von φανε—ροῦν ist die Rede, von der Offenbarung der Erkenntnis Gottes durch die *Wir* und vom Wohlgeruch seines Seins, und dennoch wird er ambivalent wahrgenommen. Ein und dasselbe Verhalten ruft zugleich Zustimmung und Ablehnung hervor, ein und derselbe Dienst bewirkt Tod und Leben gleichzeitig und führt zur Scheidung zwischen σῳζόμενοι und ἀπολλύμενοι! Dasselbe zeigt sich in 4,1ff.: Nachdem der Apostel seine Aufrichtigkeit dargestellt hat, kommt er in

---

[711] Dass die Schreiben des Paulus bei den Korinthern Missverständnissen unterlagen bzw. unterliegen, kommt z.B. auch 7,8f. und 10,1 zum Ausdruck.

[712] Nicht ganz zufällig dürfte es übrigens sein, dass jeweils – in 1,13b und 3,13 – das Lexem τέλος vorkommt.

4,3f. wiederum auf diejenigen zu sprechen, die eben nichts erkennen und deswegen ἀπολλύμενοι (4,3) sind. Somit ist auch ein eventuelles ἀπόλλυσθαι ein Teil bzw. die Kehrseite des apostolischen Dienstes.[713]

Kehrt man mit diesen Feststellungen zu den Aussagen von 2Kor 3 zurück, so wird deutlich, dass die Oppositionen dieser Verse keinesfalls nach dem simplen Muster διακονία τοῦ θανάτου *vs.* διακονία τοῦ πνεύματος rekonstruiert werden dürfen, da sich mosaischer und apostolischer Dienst in der negativen Wirkung *ent*sprechen und nicht *wider*sprechen! Es ist nicht so, dass des Mose Dienst nur ein solcher des Todes wäre und derjenige des Apostels nur den Geist verleihen würde, sondern auch des Paulus Dienst entfaltet eine vernichtende Wirkung. Dass hier eine gewisse Kongruenz der beiden διακονίαι im Blick ist, das zeigt sich auch darin, dass ihnen dasselbe „Schicksal" zuteil werden kann: Gewissen Menschen sind sie „verhüllt"![714] Wie das κάλυμμα auf der Lektüre der παλαιὰ διαθήκη (3,14) und auf den Herzen der Söhne Israels (3,15) liegt, so ist auch das Evangelium einigen Menschen κεκαλυμμένον (4,3f.).[715] Entsprechend werden für beide Fälle ähnliche Erklärungen formuliert: Während die Sinne der Israeliten „verstockt" waren (3,14a), sind die Sinne der ἄπιστοι „verblendet" (4,4). Angesichts dieser Kongruenz dürfen die in 3,7f. genannten negativen Folgen der διακονία nicht als eine ausschließliche Wesensbestimmung des mosaischen Dienstes verstanden werden.[716] Die hier verwendeten Genitive sind darum nicht als qualitative, sondern als finale zu verstehen, welche die negativen Begleiterscheinungen jener Ereignisse am Sinai benennen. Dass Paulus gerade diese fokussiert, dürfte wohl im Zusammenhang mit dem „Nicht-Verstehen" der Korinther zu sehen sein.

Auf Grund der dargelegten kontextuellen Verknüpfungen wird auch deutlich, wie das Auflegen der Decke durch Mose und das paulinische Leben und Handeln aufeinander zu beziehen sind. Gleich zweimal wird das Sehen der Israeliten auf Moses Angesicht thematisiert, und zwar jeweils als eine Unmöglichkeit. Das eine Mal können sie nicht hinsehen wegen der Intensität der δόξα; das andere Mal werden sie von Mose daran gehindert, indem er mit einer Decke sein Angesicht verhüllt. Warum Paulus gerade auf diese Verhüllung eingeht, scheint vielen Exegeten klar zu sein: Mose hätte die 3,7.13 thematisierte Vergänglichkeit seiner δόξα, die von den Exegeten gerne im Sinne eines nach jeder Gottesbegegnung erneut sich vollziehenden Verblassens[717] und dabei meist zugleich

---

[713] Dementsprechend spricht THEISSEN, Aspekte, 122.123, im Blick auf 4,1-6 von einer „ambivalenten Wirkung der paulinischen Diakonia".

[714] KLAUCK, Erleuchtung, 278, sieht eine gewisse Entsprechung zwischen 3,14 und 4,4, zerschlägt aber die Kongruenz durch den Hinweis, dass im ersten Vers ein theologisches Passiv vorliege, das Gott selbst zum Subjekt habe, während im zweiten Vers der „Gott dieser Welt" die Ursache der Verblendung sei.

[715] Vgl. OSTEN-SACKEN, Decke, 106; Von daher ist es mir unverständlich, wie HOFIUS, Gesetz, 78, in dem Verhüllt-Sein beider Größen eine Bestätigung dafür finden kann, dass die beiden „Antonyme" seien. Es geht hier doch vielmehr um eine gewisse Synonymie des Widerfahrenden.

[716] Dies meint aber HOFIUS, Gesetz, 84: „Die παλαιὰ διαθήκη ist ihrem *Wesen* nach γράμμα und *nur* γράμμα; sie kann nicht anders als töten" (Kursivsetzungen HOFIUS!); vgl. auch ebd., 85.95.106f. u.ö.

[717] Vgl. nur THEISSEN, Aspekte, (125.)133f., WOLFF, 2Kor, 72, PLUMMER, 2Cor, 96f.

als eine grundsätzliche Bestimmung zum Verschwinden[718] interpretiert wird, bewusst verbergen wollen. Mose beginge demnach ein frommes Betrugsmanöver.[719]

Ist aber die obige Beobachtung richtig, dass hier von einer gewissen Kongruenz zwischen Mose und Paulus die Rede ist, so eröffnet sich auch hier eine andere Perspektive. Paulus verhüllt sich – nach seinen eigenen Worten – nicht wie es Mose tat, sondern spricht mit παρρησία und ἐλπίς (3,12f.). Der Gegensatz besteht nun aber nicht primär in der Gegenüberstellung von Verbergen einerseits und παρρησία andererseits, sondern darin, dass Paulus gar keine *äußere* δόξα verbergen kann, weil er keine hat! Gerade dieser Sachverhalt belastet doch zum gegenwärtigen Zeitpunkt das Verhältnis zwischen ihm und den Korinthern: Er erscheint eher wie ein irdenes Gefäß; sein äußerer Mensch zerfällt zusehends. Das ist es, was eine an Äußerlichkeiten orientierte Wahrnehmung, eine Betrachtung κατὰ σάρκα (vgl. 5,16)[720] an ihm wahrzunehmen vermag. Und eben darum muss er seine δόξα durch die drei Schlussfolgerungen in 3,7ff. doch allererst herleiten bzw. „beweisen"[721]! Freilich etabliert er sie im Gegensatz dazu auf einer ganz anderen Ebene: in seinem Herzen leuchtet Gottes Licht auf (4,6), die irdenen Gefäße enthalten einen Schatz (4,7), während der äußere Mensch zerfällt, wird der innere erneuert (4,16). Das ist vordergründig, bzw. κατὰ σάρκα nicht zu erkennen, und so ist es ganz passend, dass er dann in 4,18 ein Sehen auf das Sichtbare von einem solchen auf das Unsichtbare unterscheidet. Fortwährend macht Paulus also deutlich, dass das Wesentliche nicht in der Erscheinung einer Person zu suchen ist, und v.a. bei ihm, dem Apostel nicht! Wer dies dennoch tut, der wird das Wesentliche nicht finden, sich ihm verweigern und vergehen.

Das Problem des Mose ist das Gegenteil davon. Er hat eine äußerliche δόξα, eine gewaltige sogar! Ein Reflex der göttlichen Herrlichkeit, eine Art von Legitimation, wie sie die Korinther wohl vom Apostel gerne gehabt hätten. Aber er verbirgt sie selbst! Durch die Decke entzieht er sie dem Blick der Israeliten, um sie davon abzuhalten, auf Äußerliches zu „starren". Gerade mit ἀτενίζειν in

---

[718] Vgl. nur FURNISH, 2Cor, 232f., LAMBRECHT, 2Cor, 61f., MARTIN, 2Cor, 68.

[719] Vgl. dazu z.B. SCHULZ, Decke, 9f., ULONSKA, Doxa, 386ff. GROHMANN, Aneignung, 174.176, formuliert vorsichtiger: „... die Decke des Mose negativ bewertet". – KLAUCK, Erleuchtung, 275, äußert zur These des Betrugsmanövers immerhin Bedenken („was mir allerdings nicht so sicher zu sein scheint"); THEISSEN, Aspekte, ..., entschärft den Betrugsvorwurf durch den Hinweis, Paulus habe in der LXX ein jeweiliges Auffrischen von Moses Glanz vorgefunden und konnte daraus ein jeweiliges Verblassen folgern; vgl. dazu P.BACHMANN, 2Kor, 163, WOLFF, 2Kor, 72, HOFIUS, Gesetz, (96-)101. Nach LAMBRECHT, 2Cor, 52, WOLFF, 2Kor, 72, FURNISH, 2Cor, 232, hatte Paulus Mose keine Betrugsabsichten unterstellen wollen; Paulus habe die Möglichkeit eines derartigen (Miss-)Verständnisses gar nicht reflektiert. – Aus einer ganz anderen Perspektive widerspricht HOFIUS, Gesetz, 104f., dem Vorwurf des Betrugs: Nicht Betrug war es, sondern die Israeliten *sollten* nicht sehen, wohin die „alte Setzung" führt; Erwogen wird diese Möglichkeit auch von KLAUCK, 2Kor, 39.

[720] Siehe dazu oben S.122f.

[721] Vgl. dazu ULONSKA, Doxa, 382f.: Paulus will auch „für die christliche – so traditionslose – Verkündigung ... eine Doxa ... erschließen".

3,7.13 ist doch die gespannte Aufmerksamkeit angezeigt.[722] Die Aufmerksamkeit soll aber, gemäß 4,18, nicht dem Sichtbaren gelten, sondern dem Unsichtbaren. Nicht auf die äußere δόξα sollen die Söhne Israels starren, da diese vom Wesentlichen ablenkt! Durch den Gestus der Verhüllung nimmt sich Mose selbst die äußerliche δόξα und kommt so in einen vergleichbaren Status wie Paulus in seiner Niedrigkeit. Mose wird ebenso unscheinbar, vielleicht sogar etwas lächerlich, um den Blick vom Äußeren abzulenken und die Aufmerksamkeit seiner Gegenüber auf das Wesentliche zu lenken. Darin also entspricht er einerseits dem Apostel und widerspricht andererseits den Gegnern des Paulus in Korinth, denn jene rühmen sich ἐν προσώπῳ (5,12),[723] während Mose sein πρόσωπον absichtlich verhüllt (3,13).[724] Mose ist also nicht der Antitypos des Apostels, sondern von dessen Opponenten in Korinth.

Dass Mose dies tut, hat zugleich mit dem durch καταργεῖν bezeichneten Sachverhalt zu tun. An beiden Stellen wird des Mose δόξα als vergehende charakterisiert (3,7.13). Vergehend ist sie aber nicht, weil die „alte Setzung" vergehen würde, oder weil für Paulus die Sinaitora überboten worden wäre, sondern weil sie nur ein äußerlicher Reflex der göttlichen δόξα ist. Nur die Quelle der δόξα ist unvergänglich bzw. ewig, während der äußerliche, menschliche Reflex vergänglich ist, weil τὰ βλεπόμενα πρόσκαιρα sind, und nur τὰ μὴ βλεπόμενα αἰώνια (4,18)! Um eben dies herauszustellen, reduziert Paulus den in 3,7 verwendeten Ausdruck ἡ δόξα τοῦ προσώπου αὐτοῦ τὴν καταργου– μένην dann in 3,11.13 allein auf den Terminus τὸ καταργούμενον. Die δόξα auf des Mose Gesicht gehört _allem_ Vergänglichen an, weil es nur ein Reflex der göttlichen Herrlichkeit auf einem menschlichen Angesicht ist. Und darum ist τὸ τέλος τοῦ καταργουμένου auch nicht eine Wesensbestimmung der „alten Setzung", sondern eine Bezeichnung für das Ende bzw. Ziel von _allem_ Vergänglichen. Alles Vergängliche bzw. τὰ βλεπόμενα ist wie gesagt πρόσκαι– ρα. Wer darauf seine Aufmerksamkeit richtet gelangt zum falschen τέλος. Von diesem Ziel will Mose die Söhne Israels ablenken, doch es gelingt ihm nicht: ἀλλὰ ἐπωρώθη τὰ νοήματα αὐτῶν (3,14). – Eben in dieser Gefahr stehen nun auch die Korinther, wenn sie nach äußerlich sichtbaren Merkmalen suchen.

Nach allem bisher Gesagten erscheint der paulinische Rekurs auf Mose und die Söhne Israels als _exemplum_.[725] Hat Paulus 3,3 die Empfehlungsbriefpraxis bis zu ihrem Extrem, den Steintafeln, gesteigert und zugleich die Absurdität der damit verbundenen Erwartungen mit dem Hinweis deutlich gemacht, dass sie die Herzen der Menschen nicht erreichen, kann er eben diese Zusammenhänge

---

[722] Hofius, Gesetz, 92 Anm.111, gibt zwar zu, dass ἀτενίζειν εἰς „ursprünglich ‚gespannt hinsehen auf', ‚mit unverwandtem Blick hinsehen auf', ‚fest anschauen'" bedeutet, sieht hier aber dennoch eine allgemeinere Bedeutung im Sinne von „den Blick richten auf" vorliegen.

[723] Vgl. dazu auch den Hinweis bei Wolff, 2Kor, 251, dass die Gegner wohl auf „_sichtbare_ Bekundungen des Geistbesitzes" pochten (Kursivsetzung U.S.)!

[724] Auf dieser Ebene liegt denn auch des Paulus Aufforderung in 10,7: τὰ κατὰ πρόσωπον βλέπετε! Das ist die Ebene, auf welcher die Gegner den Vergleich suchen und welche sowohl von Mose als auch von Paulus eigentlich abgelehnt wird.

[725] Auch Ulonska, Doxa, 382.385, spricht von „Mosebeispiel" und davon, dass Paulus seine Aussagen mittels des „Mosebeispiels" „illustriere".

mit den Ereignissen am Sinai hervorragend illustrieren: Mose konnte – äußerlich gesehen – mit den steinernen, von Gott selbst geschriebenen Tafeln, welche sowohl den Willen Gottes offenbaren als auch den Überbringer legitimieren sollten, wesentlich mehr vorweisen als Paulus (oder die Kontrahenten in Korinth). Doch selbst eine derart imposante Legitimation, wie man sie in Korinth von Paulus gerne gehabt hätte, konnte weder die Akzeptanz des Boten bei den Israeliten, noch das Wahrnehmen des göttlichen Willens oder dessen Einhaltung garantieren. Und so wurde der Dienst des Mose, der als einer zum Leben gedacht war, doch für einige einer zum Tode – und darin zugleich ein Typos (auch) für die ambivalente Wirkung des apostolischen Dienstes. – Mose und die Söhne Israels dienen also der Illustration der im Briefkontext virulenten Problematik.

Ein solcher Gebrauch von Texten der hebräischen Bibel ist bei Paulus durchaus geläufig, denn m.E. lassen sich bei ihm vor allem zwei Umgangsweisen mit der Schrift ausmachen: der eher begründende und der eher illustrative Rekurs.[726] Ein Typos etwa ist eine Person, Situation oder Konstellation innerhalb der Hebräischen Bibel, welche von später Lebenden als heuristisches Modell bzw. als Illustration für gegenwärtige Erlebnisse gewertet wird.[727] So kann etwa der in 1Kor 10 vorliegende Rekurs auf Ereignisse während der Wüstenwanderung schwerlich als Begründung im eigentlichen Sinne angesehen werden; vielmehr illustriert Paulus „durch die Wüstenzeit-Typologie ein Mißverstehen des Sakraments" und erhellt damit dessen „ethische Implikation"[728]. Dass Paulus in 1Kor insgesamt kaum begründend auf die Schrift rekurriert, wohl aber im zehnten Kapitel ausführlich illustrativ, und zwar mit Bezügen zu derselben Epoche (Zeit der Wüstenwanderung), welche auch in 2Kor 3 die entscheidende Rolle spielt, das kann durchaus zur Favorisierung eines illustrativen Gebrauchs auch an dieser Stelle ins Feld geführt werden.[729]

Dabei ist 1Kor 10,1-11 durchaus illuminativ auch für die Interpretation von 2Kor 3.[730] Hier wie dort rekurriert Paulus auf Ereignisse aus der Wüstenwanderung der Israeliten, um eine gegenwärtige Situation damit zu erhellen. In 1Kor 10 benennt Paulus das von ihm verwendete Verfahren sogar: jene Ereignisse sollen den Korinthern als τύπος (10,7; auch als Adverb in 10,11) gelten, den Lebenden zur Warnung aufgeschrieben (10,11). Im Vergleich zu 2Kor 3 ist nun entscheidend, dass auch in 1Kor 10 ein doppelter Ausgang skizziert wird, so dass ein und dieselben Ereignisse doch zu konträren Resultaten führen. In den ersten vier Versen wird nachdrücklich betont, dass *allen* dieselben Segnungen zuteil wurden: Alle waren unter der Wolke, alle gingen durchs Meer, alle waren auf Mose getauft und alle hatten dieselbe geistliche Speise. Sie alle sind auf eine διακονία zurückzuführen, auf diejenige des Mose. Und doch führte die gleichmäßig zuteil gewordene Erfahrung zu einem zweischneidigen Ergebnis: „Aber an den meis-

---

[726] Vgl. dazu GOPPELT, Theologie, 376-388, CONZELMANN, Theologie, 187-191.

[727] Nicht teilen kann ich die Ansicht, Paulus habe in atl. Texten *allein* „eine Vorausdarstellungen von Gottes Handeln in der Endzeit" (GOPPELT, Theologie, 384) gesehen. Dies ist zu reduktionistisch. Ein Typos kann in vielen Situationen zum Verständnis beitragen und wird von Paulus zur Illustration *seiner* Ausführungen verwendet.

[728] GOPPELT, Theologie, 384.

[729] LUZ, Bund, 319, sieht in der „Gegenüberstellung der beiden Bünde" einen „Hilfsgedanken(n), um etwas anderes zu bekräftigen".

[730] Bei der Besprechung von 3,15f. bietet KLAUCK, 2Kor, 40, immerhin einen, wenn auch nur summarischen Verweis auf 1Kor 10. Auch HOFIUS, Gesetz, 97, rekurriert kurz auf dieses Kapitel.

ten von ihnen hatte Gott kein Wohlgefallen, denn sie wurden in der Wüste erschlagen" (10,5 [LÜ]). Der Dienst des Mose hatte eine doppelte Wirkung, für einige zum Leben, für die meisten aber zum Tod. Daraus leitet Paulus dann die konkrete Forderung nach dem Verzicht auf Götzendienst, Hurerei und Murren ab, denn die Israeliten, welche dies taten wurden vernichtet, so dass es den Korinthern entsprechend ergehen dürfte, falls sie sich ebenso verhalten.

Ist der Rekurs auf Mose und die Söhne Israels als illuminativ für die Problemkonstellation der Briefsituation zu verstehen, kommen also Mose und Paulus einerseits sowie Israel und Korinth andererseits in eine gewisse Entsprechung zueinander zu stehen, dann ist der damit konnotierte bedrohliche Horizont unmöglich zu übersehen. Wurde der Dienst des Mose zu einem des Todes gerade an denen, die nicht verstanden, so drängt sich zwangsläufig die Frage auf, zu welcher Auswirkung der paulinische Dienst, der ja gerade nach den vorausgehenden Versen 2,14f. eine doppelte Wirkung entfalten kann, an den unverständigen Korinthern kommt. – Ein weiteres Mal also wird den Korinthern ein bedrohliches Szenario skizziert, in das sie von Paulus zwar nicht explizit hineingestellt werden, in dem sie sich – auf Grund der Analogien – wohl aber selbst wiederfinden.

Der Anlass für dieses Szenario ist auch an dieser Stelle in jenem, den gesamten Brief bestimmenden Grundanliegen des Apostels zu finden. Gerade in den Versen 3,1-3 ist dies deutlich zu erkennen. Nach einer Problematisierung der Empfehlungsbriefpraxis – die er mit der Wendung ἑαυτοὺς συνιστάνειν als eine Art Selbstbezüglichkeit erscheinen lässt, die er unter Verwendung derselben Begrifflichkeit auch andernorts kritisiert (5,12; 10,12) – nimmt Paulus diese Thematik zu Beginn von 3,2 mit den Worten ἡ ἐπιστολὴ ἡμῶν auf, doch nur, um sie sofort in einem relationalen Sinn umzudefinieren: ἡ ἐπιστολὴ ἡμῶν ὑμεῖς ἐστε![731] Diese Relationalität wird im unmittelbaren Anschluss einerseits vertieft (ἐγγεγραμμένη ἐν ταῖς καρδίαις ἡμῶν) und andererseits erweitert (γινωσκομένη καὶ ἀναγινωσκομένη ὑπὸ πάντων ἀνθρώπων), so dass eine Bewegung von Paulus über die Korinther zu allen Menschen entsteht. Die treibende Kraft hinter derselben wird deutlich, wenn Paulus die 3,2 verwendete Formulierung ἡ ἐπιστολὴ ἡμῶν ὑμεῖς ἐστε zu Beginn von 3,3 noch präzisiert: ἐστὲ ἐπιστολὴ Χριστοῦ διακονηθεῖσα ὑφ' ἡμῶν, sodass dahinter Christus, und nach 3,3cα letztlich der (Geist des) θεὸς ζῶν aufscheint! Die Partizipation an dieser „göttlichen Bewegung der fortgesetzten Zuwendung" erfordert (selbstverständlich) eine innere Beteiligung, wie die zweimalige Verwendung von καρδία (3,2.3) anzeigt. Doch während dies für Paulus zutrifft – da er von sich sagen kann, die Korinther seien ihm „ins Herz geschrieben" (3,2) –, erscheinen die Adressaten im Zwielicht, denn die Anfragen von 3,1 lassen erkennen, dass sie den in Frage stellen, durch den sie die Bewegung überhaupt erreicht hat. Somit ist letztlich zweifelhaft geworden, ob ihre πλάκες καρδίαι σάρκιναι wirklich erreicht worden sind.

Diese thematische Konstellation wird durch die Verknüpfung mit dem Folgenden noch vertieft. Im Schlussvers der Einleitung, in 3,3, zeigt sich eine

---

[731] Eine gewisse Entsprechung zu 1,14 ist hier nicht zu übersehen!

gleichzeitige Darstellung von Möglichkeiten sowohl für des Apostels Tun als auch für der Adressaten Reaktion, denn ἐγγεγραμμένη οὐ μέλανι ἀλλὰ πνεύματι θεοῦ ζῶντος bezeichnet eher mögliche Arbeitsweisen, während οὐκ ἐν πλαξὶν λιθίναις ἀλλ᾽ ἐν πλαξὶν καρδίαις σαρκίναις eher auf verschiedene Rezeptionsweisen verweist.[732] Auf Grund der Parallelität der Konstruktionen ist anzunehmen, dass die jeweils negativen Optionen (οὐκ) ebenso aufeinander zu beziehen sind wie die jeweils positiv qualifizierten Optionen (ἀλλά). Offensichtlich sind hier zwei Einstellungen anvisiert, die sowohl im Verhalten derer, die um Einfluss auf die Korinther ringen, als auch bei den Korinthern selbst zum Ausdruck kommen könn(t)en. Diese Alternative wird in der γράμμα-πνεῦμα-Antithese von 3,6 wieder aufgenommen.[733] Vorderhand bezieht sie sich wohl auf Paulus und seinen Dienst, doch gemäß der oben gemachten Beobachtung, dass Paulus sich in Texteinheit B gerade anhand jener Punkte präsentiert, welche er an den Korinthern kritisiert,[734] ist diese Antithese zugleich eine Alternative, vor welche sich auch die Korinther gestellt sehen sollen. Somit ergeben sich zwei wesentliche Textlinien: Die eine wird konstituiert durch τινες, συστατικαὶ ἐπιστολαί, μέλας, πλάκες λίθιναι und γράμμα, die andere durch *Wir*, ἐπιστολὴ Χριστοῦ, πνεῦμα θεοῦ ζῶντος, πλάκες καρδίαι σάρκιναι und πνεῦμα. Für seine Person kann sich der Apostel etwa mit der Frage „μὴ χρῄζομεν ὡς τινες συστατικῶν ἐπιστολῶν πρὸς ὑμᾶς ἢ ἐξ ὑμῶν;" oder durch die Betonung, er sei ein διάκονος οὐ γράμματος ἀλλὰ πνεύματος, vehement von der ersten Linie absetzen. Paulus geht es in seinem Dienst nicht um eine γράμμα-Perspektive, sondern um ein geistgewirktes und geistwirkendes Handeln. Ihm ist es nicht um Steinplatten, sondern um menschliche Herzen zu tun. Hinsichtlich der Korinther ist – wie oben deutlich wurde – noch keineswegs klar, welche der beiden Möglichkeiten diese verwirklichen werden.

Werden die Korinther hier tatsächlich dazu aufgefordert, ihre Reaktion auf den Apostel und ihre Wahrnehmung desselben zu überprüfen, ob sie den πλάκες λίθιναι gleichen oder ob ihre πλάκες καρδίαι σάρκιναι erreicht wurde, dann bekommt dies gerade durch 3,6 ein enormes Gewicht: τὸ γὰρ γράμμα ἀποκτέννει, τὸ δὲ πνεῦμα ζῳοποιεῖ! Ist 3,3cβ auf die Korinther zu beziehen und ist der Zusammenhang zwischen 3,3 und 3,6 nicht zu leugnen, dann ist dies eine massive Warnung an die Korinther! Die eine (Text-)Linie würde sie umbringen, die andere aber zum Leben führen. Damit entspricht die in 3,6c vorliegende Alternative exakt derjenigen, die in 2,14ff. entwickelt wurde. Auch dort ist von einer Scheidung unter denen die Rede, welche dem Apostel begegnen. An ihren Reaktionen auf den Apostel wird sich Tod und Leben entscheiden! Und darauf wird hier noch einmal Bezug genommen. Nicht von

---

[732] Vgl. dazu SCHRÖTER, Schriftauslegung, 243f.
[733] Vgl. dazu SCHRÖTER, Schriftauslegung, 253, oder LUZ, Bund, 325: „In der Antithese γράμμα – πνεῦμα klingt der in den Versen 1-3 mittels der verschiedenen Empfehlungsbriefe beschriebene Gegensatz ... wieder auf". WOLFF, 2Kor, 64, moniert, Luz spreche von einem „Gegensatz zwischen Aufweisbarem und Verborgenem", der in 3,1-3 aber gar nicht gegeben sei, und er berücksichtige nicht genügend „die Andersartigkeit von Empfehlungsbriefen und Gesetz". Diese Einwände sind angesichts des bisher Dargelegten aber ihrerseits fraglich.
[734] Siehe oben S.122ff.

einer Todeswirkung des Gesetzes, des mosaischen Dienstes o.ä. wäre die Rede, sondern von den Konsequenzen der Reaktion auf den Apostel!

In dieser Linie ist denn auch 3,18 zu verstehen. Das Blicken mit „unverhülltem Angesicht"[735] steht nicht im Gegensatz zu Mose,[735] denn auch dieser trat Gott „unverhüllt" entgegen, sondern im Gegenüber zu jenen Söhnen Israels, welchen ein κάλυμμα auf dem Herzen lag bzw. noch liegt. Dies ist jedoch zugleich eine Mahnung an die Korinther, ihrerseits nicht uneinsichtig zu bleiben. Durch den Apostel sollen sie lernen, die δόξα κυρίου zu sehen und nicht nach Äußerlichkeiten zu suchen. Dabei dient das nicht explizit definierte *Wir* durchaus wieder der Verunsicherung, wie es bereits an anderer Stelle gezeigt werden konnte:[736] Durch die Frage, ob die Korinther nun zu den *Wir* gehören oder nicht, werden sie vor die Frage gestellt, ob sie den ausgesagten Sachverhalt verwirklichen oder nicht. Sollte dies nicht der Fall sein, d.h. sollten sie bei der Suche nach beeindruckenden Äußerlichkeiten bleiben, statt die δόξα κυρίου zu sehen, so würden sie nicht dazu gehören und auch nicht ἀπὸ δόξης εἰς δόξαν verwandelt werden, was ein erneut warnenden bzw. sogar bedrohlichen Klang hätte.

Zusammenfassung

Was im Verlauf der Erwägungen in 3.1 und 3.2 immer wieder zu greifen war, dass nämlich die Verweigerungshaltung der Korinther aus paulinischer Perspektive ein ernsthaftes – wohl gar ein soteriologisches – Problem darstellt, kann nun bestätigt werden.

Auf unterschiedlichste Art und Weise inszeniert Paulus ein bedrohliches Szenario. Thematisiert er die eschatologische Bedeutung der Mutualität, lässt er im unmittelbaren Kontext deutlich werden, dass die Korinther dem gewünschten Verhalten nicht entsprechen. Spricht er in allgemeiner Weise von den ἀπολλύμενοι, lässt er es nicht an Hinweisen fehlen, dass deren Problematik derjenigen der Korinther gleicht. Und rekurriert er schließlich auf Mose und die Söhne Israels, so kann die Analogie „Unverständnis" schwerlich verborgen bleiben und damit ebenso wenig die damit verbundene Konsequenz einer διακονία τοῦ θανάτου.

Nicht zu unterschlagen ist indes, dass Paulus die Bedrohung der Korinther nirgends offen und direkt ausspricht. Vielmehr werden derartige Befürchtungen durch entsprechende Textkonstruktionen evoziert, doch keineswegs so, dass sie zu überhören wären. Es gelingt Paulus also, die Korinther mit dieser Gefahr zu konfrontieren ohne ihnen direkt drohen zu müssen.

---

[735] Auch eine Kontrastierung mit Mose sieht aber LAMBRECHT, 2Cor, 55: „The Christians are not only opposed to Moses, but also to the Israelites in the dessert ... The expression 'with uncovered face' ... refers back to the covered face of Moses (v.13)".
[736] Siehe dazu S.126.163.205.

4. Rhetorische Aspekte

Im Verlauf der bisherigen Analyse des Briefes wurden rhetorische Aspekte wohl verschiedentlich erwähnt,[1] vertiefende Erwägungen – aus den in der Einleitung genannten Gründen –[2] aber vorläufig zurückgestellt. Wenn nun, im Anschluss an die Textanalyse, die rhetorische Kritik als komplementäre Betrachtungsweise zur Anwendung kommen soll, dann interessiert hier v.a., was rhetorische Aspekte zur Erhellung von Inhalt, Form und Stand der Auseinandersetzung zwischen Paulus und den Korinthern – bzw. zu einem besseren Verständnis des Briefes und seiner Situation – beitragen können.

Bisherige Versuche

Zum Versuch einer rhetorischen Analyse ermutigt die Tatsache, dass es bereits zahlreiche an Rhetorik orientierte Arbeiten zu 2Kor gibt. Freilich wird man bald ernüchtert, denn eine Konvergenz der Ergebnisse ist nicht in Sicht. Dies liegt v.a. darin begründet, dass diese rhetorischen Arbeiten weithin mit der Problematik der Teilungshypothesen verknüpft sind. Die meisten von ihnen behandeln ausgegrenzte Briefteile und treten nicht selten mit dem Anspruch auf, die tatsächliche Selbständigkeit des betreffenden Fragments aufzeigen zu können. Neben BETZ, der das Vorhandensein einer vollständigen *dispositio* sowohl im achten als auch im neunten Kapitel des zweiten Korintherbriefes zu zeigen versuchte, und HUGHES, der dasselbe für eine von ihm angenommene Rumpfform des Versöhnungsbriefes in 1,1-2,13; 7,5-8,24 getan hat, wollte man die rhetorische *dispositio* selbst in noch kleineren Teiltexten finden[3].

Dementsprechend verschieden fällt auch die Zuordnung zu den verschiedenen rhetorischen *genera* aus. Während die deliberative Ausrichtung der Kapitel 8 und 9 unbestritten ist,[4] ist man sich im Blick auf die anderen Kapitel nicht einig. Für eine Zuordnung zum *genus iudiciale* plädiert man in der Regel hinsichtlich der postulierten Teilbriefe in 2Kor 1-7[5] und 10-13[6]. Allerdings wurde auch eine deliberative Auffassung sowohl für die letzten vier Kapitel[7] als auch für die „Rumpfform des Versöhnungsbriefes"[8] vertreten. Die so deutlich werdende Mischung aus verschiedenen Elementen wird auch von jenen anerkannt, welche die Einheitlichkeit des Briefes annehmen[9] sowie von einzelnen Exege-

---

[1] Erwähnung fanden z.B. verschiedene Redeteile (*propositio* [S.196], *peroratio* [S.60]), rhetorische Termini und Strategien (*amplificatio* [S.108], *auctoritas* [S. Anm.33], *exemplum* [S.151f.], Paronomasie [S.145], πρᾶγμα [S. Anm.], *rhetoric of honor and shame* [S.90.152.183]), sowie die politischen Reden des Demosthenes (S.168).

[2] Siehe oben S.30ff.

[3] LAMBRECHT, Structure, 294, erwähnt den Versuch, 2,14-4,6 in *exordium* (2,14), *narratio* (2,15-3,3), *probatio* (3,4-18) und *peroratio* (4,1-6) aufzuteilen; dasselbe bei BERGER, Exegese, 44f., zu Gal 3,1-14, bei SUNDERMANN, Apostel, 77-204, zu 2Kor 11,1-12,18. PORTER, Letters, 554, nennt ähnliche Versuche zu 1Kor 15 und steht – nach eigener Aussage – rätselratend davor.

[4] Vgl. BETZ, 2Kor 8/9, 236.248., KENNEDY, Criticism, 87.91f. Bedingt zugegeben wird dies auch von WITHERINGTON, Conflict, 333 Anm.23.

[5] So KENNEDY, Criticism, 87ff.

[6] BETZ, Apostel, 13-42, KENNEDY, Criticism, 93.

[7] PETERSON, Eloquence, 141f., nennt Argumente für eine deliberative Auffassung.

[8] F.W.HUGHES, Rhetoric, 260.

[9] WITHERINGTON, Conflict, 333 Anm.23. S.336.411ff.

ten auch für die isolierten Kapitel 8[10] bzw. 10-13[11] festgestellt. Wird der Brief als Einheit verstanden, so liegt es nahe, ihn dem *genus iudiciale* zuzurechnen,[12] da die meisten der postulierten Teilbriefe eben diesem *genus* zugewiesen werden. Entsprechend diesen unterschiedlichen rhetorischen Zuordnungen differieren auch die epistolographischen Kategorisierungen. 2Kor 1-7 wird als „letter of apologetic self-commendation" bezeichnet[13] und Kp. 9 durchweg als „beratender Brief"[14]. Eine Vermischung von Brieftypen sieht man dann sowohl in Kp. 8 („beratend" und „administrativ") als auch in den Kapiteln 10-13 (Mischung aus „apology" und „advice")[15]. Einheitsvertreter ordnen 2Kor mit einem Seitenblick auf Demosthenes Ep.2 der Kategorie „apologetic letter" zu.[16]

Diese Vielfalt scheint auf den ersten Blick gegen die Einheitlichkeit von 2Kor zu sprechen. Doch dies wäre vorschnell geurteilt. KENNEDY weist darauf hin, dass „(i)n a single discourse there is sometimes utilization of more than one species ..., but a discourse usually has one dominant species which reflects the author's major purpose in speaking or writing"[17]. Damit entspricht er dem Hinweis von ARISTOTELES, dass die Verwendung gewisser rhetorischer Strategien, die eigentlich einem anderen *genus* zuzuordnen sind, gerade dann sinnvoll ist, wenn sie dem Hauptzweck dienlich sind (συμπαραλαμβάνειν).[18] Folgerichtig bestreiten auch die Vertreter der Integrität des Briefes, welche für die Zuordnung zum *genus iudiciale* eintreten, nicht, dass sich z.B. in 6,14-7,1 oder in den Kapiteln 8 und 9 eine deliberative Orientierung erkennen lässt, sondern sie sehen darin eine Unterstützung von „his (d.h. des Paulus [U.S.]) larger forensic purpose of defense and attack (note especially 8:20f. and 9:4)"[19].

Demnach hat jede rhetorische Analyse einzelne rhetorische Aspekte im Rahmen des Ganzen sorgfältig zu gewichten, was freilich der dieser Arbeit zu Grunde liegenden Textauffassung entspricht. So soll hier zunächst beim Ganzen angesetzt und dieses auf eine mögliche Affinität zu einem der drei *genera* in den Blick genommen werden.

---

[10] BETZ, 2Kor 8/9, 248 („Die Rhetorik im ersten Teil [VV 1-15] von 2Kor 8 ist beratend, im zweiten Teil [VV 16-23] administrativ oder juristisch").
[11] PETERSON, Eloquence, 143f. („In these chapters, deliberative and judicial rhetoric are bound together"); vgl. auch FITZGERALD, Paul, 196.200.
[12] YOUNG/FORD, Meaning, 28.38f.214ff.; WITHERINGTON, Corinth, 333ff.
[13] BELLEVILLE, Letter, 150ff., DIES., Reflections, 120ff.
[14] BETZ, 2 Kor 8/9, 248.
[15] STOWERS, Letter-Writing, 109; vgl. auch FITZGERALD, Paul, 200.
[16] YOUNG/FORD, Meaning, 28.40; DANKER, De Corona, vergleicht 2Kor mit Demosthenes' Rede De Corona.
[17] KENNEDY, Criticism, 19.
[18] Aristot., rhet. 1,3,5. Vgl. Quint., inst. 3,4,11, der gerade zur Lobrede sagt, sie komme nicht nur selbständig, sondern auch als Teil von Reden anderer *genera* vor.
[19] WITHERINGTON, Conflict, 336.

Genus iudiciale

Der Versuch einer solchen Zuordnung ist ein üblicher Schritt im Vollzug der rhetorischen Kritik,[20] greift allerdings bei einer rein formalen Beschreibung viel zu kurz, lassen sich doch der Zugehörigkeit zu einem *genus* – wie bereits ange-deutet – wesentliche Hinweise auf die Briefsituation entnehmen. Wenn paulini-sche Briefe etwa eine Affinität zum *genus deliberativum* aufweisen, Paulus also berät und ermahnt, dann ist dies ein – nicht unerheblicher – Hinweis darauf, dass Paulus bei den Adressaten ein gewisses Ansehen genießt, denn nur unter dieser Voraussetzung sind diese bereit, überhaupt zuzuhören. Anders steht es beim *genus iudiciale*. Einen Brief in Affinität zu diesem *genus* zu verfassen, lag ja auch in der Antike keineswegs auf der Hand und kann nicht als übliche bzw. selbstverständliche Operation angesehen werden. Wenn diese Möglichkeit von einem Autor realisiert wird, dann müssen bestimmte Gründe dafür vorliegen. Wäre der Autor in ein tatsächliches Gerichtsverfahren verwickelt, dann wäre der Grund offensichtlich. Ist dies aber nicht der Fall, wie etwa in 2Kor, dann muss der Autor die gegebene Situation in Entsprechung zu einer Gerichtssitua-tion verstanden haben – und das heißt: Streitparteien, Kläger, Angeklagte, Be-schuldigungen, entfremdete Beziehungen, die eine gütliche Einigung unmög-lich machen, ein Zwist, der nur noch durch einen Außenstehenden entschieden werden kann. Hätte Paulus die Lage derart eingeschätzt, dann müsste er zum *genus iudiciale* greifen, denn dies wäre ein Stand der Beziehungen, der die Ver-wendung des *genus deliberativum*, das Mitteilen von Ratschlägen auf Grund gestörter Beziehungen unmöglich machte. – Die Frage ob *genus deliberativum* oder *iudiciale* drängt also, zumal sie auch mit der unter den Exegeten strittigen Einschätzung des Verhältnisses zwischen Paulus und den Korinthern in Verbin-dung steht!

In der obigen Skizze bisheriger Versuche zeigte sich nun ein gewisses Über-gewicht zugunsten der juridischen Zuordnung, hat man doch die Kapitel 3-7 und 10-13 – und damit den Großteil des Briefes – als „Apologie" bzw. als „Verteidigungsrede" charakterisiert. Doch enthält 2Kor zweifellos zahlreiche deliberative Elemente (auch wenn die für die deliberative Gattung typischen Begriffe[21] fehlen[22]). So versucht Paulus in den Kapiteln 8 und 9, die Korinther zu einer künftigen Handlung zu bewegen. Er fordert zur Beteiligung an der Kollekte auf, spricht die Adressaten auf ihre Ehre an,[23] die auf dem Spiel steht, und gibt Anweisungen, die er – vordergründig – als Ratschläge und nicht als

---

[20]   In der von KENNEDY, Criticism, 33-38, entwickelten Methodologie ist dies ein Teil des dritten Arbeitsschrittes. KLAUCK, Briefliteratur, 286, nennt Ermittlung von Aufbau und Zugehörigkeit zu einem der drei *genera* als Standard in der rhetorischen Kritik.

[21]   MITCHELL, Rhetoric, 33-39, nennt und bespricht zunächst die Wortfamilie συμφέρειν, worauf sie ebd., 68ff, etliche „political terms", die eben auch deliberativ zu verstehen sind, benennt, und dann in 1Kor 1,10 sowie 1,11-4,21 aufzeigt.

[22]   Darauf verweist auch WITHERINGTON, 2Cor, 333 Anm.23; er spricht von „the notable near-ab-sence of the key terminology of the deliberative speech, namely the language of interest and ad-vantage (*symphoron, sympherei*, and *symphoros*)."

[23]   Siehe S.152f.; dies spielt auch bereits in 1,1b eine Rolle, siehe dazu S.90.

Befehle ausgibt (8,8.10)[24]. Dem korrespondiert das häufige Vorkommen der Wortfamilie παρακαλεῖν in diesem Brief,[25] denn dieses Lexem zielt ja doch – zumindest in einer seiner Bedeutungen – darauf ab, bei den Adressaten ein gewisses Handeln bzw. Verhalten zu fördern. Und im Blick auf die letzten vier Kapitel konstatiert FURNISH „a overall hortatory character", erkennt diese Ausrichtung schon in deren Eröffnung und Schluss und resümiert, dass „even the 'fool's speech' is implicitly hortatory"[26], eine Einschätzung freilich, mit der er nicht allein ist[27].

Gerade in Texteinheit C (6,11-9,15) finden einige rhetorische Mittel Anwendung, die ARISTOTELES bei der Besprechung der deliberativen Rede unter dem Stichwort εὐδαιμονία verhandelt:[28] Dem Ratschlag, Geld und Wohlstand zu thematisieren (rhet., 1,5,7), entsprechen die Bemühungen des Paulus, die monetären Befürchtung der Korinther zu zerstreuen, indem er 8,13f. deutlich macht, dass sich eine Beteiligung an der Kollekte im Blick auf die Zukunft sogar rechnet[29]; Der empfohlenen Bezugnahme auf gesunde (und anständige) Kinder (rhet., 1,5,6) korrespondiert es wie Paulus die Korinther in 6,13 als Kinder anspricht und in 12,14 erneut auf das Verhältnis von Eltern und Kindern zu sprechen kommt; Und wenn Aristoteles dazu rät, den Aspekt der Ehre zur Motivierung der angestrebten Verhaltensweise zu nutzen (rhet., 1,5,8-9), dann scheint Paulus dem vor allem mit der öfter verwendeten *rhetoric of honor and shame*[30] nachzukommen.

Ließe man sich von diesen Gründen zu einer Zuordnung zum *genus deliberativum* bewegen, dann könnte man damit zugleich davon ausgehen, dass Paulus – trotz Spannungen und Auseinandersetzungen – noch ein respektables Ansehen zu genießen glaubt, das es ihm ermöglicht, Ermahnungen zu erteilen und mit deren Befolgung rechnen zu können. Das Verhältnis zwischen Absender und Adressaten wäre dann nicht derart beschädigt, wie es in dieser Arbeit öfter vertreten wurde.

Allerdings verrät der Gesamttext, dass Paulus von einer gewissen Verteidigungssituation ausgeht. Fasst man Texteinheit E (12,19-13,10) als *peroratio*[31] –

---

[24] Siehe oben S.168f.

[25] Zum Vorkommen derselben in 2Kor siehe oben S.38 Anm.2.

[26] FURNISH, 2Cor, 48.

[27] PETERSON, Eloquence, 142, nennt weiterhin TALBERT und FITZGERALD. Nach WITHERINGTON, Conflict, 464, aber ist die Rede nicht direkt deliberativ orientiert: „Paul hopes by the material in the Fool's Discourse to bring about a transvaluation of the Corinthians' values and of their criteria for apostels."

[28] ARISTOTELES kündet zunächst in Aristot., rhet. 1,4,13, an: „Nun wollen wir die Grundgedanken nennen, von denen man aus über diese und andere Gegenstände zu- oder abraten soll" und schließt dann ebd., 1,5,1, an: „In der Regel besteht für den Einzelnen und die Gemeinschaft ein Ziel, auf das man es im Streben und Meiden abgesehen hat. Das ist in der Hauptsache die Glückseligkeit und ihre Bestandteile" – d.h. die εὐδαιμονία, welche er ebd., 1,5,1-18, bespricht.

[29] Hier hätte Paulus den Terminus συμφέρειν gebrauchen können.

[30] Siehe dazu S.90.152f.

[31] Ebenso PETERSON, Eloquence, 132ff., der diese *peroratio* allerdings nur im Rahmen des so genannten Vier-Kapitel-Briefes sieht. SUNDERMANN, Apostel, 205ff., der in demselben Rahmen arbeitet, sieht allerdings in 12,19-21 zunächst eine *translatio* und dann erst in 13,1-10 die *peroratio*.

und somit als zusammenfassende Bündelung des im Brief Intendierten – dann verleiht gerade das gleich zu Beginn verwendete Lexem ἀπολογεῖσθαι (12,19) der *peroratio*, und damit – auf Grund deren bündelnder Funktion – zugleich dem gesamten Brief, eine juridische Dimension.[32] Wenn Paulus dabei zugleich das Zeitadverb πάλαι benutzt, das einen langen Zeitraum bezeichnet[33] und somit auf den gesamten Brief zurückschaut[34], dann charakterisiert er die gesamten Erörterungen dieses Briefes als eine Art Verteidigung, deren *argumentatio* er in 3,1 mit der treffenden Formulierung ἀρχόμεθα πάλιν ἑαυτοὺς συνιστάνειν eröffnet. Natürlich stellt er dieses Szenario in Frage indem er mit δοκεῖτε ὅτι ὑμῖν ἀπολογούμεθα fragend einsetzt und das Szenario als eines bestimmt, das sich κατέναντι θεοῦ abspielt; doch zumindest vordergründig muss er sich auf eine Verteidigung einlassen.[35]

Die Verteidigungssituation, in die Paulus vordergründig geraten ist, zeigt sich gerade auch darin, dass seine Formulierungen eine Fülle von Verdachtsmomenten gegen seine Person erkennen lassen: Er verwehrt sich gegen den Verdacht, er tue nur in seinen Briefen groß, sei aber tatsächlich kraftlos (10,10f.); in Sachen Kollekte muss er sich dafür verbürgen, dass – vor dem Herrn und den Menschen – alles ordentlich zugeht (8,21); er muss beteuern, dass sein Herz den Korinthern zugetan ist und weit offen steht (6,11-13); und mit den Antithesen in 6,3-10 scheint er eine Fülle von falschen Wahrnehmungen seiner Person korrigieren zu wollen! Schon zu Beginn des Briefes ist diese Problematik daran zu erkennen, dass sich der Apostel dazu genötigt sieht, seinen untadeligen Wandel gerade den Korinthern gegenüber hervorzuheben (1,12), sich gegen den Verdacht, er schreibe etwas anderes als er meine, zur Wehr zusetzen (1,13) und den Vorwurf abzuwehren, er fasse leichtfertige Entschlüsse, die er dann nicht durchführe (1,15-17).

Gerade die Hinweise in den ersten beiden Kapiteln lassen ein weiteres wesentliches Element der forensischen Rhetorik deutlich werden: die *narratio*[36], welche in diesem Brief mit Texteinheit ⋀ (1,8-2,17) vorliegen dürfte. Diese ist nach ARISTOTELES nur in der juridischen Rede Standard, nicht aber in der deliberativen, da nicht Dinge erzählt werden können, die künftig eintreten (sollen)[37]. Nun wurde aber bereits erwähnt, dass man erzählende Stücke, die sich nach dem Textanfang finden, nicht automatisch als *narratio* im forensischen Sinne

---

[32] Die juridische Dimension des Lexems notiert KELLERMANN, ἀπολογέομαι, 137, hält aber dessen Gebrauch in der korinthischen Korrespondenz für einen bildlichen.

[33] MARTIN, 2Cor, 458 („a period of long duration"); vgl. oben S.42.

[34] Zumeist sieht man darin aber vor allem auf die „Narrenrede" Bezug genommen, so etwa WOLFF, 2Kor, 258, KLAUCK, 2Kor, 98.

[35] Vgl. dazu SUNDERMANN, Apostel, 41ff., PETERSON, Eloquence, 133f.

[36] Sie kann in Länge, Platzierung und Form erheblich variieren. Sie kann in das *exordium* eingeschlossen sein, wenn es nur wenige Fakten zu berichten gibt (Rhet.Alex. 32,1438b) oder sie kann, in Stücke zerlegt, der *probatio* eingeliedert sein (Quint., inst. 4,2,79; dies macht sich HUGHES, Rhetoric, zunutze). Erstere Variante ist der Grund dafür, dass in Röm 1,13 trotz jener Formel kein größerer Block eingeleitet wird; die zu berichtenden Fakten sind zu wenige, werden also in das *exordium* eingeschlossen, worauf schon in 1,16f. die *partitio* folgt.

[37] Aristot., rhet. 3,16,11.

verstehen darf.[38] Die forensische *narratio* ist aber doch deutlich daran zu erkennen, dass das vergangene (Fehl-)Verhalten, das zur Anklage führte, in der nötigen Länge geschildert wird. Und eben das tut Paulus hier, indem er jene Momente der Vergangenheit, den letzten Brief und die geänderten Reisepläne, schildert, an denen sich die Vorwürfe der Korinther (mitunter) entzündet haben dürften, so dass – als Reflex – „der Aufbau der ganzen Erörterung durch die Erinnerung an den Brief und seine Geschichte bedingt ist"[39]: 1,8 gibt den Anfangspunkt jenes durch den Zwischenbrief gekennzeichneten Zeitraums an, 1,13 und 2,3 beziehen sich auf eben diesen Brief, in 1,15f. kommt die Vorgeschichte des Schreibens zur Sprache und 2,12f. schließlich dreht sich um das gespannte Warten auf eine Antwort.[40] Das zu Grunde liegende Konzept wäre demnach eine chronologische Anordnung derjenigen Aspekte, welche mit dem Zwischenbrief zusammenhängen. Die Darstellung der *narratio* geschieht freilich in zweckdienlicher Weise, und das zeigt sich an den Unterbrechungen durch die eingewobenen Darlegungen über treibende Motive und Charakteristika des Apostels[41].

Typisch für die forensische *narratio* ist auch, dass jener halbwegs bekannte Vorgang, der zu der Anklage geführt hat, unter Aufdeckung bislang verborgener Aspekte dargestellt wird. Dem entsprechend finden sich in 2Kor 1-2 zahlreiche Indikatoren für Innerlichkeit, wie etwa ἀλλὰ αὐτοὶ ἐν ἑαυτοῖς ... ἐσχήκαμεν (1,9), von τὸ μαρτύριον τῆς συνειδήσεως ἡμῶν (1,12), von παρ᾽ ἐμοί (1,17), von μάρτυρα τὸν θεὸν ἐπὶ τὴν ἐμὴν ψυχήν (1,23), von ἔκρινα γὰρ ἐμαυτῷ (2,1), oder von ἄνεσις τῷ πνεύματι μου (2,13)[42]. Diese Formulierungen beziehen sich auf Sachverhalte, die nur durch Enthüllung zugänglich sind; sie müssen aufgedeckt werden, sonst bleiben sie dem anderen verborgen. Dies zieht sich weiter auf der semantisch-lexikalischen Ebene. „εἰλικρίνεια bezeichnet die Eigenschaft dessen, was am Sonnenlicht (εἵλη) betrachtet, geprüft und echt befunden wurde, also die 'Reinheit, Echtheit, Tadellosigkeit'."[43] Auch γράφειν in 1,13; 2,4 und von φανεροῦν in 2,14 bezeichnen eine solche Kundgabe.

Genau dieser Aspekt der Enthüllung wird völlig sachgemäß mit der Enthüllungsformel in 1,8 eingeführt. Diese leitet wohl zunächst eine Erstinformation entweder über jene Ereignisse in der Asia überhaupt[44] oder doch zumindest über deren schwere innere Konsequenzen für den Apostel[45] ein. Die eben angestellten Erwägungen führen allerdings zu der Annahme, dass die Enthüllungsformel in 1,8 für die gesamte Einheit von Bedeutung ist. Paulus offenbart hier –

---

[38] Siehe oben S.31 samt Anm.135.
[39] P.BACHMANN, 2Kor, 56.
[40] Hier folge ich P.BACHMANN, 2Kor, 44.56.121.127.
[41] Siehe dazu oben S.52f.
[42] P.BACHMANN, 2Kor, 126: „bezeichnet ... die Innerlichkeit".
[43] WOLFF, 2Kor, 29; vgl. BÜCHSEL, εἰλικρινής, 396; PAPE, Handwörterbuch I, 728f.
[44] FURNISH, 2Cor, 122; nicht explizit aber doch sinngemäß geht auch LIETZMANN, 1/2Kor, 100, in diese Richtung.
[45] WOLFF, 2Kor, 25f.; KLAUCK, 2Kor, 20; P.BACHMANN, 2Kor, 36.39; PLUMMER, 2Cor, 15; SCHMIEDEL, Thess/Kor, 211.

in den erzählenden Passagen samt zugehörigen Kommentaren – Aspekte, Zusammenhänge und Motive, die bislang von den Adressaten ignoriert worden waren. Die Formel gibt demnach die Gesamtperspektive an, unter der 1,8-2,17 zu lesen ist. Bei genauerem Hinsehen lässt sich dies auch an weiteren Merkmalen aufzeigen. In 1,12 legt Paulus die treibenden Motive seines Verhaltens im Allgemeinen[46] und in 2,1ff. die wahren Motive für den „Tränenbrief" im Speziellen offen. Dass er unter Tränen, mit Angst und Sorge schrieb, mag er in dem Schreiben verborgen haben. Das Verbergen seiner Emotionen in jenem energisch formulierten Brief könnte daraufhin wieder Anlass zu negativen Reaktionen gegeben haben; Paulus erschien als herrisch. Daraufhin sieht sich Paulus nun, wie es scheint, genötigt, seine Emotionen, seine Motive und Beweggründe offen zu legen. Die pleophore Sprache soll seine Zuwendung zu den Korinthern unterstreichen. In 1,24 scheint er mit dem οὐ κυριεύομεν eben jenen scharfen Ton des Briefes ins richtige Licht rücken zu wollen. In 2,4b muss er das Ziel verdeutlichen, das er mit jenem Schreiben hatte, dass nämlich die Korinther die Liebe des Apostels zu ihnen erkennen, was wohl in der Heftigkeit der Auseinandersetzung undeutlich geworden war. Und für 1,15f. wurde gar die Ansicht geäußert, dass Paulus hier die Korinther erstmals über jenen fallengelassenen Reiseplan informiere.[47]

Für die juridische Kategorie spricht im Übrigen auch die Tatsache, dass in 2Kor häufig (virtuelle) forensische Szenerien aufgebaut werden und zwar nicht selten an exponierten Stellen. Diesbezüglich entscheidend sind die beiden Verse 2,17 und 12,19. Die sie auszeichnende Formel κατέναντι θεοῦ ἐν Χριστῷ λαλοῦμεν rahmt die gesamte *argumentatio*. Diese Formel spiegelt etwas von einer forensischen Situation,[48] und sie zeigt an, dass die gesamte Auseinandersetzung, die Paulus schriftlich zu führen scheint, vor Gott selbst stattfindet[49]. Dazu kommen zahlreiche menschliche Foren. Bereits im Präskript werden die Korinther der ἐκκλησία τοῦ θεοῦ in kritischer Weise eingeordnet;[50] in 1,10f. sehen sie sich den πολλοί gegenüber[51] und in 3,2 allen Menschen! Diese Strategie ist auch in den vordergründig deliberativ scheinenden Kapiteln 8 und 9 zu finden: Mazedonier, Gesandtschaft und Kollektenempfänger werden dadurch zum Forum, dass sie schon bald davon Kenntnis nehmen werden, wie sich die Korinther im Blick auf die Kollekte verhalten. Insofern Paulus gedanklich eine sich abzeichnende Gerichtssituation beschwört, gilt: „Chapters 8 and 9 are thus both deliberative arguments, but they serve larger forensic purposes"[52]. Und nicht zu vergessen sind die eschatologische Foren! In 1,14; 4,14; 5,10; 11,2f. – und wohl auch in 2,17; 12,19 – stellt Paulus die Korinther mit sich selbst am Jüngsten Tag vor Gott. Beim gegenwärtigen Stand der Auseinandersetzungen

---

[46] MARTIN, 2Cor, 21, sieht hier allerdings ganz speziell 1,15ff. vorbereitet.
[47] P.BACHMANN, 2Kor, 66.
[48] Vgl. nur MARTIN, 2Cor, 459.
[49] Siehe dazu S.235.
[50] Siehe dazu S.89ff.
[51] Siehe dazu S.181.
[52] WITHERINGTON, Conflict, 412.

ist damit auch die Erwartung einer dann statt findenden endgültigen Entscheidung verbunden.

Die juridische Dimension des 2Kor zeigt sich überdies in der Terminologie. In dieser Richtung kann die Verbindung von ἱκανός und ἐπιτιμία in 2,6 verstanden werden,[53] diejenige von κανών, μέτρον, ἄμετρος in 10,13-16,[54] das Lexem ἐκδίκειν in 10,6,[55] die Verurteilungstermini ἀπόκριμα (1,9) bzw. κατάκρισις (3,9; 7,3)[56] oder die über den Brief verstreuten Vertreter der Wortfamilien δοκιμάζειν[57] und λογίζεσθαι.[58] Mit ersterem werden sowohl verschiedenste Prüfvorgänge[59] als auch deren Ergebnisse bezeichnet.[60] Ist etwa das Lexem δοκιμάζειν neben seiner allgemeinen Bedeutung „die Echtheit einer Sache untersuchen" zugleich auch „term(inus) techn(icus) für die amtliche Prüfung"[61], die rechtsgültig darüber entscheidet, ob jemand für ein Amt bzw. eine Aufgabe geeignet ist, so finden sich Vertreter dieser Wortfamilie nicht nur in diesen allgemein juridischen, sondern auch in ausgesprochen forensischen Zusammenhängen,[62] bei denen freilich im biblischen Schrifttum auch die Prüfung des Menschen durch Gott bezeichnet werden kann[63]. Vergleichbares lässt sich vom Gebrauch der Wortfamilie λογίζεσθαι sagen.[64] Es zeigt sich eine gewisse Nähe darin, dass das Verb einen „streng nach logischen Gesetzen verlaufenden Denkakt" bezeichnet, und somit, gerade in der philosophischen Sprache, die „Erfassung eines objektiv Vorliegenden" bezeichnet – und von daher in gewisser Weise dem Aspekt der Prüfung, die ja die Echtheit einer Sache feststellen will, nahesteht. Dabei hat das Verb gerade in der Handelssprache eine bedeutende Rolle, insofern als es „ein term(inus) techn(icus) für kaufmännisches Rechnen" ist und somit das „Berechnen eines Wertes", das „Anrechnen einer Schuld" u.ä. bezeichnet – Bedeutungen freilich, die bei den verschiedensten Auseinandersetzungen zur Geltung kommen können. Die allgemein-juridische Bedeutung empfiehlt sich dann auch für den typisch forensischen Gebrauch, wie sich etwa an den Prozessreden von Demosthenes und Lysias zeigt. So sind etwa die Reden

---

[53] Plummer, 2Cor, 59.

[54] Nach Sundermann, Apostel, 70, weist diese Terminologie des Messens darauf hin, „daß aus der Perspektive des Paulus nicht nur der Fall selbst, sondern vor allem die Rechtsnorm, nach welcher der Fall beurteilt werden soll, zur Disposition steht."

[55] Plummer, 2Cor, 278.

[56] Vgl. Büchsel, κρίνω, 921.933f.

[57] Vorkommen: δόκιμος (10,18; 13,7), ἀδόκιμος (13,5.6.7), δοκιμή (2,9; 8,2; 9,13; 13,3) und δοκιμάζω (8,8.22; 13,5).

[58] Vorkommen: λογίζεσθαι: 3,5; 5,19; 10,2(2-mal).7.11; 11,5; 12,6; λογισμός: 10,4.

[59] Es kann sich dabei um eine religiöse Eignung handeln, z.B. die Makellosigkeit der Priester (Grundmann, δόκιμος, 259 Anm.4.), um eine militärische (Pape, Handwörterbuch, 653), oder um die Eignung für ein Staatsamt (Grundmann, δόκιμος, 259, Pape, Handwörterbuch, 653) u.v.a.

[60] M.Bachmann, δόκιμος, 1785, Grundmann, δόκιμος, 258f.

[61] Grundmann, δόκιμος, 259, vgl. M.Bachmann, δόκιμος, 1785.

[62] Vgl. nur LSJ, δοκιμάζω I.2: „δ. αυτους *put them to the test, make trial* of them"; LSJ, δοκιμασία I.4: „δ. των ρητορων a judicial *process to determine the right* of a man *to speak* in the ekklesia or in the law courts"; LSJ, δοκιμαστηριον: „*test, means of trial*".

[63] Zum Geprüft-Werden des Menschen (durch Gott) in biblischen Texten vgl. M.Bachmann, δόκιμος, 1785f. (zu LXX, Qumran, intertestamentarische Zeit), 1789 (NT).

[64] Alle folgenden Informationen und Zitate zu λογίζεσθαι: Heidland, λογίζομαι.

des ersteren „geradezu ein Appell an das λογίζεσθαι als den einzigen Weg, die Tatsachen, so wie sie sind, zum Sprechen zu bringen"[65]. Unverkennbar tritt die juridische Dimension dann auch in der *peroratio* hervor, und zwar nicht nur durch die Lexeme ἀπολογεῖσθαι (12,19), μάρτυς (13,1) oder der Wortfamilie δοκιμάζειν (13.3.5.7), sondern auch durch den atl. Rechtssatz ἐπὶ στόματος δύο ματύρων καὶ τριῶν σταθήσεται πᾶν ῥῆμα (13,1)[66].

Im Übrigen passen auch die in 2Kor recht zahlreich verwendeten Beteuerungs- bzw. Beschwörungsformeln zum *genus iudiciale*, zumal der Eid in den alten Handbüchern bei der Besprechung dieses *genus* zur Sprache kommt.[67] Da solche Formeln v.a. am Anfang der Rede von Bedeutung sind – zumal auf der Seite des Angeklagten –, überrascht es nicht, in den ersten beiden Kapiteln gleich drei solcher Beteuerungen zu finden: die Formulierung πιστὸς δὲ ὁ θεός (1,18)[68], die Wendung ἐγὼ δὲ μάρτυρα τὸν θεὸν ἐπικαλοῦμαι ἐπὶ τὴν ἐμὴν ψυχήν (1,23)[69] und das Sätzchen τὸ ναὶ ναὶ καὶ τὸ οὒ οὔ (1,17b). Letzteres wird zwar zumeist im Sinne von „unser Ja zugleich ein Nein" verstanden, doch WELBORN konnte deutlich machen, dass es sich bei den jeweiligen „double affirmations" um „a substitute for an oath" handelt, da jeweils „the repetition of ‚yes' or ‚no' serves to establish the truth of what is said",[70] so dass es Paulus sinngemäß um die Aussage ginge: „You suspect me of acting insincerely ... As a result, I am like a man who must continually seek to establish the truth of his statements by employing what amounts to an oath"[71]. Darüber hinaus finden sich noch weitere derartige Beteuerungen im Verlauf des Briefes. Kann schon die Wendung ἐν προσώπῳ Χριστοῦ in 2,10 als schwurartige Bekräftigung der tatsächlich erfolgten Vergebung verstanden werden,[72] so ist diese Intention außer in den Sätzen παρκαλῶ ὑμᾶς διὰ τῆς πραΰτητος καὶ ἐπιεικείας τοῦ Χριστοῦ (10,1)[73], ἔστιν ἀλήθεια Χριστοῦ ἐν ἐμοί (11,10)[74] und ὁ θεὸς καὶ πατὴρ τοῦ κυρίου Ἰησοῦ οἶδεν (11,31)[75] zumindest ansatzweise auch in der für die Strukturierung des Briefes so entscheidenden Formel κατέναντι θεοῦ ἐν Χριστῷ λαλοῦμεν (2,17; 12,19)[76] zu erkennen.

---

[65] HEIDLAND, λογίζομαι, 287, verweist auf Demosth., Or. 5,12.

[66] Nähere Erwägungen zu Hintergrund und Anwendung dieses Rechtssatzes finden sich etwa bei WOLFF, 2Kor, 261, FURNISH, 2Cor, 569.574f.

[67] Siehe nur Aristot., rhet. 1,15,27-33, Rhet.Alex. 18,1432a-1432b.

[68] Ob hier ein Schwur vorliegt ist zwar umstritten, doch dafür votieren z.B. FURNISH, 2Cor, 135, THRALL, 2Cor, 144, BULTMANN, 2Kor, 43.

[69] Vgl. FURNISH, 2Cor, 138 („oath formula"), MARTIN, 2Cor, 34, WOLFF, 2Kor, 39.

[70] WELBORN, Character, 45,

[71] WELBORN, Character, 47, obwohl er selbst, ebd. 49, von „Paul's reluctance to take an oath" spricht, Paulus also nur von der theoretischen Notwendigkeit des Schwures spräche. Dies begründet WELBORN, ebd., 49 inkl. Anm.80-82, damit, dass Eide zu den „inartificial proofs" gehörten, somit schwach und leicht zu kontern seien, wobei er v.a. auf Quint., inst. 5,6,1-3 verweist.

[72] FURNISH, 2Cor, 158: dies sei „a kind of solemn oath ... that whatever Paul has forgiven has indeed been for the sake of the Corinthians".

[73] BJERKELUND, Parakalō, 162-168.

[74] FURNISH, 2Cor, 135.493, MARTIN, 2Cor, 347.

[75] FURNISH, 2Cor, 135.521.

[76] Einschränkend äußert sich auch FURNISH, 2Cor, 493; er meint, diese Formel sei „more general" und eher vergleichbar mit 1Kor 2,16 („Wir aber haben Christ Sinn") „than with the oath formula

Auf Grund dieser Indizien kann man davon ausgehen, dass Paulus sich bewusst an das *genus iudiciale* angelehnt hat. Hat er dies aus freien Stücken getan, so schafft er *selbst* eine Gerichtssituation. Er muss dies tun, weil die deliberative Strategie bei der momentan gegebenen Entfremdung nicht mehr greift. Er kann nicht mehr zuraten, da man seinen Worten kaum noch Gewicht beimisst. Also bleibt ihm nur eines: das Szenario des Gerichts! Hier geht es nicht mehr um eine gütliche Einigung, sondern um Recht und Unrecht bzw. um Verurteilung und Freispruch. Es ist das letzte Mittel, den Korinthern gegenüberzutreten. Freilich bleibt noch die Funktion der deliberativen Mittel zu klären.[77] Zunächst aber ergibt sich, dass die Freundlichkeit des siebten Kapitels tatsächlich nur vordergründig ist.[78] Damit bestätigt sich die zweischneidige Intention von 6,14-7,1: Es geht – einerseits – um den Vollzug der richtigen Koalitionen seitens der Korinther, da sonst – andererseits – sich der ναὸς θεοῦ, die übrigen Gemeinden mit Paulus, von ihnen trennen müssten.[79] Das wäre die angemessene vorläufige Konsequenz!

Insinuatio

Dass man mit dieser Einschätzung richtig liegt, wird auch an jener Strategie ersichtlich, die man als *insinuatio* zu bezeichnen pflegt. *Insinuatio*,[80] in deutschsprachiger Literatur meist mit der eher negativ besetzten Übersetzung „Einschmeichelung" wiedergegeben,[81] wird im englischsprachigen Kontext positiver im Sinne von „indirect" bzw. „subtle approach"[82] verstanden. Gemäß Cicero ist die *insinuatio* „an address which by dissimulation and indirection unobtrusively steals into the mind of the auditor"[83]. Es geht dabei um eine vorsichtige Annäherung an das Thema, die aus verschiedenen Gründen geboten sein kann. Bestehen im Auditorium Vorurteile gegen den Redner, ist die zu vertretende Sache entehrend oder sind die Hörer vom vorigen Redner beeindruckt,[84] so ist eine solch vorsichtige Annäherung, ein „'subtle approach' to the introduction of the speech" statt einer direkten Einleitung, „which would involve a direct presentation of the *proposition* and its supporting arguments"[85], geboten.[86] So begründet Cicero seinen Vorschlag, das *exordium* statt in Form

---

as such".
[77] Siehe dazu oben S.224.
[78] Siehe dazu oben S.165ff.
[79] Siehe dazu oben S.176.
[80] Die *insinuatio* wird z.B. besprochen bei Quint., inst. 4,1,38-46, Cic., inv. 1,15,20-17,25, oder Rhet.Her. 1,6,9.11.16.
[81] So bei Ueding/Steinbrink, Grundriß, 242, Göttert, Rhetorik, 29
[82] Silva, Investigation, 52, Witherington, Conflict, 356f. Anm.1, 429.
[83] Cic., inv. 1,15,20.
[84] Diese drei Situationen nennt Cic., inv., 1,17,23.
[85] Silva, Investigation, 52, rekurriert dabei auf Rhet.Her. 1,9; vgl. auch Rhet.Alex. 30,1436b-1438a.
[86] Ohne den Terminus *insinuatio* zu gebrauchen, hat, nach Besancon-Spencer, Fool, 349, auch Kierkegaard diese Strategie für seine Schriften angewandt. Sie schreibt: „There are times when a communicator must move beyond the limit of direct communication for it 'presupposes that the receiver's ability to receive is undisturbed'." Dies sei „Søren Kierkegaard's thesis for his literary-

eines *principium* in der einer *insinuatio* zu gestalten mit den Worten: Solange „the auditors are not completely hostile", kann man es mit dem *principium* versuchen, aber „if they are violently opposed it will be necessary to have recourse on insinuation. For if amity and good-will are sought from auditors who are in rage, not only is the desired result not obtained, but their hatred is increased and fanned into a flame"[87]. Damit ist klar, dass diese Zugangsweise dann gewählt wird, wenn man die Hörer als von sich äußerst entfremdet begreift!

Dieser exordialen Sonderform der *insinuatio* dürfte in 2Kor der Sachverhalt entsprechen, dass Paulus die übliche Danksagung am Anfang des Briefes auslässt[88]. Das gegenwärtige Verhältnis ließ eine solche nicht zu, doch eine direkte Annäherung an das gespannte Verhältnis wäre unvernünftig gewesen, so dass der Apostel das Proömium in Form einer Eulogie verwirklichte, die doch aber immerhin schon einige der wesentlichen Aspekte leise zu erkennen gibt.[89] Zugleich zeigt sich daran, als wie heikel Paulus die momentane Situation einschätzt.

Nun kann aber der Rhetor die in der *insinuatio* waltende Vorsicht nicht schon am Ende der Einleitung fahren lassen, da er nicht davon ausgehen kann, dass er mit wenigen überlegten einleitenden Worten bereits die ablehnende Haltung der Hörer überwunden hat.[90] Dieser Sachverhalt macht es verständlich, dass in der Literatur der Terminus *insinuatio*, der ja primär auf das *exordium* bezogen ist, etwas großzügiger gehandhabt wird, indem etwa der Begriff im Blick auf die Gestaltung der ersten sieben Kapitel verwendet wird[91] oder gar mehrere *insinuationes* im Verlauf des Briefes angenommen werden[92]. Ist es nun auch nicht unmöglich, etwa die in 10,1ff. vorliegende Einleitung zu Texteinheit D (10,1-12,18) als *insinuatio* zu bezeichnen,[93] so sollte man doch den dort festzustellenden „subtle approach" eher einfach als Ausdruck derselben Vorsicht begreifen, die auch die Gestaltung des *exordium* prägte.

Ausdruck dieser Vorsicht ist dann auch die hier vorliegende „zerlegte" Darstellung der *narratio* in 1,8-2,17. Die erzählenden Stücke werden immer wieder durch eingeschobene Kommentare unterbrochen. In diesen wird das Erzählte

---

philosophical works". „According to Kierkegaard, when the audience addressed does not want to hear a speaker's message, the speaker needs to communicate in an indirect fashion". Sie bezieht sich dabei auf KIERKEGAARD, The Point of View for my Work as an Author, New York 1973, 40.

[87] Cic., inv. 1,15,21.

[88] Siehe oben S.47.101.

[89] Siehe oben S.86ff.

[90] Vgl. dazu auch Cic., orat., 2,80-82: was die rhetorischen Theoretiker über „die Einleitungen und Schilderungen" sagen, nämlich dass man mit ersterem „Sympathie, Verständnis und Aufmerksamkeit des Zuhörers gewinnen" und mit letzterem den Sachverhalt „glaubhaft, klar und kurz" schildern soll, „hat man während der gesamten Rede einzuhalten. Ich kann die Sympathie des Richters im Lauf der Rede einfacher gewinnen, als wenn noch alles ungesagt ist, sein Verständnis aber nicht, wenn ich verspreche zu beweisen, sondern erst dann, wenn ich informiere und erkläre".

[91] SILVA, Investigation, 52f.

[92] So bezeichnet SUNDERMANN, Apostel, 48ff.82ff.119ff., allein in den letzten vier Kapiteln gleich drei Passagen, nämlich 10,1-11; 11,1-6 und 11,16-21, als *insinuatio*.

[93] So SUNDERMANN, Apostel, 48-68, WITHERINGTON, Conflict, 429.

jeweils auf einer ganz anderen Ebene reflektiert und erläutert, um damit die korinthischen Vorbehalte, welche mit dem jeweiligen Erzählstück verknüpft sind, auszuräumen.[94] Dieses Verfahren findet seinen Rückhalt in den Handbüchern der antiken Rhetorik, denn die Theoretiker kannten besondere Umstände für verschiedene Gestaltungen der *narratio*, z.B. auch für die Preisgabe einer fortlaufenden Erzählung zugunsten einer schrittweisen mit eingeschobenen Bemerkungen.[95] Nach CICERO[96] ist eine typische *narratio* dann zu vermeiden, wenn sie großen Anstoß bzw. Unwillen (*offensio*) erregt, welchen man in der Rede erst wieder lindern müsste. In diesem Fall sollte man die Erzählung stückweise (*membratim*) bieten und jedem Stück direkt eine Erklärung anfügen, so dass diese wie eine Medizin die Wunde heilen und die Feindschaft (*odium*) nehmen könne. In ähnlichem Sinne kann man auch eine Anweisung in Rhet.Alex. verstehen: „Nicht unglaubwürdig wird man erscheinen, wenn man für ungewöhnliche Vorgänge Gründe anführt, aus denen der geschilderte Vorgang natürlich sich ausnimmt"[97]. Alle hier genannten Gründe für eine zergliederte *narratio* kann man sicherlich für 2Kor geltend machen! Sowohl der Unwille der Korinther als auch deren Ansicht, Paulus sei unglaubwürdig, lassen sich im Brief ohne weiteres belegen. Hinter der Gestaltung der *narratio* zeigt sich also dieselbe Vorsicht wie hinter derjenigen des *exordium* – ein weiteres Indiz für die kritische Einschätzung der Lage durch den Apostel.

Wie sehr die in der *insinuatio* deutlich werdende Strategie auch das weitere Vorgehen des Apostels bestimmt, zeigt sich nicht nur daran, wie Paulus eine ernsthafte Gefährdung der Korinther immer wieder anklingen lässt, ohne ihnen ausdrücklich zu drohen,[98] sondern auch an dem bereits öfter angesprochenen Sachverhalt, dass Paulus in verschiedenen Texteinheiten gewisse Aspekte zwar andeutet, aber dann erst gegen Ende der Einheit oder zu Beginn der nächsten direkt darauf zu sprechen kommt.[99] Diese jeweiligen „Verschiebungen" machen es möglich, klärende Worte zu allfälligen korinthischen Vorbehalten einzuschieben. Von besonderem Gewicht ist dies gerade im Blick auf die Gesamtanlage des Briefes. Vergleicht man das polemische Feuerwerk, das der Apostel in den Kapiteln 10-13 abbrennt, dann wirken die Ausführungen in den ersten neun Kapiteln auffällig ausgewogen, vorsichtig, streckenweise sogar recht zurückhaltend bzw. nur andeutend! Paulus verhandelt die anstehende Problematik zunächst ohne direkte Bezugnahme auf jene, welche diese wohl verursacht haben. Er kann diese nicht sofort ansprechen, da er damit rechnen muss – bzw. sogar

---

[94] So auch HUGHES, Reconciliation, 250-257, der dies allerdings erst ab 1,15 durchführt, da er in 1,11-14 die *partitio* sieht und in 1,1-11 das *exordium*. Darauf lässt er vier *narratio-probatio*-Blöcke folgen: 1,15-16/1,17-22; 1,23-2,4/2,5-11 sowie 7,5-7/7,8-13; und schließlich in 7,13b-16 die *peroratio* sowie in 8,1-24 die *exhortatio*.

[95] Aristot., rhet. 3,16,1, für die epideiktische Rhetorik; vgl. auch Rhet.Alex. 32,1438b, der im Fall zu zahlreicher Fakten, die zugleich dem Auditorium nicht so geläufig sind, zu einer jeweiligen Überprüfung rät.

[96] Cic., inv. 1,21,30.

[97] Rhet.Alex. 31,1438b.

[98] Siehe dazu S.84.97.111.127ff.174ff.183.187.191.195.

[99] Siehe dazu oben S.52f. samt Anm.80-82.

weiß –, dass sie die Sympathien der Korinther gewonnen haben. Dies entspricht der dritten von Cicero genannten Situation, in der eine *insinuatio* geboten sei: Die Hörer sind vom vorigen Redner beeindruckt. Also spielt der Apostel zunächst nur auf die Gegner an, indem er in der Präsentation seiner selbst verschiedene Leerstellen offen lässt, welche die Erwartung einer weiteren Klärung erzeugen – was er dann schließlich in den letzten Kapiteln erfüllt.

Ein solches vorläufiges Zurückdrängen, zeigt sich auch in der Anlage von Texteinheit Ɓ (3,1-6,10), und zwar hier hinsichtlich der Korinther. Der Abschnitt wird eröffnet mit einer direkten Anrede der Adressaten (3,1f.). Dann aber treten sie in den Hintergrund und werden kaum noch explizit angesprochen. Gegen Ende aber fallen dann die beiden, geradezu eruptiv wirkenden Appelle in 5,20 und 6,1 auf. Gerade nach rhetorischem Textverständnis, nach dem an Sequenzenden oft das Wesentliche begegnet,[100] stellt dieser Befund die übliche Auffassung dieser Kapitel als „Apologie" in Frage. Vielmehr wird hier offengelegt, dass die eigentliche Intention in der Infragestellung der Korinther liegt, und zwar durchweg seit 3,1.[101] Nur hatte die situationsbedingte *insinuatio*-ähnliche Strategie vorläufig verhindert, dies offen hervortreten zu lassen. Paulus war in den Kapiteln 3-6 vordergründig darum bemüht, eine gewinnende Selbstdarstellung zu bieten, bei der die Adressaten kaum direkt angesprochen wurden. Er schreibt von sich in Singular- und Plural-Form; er präsentiert sich, sein Amt, seine διακονία, so wie sie ihm von Gott gegeben wurde, und führt deren Bedeutung und Konsequenzen aus. Er lässt sich also auf die Situation ein. Vom Ende her gesehen wählt er aber sein Material für die Selbstpräsentation nach den Gesichtspunkten, auf die hin er die Korinther dann anzusprechen gedenkt. Die gesamte Texteinheit ist demnach zwar vorderhand eine Selbstdarstellung, aber zugleich ein permanenter, verdeckter Appell an die Korinther.[102] Dazu verwendet Paulus fortwährend Worte, Begriffe, Themen und Figuren, welche die Leser bereits etwas erahnen lassen. Gewisse eingestreute „Reizwörter" bringen die heiklen Aspekte ins Spiel und sprechen die Leser auf die so evozierten Sachverhalte an. Die Strategie ist zwar indirekt, aber doch deutlich. Durch entsprechende Begriffe aktiviert Paulus die heiklen Sachverhalte, und indem er sich in eben diesen Belangen als positiv präsentiert, zwingt er die Leser, sich mit ihm zu vergleichen und ihre Mangelhaftigkeit zu erkennen. Vorläufig geschieht das verdeckt, um erst später dann deutlich zur Sprache zu kommen. Natürlich ist das rhetorische Strategie, welche auf der Linie der *insinuatio* liegt.

In dieses, sich vorerst mit Andeutungen begnügende und sich später doch klärende Vorgehen, fügt sich dann neben der Zergliederung der *narratio* auch deren bereits erwähnte schrittweise soteriologische Zuspitzung ein. Paulus zerlegt die „Briefvorgeschichte" und kommentiert die verschiedenen Situationen. Dabei kommt er gegen Ende der jeweiligen Kommentare zumeist auch auf eschatologische bzw. soteriologische Zusammenhänge zu sprechen: In 1,14 geht es

---

[100] Siehe oben S.26ff.
[101] Siehe dazu oben S.121-125.
[102] Ähnlich beurteilt MARTIN, 2Cor, 137, die Lage: „The entire section (2:14-7:4) should be read as Paul's appeal."

um das gegenseitige καύχημα am Jüngsten Tag, in 1,22 um den ἀρραβών des Geistes, der erst *vorläufig* auf das Ende verweist, und in 2,11 schließlich um die destruktiven Aktivitäten Satans. Dienen nun die eingestreuten Kommentare dem Ziel, die Hostilität der Korinther zu überwinden, so muss die jeweilige soteriologisch-eschatologische Klimax die Frage aufwerfen, ob es die korinthischen Vorbehalte in irgendeiner Form mit dem Heil zu tun haben bzw. ob eine Bedrohung der Korinther (mit-)gemeint ist. Bleibt dies in den einzelnen Sequenzen von Texteinheit A noch undeutlich, so wird in 2,12-17 einer Ablehnung des Apostels soteriologische Relevanz zugeschrieben. Doch selbst hier herrscht noch eine gewisse Vorsicht, da Paulus einen allgemeingültigen Sachverhalt ausspricht, den er nicht direkt auf die Korinther hin zuspitzt. Auch hier noch lässt der Apostel Vorsicht walten.

Rückblickend lässt sich also feststellen, dass der Entscheidung des Apostels, sein Anliegen in Form des *genus iudiciale* vorzutragen, die vorsichtige Weise korrespondiert, in der er sich den heiklen Punkten nähert. Dabei lassen sowohl das *genus* als auch die Form der Einleitung die von Paulus diagnostizierte Entfremdung der Hörer erkennen. Daraus ergibt sich zunächst wieder eine Bekräftigung dessen, dass die positiv wirkenden Aussagen und die Fülle an „associative language" eben gerade nicht als „statements of accomplished and certain fact, but both as an expression of what Paul desires for the congregation and a strategy which aims at effecting that end"[103]. Zugleich wird deutlich, dass Paulus die in der *insinuatio* zum Ausdruck kommenden Strategie nicht nur in Teileinheiten – z.B. wie gezeigt in der *narratio* und im ersten argumentativen Hauptteil – verwendet, sondern auch in der Gesamtanlage des Briefes. Er verhandelt zunächst das Problem des ausbleibenden *spillover-effect*, streut dabei immer auch Hinweise auf die Verursacher ein, um erst am Schluss direkt auf sie zu sprechen zu kommen. Paulus ist die ganze Zeit über von größter Vorsicht bestimmt, um sich die Hörer zu sichern, bevor er eine offene „Attacke reiten" kann! Dies wiederum bedeutet, dass gerade die letzten Kapitel ganz entscheidend zur Klärung des Ganzen beitragen, denn hier wird offen ausgesprochen, was zuvor noch mit vorsichtiger Zurückhaltung indirekt angegangen worden war.

Conditio translativa

Nun ist aber auch klar, dass die Entscheidung des Apostels, die Auseinandersetzung im Gewand des *genus iudiciale* zu führen, nicht so verstanden werden darf, als würde er sich tatsächlich auf der Anklagebank sehen, geschweige denn die Korinther als seine Richter, „denn Paulus kann die Gemeinde nicht als richterliche Instanz anerkennen, und seine Worte sind keine Rechtfertigung ihr gegenüber"[104]. Von daher kann man die Bezeichnungen „Apologie" bzw. „Verteidigungsrede" nur mit größten Einschränkungen gelten lassen. Dies zeigt schon die Formulierung in 12,19. Paulus spricht dort zwar von

---

[103] SILVA, Investigation, 53.
[104] BULTMANN, 2Kor, 239; vgl. SUNDERMANN, Apostel, 41f., PETERSON, Eloquence, 134; vgl. dazu auch WOLFF, 2Kor, 258, MARTIN, 2Cor, 458f., FURNISH, 2Cor, 566f.

ἀπολογεῖσθαι, doch zugleich macht er deutlich, dass er dies nicht im eigentlichen Sinne meint:[105] Verbietet sich eine Verantwortlichkeit des Apostels den Korinthern gegenüber schon allein auf Grund des paulinischen Verständnisses seines Apostolats, so macht er dies hier durch die Worte κατέναντι θεοῦ ἐν Χριστῷ λαλοῦμεν deutlich. Ob sich nun in Korinth selbst eine Art forensische Perspektive entwickelt hat oder ob Paulus selbst mit der Form seines Schreibens eine derartige Auffassung der Situation geschaffen hat,[106] jedenfalls lässt sich der Apostel nur vordergründig darauf ein, während er zugleich darüber hinausgreift, indem er darauf hinweist, dass er sich allein Gott zu verantworten hat. Insofern bestreitet er die Legitimität der möglicherweise von den Korinthern aufgebauten Gerichtssituation, zweifelt die, wie es scheint, selbst ernannten Richter an und appelliert an eine höhere Instanz.

Die in diesem Vers deutlich werdende „Verschiebung" entspricht einer rhetorischen Strategie, die man unter den Stichworten *status translationis* bzw. *conditio translativa* zu besprechen pflegte[107]! CICERO nennt vier mögliche Anlässe, die zu einer Auseinandersetzung führen können: „Every subject which contains in itself a controversy to be resolved by speech and debate involves a question about a fact, or about a definition, or about the nature of an act, or about legal processes"[108]. Den vierten nennt er *conditio translativa* und verhandelt ihn an mehreren Stellen.[109] Dieser Anlass ist gegeben durch „the circumstance that it appears that the right person does not bring the suit, or that he brings it against the wrong person, or before the wrong tribunal, or at the wrong time, under the wrong statute, or the wrong charge, or with a wrong penalty"[110]. An anderer Stelle fasst er den Anlass so zusammen: „When it seems necessary to transfer the action to another court, or to make a change in procedure because the proper person does not bring the action, or it is not brought against the proper person or before the proper court, or under the proper statute, or with a proper request for penalty, or with the proper accusation, or at the proper time, the issue is called translative"[111]. Selbst QUINTILIAN, der die Berechtigung dieses vierten Anlasses in gewisser Weise anzweifelt,[112] kann die Praxis der Verschiebung

---

[105] Ebenso PETERSON, Eloquence, 134 („Paul denies that he is, in reality, making an apology"). Dagegen neigen YOUNG/FORD, Meaning, 40.43, eher der Ansicht zu, Paulus biete hier eine tatsächliche Apologie!

[106] In der Literatur sieht man die Worte von 12,19 nicht unbedingt durch einen von den Korinthern erhobenen Legitimationszwang bedingt, sondern nur durch das Wissen des Paulus, dass er durch eine Verteidigung die Argumente der Gegner bestätigen würde, so z.B. WOLFF, 2Kor, 258, MARTIN, 2Cor, 458f., FURNISH, 2Cor, 566f.

[107] Siehe Quint., inst. 3,6,47-79, der Cic., inv. 1,8,10; 1,10,14; 1,11,16, 2,19,57-20,61; Rhet.Her. 1,19,22.24f., 2,18,22, 3,17, 4,15,45. Vgl. dazu LAUSBERG, Handbuch, §§ 90. 135. 197, FUHRMANN, Rhetorik, 108, GÖTTERT, Rhetorik, 19.21.

[108] Cic., inv. 1,8,10.

[109] Cic., inv. 1,8,10; 1,11,16; 2,19,57-20,61.

[110] Cic., inv. 1,8,10 nach LCL 386, 23.

[111] Cic., inv. 2,19,57 nach LCL 386, 219f.

[112] Hatte der junge Quintilian die Vierteilung der Frageweisen im Anschluss an Cicero akzeptiert (3,6,66-68), so bestritt er sie später. Er begründet seine Ablehnung in einer längeren Passage (3,6,47-79) und fasst sie dann mit dem Hinweis darauf, dass auch der spätere Cicero, die Dreiteilung angenommen habe (3,6,58-60), zusammen: „Man muss also den Gelehrten Glauben schen-

der Zuständigkeit nicht bestreiten,[113] sodass er diesen vierten Aspekt schließlich unter die vier „Ziele und Typen der Verhandlung" einreiht.[114] Man kann also darin mit guten Gründen eine allgemein übliche Praxis sehen.

Nun spiegelt sich eben diese rhetorische Strategie nicht nur in 12,19,[115] sondern in vielfältiger Weise an verschiedenen Stellen des Briefes. Schon in der ersten Sequenz der *narratio* sind Formulierungen zu finden, mit denen der Autor die ursprünglich aufgenommene Anklage in eine ganz andere Richtung als die von den Korinthern intendierte verschiebt! So begegnet etwa in 1,8ff. der Hinweis auf ein immanentes ἀπόκριμα τοῦ θανάτου. Paulus sah sich nicht in der Lage, diese Situation selbst zu bewältigen, vertraute statt dessen auf die höhere Instanz, nämlich Gott, und der entschied anders. Die dabei lapidar eingefügte Bemerkung καὶ ῥύσεται in 1,10 drückt bereits die Zuversicht aus, dass Gott als höchste Instanz auch weiterhin unsachgemäße Gerichtssituationen – und damit wohl auch die korinthische – aufheben bzw. in einer für Paulus positiven Weise verändern wird. Sodann scheinen in 1,12f. Vorwürfe aufgenommen und abgewiesen zu werden. Nicht ἐν σοφίᾳ σαρκικῇ habe er, der Apostel, gehandelt, sondern ἐν ἁπλότητι καὶ εἰλικρινείᾳ τοῦ θεοῦ und in der χάρις θεοῦ – und dies eben auch gegenüber den Korinthern: περισσοτέρως δὲ πρὸς ὑμᾶς! Dieser Einwurf kann als Verwunderungsäußerung darüber gelesen werden, dass es bei diesem Verhalten überhaupt zu Anklagen der Korinther kommen konnte. Aber wenn schon, dann muss diese Situation transzendiert werden. Indem Paulus sein Handeln und Verhalten gleich zweimal auf Gott selbst zurückführt – der Apostel handelt „in der Aufrichtigkeit und Lauterkeit, wie Gott sie schenkt" und in der „Gnade Gottes" – lässt er die gegen ihn erhobenen Vorwürfe an sich abgleiten, indem er auf Gott als Ursprung seines Handelns verweist. Auch der Hinweis auf sein, des Paulus, Gewissen und dessen Ruhm bringt eine Verschiebung der gesamten Angelegenheit, da dieses allein dem Gericht Gottes zugänglich ist. Und eben darauf wird am Ende des Abschnitts, in 1,14, Bezug genommen, wo von der ἡμέρα τοῦ κυρίου Ἰησοῦ die Rede ist.

Behält man den Brief als Ganzen im Auge, so sind insgesamt vier verschiedene „Verschiebestrategien" festzustellen. Eine besteht in der Entgrenzung des Forums der aktuellen Auseinandersetzung auf die weltweite Kirche. Dieses Verfahren deutet sich wohl schon im Präskript an. Der bereits in 1,1 anzutreffende Hinweis auf die ἐκκλησία τοῦ θεοῦ, welcher die Korinther daran erinnert, dass sie Teil eines großen Ganzen sind,[116] macht ihnen auch deutlich, dass

---

ken, deren Autorität sich Cicero angeschlossen hat: drei Fragen seien es, die sich bei jeder Erörterung ergäben: ob es sei, was es sei und wie es sei" (3,6,80). Quintilian lehnt diesen vierten Anlass vor allem auf Grund des Nachweises ab, dass sich die *conditio translativa* letztlich immer in eine der anderen drei Fragen auflösen lasse (3,6,68). Beispiele für die Überführung in einer der andern drei Anlässe bietet er in 3,6,69-79.

[113]   Quint., inst. 3,6,69.75.83-85.

[114]   Quint., inst. 3,6,86.

[115]   SUNDERMANN, Apostel, 43, sieht sie allerdings erst in 12,19 zur Anwendung kommen: „Merkwürdig mutet es an, daß Paulus die translatio erst im nachhinein postuliert", weshalb er ebd., 205, von einer „überraschend wirkende(n) translatio" spricht, obwohl er andererseits ebd. von einer latenten Vorbereitung auf den Wechsel der Kommunikationsebene reden kann.

[116]   Siehe dazu S.89ff.

es in dem, was im Brief verhandelt werden soll, um einen Vorgang geht, der die ganze Kirche angeht. Zugleich prägt es auch den Schluss, denn Paulus lässt die Korinther von allen Heiligen gegrüßt sein, ein Hinweis, der die Adressaten gerade am Schluss noch einmal daran erinnert, dass die Auseinandersetzung zwischen ihnen und dem Apostel in einem größeren Kontext zu verstehen ist.[117] Unter eben dieser Strategie lassen sich dann auch etliche der bislang gemachten Beobachtungen einordnen: die Art und Weise, wie die Korinther in 1,10f. mit den πολλοί konfrontiert[118] oder in 8,1ff. den Mazedoniern[119] bzw. in 8,16ff. der Gesandtschaft[120] gegenübergestellt werden. In diesem Vorgehen wird also nicht nur die *rhetoric of honor and shame* realisiert, indem die Korinther auf eine eventuelle Blamage aufmerksam gemacht werden, sondern darin kommt zugleich auch die *conditio translativa* zur Anwendung, indem Paulus alle Genannten an der Auseinandersetzung mit den Korinthern partizipieren lässt und so das Forum deutlich entgrenzt. Noch haben sie alle eine gute Meinung von den Korinthern. Doch im Falle der weiteren Verweigerung der Korinther werden sie des Paulus Zeugen sein!

Mit dieser ersten Verschiebung geht eine weitere, bereits erwähnte Strategie einher: Paulus platziert die gesamte Auseinandersetzung vor Gott selbst. Das einzige Forum für das von den Korinthern (und ursprünglich den Gegnern) aufgebrachte Problem ist letztendlich der Gerichtshof Gottes! Der schon im Präskript anzutreffende Hinweis auf die ἐκκλησία τοῦ θεοῦ macht deutlich, dass die Auseinandersetzung vor Gott, dem Herrn der Kirche zu verhandeln ist. Dies wird dann auch in der Formel von 2,17 und 12,19 aufgenommen. In den jeweiligen Kontexten geht es um die Auseinandersetzung zwischen den Korinthern und Paulus, und dahinein platziert Paulus den Hinweis, dass er – nur – κατέναντι θεοῦ zu reden bereit sei. Auf einen Rechtsstreit in menschlichen Kategorien lässt er sich nicht ein. Dasselbe kann er auch mit ἐνώπιον zum Ausdruck bringen. In 4,2 qualifiziert er sein Handeln, das einerseits durch Vermeiden schändlicher Heimlichkeiten und andererseits durch Offenbarung der Wahrheit geprägt ist, als eines, das ἐνώπιον τοῦ θεοῦ geschieht. In 7,12 platziert er die Auseinandersetzung, sowohl die zurückliegende um den verletzenden letzten Brief, als auch die jetzige explizit ἐνώπιον τοῦ θεοῦ. Und in 8,12 weist er darauf hin, dass er darauf achte, dass alles redlich vor sich gehe und zwar ἐνώπιον κυρίου. Diese Verschiebung des forensischen Forums vor Gott zeigt sich auch in der temporalen Ausrichtung, nämlich auf die Zukunft bzw. das künftige Gericht hin! Die obigen Erwägungen zur Bedeutung der Mutualität in eschatologischen Zusammenhängen[121] sind genau hier einzuordnen.

Eine dritte Verschiebung findet sich in der Weise, wie Paulus gewisse gegen ihn gerichtete Verdachtsmomente derart kommentiert, dass die Korinther bzw. Gegner ihrerseits in einen Legitimationszwang geraten. An verschiedenen Stel-

---

[117] Siehe dazu S.92ff.
[118] Siehe dazu S.181.
[119] Siehe dazu S.(90f.)147f.150f.
[120] Siehe oben S.151f.
[121] Siehe oben S.179ff.

len sind Zweifel seitens der Korinther an der Lauterkeit des Paulus im Umgang mit monetären Angelegenheiten zu spüren. So muss Paulus in 2,17 das mit καπηλεύειν bezeichnete Verhalten von sich weisen und dem einen Hinweis auf seine εἰλικρίνεια entgegensetzen. Später dann betont er, wie sehr er darauf achtet, dass alles vor Gott und Menschen redlich zugeht (8,21), und unterstreicht dies noch dadurch, dass er bewährte Brüder dabei hat, die das ganze Geschehen überwachen. Daraufhin dreht er den Spieß um und fordert die Korinther dazu auf, ihr Verhältnis zum Geld unter Beweis zu stellen, indem er von ihnen ein reichliches Geben fordert. Sodann klingt verschiedentlich der Verdacht an, der Apostel verhalte sich κατὰ σάρκα (1,12.17; 5,16; 10,2). Indem er aber die Korinther darüber belehren muss, dass er dies gerade nicht tue, sondern auf τὰ μὴ βλεπόμενα achte (4,18), erscheinen sie als diejenigen, deren Orientierung als κατὰ σάρκα einzuschätzen ist, worauf Paulus dann beispielsweise auch durch die Aufforderung τὰ κατὰ πρόσωπον βλέπετε (10,7) Bezug nehmen kann. Überhaupt dreht er die ihm aufgedrängte Verteidigungssituation dergestalt um, dass er die Korinther in die eigentlich ihm zugedachte Lage bringt. Dies erreicht er nicht nur durch die bereits erwähnte Entgrenzung des Forums, sondern ganz konkret auch durch die anstehende Begegnung mit der Gesandtschaft (8,16ff.) und den mazedonischen Begleitern des Apostels (9,3). Diesen gegenüber werden die Adressaten sich rechtfertigen müssen. Und überdies kann er die von den Korinthern angestrengte Prüfung auch dadurch auf diese selbst zurück werfen, dass er ganz konkret einen Beweis der Liebe fordert (8,24) oder dann am Schluss die dramatischen Worte formuliert: ἑαυτοὺς πειράζετε εἰ ἐστὲ ἐν τῇ πίστει (13,5)! Die gegen ihn erhobene Anklage gibt er an die Ankläger zurück! Und eben in diesem Zusammenhang wird auch die Funktion der deliberativen Elemente im forensischen Horizont verständlich. Natürlich liegt Paulus viel an der Durchführung der Kollekte, aber zugleich kann er mit den diesbezüglichen Ausführungen den Adressaten deutlich machen, dass sie unzuverlässig sind, Angefangenes nicht zu Ende führen bzw. Versprechen nicht einhalten.[122] Die gegen ihn erhobenen Vorwürfe hinsichtlich des verschobenen Besuches kann er anhand der Kollektenthematik an die Korinther zurückgeben.

Eine letzte Verschiebung findet sich darin, dass er die abschließende Auseinandersetzung mit den Adressaten hinausschiebt. Schon in der *narratio* macht er deutlich, dass dies der eigentliche Grund der Verschiebung des angekündigten Besuches war: Er wollte die Konfrontation aufschieben, um Zeit zu gewinnen und um damit den Korinthern die Möglichkeit zu geben, eine Änderung herbeizuführen. In dieser Spanne befinden sie sich noch, doch sie neigt sich ihrem Ende entgegen. Indem Paulus noch einmal eindringlich auf die kommende Begegnung hinweist, fordert er die Adressaten dazu auf, die geschenkte Zeit nicht verstreichen zu lassen, sondern alles ins Lot zu bringen. Sonst wäre die ihnen geschenkte Zeit, die ihnen Paulus durch die Verschiebung des Besuches gewährte, umsonst verstrichen. Dann wird Paulus das tun müssen, was er durch den Aufschub verhindern wollte.

---

[122] Vgl. dazu WITHERINGTON, Conflict, 411.

An all diesen Verschiebestrategien wird deutlich, dass Paulus die Anklagen zwar aufnimmt und darauf reagiert, dann aber doch die Legitimation der Verdachtsmomente, des Forums, der Ankläger – also kurz: des gesamten Szenarios – bestreitet! Paulus lässt sich zwar in gewisser Hinsicht auf die Verhandlungen ein, aber nur um sie dann vor das richtige Tribunal zu verschieben! Diese Strategien eröffnen einen Raum in der Auseinandersetzung. Das angestrengte Verfahren wird verschoben auf das nächste Zusammentreffen bzw. vor das göttliche Gericht! Diese liegen aber noch in der Ferne, und das gibt den Korinthern Bedenkzeit. Die Verschiebestrategien eröffnen ihnen einen zeitlichen Raum, in dem sie die Möglichkeit haben, ihr Verhalten zu ändern, ihre Anklage zurückzuziehen und ihre Verweigerungshaltung sowohl Paulus als auch anderen Christen gegenüber zu überwinden. Auch wenn der Prozess verschoben ist, so ist er doch angekündigt und definitiv zu erwarten. Er wird sich nicht nur beim nächsten Besuch des Paulus ereignen, sondern letztendlich und endgültig vor Gott!

Propositio

Die bislang erhobene Intention dieses Schreibens ist schließlich an der *propositio* zu überprüfen,[123] insofern der Redner sich hier darum bemüht, „das Ziel anzugeben, das die Rede sich steckt"[124]. Nach CICERO hat der Redner dabei zwei Möglichkeiten: Entweder er formuliert Konsens und Dissens zum Vorredner bzw. Kontrahenten,[125] oder aber er bietet eine Disposition des Redeverlaufs inklusive einer knappen Zusammenfassung der These.[126] Der betreffende Redeteil kann unmittelbar nach der Einleitung platziert sein oder am Ende der Erzählung.[127] In jedem Fall ist die *propositio* einerseits „der gedankliche Kernbestand des Inhaltes der *narratio*. Dieser Kernbestand kann zum Abschluss der *narratio* als *propositio* ausgesprochen werden, wo diese als Zusammenfassung der *narratio* erscheint", und eben als Zusammenfassung des Wesentlichen der *narratio* ist sie dann andererseits „auch die Einleitung der *argumentatio*"[128]. Eben das zuletzt Genannte zeigt ihre besondere Bedeutung, denn sie „umreißt den Stand-

---

[123] Die Funktion der *propositio* wird besprochen bei Quint., inst. 4,4,1ff., Rhet.Alex. 32,1438b; 37,1441b-1442a. Bei ARISTOTELES heißt dieser Teil in Aristot., rhet., 3,13,2.4 πρόθεσις (sinngemäß auch in 3,13,1 bzw. 3,14,8), wobei er diesen in die Besprechung des *exordium* in ebd., 3,14, einflicht. Nur von *partitio* spricht CICERO bei seiner Besprechung in Cic., inv. 1,22,31-23,33; Zur Unterscheidung von *propositio* und *partitio* siehe LAUSBERG, Handbuch §§ 346-347, VOLKMANN, Rhetorik, 167-175, MARTIN, Rhetorik, 91-95.

[124] Aris., rhet. 3,14,6., zwar im Blick auf das *exordium* bezogen, da er aber die *propositio* der Gerichtsrede in die Einleitung verlegt, gilt das auch für die Themenangabe.

[125] Dem ist BETZ, 2Kor 8/9, 109, verpflichtet, da er zu 8,7 sagt, es ginge bei *propositio* darum, „Übereinstimmung und Verschiedenheit der Standpunkte darzustellen".

[126] Cic., inv. 1,22,31.

[127] Zur Platzierung der *propositio(nes)* – am Ende der *narratio* oder zu Beginn der *argumentatio* – vgl. LAUSBERG, Handbuch, §262.347, M.BACHMANN, Sünder, 157f.

[128] LAUSBERG, Handbuch, §346; vgl. auch VOLKMANN, Rhetorik, 173, wo er in einer Zusammenfassung von CORNIFICIUS so formuliert: „An die Erzählung also schließt sich, gleichsam als deren Resultat, die Themastellung an".

punkt, um den es bei den bevorstehenden Beweisen geht"[129]. Kann man also die *propositio* ausfindig machen, dann muss deren thematischer Gehalt als Vorbedingung für das Verständnis des gesamten Textes verstanden werden! Dieser Redeteil bildet sozusagen das Vorzeichen aller im Text verhandelten Aspekte! Dieser Sachverhalt hilft gerade dann weiter, wenn ein Text disparat erscheint, denn dann lässt sich anhand der *propositio* die eigentliche Intention des Ganzen ausfindig machen.

In 2Kor wird man diesen Redeteil im Umfeld von 2,17 zu suchen haben,[130] da hier häufig eine Art Themenangabe angenommen wird[131]. Die exakte Umgrenzung ist aber unklar, da die *propositio* von den einen allein in 2,17 gesehen wird,[132] von anderen in 2,16b.17[133] oder aber in 2,14-17 insgesamt[134]. Hier Klarheit zu schaffen kann freilich keineswegs nebensächlich sein, da ein Vers mehr oder weniger das Gesamtthema erheblich verändern könnte. So kann es nicht gleichgültig sein, ob man allein die in 2,17 vorliegende Beteuerung des Apostels, das Wort Gottes nicht zu verhökern, sondern aus Gott in Christus vor Gott zu reden als Thema des Diskurses ansieht, oder ob man noch die vorausliegenden Verse 2,14-16 über die eschatologische Scheidung dazu nimmt, denn dann erhielte die in diesem Brief verhandelte Angelegenheit ein enormes Gewicht: Es ginge um Leben und Tod! Obwohl in rhetorischen Analysen paulinischer Briefe – sowohl von 2Kor als auch von anderen – häufig nur ein kurzer Satz als *propositio* angesehen wird,[135] kann es durchaus auch längere Fassungen dieses Redeteiles geben[136]. Man wird also zunächst den Umfang der *propositio*, dann deren thematischen Gehalt und schließlich die Bedeutung im Blick auf das Ganze des Briefes bestimmen müssen!

Um hier zu einer Klärung zu kommen ist es hilfreich, erneut die gleichförmig konstruierten Sequenzen der *narratio* – d.h. die kommentierten Reisenotizen –[137] ins Auge zu fassen. Dieselbe Konstruktion findet sich auch hier, indem auf

---

[129] FUHRMANN, Rhetorik, 89.

[130] Dagegen sieht WÜNSCH, Handlung, 185-211, die *propositio* in 1,12-14.

[131] Siehe oben S.196f.

[132] WITHERINGTON, Conflict, 371ff.

[133] So THEOBALD, Gnade, 173-177, KLAUCK, 2Kor, 31, ZEILINGER, Echtheit, 71.

[134] KENNEDY, Criticism, 88, erkennt darin *propositio* inkl. *partitio*, WOLFF, 2Kor, 52, sieht das Thema des Folgenden (das er bis 4,6 reichen lässt) „bereits in 2,14-17 zur Sprache" kommen. KLAUCK, 2Kor, 31f., erkennt in 2,14ff. eine zweite Einleitung und THRALL, Thanksgiving, 101-24, eine zweite Danksagungseinheit, worauf WITHERINGTON, Conflict, 365f., rekurriert!

[135] Eine kurzgefasste *propositio* bzw. *partitio* erkennen etwa in 1Kor 1,10 MITCHELL, Rhetoric, 198-200, WITHERINGTON, Conflict, 94-97, in 2Kor 2,17 WITHERINGTON, Conflict, 371-374, in Gal 2,14b M.BACHMANN, Sünder, 158. Dem entspricht, dass LAUSBERG, Handbuch, §346, als Beispiele ebenfalls kürzeste Sätze als Themenangaben aufführt.

[136] Längere Themenangaben erkennen etwa KENNEDY, Criticism, 88.153, in 2Kor 2,14-17 und Röm 1,16f., oder BETZ, Gal, 54-72, und LONGENECKER, Gal, 80f., in Gal 2,15-21. Dem entspricht, dass LAUSBERG, Handbuch, §§346-347, für eine „reichere Ausgestaltung der *propositio*" auf Quint., inst. 4,4,2-7 verweisen kann, der überdies die *partitio* als eine solche erweiterte Form in ebd. 4,5,1-28 ausführlich bespricht. Vgl. auch die längeren προθέσεις in Sokrates' Verteidigungsrede in PLATO, Apologie II., oder in der Rede des LYSIAS zur Verweigerung der Rente für einen Invaliden in DERS., XXIV, 4f.

[137] Siehe dazu oben S.51ff.

die Reisenotiz in 2,12f. der Kommentar in 2,14-17 folgt. Neben der bereits erwähnten Kohärenz dieser Verse insgesamt[138] zeigt sich auch ein enger Zusammenhang zwischen 2,14-16a und 2,16b.17. Die tiefe Verankerung der paulinischen Existenz in Gottes Handeln, welche in 2,14 durch das Bild des Triumphzugs, in welchem Paulus in Christus durch Gott herumgeführt wird, zum Ausdruck kommt, findet seine „Wiederholung" in 2,17 durch den Gedanken, dass
der Apostel aus Gott, vor Gott in Christus redet. Beide Male ist die triadische
Verbindung markant, wobei Paulus in dieser Verbindung jeweils nur „funktio-
nalisiert" erscheint. Dazu tritt die Frage in 2,16b, welche Voriges und Folgendes engstens miteinander verbindet.

Rät schon dies von einer Zergliederung der letzten vier Verse ab, so tut dies
erst recht die Funktion derselben im Kontext der gesamten *narratio*. Der in
2,14-17 angefügte Kommentar hebt sich deutlich von den vorigen ab. Bislang
wurden die Korinther nicht nur in den Reisenotizen, sondern auch in den Kommentaren explizit angesprochen (1,11.13f.; 1,15f.18f.21; 1,23-2,4; 2,5ff.), was
in der letzten Sequenz aber nicht mehr der Fall ist. Bislang war in den Kommentaren auch von Vergangenem und Konkretem die Rede – vom letzten Brief
(1,13), von der Verkündigung in Korinth (1,18f.), von jenem Brief, der so viel
Ärger auslöste (2,1ff.) und schließlich von einer Person, die für viel Unruhe
sorgte (2,5ff.). All dies ist in 2,14-17 nicht mehr zu finden – zumindest nicht
explizit! Vielmehr werden die konkreten, situationsbezogenen Ausführungen
nun auf eine allgemein gültige Ebene gebracht. Paulus spricht (1) von einem
Sachverhalt, der πάντοτε ... ἐν παντὶ τόπῳ (2,14), nämlich von seinem
Dienst, der im Triumphzug Christi geschieht und (notwendigerweise) zu einem
ambivalenten Ergebnis führt (2,15-16a). Auf dieser Grundlage wird dann (2) in
2,16b nach dem entscheidenden Thema gefragt, das schließlich (3) in 2,17 expliziert wird. Diese gedankliche Abfolge von Grundsätzlichem zur aktuellen
Streitsache erinnert an die in der Forensik übliche Berufung auf eine gesetzli-
che Grundlage zur Beurteilung einer speziellen Situation. Überhaupt ist ja „die
einfachste Form der *propositio* ... die Feststellung des für die *argumentatio* aus-
schlaggebenden rechtlichen Inhalts der *narratio*"[139]. Als Beispiel bietet etwa
Quintilian das folgende Beispiel: „(1) Im Gesetz steht deutlich geschrieben: ein
Fremder, der die Stadtmauer ersteigt, ist mit dem Tod zu bestrafen. (2) Dass du
ein Fremder bist, ist gewiss; davon dass du nicht die Stadtmauer erstiegen hät-
test kann keine Rede sein. (3) Was gibt es da anderes für dich als die Todesstra-
fe?"[140] Die Entsprechungen zu diesem Beispiel, insbesondere der Rekurs auf
Grundsätzliches, in dessen Licht die aktuelle Streitsache zu beurteilen ist,
macht den Abschnitt 2,14-17 als *propositio* plausibel. Dass Paulus – anders als
Quintilian – bei der Formulierung der Thematik den expliziten Hörerbezug weg
lässt und Grundlage wie Streitsache allgemein formuliert, ist auf das oben zur
insinuatio Verhandelte zurückzuführen. Den Lesern/Hörern[141] in Korinth aller-

---

[138] Siehe dazu oben S.54ff.
[139] LAUSBERG, Handbuch, §346.
[140] Quint., inst. 4,4,4; numerische Gliederung durch U.S.
[141] Vgl. dazu etwa KENNEDY, Criticism, 5, zum Verlesen der biblischen Schriften im Allgemei-

dings dürfte der Wechsel auf die grundsätzliche Ebene sowie die – *propositio* indizierende – Gedankenabfolge nicht entgangen sein, und auch nicht die damit verbundene Implikation, dass allgemein Gültiges, auch ihnen gilt: auch sie stehen vor der skizzierten Scheidung.

Dass die *propositio* mit 2,14-17 richtig lokalisiert und abgesteckt ist, zeigt sich schließlich an den anaphorischen und kataphorischen Textelementen, welche dieses Textstück auszeichnen, da es einerseits die *narratio* zusammenfasst und andererseits das Folgende vorbereitet. Eine solche anaphorische und kataphorische Funktion erfüllen nur die Verse 2,14-17 gemeinsam, so dass WOLFF zurecht sagt, diese vier Verse hätten „rückwärts und vorwärts verbindende Funktion"[142].

Die **kataphorische Funktion** des Abschnitts zeigt sich daran, dass hier „wichtige Motive ... für die thematische Durchführung bereit gestellt"[143] werden. Die im Lexem καπηλεύειν anklingenden monetären Aspekte kommen in den Kapiteln 8 und 9[144] ebenso zum Tragen wie in der Polemik gegen die Gegner in der Texteinheit Đ: Dort kann Paulus seinerseits von der Verkündigung des Evangeliums ohne Entgelt sprechen (11,7; 12,13f.), während er u.a. der Gegner finanzielles Gebaren anprangern muss (11,20). Sodann spielt die in 2,16 angesprochene ἱκανότης in Kp.3 eine bedeutende Rolle und die Wendung ἐκ θεοῦ aus 2,17 wird zum wesentlichen Element im „Gerüst" von Texteinheit Ɓ.[145] Auch die in 2,14 anklingende Offenbarungsbegrifflichkeit kehrt an entscheidenden Stellen wieder, von denen nicht nur 4,10f. und 5,10f. bedeutsam sind, sondern auch 11,6, zumal dort ein semantisches *cluster* begegnet, das dem hiesigen deutlich entspricht: λόγος (2,17; 11,6), γνῶσις (2,14; 11,6), φανεροῦν (2,14; 11,6) sowie Varianten von πᾶς (2,14;11,6). Wiederum zeigt sich daran dieselbe Verbindung mit monetären Aspekten und den Gegnern! Die über das Lexem φανεροῦν bestehende Verbindung zwischen 2,14 und 4,10f. wird nicht nur durch eine entsprechende Semantik verstärkt (z.B. ζωή, θάνατος), sondern auch durch den Zusammenhang zwischen dem durch θριαμβεύειν evozierten Bild und dem θησαυρὸς ἐν ὀστρακίνοις σκεύεσιν (4,7), welche in der Verbindung mit περιφέρειν (4,10) wiederum an einen Triumphzug erinnert.[146] Das Motiv, in einem Triumphzug mitgeführt zu werden, begegnet noch einmal in Form von συνέχειν in 5,14a, wenn auch in übertragenem Sinne.[147] Dies Bild

---

nen („keep in mind that the Bibel in early Christian times was more often heard when read aloud in a group than read privately") und zum Spezifikum des damaligen Hörens ebd., 10 („What we need to do is tor try to hear his [d.h. Paulus' (U.S.)] words as a Greek-speaking audience would have heard them"), 160 („hearing the texts as an early Christain audience heard them").

[142] WOLFF, 2Kor, 52, der ebd., 51f., beide Dimensionen aufzeigt; vgl. auch AMADOR, Revisiting, 105f.

[143] KLAUCK, 2Kor, 31. Obwohl er nur 2,16b.17 als Themenangabe ansieht, macht er diese Aussage doch schon für die Verse 2,14ff.

[144] Diese Thematik klingt in den Kapiteln zur Sammlung an, indem Paulus dort einerseits eventuelle Verdachtsmomente abwimmelt (8,21) und andererseits die Korinther dazu auffordert, ihr Verhältnis zum Geld zu überprüfen.

[145] Siehe oben S.64ff.

[146] DUFF, Metaphor, 88-90.

[147] DUFF, Metaphor, 86-87.

enthält sowohl militärische Konnotationen, die dann in Form von ὅπλα τῆς δικαιοσύνης (6,7) und in Gestalt der Lexeme στρατεύειν, ὅπλα τῆς στρατείας und καθαίρεσις ὀχυρωμάτων (10,3ff.) wieder begegnen, als auch kultische Elemente in Form von ὀσμή und εὐωδία, welche gerade in 6,14ff. und 9,12ff. eine gewisse Rolle spielen.[148] Dazu kommen die offensichtlichen thematischen Verbindungen, denn dass Paulus von anderen Menschen verkannt wird, dass sich daran eine eschatologische Scheidung vollzieht und dass sich Paulus seinen Gegnern gegenüber in gewissem Sinne behaupten und positiv präsentieren muss – das alles sind Elemente, die den restlichen Brief unverkennbar durchziehen.

Auch die *anaphorische Funktion* dieser Verse lässt sich ohne weiteres zeigen, obwohl diese in der Literatur nahezu völlig untergeht[149]. Da sind zunächst die offensichtlichen semantischen Rückbezüge, wie δι᾿ ἡμῶν (2,14; 1,19f.), θάνατος (2,16; 1,9f.), ἱκανός (2,16; 2,6), λόγος (2,17; 1,18) oder εἰλικρίνεια (2,17; 1,12). Von entscheidender Bedeutung ist auch die thematische Kohärenz hinsichtlich des Verkündigungsgeschehens. Zunächst spiegelt sich in den Worten zur Offenbarung der Erkenntnis Gottes δι᾿ ἡμῶν (2,14b) sowohl das missionarische Wirken in Asia, das zu der erwähnten Bedrängnis führte, als auch die weiterer Mission dienenden Reisepläne (1,15f.) sowie das Verkündigungsgeschehen in Korinth (1,18f.). Auf all diese Vorgänge dürfte sich dann auch ἐν παντὶ τόπῳ (2,14b) zurück beziehen. Die dabei in 2,14f. zur Sprache kommende positive Reaktion erinnert an den Dank der vielen, welcher als Resultat der Rettung des Apostels entsteht (1,11), sowie an die Entstehung der korinthischen Gemeinde (1,18ff.). Die in 2,14f. damit verbundene negative Reaktion dürfte von daher ebenfalls Bezug nehmen auf den rückwärtigen Kontext, und zwar zu aller erwähnten Ablehnung. Es klingen darin also nicht nur die Ablehnung jener nach, welche den Apostel in der Asia in eine derartige Bedrängnis brachten, sondern auch die Vorbehalte der Korinther, wie sie bislang bereits mehrfach angedeutet wurden (1,13f.; 1,17ff., 2,1ff.). Darin bestätigt sich die bereits geäußerte Ansicht, dass sich der in 2,14-17 explizierte grundsätzlich gültige Sachverhalt in seiner positiven wie negativen Dimension auf alles zuvor Gesagte und somit auch auf die Korinther bezieht. Die negativen Konsequenzen würden auch ihnen drohen, denn ihre Vorbehalte sind nicht als Sonderfall zu betrachten, der im Sinne von mildernden Umständen angerechnet werden könnte. Was grundsätzlich gilt, das gilt auch ihnen: eine ablehnende Reaktion auf den Apostel bringt den Tod!

Freilich wäre es verlockend, das obige Beispiel von QUINTILIAN hier nun in folgender Weise zu übertragen: „(1) Die Ablehnung des Apostels bringt den Tod; (2) Die Korinther lehnen ihn ab; (3) Was drohte ihnen anderes als der Tod?" In der Tat liegt diese Möglichkeit auf der Hand, doch wird sie nicht derart sprach-

---

[148] Siehe dazu oben S.73.
[149] Keine, oder nahezu keine Rückbezüge notieren zu 2,14-17 beispielsweise MARTIN, 2Cor, 44-50, BULTMANN, 2Kor, 65-73 (außer der Parallelität zwischen 2,17 und 1,12); FURNISH, 2Cor, 187, sagt bzgl. 2,14ff. gar „it does not look back to anything said in the preceding verses ..." und will nur kataphorische Bezüge auf das unmittelbar Folgende gelten lassen.

lich konkret realisiert. Korrekter wäre eher folgende Umschreibung: „(1) Die Ablehnung des Apostels bringt den Tod, eine positive Reaktion aber das Leben; (2) Die Korinther hatten schon positiv reagiert, sind nun aber dabei sich zu verweigern; (3) Was bliebe ihnen, im Fall der Ablehnung, anderes als der Tod?" Die Bedrohung zeichnet sich so zwar ab, aber noch bleibt alles offen. Es wird angedeutet, was im Falle der Ablehnung passieren würde, und zugleich wird die Möglichkeit offen gelassen, dass die Adressaten noch eine Kehrtwende machen. Zum gegenwärtigen Zeitpunkt wird noch kein definitives Urteil gefällt, sondern nur gezeigt, was zu erwarten wäre, bliebe es beim gegenwärtigen Stand.

Erweisen sich also die Verse 2,14-17 – auf Grund der Stellung am Ende der *narratio*, der Gedankenabfolge von Grundsätzlichem zur Streitsache sowie der ana- und kataphorischen Bezüge – als *propositio*, dann sind die gemachten Aussagen auf das im weiteren Brief Besprochene zu beziehen, gibt sie doch die Thematik des folgenden Diskurses an. Sie bildet das Vorzeichen des Gesamttextes, unter dem alles Folgende zu interpretieren ist. Dies bedeutet für 2Kor, dass die hier thematisierte eschatologische Scheidung, welche in paulinischer Perspektive grundsätzliche Gültigkeit hat, auf die Briefsituation und die Reaktion der Korinther zu beziehen ist. Hier wird deutlich gemacht, dass es in der hier geführten Auseinandersetzung, Paulus zufolge, um nicht weniger als um Leben oder Tod geht. Die Reaktion auf den Apostel, sowohl bei der Erstverkündigung als auch später, ist alles entscheidend! Dabei ist Paulus vorsichtig genug, manches in der Schwebe zu lassen, um die Hörbereitschaft der Adressaten nicht zu verspielen und ihnen die Umkehr nicht zu verbauen.

Resultat

In den eben angestellten rhetorischen Erwägungen hat sich das bestätigt, was bereits in den vorausgegangenen thematischen Analysen festgestellt werden konnte. Dass Paulus zum *genus iudiciale* greift, spricht ebenso für ein gebrochenes Verhältnis zu den Korinthern wie die in der *insinuatio* zum Ausdruck kommenden Strategie. Beides lässt auf eine erhebliche Distanz zu den Korinthern schließen. Dabei zeigt die *propositio* an, dass Paulus diese Distanz als erhebliches Problem ansieht, das unter dem allgemein gültigen Grundsatz zu beurteilen ist, dass eine Ablehnung des Apostels zum Tode führt. Freilich eröffnet Paulus den Korinthern durch eine Orientierung an der *conditio translativa* einen Raum, in dem noch Veränderungen möglich sind. Dem entspricht, dass der in der *propositio* angesprochene Grundsatz noch nicht explizit auf die Korinther zugespitzt, sondern vorläufig als zu Erwartendes für den Fall der ausbleibenden Änderung präsentiert.

5. Zum Schluss

Blickt man zurück, so lässt sich die eingangs gestellte Frage nach der Bedeutung des Handelns im paulinischen Denken zumindest für den vorliegenden Brief in zufrieden stellender Weise beantworten.

Als verbindende Grundstruktur ist in den Ausführungen des Apostels die theologische Gedankenfigur einer „göttlichen Bewegung fortgesetzter Zuwendung" zu erkennen, die von Gott ausgeht, über Christus dem Apostel und von dort anderen Menschen zuteil wird, worauf diese sich ihren Mitmenschen öffnen und schließlich Gott Dank sagen. Darin bestätigt sich zunächst, dass das Handeln im Leben eines Christen nicht eigene Leistung ist, sondern Auswirkung der Gnade. Deutlich wird daran auch, dass das Handeln inhaltlich weniger in klaren Vorschriften definiert wird als vielmehr von einer Grundhaltung geprägt ist: der Offenheit bzw. Zuwendung zu anderen Menschen. Diese Bewegung ist allerdings so gedacht, dass das Empfangene darauf angelegt ist, von den Empfängern wiederum weiter gegeben zu werden. Ein verändertes Verhalten erscheint geradezu als *Zielpunkt* des von Gott her durch Paulus Empfangenen. Wie etwa die καινὴ κτίσις – zu der u.a. der Verzicht auf ein Urteilen κατὰ σάρκα gehört – aus der καταλλαγή resultiert, so soll sich nicht nur die empfangene χάρις wiederum als χάρις in Form einer Beteiligung an der Kollekte und als Dank an Gott auswirken, sondern auch die erfahrene ἀγάπη als ἀγάπη anderen gegenüber. Die χάρις *drängt* geradezu auf eine Fortsetzung, was u.a. an den oft verwendeten ἵνα-Sätzen zu erkennen ist. Ein verändertes Verhalten erscheint in 2Kor als wesentlicher Bestandteil der χάρις selbst!

Da diese Bewegung eine einheitliche ist, wird das geläufige Zwei-Phasen-Modell des Indikativ-Imperativ-Schemas fragwürdig. Obwohl in dieser Perspektive der eindrucksvolle Begriff „Imperativ" für den Bereich des menschlichen Handelns verwendet wird, bleibt hier doch die Sicht dafür verstellt, dass sich – aus paulinischer Perspektive – ein entsprechendes Handeln *notwendigerweise* aus dem Indikativ ergibt – oder anders gesagt: dass die Verwirklichung des Imperativs zum Indikativ unauflöslich dazu gehört. Dabei ist es nicht unbedeutend, dass Paulus nicht versucht, menschlichen und göttlichen Anteil im Handeln auseinander zu dividieren (– zumal jeder Versuch, eine solche Unterscheidung zu wagen, von vorne herein zum Scheitern verurteilt sein dürfte). Die Äußerungen des Apostels lassen lediglich erkennen, dass er ein entsprechendes Verhalten als selbstverständliche Konsequenz versteht, die er bei den Korinthern vermisst und darum mit allen zu Gebote stehenden Mitteln zu fördern versucht.

Während diese Aspekte recht offensichtlich sind, gleicht die Klärung der sich daraus ergebenden Frage nach der negativen Möglichkeit, d.h. der Nicht-Verwirklichung der skizzierten Bewegung, eher dem Vorgehen bei einem Indizienprozess. Einerseits kann man auf keine Stelle verweisen, an der Paulus den Korinthern für den Fall einer weiteren Verweigerungshaltung *explizit* mit einer bestimmten negativen Folge drohen würde. Andererseits aber ist der Text häufig so gestaltet, dass sich unbehagliche Assoziationen regelrecht aufdrängen, indem Paulus etwa im Kontext der Erörterung der korinthischen Verweigerungshaltung von σωτηρία spricht (und zwar im Sinne des endgültigen bzw. ewigen Heils [1,6; 6,1]), gelegentlich eine „Schrecksekunde" entstehen lässt (z.B.

9,7-9), zudem die von den Korinthern verweigerte Mutualität in eschatologischen Zusammenhängen als gerichtsrelevante Größe deutlich macht (1,[8-]14; 4,14; 5,10ff.; 11,1ff.), oder die Ausführungen zu den ἀπολλύμενοι (2,12-17; 4,1-6) mit deutlichen Bezugnahmen auf die Briefsituation konstruiert, so dass die darin ausgeführte eschatologische Scheidung zugleich zur Warnung für die Korinther wird und schließlich dem Brief ein entsprechendes rhetorisches Gewand gibt.

Die beiden Feststellungen, der Zusammenhang zwischen Handeln und Soteriologie sei einerseits ständig mit Händen zu greifen, andererseits aber kaum explizit zum Ausdruck gebracht, fügen sich insofern mühelos zueinander, als Paulus auf die rhetorischen Notwendigkeiten der gegebenen Situation Rücksicht nehmen muss. Angesichts der gegenwärtigen Entfremdung kann er nicht offen sprechen, wenn er die Korinther nicht noch mehr gegen sich aufbringen will; zugleich muss er sie geschickt auf die Gefährdung hinweisen, die sich auf Grund der Verweigerungshaltung – die Paulus als Ausdruck der nicht verwirklichten χάρις diagnostiziert – für die Korinther ergibt. Gerade dieses fortwährende Bemühen des Apostels, die Gefahr auf indirekte Weise deutlich werden zu lassen, zeigt, wie ernst es ihm damit ist.

Also: Im Ausbleiben einer Öffnung für andere bzw. einer Zuwendung zu anderen Menschen, wie es bei den Korinthern diagnostiziert wird, sieht Paulus ein Anzeichen dafür, dass die Gnade sich nicht durchgesetzt hat. Sie kam nicht zum Durchbruch, sondern zum Erliegen! – Pointiert gesagt: Handeln hat wohl keine rechtfertigende Wirkung, aber Nichthandeln eine nichtende, denn wo sich kein verändertes Verhalten zeigt, da ist die Gnade nicht übergeflossen, sondern versandet – da ist die Gnade εἰς κενόν empfangen worden!

Literaturverzeichnis

Hilfsliteratur / Nachschlagewerke

BAUER, W., Griechisch-deutsches Wörterbuch zu den Schriften des Neuen Testaments und der frühchristlichen Literatur. 6., völlig neu bearb. Aufl., im Institut für neutestamentliche Textforschung / Münster, unter besonderer Mitwirkung von V.REICHMANN, hg. v. K.ALAND/B.ALAND, Berlin/New York 1988

BLASS, F./A.DEBRUNNER, Grammatik des neutestamentlichen Griechisch, bearb. v. F.REHKOPF, 17.Auflage, Göttingen 1990

Duden, Das große Wörterbuch der deutschen Sprache in zehn Bänden, 3., völlig neu bearbeitete und erweitere Auflage, herausgegeben vom Wissenschaftlichen Rat der Dudenredaktion, Mannheim et.al. 1999

HOFFMANN, E.G./H. VON SIEBENTHAL, Griechische Grammatik zum Neuen Testament, Riehen 1985

LIDDEL, H.G./R. SCOTT, A Greek-English Lexicon, rev. H.S.JONES / R. MCKENZIE, 9th ed., Oxford 1940

MOULTON, J.H./G. MILLIGAN, The Vocabulary of the Greek New Testament Illustrated from the Papyri and Other Non-Literary Sources, Londen 1930

PAPE, *Handwörterbuch* der griechischen Sprache in vier Bänden, davon: Erster Band Griechisch-Deutsches Wörterbuch A−K, und: Zweiter Band Griechisch-Deutsches Wörterbuch Λ−Ω, beide: 3. Aufl., bearb. v. M.SENGEBUSCH, Braunschweig 1914

ROST, V.C.F., Griechisch-deutsches *Wörterbuch* Bd.1, Braunschweig 1874

Quellen

ARISTOTELES, Rhetorik − Stellenangaben nach: Aristotle XXII, übers. v. J.H.FREESE, LCL 193 − dt. Übersetzung nach: Aristoteles. Die Lehrschriften. Herausgegeben, übertragen und in ihrer Entstehung erläutert von Dr. Paul Gohlke, Paderborn 1959

[Aristoteles], Rhetorica ad Alexandrum, übers. v. H. RACKHAM, LCL 317 − dt. Übersetzungen nach: ARISTOTELES, Rhetorik an Alexander, in: Aristoteles. Die Lehrschriften. herausgegeben, übertragen und in ihrer Entstehung erläutert von Dr. Paul Gohlke, Paderborn 1959

CICERO, De inventione − nach: Cicero II, übers. v. H.M.HUBBEL, LCL 386

-, De oratore − nach: Cicero. De Oratore. Über den Redner. Lateinisch / Deutsch, übers. und hg. v. H.MERKLIN, 2. Aufl., Stuttgart 1991

-, Briefe an Curio − nach: A. VON GLEICHEN-RUSSWURM, Antikes Leben in Briefen. Eine Auswahl der römischen Briefliteratur, Berlin, 1911, 1-58

[Cicero], Ad C. Herennium De Ratione Dicendi (Rhetorica ad Herennium), nach: Cicero I, übers. v. H.CAPLAN, LCL 403

DEMOSTHENES, Politische Reden − nach: Demosthenes. Politische Reden. Griechisch/ Deutsch, übers. und hg. v. W.Unte, Stuttgart 1985

-, De corona − nach: Demosthenes II, übers. v. C.A. VINCE / J.H. VINCE, LCL 155

-, Briefe − nach: Demosthenes VII, übers. v. N.W. DEWITT / N.J. DE WITT, LCL 374

LYSIAS, Rede über die Verweigerung der Rente für einen Invaliden (24. Rede) − nach: Lysias. Drei ausgewählte Reden. Griechisch / Deutsch, übers. und hg. v. G.Wöhrle, Stuttgart 1995

MELANCHTHON, P., Elementa rhetorices − nach: J.KNAPE, Philipp Melanchthons ‚Rhetorik‘, Tübingen 1993 − lat. Text ebd., 118-166, dt. Übersetzung, ebd., 63-116

PLATON, Apologie − nach: Platons Apologie und Kriton mit Stücken aus dem Symposion und Phaidon. Zum Gebrauch für Schüler, hg. v. A. von Bamberg. Bd.1: Text, Bielefeld / Leipzig 1897

QUINTILIAN, Institutionis Oratoriae. Libri XII − nach: Ausbildung des Redners, hg. und übers. v. H.RAHN, Darmstadt 1995

Kommentare zu 2Kor (und zu anderen biblischen Schriften)

(Auf die Kommentare wird mit Verfasser und der Abkürzung des kommentierten biblischen Buches Bezug genommen.)

BACHMANN, P., Der zweite Brief des Paulus an die Korinther (KNT VIII), Leipzig 1909

BARRETT, C.K., The Second Epistle to the Corinthians (BNTC), London 1976

BEST, E., Second Corinthians (Interpretation), Atlanta GA 1987

BETZ, H.D., 2. Korinther 8 und 9. Ein Kommentar zu zwei Verwaltungsbriefen des Apostels Paulus, Gütersloh 1993

BRUCE, F.F., 1&2 Thessalonians (WBC 45), Waco (TX) 1982

BULTMANN, R., Der zweite Brief an die Korinther (KEK Sonderband, hg. von E.DINKLER), Göttingen 1976

CALVIN, J., The Second Epistle of Paul to the Corinthians, in: The Second Epistle of Paul to the Corinthians and the Epistles to Timothy, Titus and Philemon (Calvin's New Testament Commentaries, Vol. 10), trans. by T.A. SMAIL, Grand Rapids 1964

FURNISH, V.P., II Corinthians (AncB 32A), New York et al. 1984

GNILKA, J., Der Philipperbrief (HThK X), Freiburg/Basel/Wien 1968

HAWTHORNE, G.F., Philippians (WBC 43), Waco (TX) 1983

HEINRICI, C.F.G., Der zweite Brief an die Korinther (KEK 6), Göttingen [7]1980

HUGHES, P.E., Paul's Second Epistle to the Corinthians. The English Text with Introduction, Exposition and Notes (NICNT), London/Grand Rapids MI, 1962/1973/1980

KLAUCK, H.J., 2.Korintherbrief (Neue Echter Bibel 8), Würzburg 1986

KRAUS, H.J., Psalmen I (BK XV/1), Neukirchen-Vluyn 1966

LAMBRECHT, J., Second Corinthians (Sacra Pagina 8), Collegeville 1999

LIETZMANN, H., An die Korinther I/II (HNT 9), Tübingen 1969

LONGENECKER, R.N., Galatians (WBC 41), Dallas TX, 1990

MARTIN, R.P., 2 Corinthians (WBC 40), Dallas (TX) 1986

MEYER, H.A.W., Critical and Exegetical Hand-Book to the Epistles to the Corinthians, New York/London 1890 (dt. Orginalversion: Göttingen 1840)

PLUMMER, A., A Critical and Exegetical Commentary on the Second Epistle of St Paul to the Corinthians (ICC 47), Edinburgh 1915

SCHMIEDEL, P.W., Die Briefe an die Thessalonicher und an die Korinther (HC 2), 2.Aufl., Freiburg i.Br. 1892

SPENCER, A.B. / W.D. SPENCER, 2 Corinthians (Bible Study Commentary Series), ...

TALBERT, C.H., Reading Corinthians. A Literary and Theological Commentary on 1 and 2 Corinthians, Crossroads/New York 1987

THRALL, M.E., The First and Second Letters of Paul to the Corinthians (CNEB), Cambridge 1965

-, A Critical and Exegetical Commentary on the Second Epistle to the Corinthians in two volumes (ICC); vol. I: Introduction and Commentary on II Corinthians I-VII, Edinburgh 1994; vol. II: Commentary on II Corinthians VIII-XIII, Edinburgh 2000

VOIGT, G., Die Kraft des Schwachen. Paulus an die Korinther II (Biblisch-theologische Schwerpunkte 5), Göttingen 1990

WATSON, N., The Second Epistle to the Corinthians (Epworth Com.), London 1993

WINDISCH, H., Der zweite Korintherbrief (KEK 6), Göttingen 1924

WITHERINGTON, B., *Conflict* and Community in Corinth: A Socio-Rhetorical Commentary on 1 and 2 Corinthians, Grand Rapids / Carlisle 1995

WOLFF, CHR., Der erste Brief des Paulus an die Korinther. Zweiter Teil (ThHK 7/II), Berlin 1982

-, Der zweite Brief des Paulus an die Korinther (ThHK 8), Berlin 1989

WANAMAKER, C.A., The Epistles to the Thessalonians. A Commentary in the Greek Text (NIGTC), Grand Rapids / Exeter 1990

ZAHN, T., Der Brief des Paulus an die Galater (KNT 9), Leipzig 1907

Weitere Sekundärliteratur

AGNEW, F.H., The Origin of the NT Apostle-Concept. A Review of Research, JBL 105 (1986), 75-96

AMADOR, J.D.H., Revisting 2 Corinthians: Rhetoric and the Case for Unity, NTS 46 (2000), 92-111

ASCOUGH, R.S., The Completion of a Religious Duty: The Background of 2Cor 8.1-15, in: NTS 42 (1996), 584-599

AUNE, D.E., The New Testament in Its Literary Environment (Library of Early Christianity 8), Philadelphia 1989

-, Human Nature and Ethics in Hellenistic Philosophical Traditions and Paul: Some Issues and Problems, in: T. ENGBERG-PEDERSEN (Hg.), Paul, 291-312

BACHMANN, M., Sünder oder Übertreter. Studien zur Argumentation in Gal 2,15ff. (WUNT I 59), Tübingen 1992

-, Antijudaismus im Galaterbrief? Exegetische Studien zu einem polemischen Schreiben und zur Theologie des Apostels Paulus (NTOA 40), Freiburg / Göttingen 1999

-, *Rechtfertigung* und Gesetzeswerke bei Paulus, in: DERS., Antijudaismus, 1-32 (zuerst in: ThZ 49 [1993], 1-33)

-, 4QMMT und Galaterbrief, מעשי התורה und ΕΡΓΑ ΝΟΜΟΥ, in: DERS., Antijudaismus, 33-56 (zuerst in: ZNW 89 [1998], 91-113)

-, Ermittlungen zum Mittler: Gal 3,20 und der Charakter des mosaischen Gesetzes, in: DERS., Antijudaismus, 81-126 (zuerst in: Amt und Gemeinde 48 [1997], 78-85

-, Art. δόκιμος, in: ThBLNT, neubearb. Ausgabe. Wuppertal/Neukirchen-Vluyn 2000, Bd. 2, 1785-1789

BAMBERG, A. VON, Kommentar, in: Platons Apologie und Kriton mit Stücken aus dem Symposion und Phaidon. Zum Gebrauch für Schüler, hg. v. A. von Bamberg. Bd.2: Kommentar, Bielefeld / Leipzig 1898

BARR, J., The Semantics of Biblical Language, 3. Aufl., London/Philadelphia 1991

BARTH, K., Die Lehre von der Versöhnung (KD IV,2), Zürich 2 1964

BAUMERT, N., Täglich sterben und auferstehen. Der Literalsinn von 2Kor 4,12-5,10 (StANT 34), München 1973

BEALE, G.K., The Old Testament Background of Reconciliation in 2 Corinthians 5-7 and its Bearing on the Literary Problem of 2 Corinthians 6.14-7.1, NTS 35 (1989), 550-581

BECKER, J., Paulus, der Apostel der Völker (UTB 2014), Tübingen 3 1998

BEKER, J.C., Der *Sieg* Gottes. Eine Untersuchung zur Struktur des paulinischen Denkens (SBS 132), Stuttgart 1988

BELLEVILLE, L.L., A Letter of Apologetic Self-Commendation: 2Cor. 1:8-7:16, in: NT 31 (1989), 142-163

-, Reflections of the Glory. Paul's Polemical Use of the Mose-Doxa Tradition in 2Corinthians 3.1-18 (JSNT Sup.Ser. 52), Sheffield 1991

-, Gospel and Kerygma in 2 Corinthians, in: L.A.JERVIS / P.RICHARDSON (Hgg.), Gospel in Paul, 134-164

-, 2 Corinthians (IVP New Testament Commentary Series), Leicester 1996

BERGER, K., Exegese des Neuen Testaments (UTB 658), Heidelberg / Wiesbaden 1991

BERLIN, A., Art. Parallelism, in: Anchor Bible Dictionary, New York *et.al.*, 1992, Vol. 5, 155-162

BERTRAM, G., Art. ἔργον, in: ThWNT II, 631-653

BETZ, H.D., Der Apostel Paulus und die sokratische Tradition. Eine exegetische Untersuchung zu einer „Apologie" 2 Korinther 10-13 (BHTh 45), Tübingen 1972

-, 2 Cor 6:14-7:1: An Antipauline Fragment?, in JBL 92 (1973), 88-108

-, Der Galaterbrief. Ein Kommentar zum Brief des Apostels Paulus an die Gemeinden in Galatien (Hermeneia), München 1988

BIERINGER, R., Paul's Divine *Jealousy*, in: BIERINGER/LAMBRECHT, Studies, 223-253 (ursprünglich in: Louvain Studies 17 [1992], 197-231)

-, 2 Korinther 6,14-7,1 im Kontext des 2. Korintherbriefes. Forschungsüberblick und Versuch eines eigenen Zugangs, in: BIERINGER/LAMBRECHT, Studies, 551-570

-, (Hg.), The Corinthian Correspondence (BEThL CXXV), Leuven 1996

-, Die Liebe des Paulus zur Gemeinde in Korinth. Eine Interpretation von 2 Korinther 6,11, in: SNTU 23 (1998), 193-213

BIERINGER, R./ LAMBRECHT J., Studies on 2 Corinthians (BEThL CXII), Leuven 1994

BJERKELUND, C.J., Parakalô. Form, Funktion und Sinn der parakalô-Sätze in den paulinischen Briefen (BTN 1), Oslo 1967

BLOMQVIST, J., The Greek *Particles* in Hellenistic Prose, Lund 1969

-, On Adversative *Coordination* in Ancient Greek, Stockholm 1981

BÖTTRICH, C., „Ihr seid der Tempel Gottes". Tempelmetaphorik und Gemeinde bei Paulus, in: B.EGO/A.LANGE/P.PILHOFER, Gemeinde ohne Tempel (WUNT I 118), Tübingen 1999, 411-426

BORMAN, L. / K. DEL TREDICI / A. STANDHARTINGER (Hgg.), Religious Propaganda and missionary Competition in the New Testament World. Essays honoring Dieter Georgi, Leiden *et. al.*, 1994

BORNKAMM, G., *Paulus*. Siebente Auflage mit Literaturnachträgen, Stuttgart / Berlin / Köln 1993

-, Der Röm als *Testament* des Paulus, in: DERS., Geschichte und Glaube II (BevTh 53), München 1971, 120-139

-, Die *Vorgeschichte* des sogenannten Zweiten Korintherbriefes, Heidelberg 1965

BOSENIUS, B., Die Abwesenheit des Apostels als theologisches Programm. Der zweite Korintherbrief als Beispiel für die Brieflichkeit der paulinischen Theologie (TANZ 11), Tübingen/Basel 1994

BRÄNDLE, R., Geld und Gnade (zu II Kor 8,9), in: ThZ 41(1985), 264-271

BRANDT, TH., Art. περισσεύω, ThBLNT Bd.1, ⁷1986, 403-405

BRAUMANN, G., Art. ἡμέρα, ThBLNT Bd.1, ⁷1986, 467-469

BRAUN, H., Gerichtsgedanke und Rechtfertigungslehre bei Paulus (UNT 19), Leipzig 1930

BREYTENBACH, C., Versöhnung. Eine Studie zur paulinischen Soteriologie (WMANT 60), Neukirchen 1989

BRINKER, K., Linguistische Textanalyse. Eine Einführung in Grundbegriffe und Methoden, Berlin 1992

BÜCHSEL, F. Art. κρίνω, in: ThWNT III, 921f.933-955

-, Art. εἰλικρινής, in: ThWNT II, 396

BUKOWSKI, H., Der Schulaufsatz und die rhetorische Sprachschulung. Rhetorische Methoden und Aufgaben in der Institutio Oratoria Quintilians und der Theorie des deutschen Schulaufsatzes, unveröffentlichte Dissertation, Universität Kiel, ohne Jahresangabe

BULTMANN, R., Theologie des Neuen Testaments. 5., durch einen Nachtrag erweiterte Auflage, Tübingen 1965

-, Der Stil der paulinischen Predigt und die kynisch-stoische Diatribe, Göttingen 1910

-, Art. γινώσκω, in: ThWNT I, 688-719

-, Art. οἰκτίρω, in: ThWNT V, 161-163

CALBOLI MONTEFUSCO, L., Art. Dispositio, Teil A und BI, in: HWR 2, 831-839

CLASSEN, C.J., Paulus und die antike *Rhetorik*, in: ZNW 82 (1991), 1-33

-, Zur rhetorischen *Analyse* der Paulusbriefe, in: ZNW 86 (1995), 120-121

CONZELMANN, H.; Grundriß der Theologie des Neuen Testaments, München 1967

COLLANGE, J.-F., Énigmes de la deuxième épître de Paul aux Corinthiens: Étude exégétiques de 2Cor. 2:14-7:4 (SNTSM 18), Cambridge 1972

COSERIU, E., Textlinguistik. Eine Einführung, Tübingen/Basel 1994

CRAFTON, J.A.; The Agency of the Apostle Paul: A Dramatistic Analysis of Paul's Response to Conflict in 2 Corinthians (JSNT Sup.Ser. 51), Sheffield 1991

CRANFIELD, C.E.B., St. Paul and the Law, in: SJTh 17 (1964), 43-68

DAHN, K., Art. ὁράω, ThBLNT Bd.2, ⁷1986, 1127-1153

DANKER, F.W., Paul's Debt to the De Corona of Demosthenes: A Study of Rhetorical Techniques in Second Corinthians, in D.F.WATSON, Persuasive Artistry, 262-280

DAUTZENBERG, G., Studien zur paulinischen Theologie und zur frühchristlichen Rezeption des Alten Testaments (Gießener Schriften zur Theologie und Religionspädagogik 13), Gießen 1999

-, Motive der Selbstdarstellung des Paulus in 2Kor 2,14-7,4, in: DERS., Studien, 100-112

-, „Glaube" oder „Hoffnung" in 2Kor 4,13-5,10, in: DERS., Studien, 169-195

-, Mose und das Neue Testament. Zwischen Vereinnahmung und Abstoßung?, in: DERS., Studien, 196-212

-, Alter und neuer Bund nach 2Kor 3, in: R.KAMPLING (Hg.), Evangelium, 229-249

DUFF, P.B., Metaphor, Motif and Meaning: The Rhetorical Strategy behind the Image „Led in Triumph" in 2 Corinthians 2:14, in: CBQ 53 (1991), 79-92

DUNN, J.D.G., Romans 1-8 (WBC 38A), Dallas (TX) 1988

-, Romans 9-16 (WBC 38B), Dallas (TX) 1988

-, The New Perspective on Paul, in: BJRL 65 (1983), 95-122

EBNER, M., Leidenslisten und Apostelbrief. Untersuchungen zu Form, Motivik und Funktion der Peristasenkataloge bei Paulus (FzB 66), Würzburg 1991

ELIADE, M., Das Heilige und das Profane. Vom Wesen des Religiösen, Hamburg 1957

ENGBERG-PEDERSEN, T. (Hg.), *Paul in his Hellenistic Context*, Augsburg MN, 1995

EGGER, W., Methodenlehre zum Neuen Testament, Freiburg / Basel / Wien 1990

FEE, G.D., „Another gospel which you did not embrace": 2 Corinthians 11.4 and the theology of 1 and 2 Corinthians, in: L.A.JERVIS/P.RICHARDSON (Hgg.), Gospel in Paul, 111-133

FILSON, F.V., St.Paul's Conception of *Recompense* (UNT 21), Leipzig 1931

FITZGERALD, J.T., Cracks in an Earthen Vessel: An Examination of the Catalogues of Hardships in the Corinthian Correspondence (SBL Diss.Ser. 99), Atlanta 1988

-, Paul, the Ancient Theorists, and 2 Corinthians, in: D.L.BALCH/E.FERGUSON/W.A. MEEKS (Hgg.), Greeks, Romans and Christians, Minneapolis 1990, 190-200

FITZMYER, J.A., Paul and his Theology. A brief sketch, Englewood Cliffs NJ, 1989

-, Paul's Jewish Background and the Deeds of the Law, in: DERS., According to Paul. Studies in the Theology of the Apostle, New York 1992, 18-35

FOERSTER, W., Art. σῴζω A.C-G, in: ThWNT IX, 966-970.981-1004

-, Art. ὄφις A.C-E, in: ThWNT V, 566-570.575-582

FUHRMANN, M., Die antike Rhetorik. Eine Einführung (Artemis Einführungen 10), München/Zürich 1984

GEORGI, D., Den Armen zu Gedenken. Die Geschichte der Kollekte des Paulus für Jerusalem. 2., durchgesehene und erweiterte Auflage, Neukirchen 1994

-, Die Gegner des Paulus im 2. Korintherbrief (WMANT 11), Neukirchen-Vluyn 1964.

GILMORE, D.D. (Hg.), Honor and Shame and the Unity of the Mediterranean, Washington 1987

GIVEN, M.D., Paul's True Rhetoric. Ambiguity, Cunning, and Deception in Greece an Rome (Emory Studies in Early Christianity 7), Harrisburg 2001

GLEICHEN-RUSSWURM, A. VON, Antikes Leben in Briefen. Eine Auswahl der römischen Briefliteratur, Berlin 1911

GNILKA, J., Die Kollekte der paulinischen Gemeinden für Jerusalem als Ausdruck ekklesialer Gemeinschaft, in: R.KAMPLING/T.SÖDING (Hgg.), Ekklesiologie, 301-315

GOULDER, M., 2Cor. 6:14-7:1 as an Integral Part of 2 Corinthians, NT 36, 1994, 47-57

GOPPELT, L.; Theologie des Neuen Testaments (UTB 850), Göttingen 1991

GRÄBE, P.J., Καινη διαθηκη in der paulinischen Literatur. Ansätze zu einer paulinischen Ekklesiologie, in: R.KAMPLING/T.SÖDING (Hgg.), Ekklesiologie, 267-287

GRODDECK, W., Reden über Rhetorik. Zu einer Stilistik des Lesens, Basel/Frankfurt a.M. 1995

GROHMANN, M., Aneignung der Schrift. Wege einer christlichen Rezeption jüdischer Hermeneutik, Neukirchen-Vluyn 2000

GÜLICH E./W.RAIBLE, Überlegungen zu einer makrostrukturellen Textanalyse. J.Thurber, The Lover and his Lass, in: E.GÜLICH/K.HEGER/W.RAIBLE, Linguistische Textanalyse. Überlegungen zur Gliederung von Texten (Papiere zur Textlinguistik 8), Hamburg 1979, 73-126/147

GRUBER, M.M., Herrlichkeit in Schwachheit. Eine Auslegung der Apologie des Zweiten Korintherbriefes 2Kor 2,14-6,13 (FzB 89), Würzburg 1998

GRUNDMANN, W., Art. δοκιμος κτλ., in: ThWNT II, 258-264

GÜTTGEMANNS, E., Der leidende Apostel und sein Herr. Studien zur paulinischen Christologie (FRLANT 90), Göttingen 1966

-, studia linguistica neotestamentica (BEvTh 60), München 1973

HAHN, H.CHR., Art. καιρός, ThBLNT Bd.2, [7]1986, 1462-1466

-, Art. Apostel. I. Neues Testament, RGG[4] I, Tübingen 1998, 636-638

HAFEMANN, S.J., Suffering and Ministry in the Spirit. Paul's Defense of His Ministry in II Corinthians 2:14-3:3, Grand Rapids, 1990

-, Paul, Moses, and the History of Israel. The Letter/Spirit Contrast and the Argument from Scripture in 2Corinthians 3 (WUNT I 81), Tübingen 1995

-, Paul's Argument from the Old Testament and Christology in 2Cor 1-9, in: R.BIERINGER (Hg.), Correspondence, 277-303

-, Paul's Use of the Old Testament in 2 Corinthians, in: Interpretation, July 1998, 246-257

HAINZ, J., Ekklesia. Strukturen paulinischer Gemeinde-Theologie und Gemeinde-Ordnung (BU 9), Regensburg 1972

-, Koinonia. „Kirche" als Gemeinschaft bei Paulus (BU 16), Regensburg 1982

-, Κοινωνία bei Paulus, in: BORMAN/DEL TREDICI/STANDHARTINGER, Propaganda, 375-391

HARTMANN, P., Zum Begriff des sprachlichen Zeichens: in: Zeitschrift für Phonetik, Sprachwissenschaft und Kommunikationsforschung 21, 205-222

HAUCK, F., Art. κοινος, in: ThWNT III, 789-810

-, Art. περισσευω, in: ThWNT VI, 58-63

HAUEIS, E., Art. Aufsatzlehre, in: HWR 1, 1250-1258

HECKEL, U., Kraft in Schwachheit. Untersuchungen zu 2.Kor 10-13 (WUNT II 56), Tübingen 1993

HEIDLAND, H.W., Art. λογίζομαι κτλ., in: ThWNT IV, 287-295

HEIL, C., Die Sprache der Absonderung in 2Kor 6,17 und bei Paulus, in: R.BIERINGER (Hg.), Correspondence, 717-730

HELLHOLM, D., Amplificatio in the Macro-Structure of Romans, in: PORTER/OLBRICHT, Rhetoric, 123-151

-, Enthymemic Argumentation in Paul: The Case of Romans 6, in: T. ENGBERG-PEDERSEN (Hg.), Paul, 119-179

HOFIUS, O., „Gott hat unter uns aufgerichtet das Wort von der Versöhnung" (2Kor 5,19), ZNW 71 (1980), 3-20

-, Erwägungen zur Gestalt und Herkunft des paulinischen Versöhnungsgedankens, ZThK 77 (1980), 186-199

-, „Der Gott allen Trostes". Παράκλησις und παρακαλεῖν in 2Kor 1,3-7, ThBeitr 14 (1983), 217-227

-, Gesetz und Evangelium nach 2. Korinther 3, in: DERS., Paulusstudien, 75-120

-, Paulusstudien (WUNT I 51), Tübingen 1989

HUGHES, F.W., The Rhetoric of Reconciliation: 2 Corinthians 1.1-2.13 and 7.5-8.24, in: D.WATSON, Persuasive Artistry, 246-261

JAMES, W., Die Vielfalt religiöser Erfahrung, Olten/Freiburg 1979

JERVIS, L.A./P.RICHARDSON (Hgg.), Gospel in Paul. Studies on Corinthians, Galatians and Romans for Richard N. Longenecker (JSNT Sup. Ser. 108), Sheffield 1994

JOHANSON, B.C., To All the Brethren. A Text-Linguistic and Rhetorical Approach to I Thessalonians (CB.NT 16), Stockholm 1987

KALVERKÄMPER, H., Orientierung zur Textlinguistik, Tübingen 1981

KAMPLING, R. (Hg.), „Nun steht die Sache aber im Evangelium". Zur Frage nach den Anfängen des christlichen Antijudaismus, Paderborn 1999

KAMPLING, R./T.SÖDING (Hgg.), Ekklesiologie des Neuen Testaments. Für Karl Kertelge, Freiburg/Basel/Wien, 1996

KÄSEMANN, E., Gottesgerechtigkeit bei Paulus, in: DERS., Exegetische Versuche und Besinnungen, 6.Auflage, Göttingen 1970, Zweiter Band 181-193

-, Die Legitimität des Apostels. Eine Untersuchung zu II Korinther 10-13, in: ZNW 41 (1942), 33-71

KARRER, M., Rez. von H.J.KLAUCK, Die antike Briefliteratur und das Neue Testament. Ein Lehr- und Arbeitsbuch (UTB 2022). Paderborn et.al. 1998, in: ThLZ 124 (1999), 741-744

KASER, M., Art. *translatio*, Pauly-Wissowa 9,2, Stuttgart 1916

KELLERMANN, U., Art. ἀπολογέομαι κτλ., EDNT I, 137

KENNEDY, G.A., New Testament Interpretation through Rhetorical Criticism (SR), Chapel Hill/London 1984

KERTELGE, K., Buchstabe und Geist nach 2Kor 3, in: J.D.G.DUNN (Hg.), Paul and the Mosaic Law. The Third Durham - Tübingen Research Symposium on Earliest Christianity and Judaism (Durham, September, 1994) (WUNT I 89), Tübingen 1996

KIJNE, J.J., We, Us and Our in I an II Corinthians, NovT 8 (1966), 171-179

KIM, S., 2Cor. 5:11-21 And the Origin of Paul's Concept of 'Reconciliation', in: NT 39 (1997), 360-384

KITZBERGER, I., Bau der Gemeinde. Das paulinische Wortfeld οἰκοδομή / ἐποικοδομεῖν (FzB 53), Würzburg 1986

KLAUCK, H.-J., Eucharistie und Kirchengemeinschaft bei Paulus, in: WiWei 49 (1986), 1-14.

-, Konflikt und Versöhnung. Christsein nach dem zweiten Korintherbrief, Würzburg 1995

-, Die antike Briefliteratur und das Neue Testament (UTB 2022), Paderborn *et. al.*, 1998

-, Erleuchtung und Verkündigung. Auslegungsskizze zu 2 Kor 4,1-6, in: L. Di Lorenzi (Hg.), Paolo. Ministro del nuovo Testamento (2Co 2,14-4,6), Rom 1987, 267-297

KLEFFNER, A., Kommentar, in: Lysias. Ausgewählte Reden. Für den Schulgebrauch hg. v. A.KLEFFNER. Bd.2: Kommentar, Münster 1953

KLEIN, W. (Hg.), Textlinguistik (LiLi 86 [1992]), Göttingen 1992

KLEIN, W. / C. VON STUTTERHEIM, Textstruktur und referentielle Bewegung, in: Lili 86 (1992), 67-92

KLEINKNECHT, K.T., Der leidende Gerechtfertigte. Die alttestamentlich-jüdische Tradition vom 'leidenden Gerechten' und ihre Rezeption bei Paulus (WUNT II 13), Tübingen 1984

KLINGHARDT, M., Sünde und *Gericht* von Christen bei Paulus, ZNW 88 (1997), 56-80

KOCH, D.A., Abraham und Mose im Streit der Meinungen. Beobachtungen und Hypothesen zur Debatte zwischen Paulus und seinen Gegnern in 2Kor 11,22-23 und 3,7-18, in: R.BIERINGER (Hg.), Correspondence, 305-324

KÖHLER, L., Theologie des Alten Testaments. Vierte, überarbeitete Auflage, Tübingen 1966

KUCK, D.W., Judgment and Community Conflict. Paul's Use of Apocalyptic Judgment Language in 1 Corinthians 3:5-4:5 (NT.S 66), Leiden 1992

KÜMMEL, W.G., Einleitung in das Neue Testament, 21.Aufl., Heidelberg 1983

KUSCHNERUS, B., Die Gemeinde als Brief Christi. Die kommunikative Funktion der Metapher bei Paulus am Beispiel von 2 Kor 2-5 (FRLANT 197), Göttingen 2002

LAMBRECHT, J., The Eschatological Outlook in 2 Corinthians 4.7-15, in: BIERINGER / LAMBRECHT, Studies, 335-349

-, Structure and Line of Thought in 2 Cor 2,14-4,6, in: BIERINGER / LAMBRECHT, Studies, 257-294

-, The Fragment 2 Corinthians 6,14-7,1: A Plea for its Authenticity, in: BIERINGER / LAMBRECHT, Studies, 531-549

-, Paul's boasting about the Corinthians. A study of 2 Cor. 8:24-9:5, in: NT 40 (1998), 352-368

-, Dangerous Boasting. Paul's Self-Commendation in 2Cor 10-13, in: R.BIERINGER (Hg.), Correspondence, 325-346

-, Rhetorical Criticism and the New Testament, in: Bijdragen, tijdschrift voor filosofie en theologie 50 (1989), 239-253

LANG, M., Erwägungen zu 2Kor 5,19a, in: BN 84 (1996), 46-50

LAUSBERG, H., Elemente der literarischen Rhetorik. Eine Einführung für Studierende der klassischen, romanischen, englischen und deutschen Philologie, München 1967

LUZ U., Der alte und der neue Bund bei Paulus und im Hebräerbrief, in: EvTh 22, 1967, 318-336

MACK, B.L, Rhetoric and the New Testament (Guides to biblical scholarship. New Testament Series), Minneapolis 1990

MALHERBE, A., Social Aspects of Early Christianity, 2nd edition, Philadelphia 1983

MALINA, B./J.H. NEYREY, Honor and Shame in Luke-Acts, in: J.H. NEYREY (Hg.), The Social World of Luke-Acts: Models for Interpretation, Peabody, 1991, 25-65

MARSHALL, P., Enmity and Other Social Conventions in Paul's Relation with the Corinthians (WUNT II 23), Tübingen 1987

-, A Metaphor of Social Shame: ΘPIAMBEYEIN in 2 Cor 2:14, in: NT 25 (1983), 302-317

MARTIN, J., Antike Rhetorik. Technik und Methode (HKAW 23), München 1974

MARTIN, R.P., The Spirit and the Congregation. Studies in 1 Corinthians 12-15, Grand Rapids 1984

-, Reconciliation. A Study of Paul's Theology, London/Atlanta 1981

MATTERN, L., Das Verständnis der Gerichts bei Paulus (AThANT 47), Zürich/Stuttgart 1966

MATTHEWS, V.H. (Hg.), Honor and Shame in the World of the Bible (Semeia 68), Atlanta 1996

MEAD, R.T., Exegesis of 2 Corinthians 5:14-21, in J.P.Lewis (Hg.), Interpreting 2Corinthians 5: 14-21. An Exercise in Hermeneutics (SBEC 17), Lewiston NY et al.1989, 143-166

MERKLIN, H., Einleitung, in: Cicero. De oratore. Über den Redner. Lateinisch / Deutsch, übers. und hg. v. H.MERKLIN, 2. Aufl., Stuttgart 1991, 3-40

MITCHELL, M.M., Paul and the *Rhetoric* of Reconciliation. An Exegetical Investigation of the Language and Composition of 1 Corinthians (HuTh 28), Tübingen 1991

-, Rhetorical Shorthand in Pauline Argumentation: the Functions of 'the Gospel' in the Corinthian Correspondence, in: L.A.JERVIS/P.RICHARDSON (Hgg.), Gospel in Paul, 63-88

MOORE, R.K., 2Cor 5,21: The Interpretative Key to Paul's Use of δικαιοσυνη θεου, in: R.BIERINGER (Hg.), Correspondence, 707-715

MOXNES, H., Honor, Shame, and the Outside World in Paul's Letter to the Romans, in: J.NEUSNER (Hg.), The Social World of Formative Christianity and Judaism, Philadelphia 1988, 207-218.

MÜLLER, D., Art. Apostel, ThBLNT Bd.1, [7]1986, 31-38

MÜLLER, W.G., Art. Brief, in HWR 2, 60-76

MULLINS, T.Y., Disclosure. A Literary Form in the New Testament, NT 7 (1964), 44-50

-, Formulas in New Testament Epistles, JBL 91 (1972), 380-390

-, Greeting as a New Testament Form, JBL 87 (1968), 418-426

-, Petition as a Literary Form, NT 5 (1962), 46-54

MURPHY-O'CONNOR, J., The Theology of the Second Letter to the Corinthians (New Testament Theology), Cambridge 1991

-, Paul and *Macedonia*: The Connection between 2 Corinthians 2.13 and 2.14; JSNT 25, 1985, 99-103

-, „Being at home in the body we are in exile from the Lord" (2Cor. 5:6b), in RB 93 (1986), 214-221

-, Faith and Resurrection in 2Cor 4:13-14, RB 95 (1988), 543-550

-, Relating 2 Corinthians 6.14-7.1 to Its Context, NTS 33 (1987), 272-275

-, „Another Jesus" (2 Cor 11:4), RB 97 (1990), 238-251

NEYREY, J.H., Honor and Shame in the Gospel of Matthews, Louisville 1998

OSTEN-SACKEN, P. VON DER, Geist im Buchstaben. Vom Glanz des Mose und des Paulus, in: DERS., Evangelium und Tora. Aufsätze zu Paulus (TB 77), München 1987, 150-155

-, Die Heiligkeit der Tora. Studien zum Gesetz bei Paulus, München 1989

PATTE, D., Paul's Faith and the Power of the Gospel, Philadelphia 1983

PERISTIANY, J.G. (Hg.), Honour and Shame. The Values of Mediterranean Society, Chicago 1966

PETERSON, B.K., Eloquence and the proclamation of the gospel in Corinth (SBL Diss.Ser. 163), Atlanta 1998

PINOMAA, L./ DIERSE, U., Art. Gericht (Gottes), HWP Bd.3, 338-343

PORTER, S.E., The theoretical justification for application of rhetorical categories to Pauline epistolary literature, in: PORTER/OLBRIGHT, Rhetoric, 100-122

-, Paul of Tarsus and his Letters, in: DERS. (Hg.), Handbook of Classical Rhetoric in the Hellenistic Period 330 B.C. - A.D. 400., 533-585

-, Reconciliation and 2Cor 5,18-21, in: R.BIERINGER (Hg.), Correspondence, 693-705

PORTER, S.E./ OLBRICHT, T.H., *Rhetoric* and the New Testament. Essays from the 1992 Heidelberg Conference (JSNT Sup.Ser. 90), Sheffield 1993

PRICE, J.L., Aspects of Paul's Theology and Their Bearing on Literary Problems of Second Corinthians, in: B.L. DANIELS/M.J. SUGGS (Hgg.), Studies in the History and Text of the New Testament (Studies and Documents, 29), Grand Rapids, 1967, 95-106

RAD, G. VON / G. DELLING, Art. ἡμέρα, in: ThWNT II, 945-956

REBELL, W., Christologie und Existenz bei Paulus. Eine Auslegung von 2.Kor 5,14-21 (Arbeiten zur Theologie 73), Stuttgart 1992

REED, J.T., Using ancient rhetorical categories to interpret Paul's letters: a question of genre, in: S.E.PORTER / T.H.OLBRICHT, Rhetoric, 292-324

REID, M.L., Augustinian and Pauline *Rhetoric* in Romans Five. A Study of Early Christian Rhetoric (Mellen Biblical Press Series, Vo. 30), Lewiston NY, 1996

RENWICK, D.A., Paul, The Temple, And The *Presence Of God* (Brown Judaic Studies 224), Atlanta 1991

ROETZEL, C.J., *Judgment* in the Community. A Study of the Relationship between Eschatology and Ecclesiology in Paul, Leiden (Brill) 1972.

ROLLAND, P., La structure litteraire de la Deuxieme chapitre aux Corinthiens, Biblica 71 (1990), 73-84

ROLOFF, J., Apostolat – Verkündigung – Kirche. Ursprung, Inhalt und Funktion des kirchlichen Apostelamtes nach Paulus, Lukas und den Pastoralbriefen, Gütersloh 1965

-, Art. Apostel/Apostolat/Apostolizität, TRE III, Berlin/New York 1978, 430-445

SAMPLEY, J.P., Paul, his Opponents in 2Corinthians 10-13, and the Rhetorical Handbooks, in: J.NEUSNER et.al. (Hgg.), The Social World of Formative Christianity and Judaism. FS H.C.KEE, Philadelphia 1988, 162-177

SANDERS, E.P., Jesus, Paul and Judaism, in: ANRW II,25,1 (1982), 390-450

-, Paulus und das palästinische Judentum. Ein Vergleich zweier Religionsstrukturen (StUNT 17), Göttingen 1985

-, Paulus. Eine Einführung, Stuttgart 1995

SANDERS, J.T., The Transition from Opening Epistolary Thanksgiving to Body in the Letters of the Pauline Corpus, JBL 81 (1962), 348-362

SCHISCHKOFF, G. (Hg.), Philosophisches Wörterbuch, Stuttgart, 1982

SCHIWY, G., Der französische Strukturalismus. Mode - Methode - Ideologie, Hamburg 1969

SCHLATTER, A., Paulus der Bote Jesu. Eine Darstellung seiner Briefe an die Korinther, Stuttgart, ⁴1969 (¹1934)

SCHLIER, H., Art. βέβαιος κτλ, in: ThWNT I, 600-603

SCHMIDT, K.L., Art. καλέω, in: ThWNT III, 488-539

SCHMIDT, U., Pauline and Whiteheadian Perspectives. Basic Points of Agreement, in: KuD 48 (2002), 52-67

SCHMITHALS, W., Rez. L. MATTERN, Verständnis, in: ThLZ 93 (1968), 585f.

SCHMITZ, E.D., Art. γινώσκω, ThBLNT Bd.1, ⁷1986, 243-253

SCHRÖTER, J., Der versöhnte Versöhner. Paulus als unentbehrlicher Mittler im Heilsvorgang zwischen Gott und der Gemeinde nach 2Kor 2,14-7,4 (TANZ 10), Tübingen 1993

-, Schriftauslegung und Hermeneutik in 2 Korinther 3. Ein Beitrag zur Frage der Schriftbenutzung des Paulus, in: NT 40 (1998), 231-275

-, Der Apostolat des Paulus als Zugang zu seiner Theologie. Eine Auslegung von 2Kor 4,7-12, in: R.BIERINGER (Hg.), Correspondence, 679-692

SCHUBERT, P., Form and Function of the Pauline *Thanksgivings* (BZNW 20), Berlin 1933

SCHULZ, S., Die Decke des Mose, in: ZNW 49 (1958), 1-30

SCHWARZ, E., „Ziehet aus ihrer Mitte und sondert euch ab!" Abgrenzung als Ursprungssituation paulinischer Gemeindebildung. Beobachtungen zu 2Kor 6,14-7,1, in: R.BARTELMUS/ TH.KRÜ-

GER/H.UTZSCHNEIDER, Konsequente Traditionsgeschichte. Festschrift für Klaus Baltzer zum 65. Geburtstag, Göttingen 1993, 355-372

SCHWEITZER, A., Die Mystik des Apostels Paulus, Tübingen 1930

SCHWEIZER, H., Art. Bibelrhetorik, in: HWR 1, 1548-1572

SCOTT, J.M., The Triumph of God in 2Cor 2.14: Additional Evidence of Merkabah Mysticism in Paul, in: NTS 42 (1996), 260-281

SHIMOFF, S.R., Hellenization among the Rabbis: Some Evidence from early Aggadot concerning David and Salomon, JSJ 18 (1987), 168-187

SIEGERT, F., *Argumentation* bei Paulus gezeigt an Röm 9-11 (WUNT I 34), Tübingen 1985

SILVA, D.A. DE, Measuring Penultimate against Ultimate Reality: An Investigation of the Integrity and Argumentation of 2Corinthians, JSNT 52, 1993, 41-70

STÄHLIN, G., Art. ἴσος, in: ThWNT III, 343-356

STAUFFER, E., Art. ἀγάπη B-F, in: ThWNT I, 34-55

STEGEMANN, E., Der Neue Bund im Alten. Zum Schriftverständnis des Paulus in II Kor 3, in: ThZ 42, 1986, 97-114

-,   Alt und Neu bei Paulus und in den Deuteropaulinen (Kol-Eph), EvTh 37 (1977), 508-536

STENDAHL, K., The Apostle Paul and the Introspective Conscience of the West, in: HThR 56 (1963), 199-215

STENGER, W., Introduction to New Testament Exegesis, Grand Rapids 1993

STIMPFLE, A., „Buchstabe und Geist". Zur Geschichte eines Mißverständnisses von 2Kor 3,6, in: BZ 39 (1995), 181-202

STOWERS, S.K., Letter Writing in Greco-Roman Antiquity (Library of Early Christianity 5), Philadelphia 1986

-,   Peri Men Gar and the Integrity of 2 Cor. 8 and 9, NT 32, 1990, 340-348

-,   Romans 7.7-25 as a Speech-in-Character (προσωποποιια), in: T. ENGBERG-PEDERSEN, Paul, 180-202

-,   The Diatribe and Paul's Letter to the Romans (SBLDS 57), Chico, 1981

STRACK, W., Kultische Terminologie in ekklesiologischen Kontexten in den Briefen des Paulus (BBB 92), Weinheim 1994

STUMPFF, A., Art. ζῆλος κτλ., in: ThWNT II, 879-890

SUNDERMANN, H.G., Der schwache Apostel und die Kraft der Rede (Europäische Hochschulschriften, Reihe 23, Bd. 575), Frankfurt *et.al.*, 1996

SYNOFZIK, E., Die Gerichts- und Vergeltungsaussagen bei Paulus. Eine traditionsgeschichtliche Untersuchung (Göttinger Theologische Arbeiten 8) , Göttingen 1977

TANNEHILL, R.C., Dying and Rising with Christ: A Study in Pauline Theology (BZNW 32), Berlin 1967

THEOBALD, M., Die überströmende Gnade. Studien zu einem paulinischen Motivfeld (FzB 22), Würzburg 1982

-,   Der „strittige Punkt" (Rhet. A. Her. I,26) im Diskurs des Römerbriefes. Die propositio 1,16f und das Mysterium der Errettung ganz Israels, in: R.KAMPLING (Hg.), Evangelium, 183-228

THIELMANN, F., Paul and the Law. A Contextual Approach, Downers Grove 1994

THRALL, M.E., The Problem of II Cor. VI. 14- VII. 1 In Some Recent Discussion, NTS 24 (1977/78), 132-148

-,   2 Corinthians 1:12: AGIOTHTI - APLOTHTI, in: ELLIOTT, J.K. (Hg.), Studies in New Testament Language and Text: Essays in Honor of G.D.KILPATRICK on the Occasion of his Sixty-Fifth Birthday (NT.S 44), Leiden 1976

-,   A Second Thanksgiving Period in II Corinthians, JSNT 16 (1982), 109-110

-,   Paul's Journey to Paradise. Some Exegetical Issues in 2Cor 12,2-4, in: R.BIERINGER (Hg.), Correspondence, 347-363

TRILLHAAS, W., Die innere Welt. Religionspsychologie, München 1953

ULONSKA, H., Die Doxa des Mose, in: EvTh 21, 1966, 378-388

UNTE, W., Nachwort, in: Demosthenes. Politische Reden. Griechisch / Deutsch, übers. und hg. v. W.UNTE, Stuttgart 1985, 273-307

VATER, H., Einführung in die Textlinguistik (UTB), 1994

VOLKMANN, R., Die Rhetorik der Griechen und Römer, Hildesheim / Zürich / New York 1987, Nachdruck der Ausgabe von Leipzig 1885

VORLÄNDER, H., Art. καταλλάσσω, ThBLNT Bd.2, [7]1986, 1307-1309

WATSON, D.F. (Hg.), *Persuasive Artistry*. Studies in New Testament Rhetoric in Honor of George A. Kennedy (JSNT Sup.Ser. 50), Sheffield 1991

WEBER, C.P., Art. חן, in: R.L.HARRIS/G.L.ARCHER/B.K.WALTKE (Hgg.), Theological Wordbook of the Old Testament, Chicago 1980, 220f.

WEIMA, J., Neglected *Endings*. The Significance of the Pauline Letters Closings (JSNT SS, 52), Sheffield 1994

WELBORN, L.L., Character and Truth in 2Cor 1,17, ZNW 86 (1995), 34-52

WERNLE, P., Der Christ und die *Sünde* bei Paulus, Freiburg/Leipzig 1987

WESTERHOLM, S., Israel's *Law* and the Church's Faith. Paul and His Recent Interpreters, Grand Rapids 1988

WETTER, G.P., Der *Vergeltungsgedanke* bei Paulus. Eine Studie zur Religion des Apostels, Göttingen 1912

WHITE, J.L., Introductory Formulae in the Body of the Pauline Letters, JBL 90 (1971), 91-97

-, New Testament Epistolary Literature in the Framework of Ancient Epistolography, ANRW 25/2, Berlin/New York, 1984, 1730-1756

WIBBING, S., Art. Leib, ThBLNT Bd.1, [7]1986, 869-873

WILCKENS, U., Der Brief an die Römer. 1.Teilband. Röm 1-5 (EKK VI/1), Zürich / Neukirchen 1978

-, Der Brief an die Römer. 2.Teilband. Röm 6-11 (EKK VI/2), Zürich / Neukirchen 1980

WÖHRLE, G., Nachwort, in: Lysias. Drei ausgewählte Reden. Griechisch / Deutsch. Übers. und hg. v. G.Wöhrle, Stuttgart 1995, 83-108

WONNEBERGER, R., *Textgliederung* bei Paulus. Eine Problemskizze am Beispiel von Römer 3,21, 1.Korinther 13 und Römer 5, in: H.WEBER / H.WEYDT (Hgg.), Sprachtheorie und Pragmatik, Tübingen 1976, 305-314

-, *Ansätze* zu einer textlinguistischen Beschreibung der Argumentation bei Paulus, in: W.MEID / K.HELLER (Hgg.), Textlinguistik und Sematik, Innsbruck 1976, 159-177

WREDE, W., Paulus (RV I,5-6), Halle a.S. 1904

WÜNSCH, H.M., Der paulinische Brief 2Kor 1-9 als kommunikative Handlung. Eine rhetorisch-literaturwissenschaftliche Untersuchung, Münster 1996

YOUNG, F./ D.F. FORD, Meaning and Truth in 2 Corinthians, Grand Rapids 1988.

ZEILINGER, F., Die *Echtheit* von 2 Cor 6:14-7:1, JBL 112, 1993, 71-80

ZMIJEWSKI, J., Der Stil der paulinischen „Narrenrede". Analyse der Sprachgestaltung in 2Kor 11,1-12,10 als Beitrag zur Methodik von Stiluntersuchungen neutestamentlicher Texte (BBB 52), Köln/Bonn 1978

Register

Neutestamentliches Register

Register antiker Rhetorik-Literatur

Ludger Schenke u.a.

Jesus von Nazaret – Spuren und Konturen

2004. 384 Seiten. Kart.
€ 22,–/sFr 38,60
ISBN 3-17-016978-5

Die AutorInnen dieses Bandes unternehmen den Versuch, Botschaft und Wirken Jesu zu rekonstruieren, wobei sie sich primär auf die Überlieferung seiner Worte stützen. Bei Logien und Gleichnissen besteht die berechtigte Vermutung, Jesus selbst zu hören. Dagegen tritt die Überlieferung der Taten und Handlungen Jesu eher in den Hintergrund, da sie von einer zurückschauenden Perspektive und vom nachösterlichen Christusglauben geprägt ist.

Ein „objektives" Jesusbild kann es nicht geben. Zu unsicher ist die Quellenlage, zu vielschichtig sind die historische Wirklichkeit und die geschichtliche Wirkung Jesu. Gleichwohl ist die Unerbittlichkeit der Frage nach dem irdischen Jesus auszuhalten, gerade um der historischen Wahrheit des Jesus von Nazaret willen.

Die AutorInnen: Prof. Dr. Ingo Broer (Siegen), Prof. Dr. Peter Fiedler (Freiburg im Breisgau), Prof. em. Dr. Hildegard Gollinger (Heidelberg), Prof. Dr. Rudolf Hoppe (Bonn), Prof. Dr. Johannes Nützel (Bamberg), Prof. Dr. Lorenz Oberlinner (Freiburg im Breisgau), Prof. Dr. Ludger Schenke (Mainz), Prof. Dr. Dieter Zeller (Mainz), Stud.Dir. Dr. Hans Otto Zimmermann (Ettenheim).

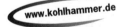

www.kohlhammer.de

*FORDERN SIE JETZT unseren
aktuellen Prospekt
Theologie/Religionswissenschaft an!*

W. Kohlhammer GmbH
70549 Stuttgart · Tel. 0711/7863 - 7280 · Fax 0711/7863 - 8430

Klaus Wengst

Das Johannesevangelium

1. Teilband: Kapitel 1-10

2., durchges. und ergänzte Aufl. 2004
424 Seiten. Kart. mit Fadenheftung
€ 34,–/sFr 58,90
Subskriptionspreis (bei Vorbestellung des
Gesamtkommentars bis zum Erscheinen des
letzten Bandes):
€ 28,–/sFr 49,–
ISBN 3-17-018198-X
*Theologischer Kommentar zum
Neuen Testament, Band 4,1*

Klaus Wengst

Das Johannesevangelium

2. Teilband: Kapitel 11-21

2001. 352 Seiten
Kart. mit Fadenheftung
€ 30,60/sFr 53,40
Subskriptionspreis (bei Vorbestellung des
Gesamtkommentars bis zum Erscheinen des
letzten Bandes):
€ 25,–/sFr 43,80
ISBN 3-17-016981-5
*Theologischer Kommentar zum
Neuen Testament, Band 4,2*

Der Theologische Kommentar zum Neuen Testament steht in der Tradition klassischer historisch-kritischer Kommentarkultur der neutestamentlichen Wissenschaft. Er nimmt jedoch erstmals die im christlich-jüdischen Gespräch behandelten Themen, den feministisch-theologischen Diskurs sowie sozialgeschichtliche Fragestellungen auf.

Bei der Auslegung zeigt es sich, dass der Evangelist Johannes so gut wie durchgängig jüdische Sprachmöglichkeiten wahrnimmt und dabei in Auseinandersetzung mit dem sich herausbildenden rabbinischen Judentum steht. Die Härte der Auseinandersetzung bedingt es, dass die Gegenseite im Evangelium polemisch verzerrt wird. Im Kommentar wird darauf abgezielt, die jüdische Position von ihren eigenen Texten her ebenso verstehend aufzunehmen wie die Evangelisten. So ist es die Besonderheit dieses Kommentars zum Johannesevangelium, dass er in großer Breite jüdisch-rabbinische Texte bietet. Indem diese respektvoll wahrgenommen werden, lassen sich auch die johanneischen Aussagen historisch und theologisch angemessener verstehen.

„Insgesamt bietet der Kommentar anregende Auslegungen, die für Predigtvorbereitungen auch deswegen brauchbar sind, weil sie sich durch kurze, klare Formulierungen und anregende Gedanken auszeichnen."

M. Ost, Deutsches Pfarrerblatt

W. Kohlhammer GmbH
70549 Stuttgart · Tel. 0711/7863 - 7280 · Fax 0711/7863 - 8430

Kohlhammer